A EXPEDIÇÃO FAWCETT

A EXPEDIÇÃO FAWCETT

CORONEL PERCY FAWCETT

Organizado a partir de seus manuscritos, cartas,
diários de viagens e registros por Brian Fawcett

Com desenhos de Brian Fawcett

Tradução
Vitor Paolozzi

1ª edição

EDITORA RECORD
RIO DE JANEIRO • SÃO PAULO
2023

CIP-BRASIL. CATALOGAÇÃO NA PUBLICAÇÃO
SINDICATO NACIONAL DOS EDITORES DE LIVROS, RJ

F286e   Fawcett, Percy Harrison, 1867-1925?
        A expedição Fawcett : jornada para a cidade perdida de Z / Coronel Percy Fawcett ; tradução Vitor Paolozzi. - 1. ed. - Rio de Janeiro : Record, 2023.

        Tradução de: Exploration Fawcett: journey to the lost city of Z
        Inclui índice
        ISBN 978-85-01-09333-2

        1. Fawcett, Percy Harrison, 1867-1925? - Viagem - Bolívia. 2. Fawcett, Percy Harrison, 1867-1925? - Viagem - Brasil. 3. Fawcett, Percy Harrison, 1867-1925? - Viagem - Peru. 4. Bolívia - Descrição e viagem. 5. Brasil - Descrição e viagens. 6. Peru - Descrição e viagem. I. Paolozzi, Vitor. II. Título.

22-80743   CDD: 918.04
                                      CDU: 910.4(8)

Gabriela Faray Ferreira Lopes - Bibliotecária - CRB-7/6643

Copyright © 1953 by Lt. Col. P.H. Fawcett

Título original em inglês: Exploration Fawcett: journey to the lost city of Z

Mapa e ilustrações: Brian Fawcett
Exceto onde indicado, todas as fotografias são do Cel. P. H. Fawcett.

Todos os direitos reservados. Proibida a reprodução, armazenamento ou transmissão de partes deste livro, através de quaisquer meios, sem prévia autorização por escrito.

Texto revisado segundo o Acordo Ortográfico da Língua Portuguesa de 1990.

Direitos exclusivos de publicação em língua portuguesa para o Brasil
adquiridos pela
EDITORA RECORD LTDA.
Rua Argentina, 171 – 20921-380 – Rio de Janeiro, RJ – Tel.: (21) 2585-2000,
que se reserva a propriedade literária desta tradução.

Impressso no Brasil

ISBN 978-85-01-09333-2

Seja um leitor preferencial Record.
Cadastre-se em www.record.com.br
e receba informações sobre nossos
lançamentos e nossas promoções.

Atendimento e venda direta ao leitor:
sac@record.com.br

A ventura de quem fica para trás é a mais severa de todas.
Por isso — porque ela, como minha parceira em tudo,
compartilhou comigo o fardo do trabalho registrado nestas
páginas —, este livro é dedicado à minha mulher,
"Cheeky".

Percy Harrison Fawcett
Stoke Canon, Devon, 1924

AGRADECIMENTOS

O autor deseja agradecer à sra. George Bambridge, filha do falecido Rudyard Kipling, pela permissão para citar dois versos do poema de seu pai "The Explorer". Agradecimentos também são prestados a Methuen and Co., Ltd., editores de *The Five Nations*, em que o poema aparece.

SUMÁRIO

Prefácio, *por Maria Guimarães* — 11
Prólogo, *por Brian Fawcett* — 17

I	As minas perdidas de Muribeca	23
II	O ídolo de pedra	39
III	Caminho para a aventura	47
IV	Na beira da selva	65
V	Ciclo da borracha	81
VI	Nascidos para sofrer	97
VII	O Acre	111
VIII	Rio da Maldade	129
IX	Interlúdio desagradável	149
X	Inferno envenenado	171
XI	13 de azar	193
XII	Bom selvagem	211
XIII	Teto do mundo	231
XIV	A curva da estrada	249
XV	Touros e *bultos*	259
XVI	Um vislumbre pré-histórico	281
XVII	A porta de entrada	305
XVIII	Sentindo o caminho	323
XIX	O véu do primitivo	333
XX	Na alvorada	349
XXI	Desce o véu	363
XXII	O mais sombrio continente	379

Epílogo, *por Brian Fawcett*
I Através do véu — 397
II O novo Preste João — 421

Índice remissivo e glossário — 439

PREFÁCIO
O miguelese, um mito

por Maria Guimarães

Percy Fawcett nasceu em 1967 na Inglaterra e desapareceu na Amazônia brasileira em 1925, com quase 60 anos, na busca obsessiva pela majestosa cidade perdida Z. Cabe, ainda, muita imaginação em torno de como foi o percurso final e qual foi o seu fim, junto com os companheiros Jack (seu filho mais velho) e Raleigh Rimmell.

Escrito no primeiro quarto do século XX, prestes a completar um século, o relato deste livro, elaborado pelo filho mais novo Brian Fawcett a partir de manuscritos, diários e cartas deixados pelo pai, tem as marcas da época em vários aspectos. Saltam logo aos olhos os termos que hoje buscamos relegar ao esquecimento: índios, selvagens, tribos, escravos negros, raça e afins. Não caberia atualizar, afinal o texto dos Fawcett é todo um retrato daquele momento em que o sertão e os confins da Amazônia eram uma terra ainda mais violenta e sem lei do que atualmente. A lei, aparentemente, se baseava em grande parte na aplicação de centenas de chibatadas aos homens que desviavam das regras estabelecidas, a ponto de músculos e pele se soltarem dos ossos.

Até onde este livro pode ser tomado como documento fidedigno de época, o preconceito e a desumanização dos indígenas e dos homens escravizados de origem africana eram práticas correntes que transformavam a morte em diversão — fosse ela resultante de assassinato deliberado ou de acidente sem socorro, como afogamentos transformados em espetáculo. Esse funcionamento da sociedade durante o ciclo da borracha é o mais chocante da leitura que se seguirá. Ainda hoje, sabemos, a região não é nem remotamente marcada pela gentileza nos encontros entre madeireiros, garimpeiros, fazendeiros e populações tradicionais — ribeirinhas ou indígenas.

12 A EXPEDIÇÃO FAWCETT

O abandono do termo "índio", reivindicado por aqueles a quem a denominação se dirige, vem de sua origem colonial. Seria um erro consequente da intenção da expedição de Pedro Álvares Cabral de ter chegado à Índia. Mas de acordo com a antropóloga e indigenista Marta Maria Azevedo, em entrevista concedida à revista *Pesquisa Fapesp* e publicada em novembro de 2022, não tem carga de preconceito — o que não se pode dizer de "bugre", muito usado em algumas regiões do país como o Mato Grosso do Sul. Embora ela afirme que o mais correto seja referir-se a "integrantes de povos originários", não é o que sai de sua boca quando fala de uma vida dedicada a defender os interesses indígenas. "Tenho ficado mais atento na hora de escrever", me contou também o indigenista e fotógrafo Renato Soares, que calcula ter convivido com mais de 80 povos ao longo das últimas quatro décadas, nas quais se especializou em registrar comunidades autóctones amazônicas. Mas nunca levou bronca por rotineiramente se referir aos seus anfitriões como "índios". Provavelmente por manifestar delicadeza e respeito suficientes para ganhar sua confiança. Melhor do que usar termos genéricos é nomear a etnia, ele avisa. São povos distintos, afinal.

As viagens amazônicas do coronel Fawcett começaram em 1906, quando recebeu da Sociedade Geográfica Real a missão de demarcar fronteiras na Bolívia. As agruras e aventuras em meio à floresta não só o tiraram da monotonia doméstica, mas o capturaram para sempre. Depois disso, os períodos que passou de volta à Europa com a família foram marcados pelo desassossego e pela urgência interna de voltar à exploração daquele mundo repleto de desconhecido. Seu relato denota interesse pela geografia, geologia e a natureza dos lugares por onde passou. As descrições de paisagens — que incluem hipóteses de movimentos tectônicos para a formação de lagos e da cordilheira dos Andes, por exemplo —, dos tipos de animais e das pessoas de diferentes origens e etnias que encontrava tornam este livro um rico documento de história natural e antropologia. Ele demonstra grande interesse pelas comunidades indígenas, que descreve em termos de cor da pele, de maneira de (não) se vestir, de costumes, de índole e de conhecimento. Nas cidades, a ecologia passava por política, corrupção, depravação. E violência, diante da qual o coronel manifesta indignação. Embora "selvagem" seja, em sua linguagem, sinônimo de "índio", a selvageria maior aparece sempre por mãos brancas. Os conflitos raciais entre negros, indígenas e brancos eram constantes e variados.

Fawcett contou como se aproximava, com cautela e sem armas, para obter contato com nativos — o que fazia sempre que passava perto de alguma comunidade, mesmo que aconselhado a manter distância. Descreveu alguns povos com admiração, mas estava longe de considerá-los iguais: era um inglês com mentalidade de dominar o mundo, segundo Renato Soares. A superioridade europeia aparece no relato com alguma frequência, como na busca por acomodações dignas para brancos em hospedarias ou embarcações.

As observações de Fawcett parecem levar a uma compreensão nada consensual da vida indígena. Ele afirma que os povos nativos não escolheriam viver em locais onde não fosse possível uma vida boa e farta, e que nesse contexto favorável gozavam de boa saúde — a não ser que seu modo de vida fosse contaminado pelos invasores externos. Ele também descreve uma ampla população longe dos grandes rios — áreas até hoje muitas vezes vistas como pouco prósperas. Os estereótipos de uma Amazônia inóspita e sem alimentos, e com uma população esparsa, são ainda hoje combatidos pelo arqueólogo Eduardo Góes Neves, que há décadas reúne evidências arqueológicas e recentemente descreveu, no livro *Sob os tempos do equinócio* (2022), a atuação dos povos indígenas ao longo dos milênios para moldar a região até a maneira como ela é hoje.

Mas o que incitou a busca de Fawcett por descobertas grandiosas foi tomar conhecimento, na Biblioteca Nacional do Rio de Janeiro, de um relato sobre uma expedição iniciada em 1743 por "um nativo de Minas Gerais" que chamou de Francisco Raposo. O texto, que ele descreve como difícil de ler e com muitas lacunas, conta a descoberta de uma monumental cidade perdida em meio à floresta. Imensos arcos de pedra com inscrições antigas, entalhes elaborados, esculturas e até uma moeda de ouro.

A partir da metade deste livro, a motivação da busca por civilizações perdidas torna-se uma constante, inicialmente com a motivação afirmada de curiosidade arqueológica sobre as sofisticadas civilizações que

14 A EXPEDIÇÃO FAWCETT

teriam precedido os povos daquele momento: "jogar alguma luz sobre a escuridão da história do continente". Certamente não poderia deixar de ser espantoso, para um europeu, chegar a um país sem memória. Mas logo transparece a atração pelo ouro, ainda que Fawcett se defendesse quanto a buscar a riqueza por si só — embora parecesse muito desejável a possibilidade de se instalar com a família em uma confortável casa que construiria na deslumbrante paisagem do Rio de Janeiro. Renato Soares qualifica como romantização a ideia de que Fawcett buscava civilizações ou a fonte da juventude. "Ele queria minério."

Depois de cerca de 15 anos embrenhado na floresta, entrando em contato com as ameaças mais diversas — de origem humana, animal ou de doenças —, essa busca foi o fim do coronel Fawcett. Depois de 1925, várias expedições foram à Amazônia com a missão de encontrar a sua pista. Muitas não voltaram. Uma das investigações foi feita pelo indigenista Orlando Villas Bôas, que nos últimos 15 anos de vida conviveu muito com Soares, de quem foi amigo. Depois de conversar com integrantes da etnia Kalapalo, apontados como os últimos a estar com o coronel britânico e seus companheiros, ele concluiu que os indígenas os teriam matado, irritados com a presença impositiva daquele que batia no peito e dizia: "mim, inglês" — daí o apelido "miguelese". "É muito comum o índio eliminar aqueles que se tornam intrusos em suas terras", escreveram Cláudio e Orlando Villas Bôas no livro *Almanaque do sertão* (1997).

De acordo com os relatos de Villas Bôas, há muitos detalhes pouco verossímeis na história. As extensas distâncias e o terreno daquela região não poderiam ser transpostos da maneira como foi descrita, sendo intransitáveis por cavalos ou mesmo jegues. Muito do engano poderia vir da interpretação de Brian, pouco conhecedor da região, eles inferem. A maneira desarmada e gentil que Fawcett afirmava adotar no contato com os grupos indígenas também não é a história toda. "Essa é a maneira de fazer a aproximação, mas não significa que as intenções sejam pacíficas ou que o objetivo não seja engambelar", diz Soares, para quem Fawcett era um inglês com mentalidade de dominar o mundo, não um herói.

No relato de Villas Bôas, os kalapalo contaram sobre o miguelese se comportar de forma truculenta com meninos e sobre não cumprir o prometido no pagamento por favores. E mostraram onde estavam as ossadas dos três exploradores, que depois de analisadas no Instituto Antropológico Real, em Londres, concluiu-se que a estatura não era compatível com a do coronel Fawcett. De acordo com Soares, a conclusão de Villas Bôas foi outra: uma fratura e uma dentadura eram compatíveis com o histórico do inglês. E diz mais: para o filho, Brian, valia mais ter um mito do que uma ossada. Em *Almanaque do sertão*, os Villas Bôas sugerem: "Hoje — 1990 e tantos — um exame de DNA seria uma pá de cal no assunto!" Soares conta que uma neta de Fawcett tinha aceitado ceder uma amostra sua para essa análise, mas ao fim recuou, se dizendo impedida.

Historicamente, os homens brancos, com frequência, entram na Amazônia como invasores e são reconhecidos como inimigos pelos habitantes locais. Diante disso, o sumiço da expedição do coronel Fawcett não é um desfecho inesperado. É muito mais interessante, porém, imaginar que ele sobrevivera e teria sido visto depois, como atestam repetidos relatos. De acordo com o jornalista Antonio Callado no livro *Esqueleto na lagoa verde* (1953), nessa época, Brian ainda acalentava a possibilidade de o irmão Jack ter se estabelecido em alguma aldeia, seduzido pela vida simples e natural e com potencial de contribuir para a melhoria da sociedade indígena. O pai já estaria velho demais para permitir qualquer esperança de reencontro.

PRÓLOGO

"Que história!"

Pousei a última folha do manuscrito com pesar. Era como dar adeus a um amigo íntimo. Durante vários dias eu passara as horas do almoço no escritório lendo hipnotizado esta narrativa que recentemente caíra em minhas mãos. Nem mesmo a dificuldade de decifrar a caligrafia pequena e apertada pôde me afastar da sensação de aventura pessoal enquanto em pensamento eu acompanhava meu pai em suas expedições, compartilhando com ele as dificuldades, vendo através de seus olhos o grande objetivo, sentindo com ele um pouco da solidão, das desilusões e dos triunfos.

Olhando pelas janelas do meu escritório para o cinza plúmbeo do inverno na costa peruana, senti a vastidão da América do Sul. Além da barreira dos Andes, erguendo-se para o leste acima da cobertura baixa e úmida de nuvens, ficavam as enormes extensões das florestas, hostis e ameaçadoras, guardando segredos invioláveis dos mais audazes. Rios retorcendo-se loucamente através das silenciosas cortinas de selva — rios indolentes e lamacentos cheios de morte. Florestas em que a vida animal podia ser ouvida, mas não vista; pântanos infestados de cobras; matas famintas, assombradas pela febre; selvagens prontos a resistir com flechas envenenadas a qualquer invasão de sua privacidade. Eu conhecia um pouco disso — o suficiente para permitir que seguisse vivamente meu pai nas páginas do manuscrito, enquanto ele me levava junto de volta para o barbarismo dos últimos anos do ciclo da borracha, com toda a sua depravação e crueldade; ao silêncio de inexplorados rios limítrofes; e, finalmente, em busca dos restos perdidos de uma civilização outrora poderosa.

O manuscrito não me era inteiramente novo. Lembrava-me dele escrevendo-o antes de eu vir para o Peru em 1924, e, ocasionalmente, ouvindo-o ler trechos em voz alta. Mas jamais foi terminado. Faltava um final a ser acrescentando posteriormente — o grande clímax que sua última expedição deveria ter fornecido. Mas a floresta, ao permitir-lhe um vislumbre de sua alma, cobrou sua vida como pagamento. As páginas

18 A EXPEDIÇÃO FAWCETT

que ele escrevera com a confiança de uma conquista segura tornaram-se parte das patéticas relíquias de um desastre cuja natureza não tínhamos meios para conhecer.

Quando faltam provas da morte não é fácil acreditar que um membro da família jamais será visto novamente. Minha mãe, que tinha em sua posse o manuscrito, estava convencida de que algum dia o marido e o filho mais velho retornariam. De modo algum é estranho que ela pensasse assim. Relatos do destino do grupo do meu pai chegavam constantemente, alguns críveis, alguns fantásticos, mas nenhum conclusivo. Mas a crença de que meu pai escreveria o clímax da sua própria história não foi a única razão para impedir a publicação do manuscrito. Também havia o desejo de manter alguma medida de segredo quanto à suposta localização do seu objetivo, não por motivos de ciúmes, mas porque ele próprio, temendo pela perda de outras vidas por sua causa, nos encorajou a fazermos todo o possível para não incentivar expedições de resgate caso seu grupo não regressasse.

Mais de quinze anos se passaram desde que ele partiu naquela expedição fatal no Mato Grosso, e aqui finalmente está a história de tudo que conduziu a ela. Eu não vira anteriormente o seu trabalho na América do Sul com uma perspectiva real. Eu conhecia os principais eventos, mas não tinha o material necessário para juntá-los em minha mente num todo completo.

— Você, como o único filho vivo, deve ficar com todos os papéis dele — disse minha mãe enquanto tirava de um baú os diários de viagens, cartas e manuscritos e os entregava a mim. Item por item, levei-os para o escritório para examiná-los durante o longo período de almoço na América do Sul, já que eu valorizava essas duas horas silenciosas mais para fazer minhas coisas do que para comer. Era o meu momento habitual para escrever e estudar.

Terminei a leitura do manuscrito com uma crescente determinação de publicá-lo — cumprindo tanto quanto possível o objetivo do meu pai ao escrevê-lo. Esse objetivo era o de estimular um interesse no mistério do subcontinente, o qual, se solucionado, poderia alterar toda a nossa concepção do mundo antigo. Senti que era hora de a história completa ser contada.

PRÓLOGO **19**

Mas uma guerra estava em curso. A ferrovia na qual eu trabalhava como engenheiro mecânico era um projeto de guerra, e pouco após começar com entusiasmo a datilografar o manuscrito as circunstâncias tiraram de mim a maior parte do tempo livre. Talvez tenha sido melhor, porque quando uma aparência de normalidade por fim ressurgiu eu pude ver que a tarefa era muito complexa para ser meramente um passatempo. Ela exigia minha atenção integral; assim, o trabalho não foi feito antes que eu desistisse totalmente da ferrovia.

A arte seria capaz de urdir a estrutura de um conto com o material de um único dos episódios narrados. Eu hesitei em divulgar uma história tão desequilibrada em seus episódios, ainda mais sem um clímax — o grande clímax que deveria ter. Mas, refleti, não se tratava de uma tentativa de atingir a beleza na expressão literária — era a narrativa pessoal de um homem sobre o trabalho e as aventuras da sua vida; escrita sem arte, certamente, mas um registro sincero de acontecimentos reais.

"Fawcett, o sonhador" era como o chamavam. Talvez estivessem certos. É um sonhador qualquer homem cuja imaginação ativa enxerga as possibilidades de descoberta além dos limites do conhecimento científico sancionado. Um sonhador que é investigador, e um investigador que se torna pioneiro. Mas ele também era um homem prático — um homem que em seu tempo se destacou como militar, como engenheiro e como esportista. Seus bicos de pena foram aceitos pela Academia Real. Ele jogou críquete por sua região. Não causa surpresa que o jovem oficial de artilharia que com vinte e tantos anos construiu sozinho dois bem-sucedidos iates de competição, que patenteou a "curva ictoide" — que somou nós à velocidade de um cúter — e que recebeu uma proposta de trabalho como consultor de design numa eminente empresa construtora de iates mais tarde obtivesse extraordinário êxito na difícil e arriscada delimitação de fronteiras que, na grande loucura da borracha, eram sangrentamente disputadas por três países. Sim, ele sonhava; mas seus sonhos se fundavam na razão e ele não era o tipo de homem que se esquivava de transformar teoria em fato.

"Fawcett, o místico!"

Uma acusação, talvez, ou uma sutil sugestão de excentricidade para explicar a tenacidade com que ele seguia o que muitos consideravam nada mais que fantasia. Mas qualquer homem que busca conhecimento além do roteiro se arrisca a ser visto como "místico". Ele não fazia segredo do interesse pelo oculto, e isso tem sido negativamente citado; a insinuação de que qualquer um crédulo o bastante a ponto de acreditar em "feitiçaria paranormal" não deve ser levado a sério. Há pessoas respeitadas nos mundos das ciências e das letras que poderiam ser condenadas sob a mesma perspectiva! Afinal de contas, ele era um explorador — um homem de mentalidade inquisitiva cujo desejo por conhecimento o levou a explorar inúmeras vias. Místico ou não, seu trabalho como geógrafo recebeu reconhecimento científico e foi incorporado a mapas oficiais.

Mas o sonhador e o místico se dissolviam na essência do explorador, arqueólogo e etnólogo quando estava seguindo uma trilha, e é essencialmente das expedições que trata seu manuscrito. Certa dose de edição foi inevitável. De tempos em tempos, de assentamentos remotos, ele escrevia detalhadas cartas à minha mãe — cartas que levavam meses para chegar das selvas à civilização. Eu salpiquei o texto com citações tiradas dessas cartas; e também dos diários de viagens que cobrem todas as expedições até a última.

Que pena que o registro da última e malfadada viagem não veio à luz! Ainda está por ser descoberto — quem sabe?

Brian Fawcett

"Uma voz, tão terrível quanto a Consciência, pedia mudanças
[intermináveis.
Em um perpétuo Sussurro, repetido dia e noite — assim:
'Algo escondido. Vá e descubra. Vá e olhe atrás da Cordilheira...
Algo perdido atrás da Cordilheira. Perdido e à sua espera. Vá!'"

Rudyard Kipling, *The Explorer*

CAPÍTULO I
AS MINAS PERDIDAS DE MURIBECA

Quando Diogo Álvares lutou para vencer as correntes do Atlântico rumo à terra nos restos do naufrágio de uma caravela, foi parar, exausto, numa costa totalmente desconhecida por este português do século XVI. Apenas 24 anos antes, Colombo descobrira o Novo Mundo e incendiara a imaginação dos aventureiros ibéricos. A alvorada do conhecimento estava apenas despontando após a noite escura da Idade Média; o mundo em sua totalidade ainda era um mistério e cada aventura para investigá-lo revelava novas maravilhas. A fronteira entre mito e realidade não estava delimitada e o aventureiro enxergava visões estranhas com um olhar distorcido pela superstição.

Aqui, na costa do Brasil onde hoje fica a Bahia, tudo podia existir. Atrás dos limites da floresta no topo daqueles penhascos certamente se encontrariam coisas espetaculares e ele — Diogo Álvares — seria o primeiro da sua raça a colocar os olhos nelas. Poderia haver perigo vindo dos nativos do território — talvez até mesmo aquela gente estranha, metade humana, metade monstro que, segundo dizia a lenda, vivia nessa terra —,

24 A EXPEDIÇÃO FAWCETT

mas teria que enfrentá-los se quisesse encontrar comida e água. O espírito do pioneiro o havia levado a se juntar à desditosa viagem; movia-o para a frente, e nada exceto a morte poderia detê-lo.

O lugar em que ele desembarcou, único sobrevivente do naufrágio, ficava no território dos canibais tupinambás. Talvez tenha escapado de ser comido por sua singularidade; talvez seus captores achassem que fosse um triunfo, em relação às tribos vizinhas, exibir seu prisioneiro vivo. Por sua salvação, os portugueses tinham que agradecer principalmente a uma moça índia chamada Paraguaçu, a Pocahontas da América do Sul, que teve uma queda por ele e tornou-se sua mulher — no fim, a favorita entre várias.

O marinheiro português viveu por muitos anos entre os índios. Um grupo de conterrâneos veio ao Brasil e ele pôde estabelecer relações amistosas entre os europeus e os selvagens. Por fim, conseguiu se casar com Paraguaçu, e uma irmã dela casou-se com outro aventureiro português. O filho do casamento da irmã, Melchior Dias Moreyra, passou a maior parte da vida com os índios, sendo conhecido por eles como Muribeca. Ele descobriu muitas minas e acumulou vastas quantidades de prata, ouro e pedras preciosas, que eram transformados pelas habilidosas tribos tapuias em tesouros tão maravilhosos que os primeiros colonizadores europeus se enchiam de inveja.

Muribeca teve um filho chamado Robério Dias, que ao crescer adquiriu grande familiaridade com as minas onde se originou a enorme fortuna do pai. Por volta de 1610, Robério Dias procurou o rei português, D. Pedro II, com uma oferta pela qual entregaria as minas em troca do título de marquês das Minas. Ele exibiu uma valiosa amostra de minério com prata e fez a tentadora promessa de que existia mais prata ali que ferro em Bilbau. Apesar de acreditarem apenas parcialmente em suas palavras, a cobiça real por tesouros foi forte o bastante para que uma patente para o marquesado fosse preparada.

Se Robério Dias pensou que sairia da corte como marquês, enganou-se. O velho D. Pedro II era astuto demais para isso. A patente foi selada e enviada a uma comissão que somente a entregaria após a localização das minas. Por seu lado, Dias tinha suspeitas. Ele não era do tipo que acreditava cegamente no rei. Enquanto a expedição encontrava-se a alguma distância da Bahia, ele conseguiu persuadir o oficial no comando da comissão a abrir o envelope e deixá-lo olhar a patente. Ele descobriu que o que o aguardava era um comissionamento militar como capitão — nenhuma palavra sobre marquesado! Isso definiu tudo. Dias recusou-se a entregar as minas e o enfurecido oficial levou-o à força de volta para a Bahia, onde foi jogado na prisão. Ali permaneceu por dois anos, quando, então, teve permissão para comprar sua liberdade por 9 mil coroas. Em 1622, morreu, e o segredo das minas jamais foi revelado. Diogo Álvares estava morto havia muito tempo; o próprio Muribeca já partira, nenhum índio falaria nem mesmo sob as mais terríveis torturas e, assim, D. Pedro teve que amaldiçoar o seu logro pouco perspicaz e ficar lendo e relendo os relatórios oficiais das análises feitas das amostras de Robério Dias.

O segredo das minas se perdeu, mas durante anos expedições varreram o país num esforço para encontrá-las. À medida que fracasso seguiu fracasso, a crença em sua existência dissipou-se para sobreviver somente como mito, contudo, sempre havia algumas almas vigorosas prontas a enfrentar selvagens hostis e lenta inanição pela chance de descobrir uma Nova Potosí.

A região além do rio São Francisco era tão desconhecida dos colonizadores portugueses da época quanto as florestas do Gongogi são para os brasileiros de hoje. Uma expedição seria muito dificultosa. Não apenas era complicado demais enfrentar hordas de índios selvagens disparando flechas envenenadas atrás de barreiras impenetráveis, como não havia comida disponível para sustentar uma expedição grande o suficiente para se proteger dos ataques. Contudo, uma após a outra aventurou-se, e da grande maioria nunca mais se ouviu falar. Chamavam essas expedições de bandeiras, porque contavam com patrocínio oficial, sendo acompanhadas por tropas governamentais e, geralmente, por um contingente de missionários. Ocasionalmente, civis se uniam com o mesmo objetivo, armavam um grupo de negros escravos, alistavam índios domesticados como guias e desapareciam no sertão, às vezes por anos, quando não para sempre.

26 A EXPEDIÇÃO FAWCETT

Se você é romântico — e a maioria de nós é, eu creio —, vê nisso o cenário para uma história tão fascinante que não encontra nada igual como comparação. Eu próprio fiquei nessa situação ao ver-me diante de um velho documento até hoje preservado no Rio de Janeiro e, à luz de evidências extraídas de fontes diversas, acredito nele totalmente. Não vou oferecer uma tradução literal do estranho relato feito no documento — o manuscrito em português, de difícil leitura, está incompleto em várias passagens —, mas a história tem início em 1743, quando um nativo de Minas Gerais, cujo nome não foi preservado, decidiu empreender uma busca pelas Minas Perdidas de Muribeca.

Francisco Raposo — tenho que identificá-lo por algum nome — não iria ser detido por feras selvagens, cobras venenosas, selvagens e insetos em seu objetivo de enriquecer, bem como seus acompanhantes, da mesma maneira que acontecera com os espanhóis no Peru e no México apenas dois séculos antes. Eles formavam um grupo combativo, esses antigos pioneiros — supersticiosos, talvez, mas quando o ouro chamava todos os obstáculos caíam no esquecimento.

Era sempre difícil levar animais de carga pelo interior sem trilhas. Havia inúmeros rios e pântanos por todas as partes; as pastagens eram inadequadas e os contínuos ataques de morcegos-vampiros logo acabavam com os animais. O clima ia do extremo frio ao forte calor, e à seca total seguiam-se dias de grandes inundações, fazendo com que uma boa parte dos equipamentos tivesse que ser carregada. No entanto, Raposo e seu bando deram pouca importância a esses problemas e partiram esperançosos.

Só mais tarde descobri exatamente para onde eles foram. Grosso modo, era na direção norte. Não havia mapas do território naqueles dias e nenhum membro do grupo tinha qualquer noção sobre navegação terrestre, de modo que as pistas que constam no registro deixado são completamente inconfiáveis. Índios os acompanhavam em trechos e sugeriam as rotas — quando não contavam com essa ajuda meramente perambulavam pelo desconhecido e deixavam à sorte o encontro com o cobiçado objetivo. À maneira de todos os pioneiros, viviam dos peixes e animais que conseguiam caçar e de frutas e hortaliças roubadas de plantações indígenas ou mendigadas a tribos amistosas. Era uma subsistência complicada, porque há poucos animais silvestres na natureza sul-americana, mas os homens tinham uma vida mais simples naqueles dias e, consequentemente, sua tolerância era maior. Raposo, seus compatriotas e os escravos negros sobreviveram para continuar na busca por dez anos. Sem contar os índios que de tempos em tempos se juntavam a eles, e desapareciam quando bem entendiam, o grupo contava com dezoito integrantes. Talvez tenha sido o segredo da sobrevivência, já que as bandeiras normalmente somavam pelo menos quinhentas pessoas; há o registro de uma com 1.400 membros, e nenhum deles jamais retornou! Poucos podem viver onde muitos morreriam de fome.

Chegou um momento em que o grupo estava novamente indo no rumo leste, na direção dos assentamentos no litoral, cansado dessa caminhada aparentemente interminável e desencorajado pelo fracasso na localização das minas perdidas. Raposo estava quase pronto a considerá-las um mito e seus companheiros havia muito já tinham decidido que não existiam. Eles haviam atravessado pântanos e terreno tomado por arbustos quando surgiu à frente uma serra, logo depois de uma planície com mato interrompida por pequenas faixas de floresta verdejante. Em sua narrativa, Raposo a descreve poeticamente, "parecia alcançar as regiões etéreas e servir como um trono para o vento e as próprias estrelas". Quem quer que tenha passado meses sem fim na monótona regularidade das planícies apreciará essa rapsódia.

Não eram montanhas comuns. Quando o grupo se aproximou, as laterais se acenderam, porque havia chovido e os raios do sol poente se refletiam em rochas molhadas ricas em cristais e no levemente opaco quartzo, tão presente nessa parte do Brasil. Para os ansiosos exploradores, elas pareciam decoradas com gemas. Feixes saltavam das rochas e acima do cume da serra formou-se um arco-íris, como que para indicar que um tesouro se escondia na sua base.

— Um presságio! — gritou Raposo. — Vejam! Encontramos o local do tesouro do grande Muribeca!

A noite chegou e os forçou a acampar antes de alcançarem o sopé daquelas maravilhosas montanhas; e, na manhã seguinte, quando o sol

28 A EXPEDIÇÃO FAWCETT

surgiu atrás delas, os penhascos pareceram escuros e ameaçadores. O entusiasmo se desvaneceu; mas sempre há algo de fascinante a respeito das montanhas para o explorador. Quem sabe o que se pode ver do alto delas?

Aos olhos de Raposo e seus camaradas, a altura era enorme e quando chegaram a elas descobriram precipícios escarpados, intransponíveis. O dia inteiro lutaram para vencer rochas e fendas, procurando por um caminho para escalar aquelas laterais vítreas. Havia cascavéis por todo lado — e ainda não há soro contra a picada das espécies brasileiras. Exausto pelo rigor da escalada e pela vigilância constante para evitar as cobras, Raposo determinou uma parada.

— Três léguas e ainda nada de caminho para cima — disse. — É melhor voltar à velha trilha e encontrar uma rota para o norte. O que acham?

— Acampamento! — foi a resposta. — Vamos acampar. Já tivemos o bastante por um dia. Amanhã podemos voltar.

— Muito bem — respondeu o líder, falando então para dois homens:

— Vocês, José e Manoel, vão procurar madeira para a fogueira!

O acampamento foi montado e o grupo descansava quando gritos confusos e um barulho na mata colocaram todos de pé, de armas nas mãos. José e Manoel apareceram.

— Patrão, patrão! — gritaram. — Encontramos. O caminho para cima!

Procurando por madeira nos arbustos, eles viram uma árvore morta na ponta de um riacho cercado por árvores. Era o melhor combustível para se ter e, enquanto caminhavam na direção, um cervo saltou no outro lado do riacho e sumiu atrás de um canto do penhasco. Pegando as armas, os dois homens foram o mais rápido que puderam, porque era carne suficiente para vários dias.

O animal desaparecera, mas passando as rochas eles chegaram a uma fissura diante do precipício e viram que era possível atravessá-la rumo ao cume. Na excitação, o veado e a lenha foram esquecidos.

Todos desmontaram o acampamento imediatamente, colocando a carga nas costas e partindo com Manoel à frente. Com exclamações maravilhadas, entraram na fenda em fila única, descobrindo que ela se alargava um pouco adiante. Não era um progresso fácil e aqui e ali havia

AS MINAS PERDIDAS DE MURIBECA **29**

traços do que se parecia com um antigo calçamento; em alguns pontos, as paredes íngremes da fissura davam a impressão de exibir quase apagadas marcas de ferramentas. Ajuntamentos de cristais rochosos e massas espumosas de quartzo davam a sensação de estarem numa terra de conto de fadas. Na luz reduzida filtrada pelo emaranhado de trepadeiras acima, toda a mágica das impressões iniciais voltou.

A escalada foi tão difícil que três horas se passaram antes de emergirem, cansados e sem fôlego, numa saliência bem acima da planície circundante. Dali até a cordilheira o caminho era livre e em pouco tempo estavam no topo, lado a lado, encarando deslumbrados a visão que se oferecia abaixo.

Aos seus pés, a cerca de seis quilômetros, havia uma enorme cidade.

Sem demora, começaram a descida, colocando-se atrás das pedras com a esperança de os habitantes não terem distinguido suas figuras contra o céu no fundo, porque poderia ser uma colônia dos odiados espanhóis. Talvez pudesse ser uma cidade como Cusco, a antiga capital dos incas no Peru, habitada por uma raça de pessoas altamente civilizadas ainda resistindo à penetração dos invasores europeus. Seria talvez uma colônia portuguesa? Poderia ser um bastião dos orizes procazes, remanescentes dos misteriosos tapuias, que mostravam inconfundíveis sinais de terem sido no passado um povo extremamente civilizado.

Raposo mais uma vez arrastou-se até a ponta do cume e, ainda deitado, olhou ao redor. A cordilheira estendia-se até onde a vista alcançava, de sudeste a noroeste, e à distância, para o norte, na bruma, havia floresta contínua. Em primeiro plano, uma extensa planície verde e marrom, interrompida ocasionalmente por massas reluzentes de água. Ele podia ver onde uma continuação da trilha rochosa que tinham percorrido descia pelo lado de uma montanha até sumir da vista, ressurgir, dar voltas na planície e se perder na vegetação cercando as muralhas da cidade. Não se avistava nenhum sinal de vida. Nenhuma fumaça pairando no ar; nenhum som rompia o silêncio.

Ele fez um rápido sinal para os companheiros, que, um a um, rastejaram sobre o cume e desceram para se abrigar entre arbustos e pedras. Então, com cautela, foram para baixo pela lateral da montanha até o chão

30 A EXPEDIÇÃO FAWCETT

do vale, abandonando a trilha para um local de acampamento perto de um riacho de água limpa.

Nessa noite, não acenderam fogueiras e conversaram aos sussurros. Estavam impressionados pela visão de uma civilização depois dos longos anos na selva e de modo algum tinham a confiança de estarem seguros. Duas horas antes do pôr do sol, Raposo despachou dois portugueses e quatro negros para fazer um reconhecimento e descobrir que tipo de gente vivia nesse lugar misterioso. O resto do grupo esperou nervosamente, e cada ruído da floresta — cada barulho de inseto e cada sussurro de folhagem — era sinistro. Mas, ao voltar, os batedores nada tinham para contar. Por falta de cobertura, não puderam chegar muito perto da cidade, mas não viram nenhum sinal de ocupação. Os índios do bando estavam tão perplexos quanto Raposo e seus companheiros. Supersticiosos por natureza, para eles certas partes do território eram tabu e não escondiam a preocupação.

Raposo, todavia, conseguiu convencer um índio a ir sozinho investigar na manhã seguinte. Ninguém dormiu muito à noite e a curiosidade acerca do destino do homem impediu-os de descansar durante o dia. Ao meio-dia, ele retornou ao acampamento, obviamente aterrorizado e insistindo que a cidade estava deserta. Era tarde demais para avançar nesse dia e, assim, passaram mais uma noite sem descanso, prestando atenção nos estranhos sons da floresta ao redor, prontos para enfrentar algum perigo desconhecido a qualquer momento.

De manhãzinha, Raposo mandou na frente um grupo avançado de quatro índios, seguindo atrás rumo à cidade com o resto dos homens. Ao se aproximarem das muralhas cobertas por plantas, os índios os receberam com a mesma história — o lugar estava deserto — e, desse modo, com menos cautela seguiram a trilha até uma entrada sob três arcos formados por placas imensas de pedras. Essa estrutura ciclópica era tão impressionante — provavelmente, similar a muito do que ainda pode ser visto em Sacsayhuaman, no Peru — que ninguém ousou abrir a boca e passaram pelas pedras enegrecidas tão furtivamente quanto um gato.

Acima do arco central, caracteres de algum tipo estavam gravados na pedra gasta pelo tempo. Raposo, por menos culto que fosse, viu que não se tratava de escrita moderna. Uma sensação de grande idade pairava sobre tudo e foi preciso um nítido esforço para, numa voz rouca, dar a ordem para avançar.

Os arcos encontravam-se ainda em razoável estado de preservação, mas uma ou duas das colossais pilastras haviam se mexido levemente na base. Os homens atravessaram e entraram no que no passado fora uma ampla rua, mas agora repleta de pilares quebrados e blocos de pedra cobertos com a parasítica vegetação dos trópicos. De cada lado havia casas de dois andares construídas a partir de grandes blocos fixados com juntas sem cimento de precisão quase inacreditável, os pórticos, estreitos no alto e largos embaixo, decorados com elaborados entalhes do que assumiram ser demônios.

A descrição, vinda de homens que jamais haviam visto Cusco e Sacsayhuaman, ou as demais cidades maravilhosas do velho Peru — que eram incrivelmente antigas quando os incas pela primeira vez as encontraram —, não pode ser descartada com ligeireza. O que viram e descreveram tem correspondência com muito do que ainda podemos observar hoje. Aventureiros sem acesso à educação dificilmente teriam condições de inventar uma narrativa tão precisamente corroborada pelos restos ciclópicos agora familiares a tantos.

Havia ruínas em todas as partes, mas muitas construções contavam com telhados de grandes placas de pedra ainda em posição. Os que se aventuraram a penetrar nos interiores escuros e erguer suas vozes correram dos ecos que rebatiam em paredes e tetos abobadados. Era impossível dizer se restos de mobílias tinham sobrevivido, porque na maioria dos casos as paredes internas haviam ruído, cobrindo o chão com destroços, e as fezes dos morcegos, após séculos, formavam um grosso carpete. O lugar era tão velho que perecíveis como mobília e tecido devem ter se decomposto muito tempo atrás.

Amontoados como um bando de ovelhas assustadas, os homens continuaram pela rua até dar numa vasta praça. Ali, no centro, havia uma imensa coluna de pedra preta que apresentava a efígie, em perfeita conservação, de um homem com uma das mãos no quadril e a outra apontando para o norte. A majestade dessa estátua causou uma forte impressão nos

32 A EXPEDIÇÃO FAWCETT

portugueses e eles, em reverência, fizeram o sinal da cruz. Obeliscos esculpidos, da mesma pedra preta e parcialmente arruinados, postavam-se em cada canto da praça, enquanto ao longo de todo um lado havia uma construção de design e decoração tão esplêndidos que provavelmente tinha sido um palácio. As paredes e o teto tinham caído em muitas partes, mas suas grandes colunas quadradas continuavam intactas. Uma ampla escada de pedra conduzia a um vasto salão, onde traços de cor resistiam nos afrescos e entalhes. Milhares de morcegos voavam em círculos pelas escuras câmaras e o fedor acre de suas fezes era sufocante.

Os exploradores foram com satisfação para o ar livre. A figura de um jovem estava esculpida no que parecia ser a principal entrada. A representação mostrava um homem sem barba, nu da cintura para cima, com um escudo na mão e uma faixa no ombro. A cabeça ostentava o que parecia ser uma coroa de louros, julgando por estátuas gregas que tinham visto em Portugal. Embaixo havia caracteres notavelmente semelhantes aos da Grécia antiga. Raposo os copiou e depois os reproduziu em sua narrativa.

Em frente ao palácio encontrava-se a ruína de outra grande construção, evidentemente um templo. Entalhes gastos de pessoas, animais e pássaros cobriam as paredes sobreviventes, e sobre o portal havia mais caracteres que novamente Raposo, ou um de seus acompanhantes, copiou o mais fielmente possível.

Adiante da praça e da rua principal, a cidade jazia em total ruína, em algumas partes coberta por montes de terra desprovidos de mato ou qualquer outra vegetação. Aqui e ali havia grandes fendas, e quando os exploradores jogavam pedras nenhum som voltava para indicar o fundo. Agora havia pouca dúvida sobre o que devastara o local. Os portugueses conheciam terremotos e sabiam a destruição que podiam causar. Aqui, construções inteiras tinham sido engolidas, deixando talvez apenas uns poucos blocos esculpidos para mostrar seus lugares. Não era difícil imaginar o terrível cataclismo que pusera abaixo esse local glorioso, derrubara colunas e blocos pesando talvez cinquenta toneladas ou mais e que destruíra em questão de minutos o minucioso trabalho de mil anos!

O lado extremo da praça acabava num rio com cerca de trinta metros de largura, que fluía calmamente do noroeste e sumia na floresta distante.

No passado, uma bela alameda margeara o rio, mas as pedras agora estavam quebradas e boa parte caíra na água. No outro lado do rio havia campos outrora cultivados, ainda cobertos com mato abundante e por um carpete de flores. Arroz se propagara e aparecia nos pântanos rasos ao redor; nessa parte, as águas estavam agitadas com patos.

Raposo e seu grupo cruzaram o rio e os pântanos rumo a uma construção isolada a cerca de 400 metros, e os patos mal se desviaram deles. Para se chegar à construção era preciso vencer alguns degraus de pedras coloridas, já que ela se encontrava numa elevação e sua fachada estendia-se por 250 passos. A imponente entrada, atrás de um monólito quadrado com caracteres profundamente talhados, abria-se num vasto salão em que entalhes e decorações haviam resistido às depredações do tempo de maneira impressionante. Eles encontraram quinze câmaras ligadas ao grande salão e cada uma possuía a cabeça de uma cobra esculpida, com uma fina linha de água ainda fluindo para a boca aberta de outra serpente de pedra logo abaixo. O lugar poderia ter sido a escola de um sacerdócio.

A cidade estava deserta e arruinada, mas as cercanias de ricos campos forneciam muito mais comida para os exploradores do que eles podiam encontrar na floresta virgem. Assim, não causa surpresa que, apesar do espanto com o lugar, nenhum dos homens estava ansioso em ir embora. O temor deu lugar a uma volúpia por tesouros, e ela aumentou quando João Antonio — o único integrante da excursão mencionado pelo nome no documento — encontrou uma pequena moeda de ouro nos pedregulhos. Uma das faces trazia a efígie de um jovem de joelhos; na outra, um arco, uma coroa e algum tipo de instrumento musical. O lugar deve estar cheio de ouro, eles disseram a si mesmos; ao fugir, os habitantes devem ter levado somente as coisas mais urgentes para a sobrevivência.

O documento sugere a descoberta de tesouros, mas não há detalhes. Pode ser que a pesada aura de calamidade pairando sobre o local, no longo prazo, tenha sido demais para os nervos desses pioneiros supersticiosos. Talvez os milhões de morcegos os tenham detido. De qualquer forma, é improvável que tenham levado qualquer quantidade de tesouro, porque ainda precisariam realizar uma formidável jornada caso quisessem

34 A EXPEDIÇÃO FAWCETT

ver novamente a civilização e nenhum deles desejaria carregar mais peso do que os equipamentos que já levava.

Colher arroz dos pântanos e caçar patos — se é que se podia chamar de caçar — era perigoso. Sucuris grandes o suficiente para matar um homem eram comuns; e cobras venenosas, atraídas pelos animais, rastejavam por todos os lados, alimentando-se não apenas de pássaros, mas também de jerboas — "ratos que pulavam como pulgas" —, conforme a descrição do narrador. Cães selvagens, feras cinzentas grandes como lobos, assombravam as planícies, mesmo assim nenhum homem dormia na cidade. O acampamento foi montado perto do portão por onde entraram pela primeira vez, e dali eles assistiram no pôr do sol às legiões de morcegos emergindo das grandes construções para se dispersar no crepúsculo com um estéril murmúrio de asas, como se fosse o primeiro sinal de uma tempestade a caminho. De manhã, o céu ficava preto com andorinhas cobiçando a prolífica população de insetos.

Francisco Raposo não tinha ideia de onde estavam, mas finalmente decidiu seguir o rio floresta adentro, esperando que os seus índios se lembrariam dos pontos marcantes quando voltassem com uma expedição adequadamente equipada para retirar a riqueza das ruínas. Após 80 quilômetros, eles encontraram uma colossal cachoeira e na lateral do penhasco adjacente descobriram sinais inequívocos de mineração. Aqui, ficaram por mais tempo. Não faltava caça, vários dos homens estavam com febre e os índios mostravam-se nervosos quanto à possibilidade de tribos hostis nas proximidades. Abaixo da cachoeira, o rio se alargava numa série de lagoas pantanosas, da maneira como esses rios sul-americanos costumam fazer.

As investigações comprovaram que os supostos poços de minas eram buracos sem possibilidade de exploração, mas em suas entradas estava espalhada uma quantidade de rico minério de prata. Aqui e ali existiam cavernas abertas no penhasco à mão, algumas delas fechadas por enormes pedaços de pedra com gravações de estranhos hieróglifos. As cavernas podiam ser as tumbas dos monarcas e altos sacerdotes da cidade. Os homens tentaram em vão deslocar as pedras.

Os aventureiros imaginaram-se como homens ricos e concordaram em não falar nada a ninguém, exceto ao vice-rei, com quem Raposo tinha

AS MINAS PERDIDAS DE MURIBECA **35**

uma dívida de gratidão. Eles retornariam o mais rapidamente possível, tomariam posse das minas e extrairiam todo o tesouro da cidade.

Enquanto isso, uma equipe de batedores foi enviada para explorar rio abaixo. Após atravessar lagoas e águas paradas por nove dias, eles vislumbraram uma canoa remada por dois "brancos" com cabelos negros compridos e algum tipo de vestimenta. Eles dispararam uma arma para chamar atenção, mas a canoa apressou-se e desapareceu. Cansados do exaustivo trabalho de fazer grandes desvios ao redor de pântanos, e temerosos de prosseguir em número reduzido, eles voltaram à cachoeira.

Raposo sentiu a necessidade de cautela agora que ele e seus companheiros tinham fortunas ao alcance das mãos. Não estava com o menor desejo de arriscar um encontro com índios hostis e, assim, partiu para o leste. Após alguns meses de dura viagem, chegaram à margem do rio São Francisco, cruzaram dali para o Paraguaçu e, depois de algum tempo, chegaram à Bahia. Dali, ele enviou para o vice-rei, Dom Luiz Peregrino de Carvalho Menezes de Athayde, o documento do qual esta história é retirada.

Nada foi feito pelo vice-rei e ninguém sabe dizer se Raposo regressou ou não para a sua descoberta. De todo modo, jamais se ouviu dele novamente. Por quase um século o documento ficou arquivado no Rio de Janeiro, até que o governo do estado o recuperasse e decidisse comissionar um jovem padre para investigar. Essa exploração foi um total fracasso, aparentemente realizada sem muita inteligência.

Era difícil para uma administração mergulhada na estreita intolerância de uma todo-poderosa Igreja dar muito crédito a semelhante coisa como uma antiga civilização. Naqueles dias, o Egito ainda era um mistério e o espírito eclesiástico que deliberadamente destruiu os inestimáveis registros do Peru e do México prevalecia como nunca.

Sei que a cidade perdida de Raposo não é a única do tipo. O falecido cônsul britânico no Rio foi levado a um lugar desses em 1913 por um índio mestiço; mas era uma cidade de acesso bem mais fácil, em terreno não montanhoso e inteiramente imersa na floresta. Também se distinguia pelos restos de uma estátua num enorme pedestal preto no meio de uma

36 A EXPEDIÇÃO FAWCETT

praça. Infelizmente, uma forte tempestade causou a perda dos animais de carga e eles tiveram que voltar imediatamente para evitar a inanição.

Há outras cidades perdidas além dessas duas; e existem outros vestígios de uma civilização antiga, com seu povo agora degenerado, mas ainda preservando registros de um passado esquecido em múmias, pergaminhos e placas de metal gravadas. É um lugar exatamente como o descrito na história, mas bem menos arruinado por terremotos — e muito difícil de se acessar. Os jesuítas o conheciam, bem como um francês que neste século fez várias tentativas malsucedidas de visitá-lo. O mesmo tentou um certo inglês, bastante viajado no interior, que soubera do local por um velho documento em posse de jesuítas. Ele sofria de câncer avançado e ou morreu da doença ou se perdeu.

Eu provavelmente sou o único que conhece o segredo, e o obtive na dura escola da experiência na floresta, apoiada por cuidadoso exame de todos os registros disponíveis nos arquivos da República, como também por certas outras fontes de informação de maneira alguma fáceis de conseguir.

Fora da América do Sul, os detalhes que revelei aqui não são conhecidos, na verdade até mesmo os países mais atentos ao mistério sabem pouco a respeito. Não obstante, acadêmicos — tanto nativos como estrangeiros de considerável erudição no Brasil — concordam que uma velha e antiga civilização pode ser a única chave para o enigma das notáveis cerâmicas e inscrições descobertas. Eles conhecem as lendas em voga na época da Conquista e se dão conta da vasta extensão das florestas inexploradas.

Um eminente homem de letras brasileiro escreve que seus estudos o convenceram de que:

"Os autóctones da América viviam nas eras remotas num estado de civilização vastamente diferente do presente. Por uma série de razões, essa civilização se degenerou e tendeu a desaparecer, mas o Brasil é o país onde seus vestígios ainda podem ser procurados."

Ele acrescenta:

"Não é improvável que nas nossas ainda pouco conhecidas florestas possa haver ruínas de cidades antigas."

O general Cunha Mattos, fundador do Instituto Histórico do Rio, endossou fortemente essa opinião.

É minha crença que eles estão perfeitamente certos e somente espero que a iniciativa pública patrocine uma exploração responsável antes que os vândalos cheguem lá!

Brasileiros inteligentes apoiam a exploração e a pesquisa etnológica, como ficou evidente no discurso ao Congresso de História Natural no Rio de Janeiro em 1914, quando a Expedição Roosevelt, esplendidamente acompanhada ao longo da linha telegráfica do Mato Grosso até o rio da Dúvida,* foi saudada como "a inauguração de uma nova era que abre para nós um conhecimento das nossas terras ignoradas e dos povos que as habitam".

É mais do que isso: é pesquisa de interesse global, pois o que pode ser mais fascinante do que penetrar nos segredos do passado e jogar luz na história da própria civilização?

---

* Hoje chamado de rio Roosevelt, após a passagem da Expedição Científica Rondon-Roosevelt em 1912-13, liderada pelo marechal Cândido Rondon e pelo ex-presidente dos Estados Unidos Theodore Roosevelt Jr. [*N. do E.*]

CAPÍTULO II
O ÍDOLO DE PEDRA

Tenho em minha posse uma imagem[1] com cerca de 25 centímetros de altura esculpida num pedaço de basalto preto. Ela representa uma figura que traz no peito uma placa inscrita com uma série de caracteres; na altura dos tornozelos há uma faixa com escritos similares. Eu a ganhei de Sir H. Rider Haggard, que a obteve no Brasil e creio firmemente que veio de uma das cidades perdidas.

Há uma sensação peculiar percebida por todos que têm essa imagem nas mãos. É como se uma corrente elétrica corresse pelo braço, tão forte que algumas pessoas foram forçadas a pousá-la. Não sei explicar a razão disso.

Especialistas do Museu Britânico não souberam me dizer nada sobre a origem do ídolo.

— Se não é uma falsificação — afirmaram —, está muito além do nosso conhecimento!

---

[1]. Ver imagem 6 do encarte de fotos. [*N. do Org.*]

40 A EXPEDIÇÃO FAWCETT

Falsificações são feitas para serem vendidas como antiguidades, e qual seria a utilidade de produzir semelhante artigo se ninguém estava em posição de formar sequer uma opinião errada a respeito? Estou bem seguro de que não se trata de uma fraude, porque quatorze dos 24 caracteres inscritos nela surgem de forma separada em várias peças de antigas cerâmicas brasileiras.

Pude pensar em somente uma maneira de descobrir o segredo da imagem de pedra: por meio da psicometria — um método que pode evocar desdém de muita gente, mas é amplamente aceito por aqueles capazes de manter suas mentes livres de preconceitos. A ciência da psicometria, reconhecidamente, dá seus primeiros passos nos países ocidentais, embora seja altamente desenvolvida no Oriente; e é preciso muito cuidado para filtrar dos resultados os resíduos de comunicação telepática passíveis de se misturarem. Ela se baseia na teoria de que todo objeto material preserva o registro de suas vicissitudes físicas e que esse registro se encontra disponível a uma pessoa sensível o bastante para captar as vibrações específicas envolvidas. A analogia de um receptor de rádio de maneira alguma é inapropriada, pois a ciência da comunicação radiofônica está aprofundando-se no que cem anos atrás seria considerado rematada superstição. De qualquer modo, vou apresentar os fatos e deixar a você aceitá-los ou rejeitá-los, conforme achar melhor.

Eu não conhecia previamente o psicometrista que segurou a imagem em uma das mãos e, em total escuridão, escreveu o seguinte:

Eu vejo um grande continente de formato irregular estendendo-se da costa norte da África até a América do Sul. Inúmeras montanhas se espalham por sua superfície e aqui e ali um vulcão parece prestes a entrar em erupção. A vegetação é abundante e de uma natureza tropical ou subtropical.

No lado africano do continente a população é esparsa. As pessoas são bem-formadas, mas de uma classe variada e indefinida, de compleição bastante escura, mas não negroide. Suas características mais marcantes são malares pronunciados e olhos de brilho penetrante. Devo dizer que sua moral deixa muito a desejar e que seus cultos beiram a demonologia. Vejo vilas e cidades revelando sinais de uma civilização razoavelmente avançada e há certas construções ornadas que acredito serem templos.

Aparentemente, sou transportado pelo território até a região oeste. Aqui, a vegetação é densa, a flora, esplêndida, e os habitantes, muito superiores aos demais. O campo é montanhoso e templos elaborados são parcialmente talhados nas laterais dos penhascos, com suas fachadas protuberantes apoiadas por colunas lindamente esculpidas. Procissões do que aparentemente são sacerdotes entram e saem desses templos e um alto sacerdote, ou líder, veste um peitoral similar ao da imagem que estou segurando. Está escuro dentro dos templos, mas sobre os altares há a representação de um grande olho e todo o ritual parece ser de uma natureza oculta, somado a um sistema sacrificial, embora se humano ou animal eu não consiga determinar.

Em várias partes do templo há algumas efígies como a que está na minha mão — e esta claramente era o retrato de um sacerdote de elevada posição. Vejo que o alto sacerdote a pega e entrega a outro sacerdote, com instruções de guardá-la cuidadosamente e no tempo devido passá-la a um escolhido, que por sua vez deverá transmiti-la adiante até que caia na posse de uma reencarnação da pessoa que retrata, quando inúmeras coisas esquecidas serão elucidadas por meio de sua influência.

A enorme população das cidades ocidentais parece consistir de três classes: a hierarquia e o partido governante sob um monarca hereditário, uma classe intermediária e os pobres ou escravos. Essas pessoas são os absolutos senhores do mundo e a magia negra é praticada em alarmante extensão por muitas delas.

Ouço uma voz dizendo:

— Vejam o destino dos presunçosos! Eles consideram que o Criador está sob sua influência e sujeito a seus poderes, mas o dia da punição chegou. Esperem e assistam!

Então vejo vulcões em violentas erupções, lava em chamas escorrendo pelos lados e toda a terra treme com uma poderosa reverberação sonora. O mar se levanta como num furacão e uma grande porção de terra, no leste e no oeste, desaparece sob as águas, deixando a parte central inundada, mas visível. A maioria dos habitantes são ou afogados ou destruídos pelos terremotos. O sacerdote a quem a efígie foi dada corre da cidade que afunda na direção das colinas, onde esconde a imagem sagrada e depois prossegue em sua fuga para o leste.

Algumas das pessoas acostumadas com o mar pegam barcos e partem; outras escapam para as montanhas centrais, onde recebem a companhia de refugiados do norte e do sul.

A voz diz:

— O julgamento de Atladta será o destino de todos aqueles que consideram ter poderes deíficos!

Não consigo obter uma data precisa da catástrofe, mas aconteceu muito antes da ascensão do Egito e foi esquecida — exceto, talvez, na mitologia.

Quanto à imagem, é uma propriedade maligna para aqueles sem afinidade com ela, e devo dizer que é perigoso rir disso...

Outros psicometristas seguraram a imagem e transmitiram impressões muito parecidas com a acima. De todo modo, qualquer que seja sua história, vejo como uma possível chave para o segredo da cidade perdida da minha busca, e quando a expedição prosseguir ela me acompanhará. A conexão de Atlântida com partes do que hoje é o Brasil não deve ser descartada desdenhosamente e a crença nela — com ou sem corroboração científica — oferece explicações para muitos problemas que, de outro modo, são mistérios insolúveis. Posteriormente, terei muito mais a dizer sobre esse assunto.

Na época em que escrevo estas palavras,[2] estou à espera, com a paciência que posso reunir, da concretização de planos para a próxima expedição para procurar a cidade descoberta por Raposo e seu grupo. Agora tenho o que acredito ser a direção correta e, se nada imprevisto acontecer, chegaremos a ela. Tendo em mente as condições extremas da jornada, nenhum risco será tomado na seleção dos seus membros. Fui impedido de

---

2. O trecho foi escrito em 1923. [*N. do Org.*]

O ÍDOLO DE PEDRA **43**

alcançar meu objetivo antes por falta de resistência de meus companheiros e com frequência lamentei não estar em meus poderes consegui-lo sozinho. Não será um grupo de exploração com amenidades, com um exército de carregadores, guias e animais de carga. Expedições inchadas assim não chegam a parte alguma; elas rodam nas margens da civilização, desfrutando a publicidade. Onde a verdadeira selva começa não se deve ter carregadores, pelo medo em relação aos selvagens. Animais não podem ser levados pela falta de pastagem e dos ataques de insetos e morcegos. Não há guias, porque ninguém conhece o terreno. É uma questão de limitar o equipamento ao mínimo absoluto, carregando tudo você mesmo e confiando que a sobrevivência será possível travando-se amizade com as várias tribos que se encontra. Caça pode ou não ser encontrável; essa chance faz com que seja desejável uma espingarda de calibre 22, mas mesmo isso é um fardo que incomoda. Certamente, o peso de carabinas de velocidade, revólveres e munição está fora de questão. É muito mais perigoso atirar numa fera enorme do que deixá-la em paz e quanto aos selvagens — bem, o selvagem que tem a intenção de matá-lo é invisível; e uma carabina não pode competir com dardos ou flechas envenenados numa emboscada na floresta!

Meu filho mais velho, Jack, me acompanhará na próxima viagem e o terceiro membro do grupo será seu amigo de escola Raleigh Rimell, que no momento está em Los Angeles, Califórnia. Não vejo Raleigh há muito tempo e, portanto, pouco sei sobre sua atual condição física, mas Jack tem uma constituição do tipo adequado. É grande, bastante forte fisicamente e totalmente virgem de mente e corpo. Não fuma nem bebe. Eu também não. Perde-se o hábito quando os suprimentos de álcool e tabaco são cortados, e eu os abandonei há muito. O dependente fica com um empecilho quase insuperável quando não tem como obter essas coisas na floresta e mais de um de meus acompanhantes ruiu pela ausência delas.

Até agora tive comigo apenas dois homens capazes de aguentar as dificuldades prolongadas. Um deles está morto e o outro casou-se e fixou-se, de modo que seria injusto pedir-lhe para vir novamente. Contudo, estou seguro quanto a Jack. Ele é jovem o bastante para se adaptar a qualquer coisa e uns poucos meses nas trilhas irão endurecê-lo suficientemente. Se

44 A EXPEDIÇÃO FAWCETT

ele puxar a mim, não irá contrair os diversos males e doenças abundantes nas selvas sul-americanas e, numa emergência, creio que sua coragem prevalecerá. Raleigh o seguirá a qualquer parte.

Jack e Raleigh terão que aprender a nadar, de uma certa maneira, sendo jogados em águas profundas. Sem nenhuma experiência prévia, eles serão colocados em um teste supremo de resistência. Eu próprio me aprimorei de modo mais gradual e, de qualquer forma, tinha atrás de mim muitos anos de vida militar nos trópicos. Sendo por natureza um lobo solitário e razoavelmente abstêmio, não fui amolecido por gim e uísque quando chegou a primeira aventura na América do Sul; e, como as expedições foram sucessivamente mais exigentes do que as anteriores, o processo de endurecimento revelou-se contínuo.

Por mais que eu odiasse a vida militar, ela teve o mérito de conduzir ao trabalho que me é mais atraente e serviu como um aprendizado para o que parecia muito mais útil. Talvez tenha sido melhor que minha infância em Torquay, tão desprovida de afeto parental, fazendo com que me voltasse para mim mesmo, embora tenha passado ótimos momentos com meu irmão e irmãs mais velhos. Houve anos de estudo em Newton Abott com castigos físicos que nada produziram para alterar minha visão de mundo. Então vieram os anos como cadete em Woolwich; e, em 1886, com 19 anos, meu comissionamento na Artilharia Real e a maturidade precoce na guarnição em Trincomalee, Ceilão. Foi ali que encontrei minha futura mulher, cujo pai na época era juiz distrital em Galle.

A vida no Ceilão foi tão agradável quanto pode ser a vida no Exército. Havia trabalhos interessantes para fazer, bastante esporte — especialmente navegar de iate no incomparável porto — e não muitas restrições. Na verdade, poderia ter desfrutado um período maior de serviço naquela mais bela entre todas as ilhas, mas o início da década de 1890 levou-me de volta à Inglaterra para o curso extensivo de instrução em artilharia em Shoeburyness. Então veio um período em Falmouth; e, em janeiro de 1901, o casamento.

Minha mulher fez com que muito do meu antigo alheamento fosse embora; mas o hábito de "lobo solitário" não desapareceria e continuei a procurar trilhas próprias, em vez de seguir os caminhos bastante percorridos. Houve um interessante trabalho de serviço secreto para realizar no norte da África em 1901, e a ele se seguiu uma curta passagem em Malta, quando, com a capaz ajuda de minha mulher, aprendi a arte da topografia. Para nosso grande alívio, fomos novamente para o Oriente no fim de 1902 e, após um breve intervalo em Hong Kong, nos vimos de volta ao querido Ceilão, onde nosso filho mais velho nasceu, em Colombo, em 1903.

Em 1904, com os corações apertados, deixamos o Ceilão e retornamos para montar residência em Spike Island, condado de Cork, Irlanda. Mas estávamos agora mais próximos da saída para uma nova vida. Em 1906, recebi a oferta de um trabalho de delimitação de fronteiras na Bolívia.

A América do Sul em que a minha história se inicia era muito diferente da atual. Em 1906, Peru e Bolívia ainda não tinham se recuperado do devastador conflito contra o Chile — a Guerra do Pacífico de 1879-82. As repúblicas da costa oeste mal haviam sentido a influência do crescente desenvolvimento industrial; eram majoritariamente agrárias e imbuídas das tradições da Espanha colonial, embora sua potencial riqueza mineral estivesse sendo explorada por empreendimentos estrangeiros. O Chile, prosperando com o seu nitrato, talvez estivesse mais desperto para a existência da modernidade que os demais, mas em todos havia muita coisa que ao estrangeiro parecia ridícula e o europeu tendia a esquecer que um mero século atrás ele também passava pelo mesmo estágio.

A falta de restrições tornava a América do Sul um feliz território de exploração para vagabundos, emigrantes e caçadores de fortuna; os portos eram tremendas estufas de vício em que hordas de marinheiros de veleiros e cargueiros se largavam com total abandono. É claro que também havia os estrangeiros sérios e, sem dúvida, sua benéfica influência desempenhou grande papel na introdução do aspecto modificado de hoje. Muitas dessas valorosas pessoas sentiam não só o desejo de tirar, mas também de dar ao país de sua adoção, e os nativos hospitaleiros e tolerantes observaram isso e estenderam a mão da amizade sincera.

Os mesmos países hoje estão no vigor da juventude e começando a tomar seu verdadeiro lugar no mundo; os brinquedos da infância e os exageros da adolescência foram deixados de lado para sempre; e seus membros, que são seus povos — uma só raça, embora segregada por fronteiras políticas —, inevitavelmente se conscientizarão da unidade. A grandeza que virá pode estar apenas logo após o horizonte, quando não já à vista.

Todos aqueles que viveram nessas terras, e aprenderam a conhecê-las, se cativaram com o seu charme irresistível. Seria o maior dos enganos se o leitor julgasse sua condição atual a partir das minhas impressões na primeira década do século, pois a sociedade então era tão semelhante à de hoje quanto a da era napoleônica em relação à nossa.

O que não mudou foram os rios silenciosos correndo pelas florestas do interior, porque para eles a passagem de um milênio nada mais é que um dia e eles ainda escondem atrás de seu impenetrável véu os mistérios sobre os quais escrevo, e as cortinas se abrem para revelar cenas extremamente distantes do mundo cotidiano. Venha comigo agora e veja por si próprio!

CAPÍTULO III
CAMINHO PARA A AVENTURA

— Você sabe alguma coisa sobre a Bolívia? — perguntou o presidente da Sociedade Geográfica Real.

A história da Bolívia, como a do Peru, sempre me fascinou, mas além disso não sabia nada sobre o país, e foi o que respondi.

— Nunca estive lá — ele falou —, mas riqueza potencial do país é enorme. O que foi explorado até agora não vai muito além da superfície. Geralmente se pensa na Bolívia como um país no teto do mundo. Grande parte fica nas montanhas; mas além das montanhas, ao leste, há uma grande área de floresta tropical e planícies longe de terem sido inteiramente exploradas.

Ele pegou um grande atlas no canto da escrivaninha e correu os dedos sobre as páginas.

— Aqui, major, é o melhor mapa que tenho do país!

Empurrou-o para mim e veio até o meu lado para destacar suas características.

48 A EXPEDIÇÃO FAWCETT

— Veja esta área! Está cheia de espaços vazios porque se sabe muito pouco a respeito. Vários dos rios mostrados aqui são apenas palpites e os lugares nomeados ao longo deles na maior parte não passam de centros de borracha. Você sabia que é um território de borracha?

"A fronteira leste da Bolívia segue o rio Guaporé de Corumbá até Villa Bella, na confluência do rio Mamoré, onde o Beni torna-se o Madeira, e por fim deságua no Amazonas. Ao norte, corre ao longo do Abuná, para o Rapirran e, então, por terra, para o rio Acre. Toda essa fronteira no norte é duvidosa, já que ainda não foram feitas pesquisas mais exatas. A fronteira oeste é no Madre de Dios e ao longo do Heath, um rio que ainda não foi explorado até a sua nascente, depois continua ao sul e cruza os Andes até o lago Titicaca. Na divisa sul há o Chaco, que é a fronteira com o Paraguai, e, mais para oeste, a fronteira com a Argentina, a única que foi definitivamente fixada.

"Agora, aqui em cima, no território da borracha, ao longo do Abuná e do Acre, onde Peru, Brasil e Bolívia se encontram, há uma considerável discussão sobre a fronteira. O preço da borracha atualmente está tão fantasticamente alto que uma grande conflagração poderia surgir dessa questão sobre qual região pertence a quem!"

— Espere um minuto — eu interrompi. — Tudo isso é bastante interessante, mas o que tem a ver comigo?

O presidente riu.

— Eu vou chegar lá. Antes de mais nada, quero que você entenda o quadro... Os países envolvidos na disputa acerca das fronteiras não estão preparados para aceitar uma demarcação feita por partes interessadas. Tornou-se necessário convocar os serviços de um outro país que desperte a confiança de agir sem parcialidades. Por esse motivo, o governo da Bolívia, por intermédio do seu representante diplomático aqui em Londres, pediu à Sociedade Geográfica Real para atuar como árbitro e recomendar um experimentado oficial do Exército para o serviço em nome da Bolívia. Como você completou o nosso curso de delimitação de fronteira com extraordinário sucesso, pensei imediatamente no seu nome. Você estaria interessado?

Se eu estaria? Aqui estava a oportunidade que eu esperava — a oportunidade para fugir da monótona vida de um oficial de artilharia em bases domésticas.

O Gabinete da Guerra com frequência havia prometido que poderia haver trabalho de delimitação de fronteiras para mim se eu fizesse o treinamento, de modo que realizei um grande investimento para tornar-me apto. O tempo passou sem que as minhas esperanças se concretizassem e comecei a duvidar das promessas. Agora, de uma fonte inesperada, vinha a oferta que eu mais desejava! Meu coração batia com força quando olhei para o presidente, mas com grande esforço assumi um ar de cautela.

— Soa interessante, certamente — observei —, mas gostaria de saber um pouco mais antes. Tem que ser mais do que trabalho de topografia.

— E é. Na verdade se trata de uma exploração. Pode ser uma missão difícil e até mesmo perigosa. Não se sabe muito sobre essa parte da Bolívia, exceto que os selvagens dali têm uma reputação bastante má. Contam as histórias mais chocantes sobre este território de borracha. E há o risco de doenças, estão disseminadas por toda parte. Não adianta tentar pintar um quadro bonito para você, e não acho que seja necessário, porque se não estou enganado já vejo um brilho nos seus olhos!

Eu ri.

— A ideia é atraente, mas depende de o Gabinete da Guerra concordar em me transferir.

— Compreendo — ele respondeu. — Você pode ter alguma dificuldade, mas com o apoio da SGR não tenho dúvidas de que eles no fim o liberarão. Afinal de contas, é uma oportunidade maravilhosa para fortalecer o prestígio do Exército britânico na América do Sul.

Naturalmente, aceitei a oferta. A romântica história das conquistas espanholas e portuguesas e o mistério de suas vastas selvas inexploradas tornaram a atração da América do Sul irresistível para mim. Havia minha mulher e o filho, e outra criança a caminho, para considerar; mas o Destino queria que eu fosse, de modo que não poderia existir outra resposta!

— Eu ficaria surpreso se você recusasse — disse o presidente. — Então, eu o recomendarei imediatamente.

Uma dificuldade atrás da outra surgiu e eu fiquei ansioso quanto às chances de ser liberado. Entretanto, finalmente tudo foi providenciado

50 A EXPEDIÇÃO FAWCETT

e deixei Spike Island com a esperança de que em pouco tempo minha mulher e as crianças pudessem se juntar a mim em La Paz. Com um jovem assistente chamado Chalmers, embarquei na capitânia da North German Lloyd, *Kaiser Wilhelm der Grosse*, em maio de 1906 e naveguei para Nova York.

Na época, essa embarcação era a última palavra em navios luxuosos de linhas regulares, mas como viagens desse tipo exerciam pouco apelo em mim, fiquei entediado e bastante indiferente aos superalimentados passageiros esparramados nos deques. Enfrentamos ventanias e nevoeiro; por pouco não colidimos com um iceberg, invisível até ser quase tarde demais para evitar. Um cilindro de alta pressão estourou e nos deixou vagando por horas em um mar agitado; mas tudo aconteceu no breve espaço de uma semana e logo chegamos a Nova York.

A energia e agitação eram coisas que eu nunca vira antes. Acostumado à calma deliberação dos ingleses e à solene dignidade do Oriente, fiquei inicialmente chocado com a América. Não tivemos permissão para sair além da área das docas e, assim, minhas impressões foram principalmente de muito barulho, propaganda e repórteres. A velocidade do tráfego, a movimentação dos rebocadores no porto enquanto empurravam e ajeitavam as inúmeras chatas e balsas, a gritaria incessante, tudo deu nos meus nervos; mas para acalmá-los novamente havia a verdadeiramente maravilhosa vista do perfil dos prédios da cidade, do verde da Governor's Island e da elegância da ponte do Brooklyn.

Tivemos um vislumbre de Nova York e nada mais. Na mesma tarde embarcamos no S.S. *Panama* e a Estátua da Liberdade ficou para trás. A nova embarcação era a antítese do palácio flutuante que acabáramos de deixar; era um navio do governo cheio de "cavadores" com destino ao istmo do Panamá. Trabalhadores de colarinho-branco, aventureiros, rufiões, potenciais rufiões e velhos patifes ocupavam cada metro quadrado e ao andar pelo convés tínhamos que nos desviar de cusparadas de tabaco. A principal ocupação deles era beber e jogar dados e o constante barulho dificultou muito meu estudo da gramática espanhola. Havia garimpeiros do Klondike, policiais do Texas, pistoleiros mexicanos, ferroviários com pilhas de cartas de recomendação falsas, algumas prostitutas e jovens universitários em sua primeira aventura. A seu modo, eram todos bons camaradas e cada um desempenhou o seu papel, por menor que fosse, na construção daquela obra-prima da engenharia, o canal do Panamá. Para mim e Chalmers, serviu como uma útil introdução a um aspecto da vida que até então desconhecíamos e boa parte da nossa reserva inglesa foi deixada de lado no processo.

O porto de Cristóbal era conhecido naqueles dias como Aspinwall e os navios atracavam num longo cais que entrava na baía Limón. Além das docas ficava Colón, um lugar mais restrito do que agora, mas que, exceto por isso, permanece quase o mesmo. Servido por lojas de bricabraques hindus e tabernas, era composto principalmente por vielas em que gargalhadas bêbadas e música de piano pareciam sustentar sua reputação de possuir mais bordéis do que qualquer cidade do mesmo tamanho em todo o mundo. Gritos constantes dirigidos a você para entrar e tomar uma bebida! Marinheiros por todos os lados, em todos os estágios de embriaguez, rodando de bar em bar, e de bordel em bordel. Discussões estouravam nas esquinas e morriam mais uma vez; aqui e ali, uma briga atraía um interessado grupo de espectadores; rua abaixo uma prostituta berrava xingamentos contra um *perro muerto*, ou cliente que saía sem pagar. Não havia tentativas de manter a paz — a polícia panamenha sabia que não valia a pena tentar!

Ao longo da rua principal corriam os trilhos da Ferrovia Panamá e os barulhentos motores das locomotivas quase não faziam pausa, com seus sinos tocando monotonamente. De vez em quando vinha de fora da cidade o longo apito de uma sirene e um trem de carga ou de passageiros vinha da direção do istmo e parava na estação soltando ar comprimido e o suave suspiro dos freios desativados.

Deixamos o cais numa carroça conduzida por um jamaicano sonolento, passamos pelos trilhos do trem e seguimos pela beira de Colón até a estação. A cidade estava em relativo silêncio para aquela hora do dia, exceto pela atividade nos pátios da ferrovia e um contido retinir de copos nas tabernas, com talvez uma ou outra ocasional gritaria ou gargalhada. De dia é quente demais para fazer qualquer coisa que não relaxar e dormir e é após o pôr do sol que a cidade acorda. Ela descansa o dia inteiro e dança a noite toda, como os vaga-lumes no pandemônio da mata de Chagres.

52 A EXPEDIÇÃO FAWCETT

A jornada de trem até a Cidade do Panamá nos deu a primeira visão da América tropical — os ramificados e fantasmagoricamente pálidos troncos de árvores; o emaranhado pendente de cipós e musgo; os arbustos quase impenetráveis. A febre grassava e numa das estações pelas quais passamos sacolejando notei a plataforma empilhada até o teto com caixões pretos!

Para nós, a América Latina começou na Cidade do Panamá. Não havia muita preocupação com saneamento, os cheiros eram sufocantes, contudo, as ruas estreitas e varandas salientes não deixavam de ter seus encantos. Na *Plaza* ficava o "Grán Hotel" — era sempre "Grand", "Royal" ou "Imperial", por mais humilde que fosse, e o que faltava em status compensava-se com a grandiosidade do nome! Este revelou-se como um paraíso de insetos e o proprietário ficou extremamente irritado quando observei que os lençóis no meu quarto havia muito deviam ter ido para a lavanderia.

— Impossível! — ele rugiu, gesticulando incontrolavelmente. — Todos os lençóis vão para a lavanderia pelo menos uma vez por mês. Se você não gosta, há muitos outros que ficariam bastante contentes em ter o quarto. Todas as camas no meu hotel estão ocupadas, algumas por duas, até mesmo três pessoas e todas as banheiras também! O seu é um quarto grande e estou perdendo dinheiro deixando você nele sozinho.

Não havia nada que eu pudesse dizer. Afinal de contas, todos os hotéis estavam lotados.

Em todos os lados, os vendedores de loteria anunciavam seus bilhetes, os cafés e bares estavam cheios e, dos balcões, recebemos olhares voluptuosos de senhoras escassamente vestidas. No litoral, havia um quebra-mar formando a barreira externa de uma cadeia superpovoada e ali você podia passear à noite, jogar moedas para os prisioneiros embaixo e, às vezes, assistir a uma execução com pelotão de fuzilamento. Com tanto entretenimento, era impossível ficar entediado.

De qualquer forma, ficamos contentes em deixar o Panamá, quando depois de algum tempo chegou a hora de embarcar num navio chileno — uma embarcação estreita com entrada de carga pelas laterais e superes-

CAMINHO PARA A AVENTURA **53**

trutura indo da extremidade da popa até poucos pés da proa — projetado para serviço costeiro em pequenos portos sem facilidades para atracação. Os melhores navios na costa eram os da Pacific Steam Navigation Company, de Liverpool, e se o tempo permitisse deveríamos ter preferido esperar por um desses, porque seus oficiais formavam um grupo animado, com grande capacidade para o golfe de convés e talento para tornar a jornada agradável aos passageiros. Mas estávamos na trilha de Pizarro e nada mais importava.

Quando garoto, ficava fascinado pelas românticas histórias das conquistas do Peru e do México e a antiga vontade de visitar esses países agora estava prestes a ser realizada. Como muitos outros leitores das obras-primas de Prescott, as minhas simpatias não ficavam com os ousados e vorazes espanhóis que arriscavam tudo por ouro, mas com os incas, pela perda de sua antiga civilização que poderia ter contado tanta coisa ao mundo.

Guaiaquil nessa época era um verdadeiro antro pestilento! Numa noite subimos o rio Guayas atravessando nuvens densas de mosquitos, os quais invadiram cabines e salão, penetrando em todos os cantos do barco e picando-nos impiedosamente. Nunca vi nada parecido antes. A agonia de Pizarro e seus seguidores deve ter sido indescritível quando essas pestes escapavam das mãos e mordiam sob a armadura! A chocante falta de saneamento em Guaiaquil tinha muito a ver com a endemia de febre amarela. Quando a âncora caiu na lama preta do rio imundo, bolhas fedorentas foram liberadas — e lembrei-me de Malta. Mas as pessoas pareciam não dar a mínima para a febre amarela, já que as ruas estavam cheias, o comércio se mantinha cheio de energia e lanchas bem-cuidadas tomavam o píer. Um novo embaixador para Londres deveria embarcar para o norte num navio da mesma linha que o nosso, e por isso inúmeras bandeiras equatorianas balançavam nos edifícios públicos da cidade. Nós o observamos, acompanhado de sua equipe esplendidamente vestida, ser recebido a bordo por bandas musicais.

O limpo frescor do Pacífico nos encontrou quando o pestilento rio Guayas nos vomitou de sua maré lamacenta. Dando a volta no cabo Blanco, onde arraias-gigantes saltam da água e onde cada onda é cortada

54 A EXPEDIÇÃO FAWCETT

pelos triângulos gêmeos das barbatanas dos tubarões, chegamos ao porto de Paita, no norte do Peru. Era uma vila desinteressante de casas de madeira, no pé de uma grande extensão de dunas, e aqui fomos fumigados com formaldeído por nossa imprudência em visitar Guaiaquil.

O porto seguinte foi Salaverry — um daqueles lugares onde, se possível, você deveria descer a terra, mas geralmente não pode. Não fica longe de Trujillo, um dos mais antigos assentamentos espanhóis na costa e lugar de uma antiga cidade e cemitério dos chimus, escavada incontáveis vezes em busca de tesouros. Segundo a tradição oral, em algum lugar nas cercanias está escondido o tesouro do "Grande Peixe". O "Pequeno Peixe" foi descoberto cerca de duzentos anos atrás e dizem que rendeu vinte milhões de dólares para o sortudo descobridor! O "Grande Peixe" valeria consideravelmente mais e acredita-se que contém o deus de esmeralda dos chimus, feito a partir de uma única pedra com mais de 45 centímetros de altura.

Callao é o porto de Lima, capital do Peru, e aqui paramos offshore, com o navio deixando o seu enferrujado fundo nas ondulações do mar, a alguma distância do *embarcadero*. Em pouco tempo ouvimos a gritaria de barqueiros que vencem a água turbulenta e encostam nas escadas; de suas lanchas oscilantes negociam com passageiros que vão desembarcar, volta e meia interrompendo a atividade para se xingarem uns aos outros. Saltar da escada para esse caos não era das tarefas mais fáceis. Num momento, o degrau mais baixo da escada estava a uma distância vertiginosa da lancha lotada e, no seguinte, era preciso cuidado para evitar tomar um banho quando a água subia quase até a altura do convés. Era uma questão de ganhar tempo e então pular, na esperança de que o barco ainda estivesse embaixo após a queda! Enormes medusas espalhavam-se pela superfície e embaixo também, até onde era possível ver através da água clara.

Após desembarcar, encontramos uma escolha de três ferrovias para a viagem de 15 quilômetros até Lima. Havia a famosa Central do Peru, obra-prima daquele incansável engenheiro, Henry Meigss; a "English Railway", aberta ao tráfego em 1851 anunciada como a primeira da América do Sul; e uma linha elétrica, cujos vagões interurbanos podiam, mesmo então, percorrer um quilômetro e meio por minuto.

Lima revelou-se uma bela cidade, com admiráveis lojas e avenidas amplas como testemunhas da política progressista do falecido presidente Pierola, cujo objetivo era embelezar o local. Automóveis ainda eram escassos e o principal meio de transporte era a vitória, embora em todas as maiores vias bondes puxados por cavalos se arrastassem por trilhos sobre os paralelepípedos. Quase tudo podia ser comprado, mas os preços geralmente eram quatro vezes maiores que em Londres! Don Francisco Pizarro, ressuscitado de um nicho na cripta da catedral e colocado em um caixão de vidro para preservá-lo dos dedos caçadores de lembranças dos americanos em viagem, era uma das principais vistas para o visitante, e eu paguei alguns trocados para o privilégio de ver seus emaciados restos.

O hotel Maury foi uma bem-vinda mudança em relação ao navio. Fui informado de que se tratava do melhor de Lima e logo acreditei, porque era limpo, confortável, eficiente e a comida, excelente. Durante uma semana foi nossa casa, e nesse período vi o que podia de Lima e seus arredores. Uma obrigatória visita ao embaixador britânico levou a apresentações a outros residentes ingleses, todos bastante amáveis e hospitaleiros. O próprio embaixador era um homem interessante, de hábitos um tanto excêntricos. Ele geralmente recebia os visitantes vestido com um roupão no alto de uma grande escada que ligava seus aposentos à rua. Estava sempre pronto para se defender, porque um constante fluxo de marinheiros bêbados o procurava com o propósito de declarar o que tinham prazer em chamar de seus "direitos", e diziam que não se esquivava de recorrer à violência para se livrar deles!

O gerente da Ferrovia Central do Peru, o sr. Morkill, foi gentil o bastante para me oferecer uma ida a Rio Blanco, 3.300 metros Andes acima, numa excursão de trem programada para marinheiros de dois navios de guerra britânicos. Ele providenciou para que um vagão privado fosse colocado na traseira do trem para meu uso exclusivo — uma cortesia totalmente inédita para mim. Nunca tinha visto nada como essa ferrovia, que é a mais elevada de qualquer sistema padrão de trilhos no mundo; só é superada como a mais alta de qualquer bitola pela Ferrovia Antofagasta-Bolívia, que vence por meros três metros! A Central corre do nível do mar até quase 5 mil metros em pouco mais de 160 quilô-

56 A EXPEDIÇÃO FAWCETT

metros, escalando gradientes constantes de um em 25, fazendo muitos zigue-zagues e voltas e passando por incontáveis túneis. A viagem até Rio Blanco me deixou boquiaberto, não apenas com a grandiosidade do cenário, mas também com o feito de engenharia para construir essa extraordinária ferrovia.[3]

Nós voltamos ao navio em Callao para o resto da viagem. Zarpamos do porto, passamos a ilha San Lorenzo e descemos a costa. O pôr do sol iluminava as altas cordilheiras, a cinquenta quilômetros do litoral, num majestoso cenário, com seus cumes cobertos de neve. Houve paradas em Cerro Azul e Pisco, onde pudemos desembarcar e caminhar até a *plaza* embaixo de um dossel de figueiras. O navio fez uma rota notavelmente próxima à terra, tão próxima que aqui e ali podíamos avistar ruínas incas e um intensivo cultivo de algodão em faixas verdes irrigadas por riachos que desciam das montanhas. Mas o que mais nos interessou foi a abundante coleção de pássaros e peixes no oceano ao redor.

Na terceira manhã após deixarmos Callao, acordamos para descobrir que os motores haviam parado e que o navio, enfrentando uma ondulação, estava virando lateralmente quase a ponto de adernar. Estávamos perto de Mollendo, principal porto do sul do Peru, e da escotilha eu podia ver um penhasco, quase oculto pela espuma levantada pelas ondas quebrando, com um grupo de casas de aparência miserável no topo. Havia muitos botes ao redor, subindo e descendo, ora no alto das ondas, ora escondidos entre elas.

O desembarque não foi tão ruim quanto havíamos temido. O navio se movia tanto que passar da escada para a lancha era muito perigoso e os passageiros foram colocados em cestos e descidos de guindaste. Uma

---

[3.] Quando meu pai recebeu um telegrama avisando-o do meu nascimento no dia em que desembarcou em Lima, mal sabia que em menos de dezoito anos o recém--nascido seria um residente daquela cidade e trabalharia para o filho do sr. Morkill na Ferrovia Central do Peru. De fato, por alguma curiosa concatenação de circunstâncias, o mesmo vagão particular que meu pai usou na sua viagem a Rio Blanco — o velho "Chalaca" — ficou durante alguns anos aposentado do serviço e acabou transformado num abrigo de vigia, bem na frente do meu escritório, nas oficinas de locomotivas. [*N. do Org.*]

vez na lancha, podia-se observar o tamanho das ondas e as mulheres gritavam cada vez que uma de oito metros vinha por trás de nós. Mas os barqueiros estavam acostumados com a situação e, sem que nenhuma gota de água entrasse, fomos para o pequeno porto que ficava aberto para os avanços e recuos das ondas. O risco final foi ser içado da lancha, que oscilava loucamente, por um guindaste no cais; um passageiro por vez, sentado numa cadeira puxada por não menos de quatro ou cinco estivadores barulhentos.

Mollendo era um lugar ainda mais miserável do que parecia quando olhávamos do navio. Boa parte tinha sido destruída por incêndios catastróficos e o que sobrou estava arruinado. O lugar também sofria com eclosões de peste bubônica. A melhor parte, sem dúvida, eram a estação e os pátios movimentados da Ferrovia do Sul do Peru.

Reservamos assentos no primeiro trem para Arequipa e desfrutamos uma jornada bastante interessante rumo ao interior. Em Ensenada, o trem afastou-se do litoral e começou a tortuosa subida com um gradiente de quatro por cento até o platô de Cachendo; e, enquanto o vale Tambo se abria para nós, tivemos um relance de campos verdes e vastas áreas com cana-de-açúcar. Paramos em Cachendo para o desjejum e, depois, o trem seguiu para a arenosa pampa de La Joya — foi quando as neves de Misti e Chachani, montanhas guardiãs de Arequipa, surgiram. A planície tinha centenas e centenas de quilômetros de dunas de areia branca, que mudavam de posição constantemente pela força dos ventos. Nas ravinas havia grandes quantidades de caulim, no passado usado por navios como lastro até as autoridades despertarem para o seu valor.

— Laranjas! Bananas! Comprem minhas frutas, *señores*! Limas, *chirimoyas*, *grenadillas*! — Em Vitor, o trem foi invadido por hordas de vendedoras que enfiavam suas cestas em nossos rostos. A ideia era vender todo o conjunto, cesta e tudo mais, e então sumir antes que descobríssemos que, embaixo da atraente camada superior, as frutas não estavam em condições de serem comidas. Os preços, altos quando o trem chegou, desabaram com o soar do sino de partida na estação, e a ruidosa oferta ainda prosseguia no momento em que a locomotiva começou a andar.

58 A EXPEDIÇÃO FAWCETT

Em Quishuarani, demos de encontro com uma daquelas magníficas cenas descritas por Prescott — ao fundo, o Misti coberto de neve e, à frente, a crista serrilhada do Chachani contra um impecável céu azul. No meio de um ondulante oceano de coloridas dunas de areia havia um profundo cânion, com seus lados riscados com arenito rosa e amarelo descendo até um exuberante vale verde. Nesse vale corria o pequeno rio Chili, com suas cascatas miniaturas de espuma prateada ao lado de cabanas de adobe e ricos campos.

O Misti é um vulcão considerado inativo, mas de sua cratera de vez em quando sai uma coluna de fumaça, como se para avisar aos cidadãos de Arequipa que está apenas dormindo. Ocasionalmente, entra em erupção, com resultados desastrosos. Na maioria, as casas têm apenas um andar, construídas de reluzentes blocos de lava branca chamados *sillares*. O clima é agradabilíssimo, já que Arequipa fica quase 2.500 metros acima do nível do mar, muito além do nevoeiro escuro do litoral. Com suas inúmeras fontes de águas medicinais nas proximidades, poderia ser um balneário, mas à noite, quando o sol deixa de dourar as torres da catedral e o cume do Misti, cheiros malignos dos esgotos abertos que correm por todas as ruas poluem o ar.

Passamos apenas uma noite em Arequipa, cidade de lindas mulheres, belas lojas e campos verdes, e no dia seguinte pegamos o trem para Puno. Quase na mesma hora teve início a pesada escalada e, a 4 mil metros, as lhamas surgiram — aquelas orgulhosas e altivas parentes das ovelhas, mas cujo temperamento difere tanto. Então, chegamos a Vincocaya, a 4.200 metros, e avistamos as tímidas vicunhas, as menores da família lhama, cuja excelente lá era altamente valorizada pelos incas.

O ápice da linha fica em Crucero Alto, 4.470 metros acima do nível do mar, e depois disso o trem desce, passando por uma série de lagos pitorescos, até Juliaca, junção das divisões de Puno e Cusco. Daí, corre ao lado de baixios e alagados até o porto de Puno, 3.800 metros acima do nível do mar e nas margens do Titicaca, o mais alto lago navegável do mundo.

Como é estranho ver vapores em operação aqui, no teto do mundo! Contudo, aqui estão, bem como navios de bom tamanho. Há uma interessante história por trás deles. O primeiro foi trazido da costa aos pedaços no lombo de mulas e montado na beira do lago. Os demais também foram enviados em partes, mas subiram de trem para montagem no estaleiro da Corporação Peruana. O lago Titicaca pode às vezes se tornar surpreendentemente agitado e talvez em nenhum outro lugar seja possível um viajante sofrer de enjoo do mar e mal da altitude ao mesmo tempo!

Ancorado em Puno Mole, o *Coya* deu uma estranha sensação de viagem oceânica quando embarcamos naquela noite, porque não se tratava de uma embarcação com fundo chato para rios ou de um barco a vapor com rodas de pás para águas rasas. Era um vapor comum para oceanos, com acomodações comparáveis às de qualquer outro. Houve as formalidades da alfândega, a gritaria dos estivadores, os comissários de branco esperando para levar as bagagens de mão dos passageiros para as cabines, todos os familiares afazeres do início de uma viagem oceânica. O barulho dos sarilhos e a trepidação do convés nos recepcionaram quando subimos a bordo e na quente e limpa atmosfera da cabine podíamos sentir a vibração dos auxiliares abaixo e ouvir a ocasional batida de uma pá nas caldeiras. Era inacreditável que tudo isso pudesse estar 3.800 metros acima do nível do mar! Então vieram o potente clangor da sirene, os sons metálicos de campainhas na casa de máquinas e deslizamos do porto para a escuridão.

Na aurora já estávamos de pé para admirar a magnífica visão da principal Cordilheira dos Andes, nitidamente destacada na atmosfera gelada, uma cadeia de picos serrilhados cobertos por neve dominada pelas massas brancas do Sorata, Huaynapotosi, Murarata e Illimani — 110 quilômetros de neve contínua. Ao passarmos pela Ilha do Sol, lendário local de nascimento dos incas, cujos palácios hoje estão em ruínas, fiquei pensando em como era o lago nos seus dias de glória antes da Conquista. Atravessando o estreito de Tiquina, com a Ilha da Lua por trás, vimos nos dois lados imponentes colinas com terraços e cultivadas até o cume, e à frente inúmeras ilhotas de terra vermelha com plantações douradas brilhando na luz do sol nascente. Adiante, havia ainda mais ilhas dançando na miragem, enevoadas e azuis com a distância, misturando-se na suave neblina branca que pairava sobre a margem sul do lago. Ao pé das colinas havia casas de adobe com telhas vermelhas e índios com roupas

60 A EXPEDIÇÃO FAWCETT

claras agrupados nas portas. Navegando ou remando na superfície prateada do lago havia balsas de junco, jangadas cujo design não mudara em séculos. Milhares de patos se afastaram das proximidades do navio, meio correndo, meio voando sobre a água em seus esforços de sair do caminho. As cores são indescritíveis — mas o ar frio penetrava até os ossos.

O *Coya* deslizou até o porto de Guaqui e desembarcamos na Bolívia. Então, subimos no trem de bitola estreita da Ferrovia Guaqui-La Paz, dando uma última olhada para o navio, parado no porto e duplicado num reflexo perfeito na superfície vítrea do canal. Em pouco tempo, estávamos passando por Tiahuanaco, cujas antigas ruínas talvez sejam as mais velhas existentes em qualquer parte — mais velhas até mesmo do que a Esfinge.

Tiahuanaco foi construída, assim como Sacsayhuaman e boa parte de Cusco, por uma raça que trabalhava com rochas ciclópicas e as talhava para se encaixarem de forma tão precisa que é impossível enfiar uma navalha entre as juntas sem cimento. Observando essas ruínas, não é difícil acreditar na lenda de que foram erguidas por gigantes — de fato, dizem que encontraram esqueletos de gigantes em tumbas de rochas nas proximidades de Cusco. Na minha opinião, Tiahuanaco, que cobre uma área de aproximadamente uma légua quadrada,* foi construída na ilha de um lago. Boa parte ainda está enterrada abaixo do nível atual do Titicaca, e as ruínas dispersas e caídas sobre o terreno não são necessariamente as da cidade original. Escavações talvez revelem várias cidades, construídas uma em cima da outra — como em Cusco. Foi destruída pelas terríveis movimentações sísmicas que são tão evidentes por todo o continente. O lago foi levantado com força por milhares de metros junto com os Andes e, então, rompeu suas barreiras e correu por uma fenda ao sul do Illimani. Depois disso, um novo lago pode ter se formado, porque sem dúvida Tiahuanaco ficou submersa por um longo tempo. O nível do lago atual já foi consideravelmente maior, já que nas colinas circundantes pode-se distinguir nitidamente as antigas marcas da água. Hoje, as pessoas cavam na areia que cobre as ruínas e encontram pedaços de cerâmica e pontas de

---

* Cerca de 25 quilômetros quadrados. [*N. do T.*]

flechas de obsidiana — de vez em quando, pequenas relíquias de ouro —, dos quais o museu de La Paz tem uma interessante coleção. Mas creio que pertencem aos dias dissolutos que se seguiram à grande catástrofe, quando os refugiados do Pacífico se espalharam pelos planaltos da província de Charcas. Esforços intermitentes e pouco competentes foram realizados para revelar os segredos de Tiahuanaco.

Um eminente arqueólogo alemão, que passou a vida inteira escavando em Tiahuanaco, convidou-me alguns anos atrás a oferecer ao Museu Britânico 24 caixas cheias de estátuas e armas de cerâmica, pedra e ouro, e outras relíquias da coleção única que montou, expressando a disposição de aceitar a avaliação do museu. Fiz isso, mas o conjunto foi recusado.

— Para falar a verdade, as coisas não são particularmente interessantes para nós — foi a resposta que tive. A Grã-Bretanha perdeu um tesouro incalculável nesse dia!

Falando em tesouros, não dá para ficar um dia no Peru ou na Bolívia sem ouvir algo a respeito deles, e de maneira alguma exclusivamente a respeito de tesouros incas. Era costume dos invasores espanhóis, e também dos nativos, enterrar todas as suas posses ou escondê-las em buracos nas paredes das casas durante o período revolucionário que se seguiu à Conquista; e até tempos recentes isso ainda era feito ao menor sinal de perturbação.

Em uma ocasião, enquanto envolvidos na reforma de uma casa velha em Arequipa, alguns operários encontraram um buraco numa parede e ficaram bastante entusiasmados ao notar que dali se prolongava uma cavidade. Mal podendo conter a ansiedade, eles abriram o espaço e foram recompensados com a descoberta de uma série de pratos de prata. Avançando mais, acharam louças de barro; à frente, deram de cara com um prato com comida quente — e, depois, com a enfurecida senhora da casa vizinha, cuja despensa estava sendo saqueada!

Mas, sem brincadeiras, com razoável frequência se acham tesouros verdadeiros. Fazendeiros encontram tesouros com seus arados e, se forem incautos o suficiente para declarar a descoberta às autoridades, são imediatamente presos e mantidos *incomunicados* até ficar apurado que não retiveram nada! Na Colômbia, alguns anos atrás, um homem caiu num

62 A EXPEDIÇÃO FAWCETT

buraco enquanto caçava e, ao se recuperar, viu que estava numa caverna. Quando os amigos finalmente o localizaram, a caverna foi explorada e eles descobriram pratos e objetos no valor de um milhão de dólares, escondidos desde os dias da Conquista.[4]

O nível do grande platô andino, ou altiplano, está entre 3.600 e 4 mil metros acima do mar e a vista do alto — 4.500 metros acima de La Paz — é soberba. La Paz fica no fundo de um profundo cânion ao lado de um riacho montanhês, e, ao se aproximar de trem, você vê abaixo telhados vermelhos e um tabuleiro de jardins. Em todos os lados, tanto quanto a vista alcança, estão colinas erodidas pela chuva. As torres de muitas igrejas despontam dos telhados e jardins, e casas brancas brilham como joias no padrão de terras cultivadas verdes e amarelas nas encostas. O pico do Illimani, a 6.400 metros, ofusca os olhos a sudeste, parecendo estar a 8 quilômetros, quando na verdade são 80; e a glória de picos nevados dá à cena grandiosidade e beleza infinitas. Por toda parte há índios, cujas roupas vívidas exibem todas as cores possíveis.

Inicialmente, os estrangeiros podem sentir a altitude de La Paz. Após alguma convivência, vê-se que a cidade tem algumas desvantagens, mas posso facilmente imaginar um destino pior do que ser obrigado a viver ali permanentemente. O mercado nas manhãs de domingo deve ser uma das atrações do mundo, quando os índios dos *yungas* — os vales quentes — aparecem para comprar e vender.

[4.] Um incidente semelhante aconteceu na República do Panamá, em 1937. Todavia, os casos que se ouvem são esparsos, e só se pode supor que as descobertas não informadas sejam mais comuns. Caçadores de tesouros gastam muito tempo e dinheiro procurando preciosidades que não existem ou já foram pegas. Eles parecem esquecer que as pessoas que encontram tesouros geralmente estão ansiosas em manter o fato em segredo!

Acredita-se que a Ilha do Coco, no Pacífico, tenha vários tesouros enterrados, mas o principal é o da catedral de Lima, que teria sido enterrado ali em 1820 durante a Guerra da Independência. Escavadores esperançosos vasculharam a ilha de ponta a ponta, para grande irritação da república sul-americana detentora de sua propriedade, contudo o tesouro que procuram jamais saiu de Lima! Eu conheço o lugar em que supostamente está escondido e trata-se de um local suficientemente romântico e arriscado para satisfazer qualquer aventureiro. [*N. do Org.*]

Eles vêm aos milhares, com ponchos, saias e xales de cores incríveis; mas as vestimentas das *cholitas*, ou índias mestiças — que se consideram superiores às índias puro-sangue — são talvez as mais impressionantes. Muitas dessas mulheres são muito bonitas, e sabem disso! Elas usam saias curtas de seda que permitem um vislumbre de anáguas rendadas; as meias são de seda e as botas de estilo espanhol; sobre as blusas usam jaquetas de veludo ou pelúcia e xales com cores ricas; e, para completar, provocantes chapéus de palha com bordas curtas. O andar livre e as saias balançantes dão-lhes um ar atraente; e quando a tudo isso se acrescentam olhos escuros vivos, as bochechas rosadas da gente das montanhas e uma abundância de joias, você fica realmente com um quadro fascinante.

Os *cholos* — os parceiros das belas *cholitas* — são espécimes brutos e invertebrados da humanidade, de modo algum física ou mentalmente à altura do nível de suas mulheres. Os verdadeiros índios oferecem um impressionante contraste em relação a ambos. Feios e baixos, mas robustos e viris, pitorescamente vestidos com ponchos, calças com aberturas e chapéus de feltro, e cheios de bom humor, eles imediatamente despertam simpatia. Parecem honestos e sugerem força. Eles podem ser chamados de patifes preguiçosos, mas a minha crença é que de maneira alguma merecem a condenação geral que recebem. Quem conhece os tibetanos vê uma clara semelhança.

Para o estrangeiro, as desvantagens de La Paz estão em suas ruas íngremes e no ar rarefeito da elevada altitude. Qualquer esforço físico resulta em aceleramento do coração e respiração ofegante, e muitos sofrem durante algum tempo de *soroche*, ou mal da altitude. O ar seco faz com que os lábios rachem e o nariz sangre; a mente fica menos ativa e os nervos, irritadiços. Recém-chegados geralmente se sobrecarregam antes de se aclimatar e ignoram o fato de que as sensações desagradáveis são bastante reduzidas evitando-se o álcool e os esforços excessivos.

No entanto, La Paz, com seus bondes, suas *plazas*, alamedas e cafés, é essencialmente uma cidade moderna. Estrangeiros de todos os tipos passeiam pelas ruas. Sim, a proximidade de lugares selvagens pode ser sentida facilmente. Em meio às sobrecasacas e cartolas dos moradores da

64 A EXPEDIÇÃO FAWCETT

cidade, você encontra os corroídos chapéus de vaqueiro e as sandálias dos garimpeiros; mas de algum modo os solados rústicos não destoam dos saltos altos das damas na moda. O escavador e o garimpeiro são tipos cotidianos, porque a mineração é a essência da *Sierra* boliviana, e de vez em quando você vê o rosto amarelo e emaciado de um dos que vieram há pouco das montanhas — do inferno fumegante da vasta selva em que estávamos a ponto de mergulhar.

CAPÍTULO IV
NA BEIRA DA SELVA

Os problemas começaram quando eu reclamei do atraso nos preparativos para a expedição. Eu era novo no país, ignorava os costumes e estava impaciente para começar. Como sempre, dinheiro era o principal obstáculo. Como alguém poderia contratar as mulas ou comprar os suprimentos sem ele? Tive o meu primeiro contato com as respostas de *"mañana"* e era jogado de um dia para o outro. Então, como eu continuava a importuná-los, os atrasos foram estendidos de uma semana para a seguinte! Ficar rodando entre departamentos acabou com a minha paciência e pedi ao cônsul britânico para ver o que podia fazer para apressar as coisas.

— Mas é claro que você precisa ter o dinheiro — disse o funcionário boliviano com quem eu estava mais envolvido. — Haverá 4 mil libras para as despesas da sua expedição.

Fiquei surpreso. Era muito mais do que eu esperava.

— Vou dar a ordem para que a soma seja paga imediatamente — concluiu ele.

66 A EXPEDIÇÃO FAWCETT

No dia seguinte, o ministro das Relações Exteriores mandou me chamar.

— Trata-se de um grave engano a respeito das 4 mil libras — informou ele, com fria aspereza. — Não há necessidade de uma importância tão grande. O acordo era pagar-lhe 4 mil bolivianos, não libras.

Fiz uma rápida conta e protestei. Não era o bastante.

— Bobagem! — retorquiu o ministro. — Suprimentos são desnecessários. Você pode obter tudo o que precisa no Beni e encontrará instrumentos para o trabalho à sua espera em Rurrenabaque.

— Sem suprimentos ou dinheiro suficiente para comprá-los é totalmente impossível realizar o trabalho — respondi —, e, se eu não recebê-los aqui, preciso ter uma garantia oficial de que os receberei lá, antes de partir para o Beni.

O ministro perdeu a paciência e bateu na têmpora com a palma da mão. Curvei-me respeitosamente e saí.

O cônsul britânico tentou aplainar as coisas com o governo. Ao fazer isso, revelou uma série de dificuldades. O primeiro funcionário estava ofendido porque o pressionáramos e sua ordem de pagamento de 4 mil libras tinha o objetivo de nos colocar como autores de exigências excessivas. Havia um desejo bastante natural da parte do governo de que a linha de fronteira fosse feita por um engenheiro boliviano, por conta dos interesses com a borracha — na verdade, o governo talvez não tivesse nenhuma vontade de traçar a linha antes que as tensões com o Peru diminuíssem.

— Eles podem até mesmo recuar do contrato — o cônsul britânico me disse. — Estão ressentidos com a sua presença e vão procurar desacreditá-lo de todas as maneiras que puderem. Entretanto, outra reunião está marcada para você e será interessante ver o que pode resultar dela.

Algo realmente resultou da reunião. Foi um encontro tenso e explosivo, mas foram definidos os valores de 4 mil bolivianos para despesas de viagens e 6 mil para suprimentos. Um acordo foi redigido e eu já fui descontado ali mesmo em 10 bolivianos por selos oficiais! Algum tempo se passou até que todas as assinaturas ministeriais fossem colhidas para liberar o dinheiro.

Com esse desagradável assunto para trás, tentei fazer as pazes com as autoridades irritadas. La Paz fervia com a história de como vis ministros do governo tinham sido tratados pela Comissão Britânica da Fronteira e nos círculos diplomáticos houve muitas risadas de satisfação. De qualquer forma, quando tudo acabou, o adiantamento foi generosamente pago e, superficialmente pelo menos, a paz se estabeleceu.

Na época, não havia banhos em La Paz e a alternativa de uma bacia de lata era um sofrimento no clima frio. Você recebia o grave alerta de que, nessa altitude, uma queda abrupta de temperatura pararia o coração e o estrangeiro não estava em posição de refutar. Além de ser terrivelmente gelada, a cidade frequentemente ficava coberta de neve, já que estava na estação úmida. O ministro das Colônias — como é chamado o interior do país — fez ansioso interrogatório sobre o meu conforto e eu disse-lhe que um banho seria um sonho. Ele falou que os meus serviços eram valiosos demais para que permitisse — um banho nessa altitude, em que a evaporação é tão rápida, certamente resultaria em pneumonia.

A ventilação era outro problema. No hotel não havia janelas no primeiro andar, onde eu estava, e a porta dava para uma galeria ao redor de um pequeno *patio*. Sempre que eu a deixava aberta para a entrada de um pouco de ar fresco, algum bem-intencionado passante a fechava para mim. Numa das paredes havia outra porta, de vidro e com uma cortina gasta; certa noite, decidi experimentá-la e, depois de soltar alguns ferrolhos e parafusos, a abri. Havia um recinto escuro. Eu o investiguei com uma vela e, para meu horror, descobri que era um outro quarto, com uma mulher sentada na cama e olhando para mim atônita. Esperando gritos indignados, pedi desculpas tanto quanto permitia o meu espanhol de principiante. Ela ficou em silêncio.

Os atrasos eram consideráveis, mas finalmente recebi mil libras em ouro do governo — e considerei a transação muito rápida, se comparada com o tempo que leva para extrair a menor das somas do Tesouro britânico! Tanto ouro fez com que me sentisse extremamente importante, embora o custo de mulas, provisões e hotel logo tenha reduzido a reserva para 800 libras. Com esse tesouro tilintando nas sacolas presas na sela, Chalmers e eu partimos para o altiplano no quarto dia de julho de 1906, na direção de Sorata e do Beni.

68 A EXPEDIÇÃO FAWCETT

Cruzamos uma contínua planície, onde um fluxo interminável de animais de carga — mulas, burros, lhamas e índios — conduzia grãos, borracha e combustível de estrume de lhama para os mercados de La Paz. Esterco de lhama naqueles dias era o único combustível de uso geral ali e os forasteiros tinham que se acostumar com o sabor acre que ele dava à comida.

Quando partimos caía uma nevasca e eu coloquei o meu poncho — a primeira vez que usei essa nova aquisição. O poncho de lã de lhama ou alpaca é uma peça bastante utilizada entre os índios das montanhas. Serve como sobretudo, capa impermeável e cobertor; mas, na verdade, é uma vestimenta masculina — as índias nunca o usam. Nada pode ser melhor como proteção contra a neve que se choca com força. Contudo, minha mula não gostou. Os cantos compridos do poncho batiam com o vento e, antes de me dar conta do perigo, fui arremessado por uma súbita empacada. Amarrei os cantos do poncho para impedir que batessem e montei novamente.

A neve caía cada vez mais grossa, até que a visibilidade se reduziu a não mais que 20 metros, e o vento cortante penetrava embaixo do poncho. Decidi tirá-lo e colocar uma longa capa de chuva. Bem quando eu estava passando a cabeça e os braços pela capa, a maldita mula empacou de novo e mais uma vez aterrissei no chão. Então, ela deu meia-volta e ouvi, com o coração apertado, o barulho dos cascos e o tilintar do ouro nas sacolas ficar cada vez mais distante.

O *arriero*, ou vaqueiro, estava na retaguarda e quando chegou gastei algum tempo para explicar-lhe no meu precário espanhol o que havia acontecido. Finalmente agindo, mergulhou na nuvem branca em perseguição ao animal. Ele pediu a ajuda dos índios que passavam e, na confusão, fiquei aguardando com a esperança de ver meu dinheiro de novo.

Para meu espanto, a mula foi trazida da direção oposta por dois índios que a encontraram já tomando a direção do caminho de casa. Eles sensatamente concluíram que o dono devia estar à frente. As sacolas estavam intocadas e fiquei admirado com a honestidade daqueles homens, que poderiam tranquilamente ter embolsado o ouro, sem o menor risco de serem pegos. Eu os recompensei generosamente e eles ficaram surpresos com a tolice do gringo em se dar ao trabalho de reconhecer seu serviço!

A neve parou quando chegamos ao Titicaca, e tivemos aí uma maravilhosa vista do lago. Não ventava e a sua superfície tranquila refletia com perfeição cada nuvem. O sol brilhava. Pequenas nuvens brancas pairavam à distância, como se alguma gigantesca locomotiva tivesse preguiçosamente corrido embaixo do horizonte. Havia pássaros em todos os lados, tão calmos que mal se preocupavam em sair do nosso caminho. Todas as encostas tinham terraços e eram cultivadas até o cume, exatamente como nas épocas remotas dos incas.

Encontramos pousadas ao longo da estrada razoavelmente em boas condições e paramos para uma cerveja ou café. Atravessamos vilas, onde os cães vinham nos receber com um frenesi de latidos. Foi uma longa jornada e antes de o dia acabar a neve voltou a cair, mais pesada do que nunca.

À noite, parávamos nas pousadas. Eram lugares medonhos, inacreditavelmente sujos, terrivelmente gelados e desprovidos de quaisquer vestígios de higiene. Porcos entravam e saíam livremente; em Lima, os verdadeiros saprófagos são os cuidadosamente protegidos abutres e aqui no altiplano — e nas demais partes, para falar a verdade — os porcos assumem esse papel.

Existem algumas histórias aterradoras a respeito dessas pousadas — especialmente as mais distantes na trilha de Mapiri, onde os limites da floresta chegam às montanhas. Em uma delas havia um quarto em que, um após o outro, os viajantes eram encontrados mortos, com os corpos enegrecidos pela ação de algum veneno tenebroso. Desconfiando de ação criminosa, as autoridades investigaram e, após algum tempo, descobriram no teto de palha do quarto uma imensa *apazauca* — uma espécie de tarântula preta tão grande que um prato mal a cobria. Esse monstro descia à noite sobre o viajante adormecido e sua picada significava a morte.

Histórias escabrosas acerca de hospedarias são muito conhecidas na ficção, mas na Bolívia você as encontra na realidade. Havia uma sobre uma pousada na trilha a leste de Santa Cruz de la Sierra em que o proprietário, um mestiço de aparência abominável, matou nada menos do que quarenta viajantes, provavelmente esfaqueando-os durante o sono. Foi executado sumariamente.

70 A EXPEDIÇÃO FAWCETT

Nossos doídos músculos e juntas impediram-nos de dormir na primeira noite na trilha. Nós dois estávamos amolecidos pela vida fácil a bordo de navios e em hotéis e precisaríamos de vários dias para endurecermos. Na manhã seguinte, olhando da pousada vimos um mundo totalmente coberto pela neve, mas o céu estava limpo e prometia um dia melhor.

Tomamos o desjejum numa cabana a 4.300 metros de altura e, então, cruzamos a serra, observando uma última e deslumbrante vista do Titicaca espalhado numa grande extensão de prata reluzente, que refletia com absoluta clareza as montanhas cobertas de neve ao redor. Então, ao norte, vimos outro quadro inesquecível — a fina faixa do rio Mapiri num enevoado desfiladeiro milhares de metros abaixo, semiescondido por nuvens que começavam a se dispersar no calor do sol que se erguia. Pudemos avistar o tapete de floresta em que a vegetação subtropical tinha início e as encostas de enormes colinas que rompiam o cobertor de nuvens e subiam até o céu com seus cumes brancos de neve. À distância, no outro lado do desfiladeiro, oculto da vista sob as vertentes da Illampu, estava Sorata, nosso destino para aquela noite.

Descemos 2.100 metros ziguezagueando por uma trilha íngreme. Em cada curva dávamos com uma vista de tirar o fôlego. Jamais vira montanhas como essas e fiquei perplexo com a grandiosidade — sem palavras diante do fantástico espetáculo! À medida que baixávamos aumentava a vegetação. A grama dos cumes deu lugar a campos de ervilhaca e musgo; umas poucas árvores minúsculas e retorcidas surgiram, como bruxas subitamente transformadas pela arte de algum mágico enquanto se engajavam em algum sabá profano; então, entramos no meio de cactos, com seus melancólicos braços cinza subindo das menores fendas nas rochas. Paramos e bebemos água gelada de um riacho montanhês. Eucaliptos e algarobas surgiram. Descemos e descemos, dando voltas e voltas, até que finalmente o chão do vale apareceu e, cansados da tensão muscular de jogarmos o corpo para trás nas selas, cruzamos o rio numa balançante ponte de cordas e sarrafos. Em seguida, uma curta escalada até Sorata, onde nossa cavalgada foi recebida por um animado grupo que nos aguardava.

— Por favor, aceitem uma *copa* de *chicha, señores*! — disse o líder do bando, e vários homens se adiantaram trazendo tigelas de cerâmica cheias da cerveja de milho nativa. Aceitamos agradecidos, e depois de encherem tigelas para si próprios, o chefe ofereceu um brinde a nós.

— *A su salud, señores!*

A *chicha* era deliciosa, grossa, mas refrescante; comida e bebida em uma só.

Na vila, fomos conduzidos por um hospitaleiro alemão chamado Schultz, em cuja casa nos alojamos por duas noites. Após um excelente jantar — coquetéis, vinho — e uma ou duas horas de conversa fiada com nosso anfitrião, nos deitamos para um sono profundo.

Acordei com o corpo duro na manhã seguinte, mas ao ficar de pé diante da janela do quarto esqueci disso graças à alegria de encher os pulmões com o delicioso ar da montanha. Após um desjejum de verdade — e não os meros pão e café do tradicional *desayuno* — nos dedicamos às bagagens e aos cuidados com os animais e, em seguida, fomos levados por Schultz a um piquenique na sua propriedade ao lado do rio, 300 metros abaixo. Tomamos banho no rio e ficamos surpresos ao descobrir que a água não estava insuportavelmente fria, embora viesse da neve a apenas 13 quilômetros de distância. Então, o grupo, que incluía algumas senhoras e uns poucos figurões locais, sentou-se na grama cheia de flores para um piquenique que teria impressionado até mesmo o sr. Pickwick com sua abundância e variedade.

Sorata é um importante centro para a preparação de *chalona*, que é carne de carneiro cortada e seca sob um sol forte na rarefeita atmosfera de 4.500 metros. Ela se mantém em boas condições por um longo tempo, mesmo quando levada para as regiões das quentes florestas. Fomos imprudentes o suficiente para cozinhar um pedaço semipreparado a fim de prová-la e sofremos sérias inconveniências. Aqui também, como de fato em todo o altiplano, uma espécie de batata pequena e dura é seca e congelada para formar o que é conhecido como *chuñu*, uma parte indispensável da dieta nas montanhas.

Na manhã seguinte ao piquenique, demos adeus a Schultz e às boas pessoas da cidade e começamos a subir uma trilha vertical rumo à passagem 5.300 metros acima do nível do mar. Gastamos duas horas para percorrer 6,5 quilômetros, escalando nesse tempo 1.800 metros. As

72 A EXPEDIÇÃO FAWCETT

mulas subiam dez metros e, então, paravam com os pulmões em plena atividade. Quando carregam muito peso, elas às vezes sangram pelo nariz e morrem. Em Ticunamayo chegamos a um *tambo*, ou hospedaria, onde passamos a noite. Não havia acomodações dentro e, assim, dormimos do lado de fora, em meio à garoa e a um frio tremendo.

Na manhã seguinte, pudemos ter uma límpida vista de Sorata, com suas casas reluzindo sob os raios do sol nascente. Pudemos vê-la uma última vez pouco antes da passagem e, então, uma curva na trilha a escondeu e fomos envolvidos por um vento gelado vindo dos campos nevados. Com as mulas escorregando e caindo no gelo, vencemos com dificuldade a última encosta e o pico.

A parada seguinte para a noite foi no albergue do governo em Yani, no passado o centro de uma rica jazida de ouro que foi garimpada de maneira bastante primitiva. Há uma história sobre esse lugar que deve agradar aos amantes do sobrenatural:

Por volta da virada do século, dois oficiais do Exército boliviano chegaram tarde da noite, voltando do Beni, e, ao ver uma bela moça na porta de uma casa ao lado do *tambo*, jogaram uma moeda para ver quem iria tentar a sorte cortejando-a. O perdedor ficou com o chefe da vila — o *corregidor* — e na manhã seguinte, para seu horror, encontrou o irmão oficial morto no chão de pedra de uma casa destruída, a qual podia jurar que não apenas estava inteira, mas ocupada na noite passada.

— A casa está em ruínas há anos — afirmou o *corregidor*. — Não havia donzela ou porta, *mi capitán*. Você viu um duende!

— Mas por que é assombrada, então? — perguntou o oficial. — Por que nós dois vimos o fantasma? Algum crime foi cometido aqui?

— Não sei dizer, *mi capitán*. Não sabemos nada, nenhuma explicação para o duende. Só sabemos que de tempos em tempos a donzela é vista por forasteiros, nunca pelos que vivem aqui!

Pessoas acostumadas somente com a Europa e o Oriente mal podem imaginar como são essas trilhas andinas. Os índios e as mulas — e, é claro, as onipresentes lhamas — são praticamente as únicas criaturas capazes de vencê-las. Os caminhos estreitos estão cheios de pedras soltas e pedregulhos rolando. As trilhas sobem milhares de metros de uma forma que só posso descrever como a parede da Grande Pirâmide e, então, caem num precipício no outro lado numa série contorcida de zigue-zagues apertados. As mulas saltam como gatos sobre enormes rochas que parecem formar a escada de um gigante. Dos dois lados de cumes estreitos o caminho despenca para um abismo cheio de lama. Ossos de animais mortos pontuam a trilha e aqui e ali um barulhento bando de abutres disputa a carcaça em decomposição de um cavalo ou mula. Em determinadas partes, o tortuoso caminho é nada mais que um estreito parapeito em rochas centenas de metros acima do chão do vale, e aqui as mulas preferem se deslocar pelas extremidades. Sentado na sela, o viajante olha para o espaço abaixo com o coração na boca, sabendo que acidentes acontecem com frequência. É nessa hora que você se lembra das histórias de passos em falso em pedras soltas e da queda ruidosa de animal e homem que jamais serão vistos novamente.

Muitos índios sobem as trilhas vindos dos seringais carregando nas costas imensos fardos presos por uma faixa na testa. Eles não levam comida e se sustentam na jornada de dez dias sem perda notável de peso apenas mascando folhas de coca e limas. Europeus não podem mastigar coca impunemente, porque ela exige gerações do hábito para garantir imunidade contra os efeitos negativos, que são, em essência, os da cocaína. Até mesmo os índios dão a impressão de estarem parcialmente drogados e talvez essa seja a razão pela qual seus cérebros agem com vagar.

Um médico estrangeiro juntou-se a nós na trilha de Mapiri e discorreu com tanta eloquência sobre doenças que comecei a suspeitar de suas qualificações. Certo dia, ele deteve um índio que passava para examinar um grande inchaço na bochecha do homem.

— Aparentemente um tumor ou crescimento canceroso — observou. — Essa gente está cheia de doenças.

Enquanto ele falava, o "tumor" mudou de uma bochecha para a outra. Era uma bola de *coca*! O médico olhou para o índio com desgosto, montou novamente sem dizer uma palavra e não falou nada por vários quilômetros.

Gastamos um dia inteiro na descida da encosta leste das montanhas, às vezes ofegando por ladeiras íngremes, às vezes escorregando e desli-

74 A EXPEDIÇÃO FAWCETT

zando em pedregulhos que saíam de baixo dos cascos das mulas. Nada podíamos ver abaixo de nós além de um mar de nuvens furadas por picos de montanhas. A 4 mil metros, atingimos a linha da madeira — uma esparsa formação de árvores torturadas e diminutas, que não passavam da altura de um homem. Então, ao descermos mais através do fedorento véu de nuvem, samambaias e flores começaram a surgir e o vento frio das alturas passou a dar espaço para o ar quente dos *yungas*. No dia seguinte, emergimos novamente em ar limpo e em grossa vegetação subtropical. Ficamos tensos durante uma descida de arrepiar os cabelos e encontramos palmeiras-imperiais e magnólias. A temperatura subiu e foi com alegria que pudemos tirar algumas peças de roupa. Mais mil metros abaixo e chegamos aos trópicos — nos quentes desfiladeiros onde o emaranhado da vegetação aprisionava as nuvens de umidade que pendiam das pesadas encostas acima e que não deixavam penetrar nenhum raio de sol.

Nós deveríamos ir para o rio, mas a febre terçã estava tão grave em Mapiri que decidimos parar na barraca de borracha de San Antonio, comandada por um austríaco chamado Moll. A única coisa notável sobre esse lugar — que não passa de um monte de cabanas numa pequena clareira na floresta — era uma criança de sete anos, meio chinesa e meio índia, não apenas trabalhando como comerciante como também cozinhando para todo o pessoal da estação — e comida de primeira classe! Essas crianças invariavelmente são bastante precoces, mas não se desenvolvem muito após a infância e raramente vivem até uma idade avançada.

Mapiri tinha quinze cabanas miseráveis com chão de barro e teto de folhas de palmeira. Elas ficavam ao redor de um espaço cheio de mato que fazia as vezes da *plaza*; a igreja não passava de um barraco semiarruinado com uma cruz instável no alto.

Quando entramos na cidade, o governador estava sentado na soleira da porta assistindo a uma *fiesta*. O resto da população, somando cinquenta ou sessenta pessoas, estava bêbado. Alguns encontravam-se caídos no chão, inconscientes; outros se misturavam numa dança vulgar ao som de uma música atroz que vinha de uma cabana totalmente desmobiliada chamada de "Grán Hotel"; uma índia lutava para se despir; e o corpo em decomposição de um homem, grotescamente segurando uma garrafa, jazia na sarjeta. No entanto, o local tinha alguma importância, pois uma boa quantidade de borracha passava por ali, e, embora o rio Mapiri não fosse um excelente território de borracha, eles pagavam por ela um bom preço, que chegava quase a dez xelins por libra.

Em Mapiri, obtive os serviços de um negro jamaicano chamado Willis, que quando estava sóbrio era um excelente cozinheiro. Ele e outro homem de cor se sustentavam lavando ouro, mas o amigo agora estava doente e em más condições. Como Willis me disse, "ele queria morrer, mas não conseguia". Willis, cansado de esperar, ficou contente em se juntar ao nosso grupo.

De Mapiri, a jornada rio abaixo é por *callapo*, que é uma jangada com três boias unidas por travessões. Uma balsa consiste em sete camadas de uma madeira anormalmente leve, abundante em algumas partes dos tributários do Alto Amazonas, mas rara onde há muita navegação. Os troncos são presos em vários pontos com pinos feitos da madeira forte e fibrosa de palmeiras, e no tronco ao lado do que fica na ponta estacas são enfiadas para sustentar plataformas leves de bambu para passageiros e para carga. Essas embarcações têm cerca de 8 metros de comprimento por 1,2 metro de largura. A tripulação compreende três *balseros* na frente e três atrás. A carga transportada tem cerca de três toneladas e ainda há dois passageiros.

Pegar uma balsa dessas e descer um dos riachos andinos com apenas um acompanhante, como fiz em muitas ocasiões mais tarde, é um esporte extremamente excitante e que demanda muita habilidade. Há correntezas rápidas a cada cem metros, voltas abruptas para negociar, rochas para evitar e constantes redemoinhos nas curvas, frequentemente grandes o bastante para naufragar uma balsa ou *callapo*. Às vezes, a velocidade é incrível, outras, mal se move, mas o cenário é fascinante — um prazer sem fim.

Deixamos a margem em Mapiri com uma tripulação de índios lejos, intoxicados com aquela loucamente embriagante bebida, a cachaça. Todos os habitantes sóbrios o bastante para se despedir de nós se juntaram

76 A EXPEDIÇÃO FAWCETT

e fizeram uma algazarra. A primeira experiência de viagem fluvial nos deixou com os nervos à flor da pele, já que os alegres *balseros* não estavam em condições de realizar o trabalho de equipe requisitado por uma navegação tão delicada como essa, e foi um susto atrás do outro até atingirmos a foz do rio Tipuani.

O Tipuani é um dos melhores rios de ouro na Bolívia e poderia produzir vastas quantidades do metal se não fosse pelas frequentes e repentinas cheias. Numa hora o leito rochoso fica exposto e no instante seguinte uma parede de água vem cobri-lo, causada por um aguaceiro ou tempestade nas montanhas acima. Ser pego no meio de uma dessas enchentes é fatal — e não dá para saber quando elas aparecerão.

Na foz do rio Tipuani está Huanay, uma vila formada por algumas cabanas e nada mais, mas uma estação de alguma importância para *callapos*. Passamos a noite ali, sendo hospitaleiramente abrigados num estabelecimento comercial pertencente ao nosso amigo Schultz, de Sorata. Nossos índios lejos vinham de uma aldeia próxima habitada pela sua tribo e celebraram a chegada com mais bebida. Huanay ficou cheia de rara animação porque, além da nossa visita, apareceu um grupo de índios da aldeia independente de Challana com uma grande quantidade de mercadorias para comercializar.

Challana é independente porque desafiou resolutamente o governo boliviano. Há muitas histórias bastante incorretas acerca do lugar, mas os fatos são que alguns anos atrás uma família chamada Montes descobriu valiosas terras de borracha mais ao sul e as reivindicou, expulsando os índios dos *yungas* que tinham se estabelecido ali e iniciado pequenas plantações. Esses índios migraram para o norte, até as águas do Alto Challana e, encontrando ali ouro e borracha, construíram uma aldeia; mas para evitar uma repetição dos maus-tratos recebidos recusaram-se a permitir que qualquer forasteiro entrasse na comunidade. Todavia, receberam a companhia de vários foras da lei e renegados, e elegeram como chefe um ex-capitão do Exército boliviano.

Em Huanay, eles trocavam a borracha e o ouro pelas mercadorias que precisassem e resolutamente se recusavam a pagar impostos ao Estado. O governo enviou uma expedição para forçar o pagamento. O local foi atacado de três direções — mas, graças aos comerciantes de Sorata, o povo de Challana estava bem armado e derrotou os soldados com facilidade. Desde então, não houve novas tentativas de subjugá-los. Eles têm seus próprios gado e produção, e dão uma banana para o mundo!

Após uma boa cheia no Tipuani, meio quilo de ouro por dia pode ser tranquilamente garimpado rio acima e em Huanay, cerca de 30 gramas a cada vinte peneiras. Garimpeiros brancos não acham que vale a pena, já que devido à falta de transporte para lá o custo de vida é exorbitante.

Entre Huanay e o Beni há três correntezas rápidas perigosas, "Malagua", "Retama" e "Nube". Na primeira delas, a queda é de bons 6 metros numa distância de aproximadamente 300 metros. Ao fazer uma curva fechada na correnteza, nosso *callapo* bateu numa rocha, que destruiu uma trave e derrubou toda a carga empilhada no centro da plataforma. A embarcação inclinou e o médico foi derrubado pelas caixas. Os homens se agitaram e gritaram. Ainda estavam um tanto bêbados e mal se davam conta do que se passava. Eu agarrei a câmera e as carabinas, temendo que se perdessem ou levassem um banho, e o *callapo*, apesar de ficar quase submerso, foi levado pela forte correnteza milagrosamente sem virar. Ao atingirmos águas tranquilas e profundas, paramos na margem e avaliamos os estragos. Chalmers, no *callapo* seguinte, fez a travessia sem problemas.

Na estação de borracha de Isapuri, entre as correntezas rápidas, paramos para dormir. Aqui, Schultz tinha um agente, que nos deixou confortáveis e alimentados, e passamos a noite secando os equipamentos e limpando as armas.

O cenário era magnífico durante a jornada. Passamos sob enormes penhascos de conglomerado e arenito vermelho, por gargantas estreitas e debaixo de vegetação da floresta em que os flamboyants exibiam cores gloriosas e abrigavam incontáveis papagaios e araras. Acampamos em praias debaixo de chuva e fomos atacados por mosquitos-pólvora. No meio da correnteza estávamos livres de insetos, mas no momento em que nos aproximávamos da margem, mosquitos e pequenas moscas que picavam nos atacavam em nuvens. Suávamos em temperaturas parecidas

78 A EXPEDIÇÃO FAWCETT

com o interior de estufas quando não batia o vento; e tremíamos com um frio tão penetrante que lembrava o inverno britânico!

Chalmers, que vinha atrás com Willis no outro *callapo*, encontrou uma espingarda num barco naufragado e a guardou. Seus jangadeiros estavam de olho na arma e ficaram tão irritados por Chalmers chegar antes que deliberadamente deixaram o *callapo* bater num banco e afundar. Vinte e oito caixas de carga foram perdidas, incluindo cinco nossas e as bases das mesas planas. Isso era grave, porque colocava fora de ação esses instrumentos úteis.

No sétimo dia após deixarmos Mapiri, flutuamos gentilmente até o porto de Rurrenabaque. O "porto" era uma praia de lama, coberta com balsas de ponta-cabeça e detritos, em que abutres grasnavam e brigavam. Logo adiante havia um conjunto de cabanas primitivas, cobertas com folhas de palmeiras e com bambus como paredes, amontoadas ao redor de uma *plaza* de mato no sopé de uma grande cordilheira. Nos mapas, eu vira o nome desse lugar marcado em maiúsculas e ansiara por pelo menos a presença de alguma arquitetura permanente. Esse assentamento miserável mal parecia adequado para habitação por brancos. Meu coração apertou e comecei a me dar conta do quão verdadeiramente primitivo esse território fluvial era. Eu aprenderia mais tarde que, depois de meses na selva, Rurrenabaque poderia se assemelhar a uma metrópole!

Meu ânimo melhorou com o saboroso desjejum preparado para nós na cabana desmobiliada que servia como hotel, e após encontrar alguns dos habitantes fiquei inclinado a olhar para o lugar com menos aversão. Havia na cidade uma companhia de infantaria boliviana, com dois ou três oficiais que se revelaram excelentes camaradas. O comandante, um homem extremamente bom chamado coronel Ramalles, era o governador da província Beni. Também encontramos dois mercadores ingleses — o negócio da borracha florescia — e três americanos, dois deles garimpeiros muito pobres e o terceiro era um pistoleiro texano de renome, que viera para ali a fim de se refugiar do mundo externo, onde estava "quente". Vários funcionários da alfândega e uns poucos índios completavam a população. A maioria dos habitantes parecia estar sofrendo de uma ou outra das várias doenças comuns no interior, tais como beribéri, *espundia** e malária — o grau de gravidade dependendo de quanto o álcool e o vício haviam enfraquecido a saúde.

O coronel Ramalles nos recebeu com um banquete; eu agradeci com outro. Champanhe, a um custo fabuloso, corria como água! A comida era abundante. Não faltava carne, já que a extensa planície Mojos, onde se criava gado, ficava logo adiante; e, além disso, no dia anterior um rebanho de pecaris surgiu do outro lado do rio, perseguido por um bando de onças famintas. A cidade inteira pegou armas e facas para matar cerca de oitenta dessas estranhas criaturas parecidas com porcos.

Onças são muito comuns na planície de criação de gado e o grande esporte não é atirar nelas, e sim laçá-las do alto de um cavalo. Dois homens participam, mantendo a fera presa com cordas entre eles. Exige boas montarias e uma considerável habilidade com o laço. Se essas condições são atendidas, não é um esporte tão perigoso quanto soa.

Onças às vezes podem ser domadas e não viram animais de estimação perigosos se pegas quando filhotes. Em Reyes, a algumas léguas de Rurrenabaque, havia um gozador que era dono de uma bem grande. Ele permitia que o animal andasse pela casa como um cachorro e seu grande prazer era levar o bicho pela trilha até Rurrenabaque e esperar por viajantes sobre mulas. A um sinal, a onça saltava dos arbustos e a mula saía em disparada, geralmente derrubando o viajante, cujo terror ao se ver cara a cara com a fera pode ser imaginado.

Mulas têm mais medo de onças do que qualquer outro ser vivo e dizem que a pata de uma recém-morta levada numa sacola na sela é mais eficiente do que qualquer espora para acelerar o ritmo de uma montaria teimosa.

---

* Leishmaniose. [*N. do T.*]

CAPÍTULO V
CICLO DA BORRACHA

Eu estava deprimido e com muitas saudades de casa. Que tipo de tonto era eu para trocar o conforto de Spike Island por condições que, começava a perceber, poderiam fazer com que até mesmo Rurrenabaque parecesse um paraíso? Meu salário parecera bom, mas era uma ilusão. Na Bolívia, eu não estava melhor do que quando era major da artilharia — na verdade, pior, porque na guarnição o alojamento era gratuito. Ao aceitar o posto não percebi nem mesmo as dificuldades que teria para que o salário fosse depositado no meu banco em Londres. Aqueles que se diziam experientes me disseram que provavelmente nada seria pago até haver uma soma substancial a meu crédito, quando então as promessas de um pagamento rápido da quantia total seriam dadas junto com a oferta de um pequeno depósito na conta.

Mais de uma vez fiquei tentado a pedir demissão e voltar para casa. A esperança de trazer esposa e família para La Paz já tinha desaparecido. Estava fora de questão. Não apenas era quase impossível obter uma casa, como os aluguéis encontravam-se em uma faixa além do que eu poderia arcar. Na época, não era lugar para uma mulher inglesa sozinha, en-

82 A EXPEDIÇÃO FAWCETT

quanto que para as crianças a comida seria inadequada e a altitude, um problema.

Mesmo em condições favoráveis, Rurrenabaque ficava a mais de duas semanas de viagem de La Paz; e Riberalta — onde boa parte do meu tempo seria passada — estava a outras três semanas de jornada rio abaixo. O viajante tinha que ficar esperando, frequentemente durante semanas, em algum lugar fora do caminho, até que um *callapo* ou jangada aparecesse com destino ao local pretendido. Ir de Mapiri ao altiplano dependia de se conseguir mulas. Os rios da *Montaña* boliviana — como a região da floresta é chamada — na verdade eram mais apartados de La Paz do que a Inglaterra. Aqui estávamos, longe de tudo, tendo diante de nós a perspectiva de três anos de um trabalho extremamente difícil e perigoso — anos que começavam na chegada ao Beni —, com cartas de casa chegando somente ocasionalmente e sem saída para um clima mais favorável ao descanso e à recuperação. E eu voluntariamente me permitira ser condenado a isso!

Estávamos agora às margens do verdadeiro território da borracha e prestes a descobrirmos o que havia de real nas histórias contadas a respeito. Muita gente tinha duvidado das denúncias em Putumayo, mas é fato que desde o início a exploração de borracha na Bolívia e no Peru levou a chocantes barbaridades. Não que os governos desses países estivessem indiferentes aos abusos — estavam profundamente preocupados —, mas a grande distância que separava as regiões borracheiras de qualquer controle estatal efetivo encorajava estrangeiros inescrupulosos e igualmente bolivianos e peruanos do mesmo tipo. Na realidade, a maioria desses exploradores de borracha era formada por degenerados tentados pela chance de fazer muito dinheiro facilmente. Acredite se quiser, mas a imensa mão de obra dispersa da indústria da borracha tinha pouca compreensão das verdadeiras causas subjacentes ao seu sofrimento e estava disposta inclusive a lutar para manter as coisas do mesmo jeito, caso essa fosse a vontade do *patrón*. Enquanto não sofresse, o indivíduo pouco ligava para o que acontecia com os outros — de fato, as desgraças alheias até o divertiam.

Nenhum inspetor governamental que se desse valor se aventuraria no território da borracha e mandaria um relatório honesto. O braço da vingança era longo, e na *Montaña* dava-se pouco valor à vida. Por exemplo, um juiz foi enviado ao Acre para obter provas do particularmente brutal assassinato de um austríaco e descobriu que gente poderosa nos rios estava envolvida no caso. Se tivesse contado o que sabia, jamais teria saído de lá vivo. Era prudente não falar nada para regressar em segurança ao altiplano com um belo presente para lhe calar a boca e encerrar o caso pagando uma pequena compensação aos parentes. Quem pode culpá-lo?

Não havia instrumentos à nossa espera em Rurrenabaque.

— Não precisa se preocupar a respeito — disse o coronel Ramalles. — Estarão à disposição em Riberalta. O general Pando está lá com eles.

— Quanto mais cedo os tivermos, melhor — falei. — Não há sentido em nossa permanência aqui.

— Claro que vou fazer o que puder por você, mas talvez leve tempo. Enquanto isso, há o Dia da Independência e, pela maneira que o comemoram aqui, duvido que algo possa ser feito antes de passarem os efeitos!

A celebração foi uma orgia de bebidas, seguida por um período de "*mañana*" que durou uma semana inteira. Então, chegaram à cidade dois funcionários da alfândega vindos de La Paz com pressa para ir para Riberalta, cavalheiros de tamanha grandeza que finalmente encontrou-se um *batelón* para levá-los, e nós também.

Bem, um *batelón* é o mais mal projetado e desajeitado de todos os barcos. Surgiu a partir da mente de algum estrangeiro que nada conhecia sobre construção ou projeto e mantém a mesma forma apesar dos defeitos óbvios. A quilha é o tronco de uma árvore, desbastado no formato e aberto sobre uma fogueira; e há toscos roda da proa e cadeste, aos quais uma série de grossas tábuas é presa à maneira das caravelas com grandes cravos de ferro dobrados do lado de dentro. A seção do meio da embarcação forma um "V" rombudo e na popa há uma plataforma com um abrigo de folhas de palmeiras e alguns bancos ordinários para a tripulação. Invariavelmente faz água como se fosse uma peneira, pois as frestas são praticamente impossíveis de calafetar eficazmente, de modo que um ou dois tripulantes devem continuamente tirar a água que entra. Possui cerca de 12 metros de comprimento, 4 de largura e precisa de um metro de profundidade para navegar. O bordo livre não tem mais do que dez

84 A EXPEDIÇÃO FAWCETT

centímetros e a carga que transporta geralmente é de 12 toneladas. A tripulação é formada por qualquer número entre dez e 24 índios.

Não muitos habitantes de Rurrenabaque se recuperaram das comemorações e os que estavam sóbrios o bastante para andar se despediram de nós com salvas de Winchester "44.40".[5] Felizmente, ninguém foi acertado. Quando chegamos às correntezas de Altamarani conseguimos atravessá-las graças ao que somente pode ser chamado de intervenção miraculosa. Mas os dois tripulantes encarregados de se livrar da água que entrava não conseguiram dar conta da infiltração no casco do *batelón* e, 15 quilômetros depois da cidade, tivemos que parar. Então, precisamos tirar toda a carga e passar a colocar grandes pedaços de estopa — fibra de palmeira amassada — nas frestas do barco batendo com o cabo de um machete por dentro ou por fora, do jeito que entrasse melhor.

Acampamos numa chácara pertencente ao maquinista inglês de um pequeno barco a vapor do governo. Esse homem engenhoso, de nome Pearson, conseguia manter em operação uma embarcação decrépita cuja maioria das partes era mantida unida com arames e barbantes. Encontrava-se apoiada fora da água quando chegamos e Pearson apontou com orgulho para os consertos que fizera. A caldeira devia em algumas partes estar quase tão fina quanto papel e, por menor que fosse a pressão, era um perigo para a vida.

Durante a noite, de maneira repentina, houve trovões e um dilúvio — uma chuva tão pesada que parecia água sólida. O rio subiu três metros; a embarcação foi arrancada da armação em que repousava, virada de lado e jogada contra as árvores; e nós corremos para impedir que a bagagem fosse levada embora. Era o ápice da estação seca, mas nas florestas amazônicas sempre se pode esperar chuva pesada na lua cheia e na lua nova

---

[5.] Munição "44.40", comum tanto para a carabina Winchester quanto para o revólver Colt, esteve durante algum tempo disponível mesmo nos lugares mais remotos da América do Sul. Por esse motivo, a carabina Winchester .44 tornou-se a "arma revolucionária" favorita e o poder, a praticidade e a confiabilidade tremendos a tornaram uma valiosa propriedade para todo político em potencial. Acredito que a venda de armas e munição "44.40" tenha sido proibida em algumas repúblicas por isso. [*N. do Org.*]

— geralmente na lua nova. Frequentemente o aguaceiro é seguido por um *surusu*, um vento sul ou sudoeste que traz um frio tão intenso que de manhã ocasionalmente acabamos encontrando uma fina camada de gelo!

O rio desceu para o seu nível normal quase tão rapidamente quanto havia subido, deixando nas margens um monte de destroços da embarcação misturados com moribundas *migales* — as grandes aranhas caçadoras de pássaros — e cobras quase afogadas. Enquanto tomávamos o desjejum na casa de Pearson, apareceu José, um empregado que trabalhava no barco, bastante assustado.

— Uma onça entrou na minha cabana ontem à noite — ele disse. — Acordei e a vi no meio do quarto olhando para o lampião aceso. Se eu tivesse colocado o braço para fora da rede, a teria tocado, *señores*!

— Por que não atirou nela? — perguntou Pearson. Ninguém naquelas partes dormia sem uma arma à mão e a Winchester de José estava sempre ao lado.

— Estava perto demais, *señor* Pearson. Se eu tivesse tentado pegar a arma, ela poderia ter atacado. E se eu não conseguisse matar imediatamente, ela me pegaria. Fiquei imóvel como os mortos e por fim ela saiu tão rápida e silenciosa que mal pude acreditar que tinha estado ali.

Os dois lados do Beni são território de cobras venenosas — pior do que em muitos outros lugares, porque aqui é a junção de floresta, planície e colinas, com abundância dos arbustos secos que elas adoram. A mais comum é a cascavel. Existem cinco diferentes tipos, mas em tamanho raramente passam de um metro. A maior é a surucucu, aquela abominação com dentes duplos conhecida em outros lugares como *pocaraya*, que às vezes atinge o prodigioso tamanho de 4,5 metros, com um diâmetro de 30 centímetros na parte mais grossa, de acordo com o que me contaram. Há também a *taya*, uma cobra parda feroz e muito ágil, que, como a hamadríade da Índia, ataca seres humanos durante a época de acasalamento. Sucuris são comuns — não o tipo gigante, mas com até oito metros, grandes o suficiente. Essas cobras eram um perigo tão constante que logo aprendemos a tomar precauções contra elas.

Não muito longe de onde agora estávamos viviam os *barbaros*, selvagens hostis bastante temidos pelos seringueiros do Beni. Ouvi histórias

86 A EXPEDIÇÃO FAWCETT

de arrepiar os cabelos a respeito deles, mas os encontrei depois e descobri que havia muito exagero. A alguma distância na floresta perto de Altamarani vivia uma velha mestiça com sua filha. Essa senhora era uma vidente. Tinha uma bola de cristal e era consultada pelas pessoas de toda a extensão do rio entre Rurrenabaque e Riberalta. Ela se parecia com a bruxa tradicional e era uma herborista, vidente e produtora de poções do amor. Embora achassem que tinha amealhado uma considerável fortuna, ninguém ousava molestá-la e os *barbaros* a tratavam com o maior respeito. Ela, por sua vez, os desprezava.

Todo ano os nativos daqui celebravam uma espécie de sabá na floresta. Eles se reuniam em volta de um altar de pedras e produziam a cerveja nativa, *chicha*, que bebiam em enorme quantidade com a boca cheia de forte tabaco. A mistura deixava-os ensandecidos e homens e mulheres, então, dedicavam-se a uma desenfreada orgia. Isso com frequência prosseguia por duas semanas.

Os *barbaros* usavam arcos feitos com a madeira das palmeiras; iam de 1,5 metro a 3 metros de comprimento e as flechas tinham o mesmo tamanho. As cordas dos arcos são feitas a partir da casca de árvores. Os meninos aprendem a usar o arco atirando flechas sobre uma oca para acertar papaias do outro lado. Às vezes, eles usam os arcos verticalmente, do modo usual; às vezes, deitam no chão e tensionam o arco com os dois pés, ao mesmo tempo que seguram a corda com ambas as mãos. Tornam-se grandes especialistas em disparar para o ar e acertar o alvo com incrível precisão. As penas são fixadas nas flechas com uma torção, para que girem e tenham um voo mais reto. Será possível que a ideia de armas de fogo com canos com ranhuras espiraladas para que as balas girem tenha se originado daí? Mulheres e crianças se armam com lanças de bambu com ponta dupla, cujas farpas são de ossos de macaco com algodão nativo e fixadas com cera de resina. Na guerra, lanças e flechas geralmente levam veneno em suas pontas.

O *batelón*, consertado com muita estopa, foi recarregado e continuou a jornada rio abaixo. Negociando o caminho sobre uma miríade de obstáculos escondidos na água, escapamos miraculosamente de vários incidentes. Esses obstáculos são os troncos e galhos de árvores mortas que caem no rio ou são carregados nas enchentes. Na luta pela sobrevivência na floresta pré-histórica, as árvores são excluídas, sufocadas por tumores parasíticos, ou derrubadas em tempestades. Frequentemente elas nem mesmo podem tombar e ficam suspensas até apodrecer sustentadas por árvores que estão ao redor. A correnteza erosiva dos rios engole as margens lamacentas e as árvores caem na água para se transformar em barreiras. Às vezes, elas exibem apenas suas pontas para fora da água; as mais perigosas são as que ficam submersas uns poucos centímetros fora da vista. Os galhos se desgastam e viram estacas malignas, e como a madeira não raro é quase tão dura quanto ferro essas estacas podem rasgar um barco movendo-se em velocidade como se fosse papel.

Flutuamos na correnteza a cerca de cinco quilômetros por hora, dia após dia de mortal monotonia, pois o cenário nas margens nunca mudava. Pequenos eventos ganhavam enorme importância e procurávamos ansiosamente por sinais de vida na vasta selva. Patos e gansos selvagens eram abundantes, assim como, é claro, macacos, predominando o *marimono* preto e o *manechi*. Este último é o bugio dos brasileiros, e ao alvorecer seus guinchos acordam a floresta.

De modo geral, é difícil encontrar animais de caça, de forma que os macacos são vistos como boas refeições nessas florestas. A carne tem um sabor bastante agradável; mas inicialmente a ideia me revoltou porque, quando esticados sobre uma fogueira para tirar os pelos, eles pareciam horrivelmente humanos. O recém-chegado tem que se acostumar com essas coisas e deixar essas exigências para trás — caso contrário, passará fome.

Em um ponto na margem do rio, vi uma urna funerária. Lamento agora que não a tenhamos trazido, porque cerâmicas muito interessantes foram escavadas em Rurrenabaque e poderia ter sido uma descoberta de valor etnológico.

No segundo dia depois de Altamarani batemos num obstáculo. Quatro dos tripulantes foram jogados no rio e o médico entrou em pânico e saltou atrás deles, enquanto os pomposos funcionários da alfândega ficavam verdes de terror. No momento em que batemos, o resto da tripulação instantaneamente pulou para fora e impediu o barco de fazer água. Para

88 A EXPEDIÇÃO FAWCETT

eles, foi uma grande piada. Eu pensei que o *batelón* com certeza tinha chegado ao fim da linha e fiquei surpreso ao ver que, além de uns poucos pontos extras de infiltração, não havia danos. Rapidamente obstruímos os buracos com alguns quilos de estopa e seguimos em frente. Quando a madeira do casco de um *batelón* é nova, provavelmente é necessário uma rocha e um ímpeto de 30 quilômetros por hora para rachar uma das tábuas e arrancar aqueles grandes cravos dobrados.

Pouco depois de retomarmos a navegação, a tripulação começou a gritar de excitação e remou freneticamente para um amplo banco de areia, onde pudemos ver um bando de porcos. O barco ancorou e todos os membros da tripulação foram atrás com suas Winchesters. Logo, ouvimos o estampido de tiros, como se fossem quilômetros floresta adentro. Esses índios tumupasa são excelentes rastreadores e em menos de uma hora estavam de volta com dois porcos. Na selva fechada, um europeu mal conseguiria não se perder sem o sol ou uma bússola para guiá-lo, mas esses índios parecem capazes de achar o caminho com as solas nuas dos pés.

Deslocar-se com a corrente era fácil, mas nossa quilometragem diária não era das melhores, já que estávamos na estação de ovos de tartarugas e fazíamos paradas frequentes em busca de ninhos. A tartaruga é comum no Purus e na maioria dos afluentes amazônicos, pondo cinquenta ovos por vez. Estranhamente, não é encontrada no Beni. No lugar dela há a *tracaya*, uma tartaruga pequena que é abundante e põe vinte ovos por vez. Os ovos são considerados uma excelente iguaria, mas o homem divide esse gosto com as cegonhas, que são especialistas na localização dos ninhos. A tartaruga põe os ovos à noite e os esconde com uma camada de areia. A natureza, que ensinou isso à criatura, deixou de lado os meios para que apagasse seus rastros, de modo que se não estiver chovendo é fácil detectar o esconderijo. Leva algum tempo para se acostumar com os ovos, porque têm um sabor oleoso. As cascas não são duras e têm o tamanho de bolas de golfe.

Acampamos uma noite na chácara de um inglês, um renegado da civilização que vivia na floresta com uma velha índia. Seu passado era incrível — caso da maioria desses eremitas. Era um homem educado que outrora tivera uma posição de importância. Nesse lugar isolado, encontrou uma alegria que não tinha no mundo externo e os ataques de insanidade que o acometiam não atrapalhavam ninguém, exceto ele próprio e sua companheira.

Fomos perseguidos por mosquitos-pólvora, particularmente aqueles conhecidos como *tabana* e os mariguis, chamados de pium no Brasil. Nuvens de mariguis nos atacavam de dia e deixavam pequenas bolhas de sangue onde picavam. O *tabana* vinha sozinho, mas anunciava sua presença com uma pontada como a pressão de uma agulha. As mordidas dos dois insetos coçam abominavelmente e podem infeccionar se esfregadas.

Abaixo de Rurrenabaque há uma faixa do Beni conhecida como "O Deserto", muito rebaixada para quaisquer assentamentos e que na estação seca é tomada por selvagens em busca de ovos de tartaruga e peixes. Nossa tripulação disse que os selvagens ficavam na margem oeste, de forma que o acampamento era montado sempre no outro lado. Uma série de tragédias havia acontecido por aqui, vinganças desferidas pelos selvagens contra as crueldades impostas a eles por inescrupulosos empregados dos seringalistas.

Um suíço e um alemão de uma barraca abaixo da confluência do Madidi recentemente haviam atacado os selvagens com uma força substancial. Uma aldeia foi destruída, homens e mulheres massacrados, e crianças mortas tendo seu cérebro esmagado contra árvores. Os agressores regressaram orgulhosamente com oitenta canoas e vangloriando-se da ação! O único motivo para isso foi que alguns índios tímidos haviam aparecido no acampamento e dado origem ao temor de um ataque contra a barraca. Disseram-me que esses guerreiros da barraca achavam um ótimo esporte atirar bebês índios para o ar e catá-los com a ponta de machetes. Pessoas decentes no rio ficaram enojadas com toda a história; e o governo também ficou indignado quando soube, mas nada podia fazer.

Ataques escravistas contra os selvagens eram uma prática comum. A ideia dominante de que o *barbaro* não era melhor do que um animal selvagem respondia por muitas das atrocidades perpetradas contra eles pelos degenerados responsáveis pelas barracas. Encontrei mais tarde os índios guaraios e os considerei inteligentes, limpos e infinitamente superiores

90 A EXPEDIÇÃO FAWCETT

aos índios encharcados de bebida, ditos "civilizados", dos rios. Sim, eram hostis e vingativos; mas veja a provocação! Minha experiência é de que poucos desses selvagens são naturalmente "maus", a menos que o contato com os "selvagens" do mundo externo os tenha deixado assim.

O costume deles era atacar ao amanhecer, perfurando as *toldetas* com flechas. Essas *toldetas* eram mosquiteiros de algodão barato e sob elas dormiam os membros das tripulações dos barcos, bolivianos e índios. Os que sobreviviam à chuva de flechas envenenadas tinham pouco motivos para alegria quando os selvagens punham as mãos neles. O general Pando, que subiu o Heath um pouco depois de Madre de Dios e cruzou os pântanos até as águas superiores do Madidi, contou-me que ele e seus homens montavam suas *toldetas* como despiste e dormiam longe delas.

— De manhã, nós habitualmente as encontrávamos varadas com flechas — disse. — Nunca tivemos um ataque direto, provavelmente porque meu grupo era grande, mas o tempo inteiro eles nos atormentaram das moitas, e permaneceram invisíveis.

Em 1896, um importante funcionário do governo boliviano estava viajando no Beni com a mulher e a enteada quando guaraios atacaram ao amanhecer. Houve uma correria para o *batelón* e, no pânico, a mulher ficou para trás no banco de areia em que o acampamento fora erguido; sua ausência só foi descoberta quando a embarcação já estava a alguma distância, rio abaixo. A senhora foi mantida pelos selvagens em sua aldeia por vários anos, sendo por fim encontrada por uma expedição à caça de escravos. O chefe da expedição a devolveu, e também quatro crianças semisselvagens, ao marido, cobrando-lhe 300 libras pelo serviço. Nesse ínterim, o marido casara-se com a enteada e o choque de rever a mulher o matou. A senhora, com as crianças, foi morar com a filha em Santa Cruz de la Sierra e tinha grande prazer em narrar sua experiência única.

Em Riberalta, conheci uma austríaca — vivaz e bela — que de tempos em tempos ia para a floresta sozinha para viver com os índios pacaguaras. Sua coleção de colares de dentes e outras curiosidades indígenas era inigualável.

No debilitante calor das florestas, você ficava fortemente tentado a pular do *batelón* para se banhar. Era desaconselhável, porque, quando

CICLO DA BORRACHA **91**

não se conseguia controlar o desejo, o mergulho tinha que ser feito com cautela por causa do puraquê, ou enguia-elétrica. Duas variedades dessa criatura são encontradas nesses rios; uma tem aproximadamente dois metros e cor marrom e a outra — a mais perigosa — é amarelada e com metade do tamanho. Apenas um choque basta para paralisar e afogar um homem, mas o puraquê tem por hábito repetir as descargas para garantir o resultado. Parece que, para dar o choque, a enguia tem que mexer a cauda, já que quando está imóvel ela pode ser tocada sem problemas. De qualquer forma, os índios não põem as mãos nem mesmo numa morta.

Outro peixe abominável encontrado nos rios amazônicos — particularmente comuns nos tributários do Madeira — é o candiru. Tem por volta de cinco centímetros de comprimento e seis milímetros de grossura, terminando numa estreita cauda bifurcada. Tem uma boca alongada e espinhuda, dentes afiados e sua pele é coberta com finas farpas voltadas para trás. Ele procura entrar nos orifícios naturais do corpo, seja humano ou animal, e, uma vez dentro, não pode ser tirado devido às farpas. Muitas mortes resultam desse peixe e a agonia que pode causar é excruciante. Enquanto eu estava em Riberalta, um médico austríaco extirpou dois de uma mulher; e um médico japonês em Astillero, no rio Tambopata, mostrou-me um de uma espécie diferente, tirado do pênis de um homem. Essa espécie às vezes chega a 12 centímetros, parecendo-se com uma enguia recém-saída do ovo.

Arraias venenosas circulam no fundo arenoso dos rios. Não são grandes, mas o corte do aguilhão farpado e coberto por muco é extremamente doloroso e, às vezes, perigoso. As pessoas dos rios dizem que o melhor remédio é urinar no ferimento. Se é o caso, não posso afirmar, mas sei que o espinho do ouriço-do-mar é tratado assim pelos nativos nas Índias Ocidentais. A arraia é boa de comer e o aguilhão é usado pelos índios para fazer a ponta das flechas.

A monotonia de flutuar rio abaixo dia após dia, com nada a fazer exceto olhar para as margens imutáveis, revelou-se demais para as nossas companhias, os funcionários da alfândega. Eles levavam sacolas com correspondências a serem entregues em Riberalta e não demorou muito para romperem os lacres e pegarem os jornais e periódicos que havia dentro.

— Não importa — foi a desculpa. — De qualquer forma, os jornais tornam-se propriedade pública quando chegam lá!

Ao alcançarmos Riberalta, a maior parte havia se perdido e muitas pessoas que contavam os dias entre uma entrega e outra foram obrigadas a se conformar e esperar com a paciência que conseguissem reunir pela próxima remessa, que poderia ser dali a um mês — ou três!

Na foz do rio Madidi, nos limites da planície de Mojos, fica a missão de Cavinas, onde remanescentes de uma tribo, outrora parte de uma grande e poderosa nação conhecida como toromona, tinham um assentamento com algumas ocas bem-cuidadas. Os índios sempre davam um jeito de manter suas plantações livres de ervas daninhas, enquanto as dos brancos eram tomadas por elas. Cavinas apresentava um agradável contraste em relação às terras malcuidadas e improdutivas dos assentamentos brancos.

A partir daqui havia barracas de borracha nos dois lados do rio, mas só uma delas nos recebeu bem. Os donos bêbados e degenerados deviam estar com a consciência pesada. A única que nos concedeu uma acolhida hospitaleira foi a de Concepción. O proprietário tinha educação e era viajado, com mulher e filhos encantadores, e seu negócio ia muito bem. Ele via o futuro da borracha no Beni com otimismo, mas eu não compartilhava dessa opinião. Parecia-me que era inevitável a decadência e o desaparecimento do negócio, a menos que toda a região pudesse ser desenvolvida com imigração organizada.

Após uma jornada de vinte dias desde Rurrenabaque, chegamos a Riberalta em 28 de agosto. Aqui, encontrei o general Pando, ex-presidente da República e representante da província de Beni, um homem de figura imponente e destacada aptidão. Ele realizara extensas explorações na Bolívia e provavelmente sabia mais sobre o país do que qualquer um de seus compatriotas. O que me encorajava era o fato de ele ser a primeira autoridade com quem eu me encontrara que realmente sabia qual trabalho se esperava da comissão.

Não havia nenhum instrumento à minha espera — eu os encontraria em Bahía, ou, como seria chamada mais tarde, Cobija! A essa altura, já sabia o suficiente para acreditar neles somente quando os visse!

— Será providenciado um barco para levá-los rio Orton acima — ele falou. — Então, de Porvenir, há uma trilha terrestre até o rio Acre.

— Quanto tempo você estima que o trabalho no Acre tomará de mim? — perguntei.

— Temo que você não achará fácil, major. Diria que você levará dois anos para completá-lo.

Eu certamente não tinha nenhuma intenção de passar dois anos no Acre — e tampouco iria permitir que o mato crescesse sob meus pés, no que dizia respeito ao trabalho. Contudo, não lhe disse isso.

Onde os rios Beni e Madre de Dios se juntam há uma distância de 500 metros de uma margem à outra. Riberalta, localizada na confluência, era quase uma cidade, já que as cabanas de folhas de palmeiras eram dispostas em quadras, uns poucos telhados tinham cobertura de *calamina*[6] e havia até mesmo uma construção de adobe, sede da Suarez Hermanos, a principal empresa de borracha. Embora a construção dos Suarez fosse uma coisa simples, de um andar, com um *patio* no meio, seu custo, segundo me contaram, somara mais de 12 mil libras! O preço de tudo aqui era dez vezes maior do que no mundo lá fora. Apesar dos preços abusivos, parecia haver uma abundância de comida e, de alguma maneira inexplicável, todos conseguiam viver de crédito. Pão vendido por 14 centavos de libra a onça. Mas a carne, a dieta básica, era copiosa e gado semisselvagem da planície de Mojos podia ser comprado por menos de quatro xelins a unidade — o único problema era que o comprador devia ele mesmo pegar o animal após a transação, se tivesse coragem.

Situada quase no coração do continente, Riberalta está apenas 150 metros acima do nível do mar. Foi construída no local de uma antiga aldeia indígena entrincheirada e o chão está a não mais que dois metros acima do nível mais alto da água no verão. O calor aqui pode ser quase

---

6. Ferro corrugado. É a maldição da América do Sul — do ponto de vista do pictórico — e destrói a aparência do que, de outro modo, poderia ser atraente. As *tejas*, ou telhas espanholas, são mais duráveis e um claro embelezamento, mas custam mais e exigem mais esforços para a instalação, de modo que a barata e horrenda *calamina* ganhou uma forte dominância! [*N. do Org.*]

94 A EXPEDIÇÃO FAWCETT

insuportável. Contudo, há frequentes *surusus*, quando a temperatura desaba subitamente de 43 graus na sombra para 4 — e às vezes até zero. Nessas ocasiões, as pessoas vão para as suas cabanas abertas e cheias de correntes de ar e se enfiam embaixo de todos os cobertores que têm até a *surusu* passar.

Quando chegamos na cidade havia acabado de ocorrer um motim no Madre de Dios, na foz do rio Heath, onde os soldados de um pequeno destacamento mataram os oficiais e fugiram para o Peru. Um soldado — um índio — retornou a Riberalta e disse que havia se recusado a tomar parte no evento. Ele foi julgado por uma corte marcial, condenado e sentenciado a 2 mil golpes de açoite.

O açoite usado no Beni era um pau curto com quatro bem-amarradas tiras de couro cru. Esperava-se que a sentença matasse o índio, produzindo assim um resultado que, por falta de suficiente autoridade, não poderia ter sido decidido diretamente. Os residentes estrangeiros protestaram, mas sem efeito. O homem levou o açoite e o médico, que o testemunhou, deu-me todos os detalhes mais tarde.

A vítima foi colocada com braços e pernas estendidos no chão e um soldado de cada lado deu uma chibatada por segundo durante um minuto, quando o açoite foi passado ao soldado seguinte de uma fila de homens à espera. Um após o outro, eles prosseguiram, sem interromper o ritmo. O espancador que não batesse forte o suficiente recebia ele próprio cinquenta chibatadas. A vítima desmaiou sete vezes sem que isso provocasse qualquer parada no castigo. Quando acabou, ele foi deixado onde estava. Mais tarde, ele foi salgado. A carne estava literalmente solta dos ossos, deixando estes à mostra em alguns lugares — contudo, ele sobreviveu!

Nessa época havia três ingleses em Riberalta. Um era um excelente homem, intocado pelos vícios de uma comunidade na qual passara um quarto de século. O segundo morreu pouco após nossa chegada e a única coisa que o destacava era uma mania por litígio. O terceiro era um dos homens mais cruéis e depravados que jamais encontrei. Tinha uma posição rendosa numa das empresas de borracha, mas a perdeu, eu creio, e estourou os miolos em Londres alguns anos depois.

A bebida reinava suprema, como na maioria desses lugares. Havia todo tipo de desculpa para isso. Cercados por brutalidade e paixões bestiais, vivendo em imundície inacreditável e isolados por vastas distâncias, ausência de comunicação e floresta intransponível, não causa surpresa que as pessoas procurassem escapar da única forma que conheciam — pela garrafa.

Eu via o general Pando frequentemente e não perdia oportunidade de apelar por providências para a nossa partida. Queria começar o trabalho o mais rapidamente possível.

— Não creio que você partirá para Bahía antes de três ou quatro semanas — ele observou —, e quando chegar lá suponho que haverá um atraso até o rio subir. Por que não aproveitar o tempo fazendo uma análise preliminar para uma ferrovia entre Porvenir e Bahía? Seria um grande serviço para o governo se você o fizesse.

Discutindo detalhes do trabalho de demarcação de fronteiras com ele, decidi fazer o pedaço do Acre primeiro e, então, retornar a Riberalta para desenhar a divisa. Depois disso, faria a seção do meio e novamente voltaria para desenhar. Finalmente, me encarregaria da seção do Abuná. Calculando um mês de desenhos, o tempo gasto nas viagens de ida e volta e seis meses passados em cada seção, seriam exigidos dois anos e meio, ou quase a duração total do contrato.

Um funcionário da alfândega, de cama com beribéri, veio do Acre e perguntei-lhe o que esperar quando chegássemos a esse rio.

— Eu o vi por mais de 160 quilômetros dentro de um grande vapor — ele disse. — Já foi tudo explorado antes. Na verdade, há barracas de borracha em todo o caminho até lá.

CAPÍTULO VI
NASCIDOS PARA SOFRER

Não é exagero afirmar que nove em cada dez habitantes de Riberalta sofriam de um tipo ou outro de doença. Havia as vítimas parcialmente paralisadas de beribéri, que se arrastavam de muletas e se amontoavam sempre que surgia a possibilidade de um aperitivo ou bebida grátis. Alguns tinham febre terçã, alguns, tuberculose e muitos, enfermidades que os médicos não conseguiam diagnosticar. Todo estabelecimento comercial na cidade realizava muitas vendas de pseudorremédios, com preços exorbitantes. A pessoa saudável era considerada uma aberração, uma exceção extraordinária. Beribéri — uma espécie de hidropisia — era a doença normal nos rios, provavelmente causada pela má qualidade da comida e sua ausência de vitaminas. Você podia conseguir carne fresca, mas os alimentos básicos eram charque e arroz. O arroz era trazido de Santa Ana, Santa Cruz ou Manaus, no Brasil, e geralmente encontrava-se mofado quando vendido após pelo menos dois anos armazenado. (Posso lembrar de um tempo no Acre quando você não conseguia nem mesmo isso.) O charque rotineiramente vinha infestado de larvas. Cheirava tão mal que somente podia ser engolido após ser fervido três vezes. Ainda assim, em Riberalta era vendido a um xelim e oito pence a libra. As pessoas empurravam essa dieta goela abaixo com grandes goles de cachaça — o diabólico álcool da cana-de-açúcar. Não era à toa que caíam como moscas!

Na cidade havia muitos índios da floresta escravizados. Tinham sido trazidos como crianças e tornaram-se membros da Igreja. Alguns con-

98 A EXPEDIÇÃO FAWCETT

seguiam se adaptar à nova vida, mas a maioria era indomável. Se pegos quando meninos, eles cedo ou tarde sentiam o chamado da selva e fugiam de volta. Entretanto, esses jovens selvagens nunca esqueciam o que haviam aprendido. Absorviam a educação com facilidade e, ao retornar à tribo, iniciavam sua gente nos modos do homem civilizado. Índios excepcionais eram enviados a lugares tão distantes como a Europa para estudar.

O dono de um negócio florescente em Riberalta, um alemão chamado Winkelmann, comprou uma moça selvagem, fez com que fosse educada na Alemanha e casou-se com ela. Tomei chá com o casal várias vezes, observando que não apenas era bonita como muito bem-educada, dominando quatro línguas, perfeitamente adaptada à sua posição e mãe de uma família encantadora. Como regra, todavia, essas pessoas da floresta eram ou vítimas de balas assim que avistadas, como animais perigosos, ou impiedosamente caçadas para serem mandadas como escravas para distantes seringais onde a fuga era impossível e todo sinal de independência eliminado com o chicote.

Os casos mais trágicos no Beni ocorreram na cidade e província de Santa Cruz de la Sierra. Ali, os trabalhadores eram levados em grupos de cinquenta, acorrentados e vendidos. Era contra a lei, naturalmente, mas associações temporárias encontravam no sistema de peonagem uma maneira de burlá-la. Enquanto todo transporte nos rios estivesse nas mãos das grandes empresas, não haveria esperança para essa gente. Qualquer tentativa de fuga quase certamente acabaria em desastre.

Certa vez, quatro homens conseguiram escapar de uma firma francesa e descer o rio numa canoa. O capataz, mais conhecido como *mayordomo*, foi atrás, pegou-os e, em vez de levá-los de volta, esmagou suas cabeças com a coronha de uma Winchester enquanto eles se ajoelhavam implorando clemência. Indenizações legais eram improváveis em casos desse tipo. Os juízes locais recebiam salários de apenas aproximadamente 16 libras por mês e dependiam de subornos para se sustentar. Com todo dinheiro e poder nas mãos das empresas de borracha, havia uma chance mínima de a justiça ser feita.

Visitei um francês na cadeia de Riberalta que havia matado seu patrão num ataque de ciúmes. Enquanto estava aprisionado, ele era alimentado pela mulher, a quem um dia agarrou e estrangulou. Ele foi condenado à morte, mas escapou e fugiu para o Brasil, graças ao juiz que lhe vendeu uma ferramenta, especificamente uma lima!

Geralmente, um suborno oferecido diretamente seria considerado um insulto. O método comum era comprar, a um preço exorbitante, madeira ou outras mercadorias pertencentes ao juiz. Em disputas legais, as duas partes faziam ofertas pelas mercadorias e, é claro, quem pagava mais vencia. Antes de condenar tal corrupção descarada, lembre-se de que esses lugares eram inacreditavelmente remotos e extremamente primitivos — e, além do mais, as mesmas coisas aconteciam regularmente na Inglaterra antes da Revolução Industrial.

Uma vez nas mãos das grandes empresas, era difícil para qualquer homem, negro ou branco, sair contra a vontade dos empregadores. Um inglês em Riberalta contou-me uma história para ilustrar isso.

— Viajei no Orton com um homem que desistira do seu trabalho numa firma bastante conhecida e estava indo embora o mais rápido possível com todas as suas economias, por volta de 350 libras. Era um homem útil, veja bem, e eles não queriam perdê-lo, então o que fizeram? Eles o atraíram para uma das barracas da firma na margem, onde logo o deixaram embriagado. Mantiveram-no assim por três dias, tão bêbado que não sabia o que estava fazendo. No fim desse período, deixaram que ficasse sóbrio e, então, enfiaram uma conta embaixo do seu nariz com 75 libras a mais do que o total das suas economias. O que ele podia fazer? Nenhuma corte apoiaria o seu caso se tivesse feito uma reclamação contra os vigaristas. Provavelmente, nenhuma corte sequer o ouviria. Ele foi forçado a vender a mulher e a filha para cancelar a dívida e, então, voltar rio acima para o trabalho, onde estava antes. Foi nessa viagem que o conheci e o que o deixava louco quando me contou a história não foi tanto o golpe que aplicaram nele, mas que as mulheres da sua família foram vendidas por muito pouco!

Eu disse que em grande parte era culpa dele próprio. Pelo menos ele não era um escravo.

— Dá no mesmo, todavia — respondeu o inglês. — Não pense que brancos nunca são vendidos como escravos! Existe o caso bem conhecido

100 A EXPEDIÇÃO FAWCETT

de dois irmãos que desceram o Beni num projeto comercial. Eles pararam numa barraca onde se jogava alto, entraram em dificuldades num jogo de pôquer e o mais velho perdeu bastante. Na manhã seguinte, quando o mais jovem tentou entrar no barco, o *mayordomo* o pegou, jogou-o de volta na margem e começou a bater-lhe com um chicote. O irmão mais velho o vendera para pagar a dívida! Quando soube disso, o mais jovem ficou violento e recebeu seiscentas chibatadas para se acalmar. Creio que no fim ele escapou, mas o que aconteceu depois eu não sei. De qualquer forma, tenho a impressão de que não nutria mais muito amor fraternal!

Duas das grandes firmas de Riberalta mantinham forças de capangas armados para caçar índios, e aconteciam massacres indiscriminados. Os miseráveis capturados eram levados para trabalhar tão longe de suas tribos que perdiam qualquer senso de direção, e assim a fuga era mais difícil. Eles recebiam uma camisa, as ferramentas necessárias, uma porção de arroz e ordem para produzir um total anual de aproximadamente 300 quilos de borracha sob a ameaça do chicote. Pode não parecer muito, mas as seringueiras ficavam espalhadas numa vasta área e era preciso trabalhar duro e incessantemente para localizá-las e extrair a borracha. Com a mercadoria nos preços explosivos daqueles dias, o sistema rendia imenso lucro para as companhias.

Quanto mais capaz um homem, mais difícil era para ele fugir das garras da empresa. Branco, negro ou índio, uma vez pego na armadilha da dívida, havia pouca esperança de algum dia recuperar a liberdade. Crédito era generosamente distribuído, com o objetivo de laçar os homens. Era fácil para uma empresa, que além de pagar o salário ainda supria todas as suas necessidades e deduzia o custo do pagamento, "cozinhar" as contas de tal maneira que ele permanecia sempre endividado — e, portanto, sempre servil. Mas não era uma verdadeira escravidão — afinal de contas, o homem era pago. Era virtualmente um prisioneiro, mas não um escravo. Escravidão explícita era uma outra coisa, contudo nenhum homem estava a salvo do risco dela.

George Morgan, um homem negro, foi comprado por um dos ingleses de Riberalta — o cruel — por 30 libras. Miseravelmente tratado, não tinha nenhuma perspectiva que não a escravidão, além de possivelmente ser vendido rio acima para uma barraca onde o tratamento que receberia seria pior do que aquele que ganhava do diabo humano que tinha sua posse. Os outros ingleses e alemães residentes assinaram uma petição ao governo requisitando sua soltura e enviaram cópias a Lima e à Inglaterra, mas nada foi feito — provavelmente as cartas jamais foram enviadas.

Além de passar 24 horas acorrentados na delegacia e expostos à humilhação pública, os devedores tinham que trabalhar até saldar o débito com os credores. Um peruano empregado numa barraca morreu e sua mulher e seis filhos em Riberalta foram capturados e mandados como escravos para outra barraca da mesma empresa. É um fato.

Um alemão, com dívidas para uma grande companhia, foi mandado para uma das barracas mais isoladas, em que todos os outros trabalhadores tinham morrido. Não havia a menor esperança de que escapasse do lugar. Um inglês chamado Pae começou um negócio em Riberalta e despertou a inveja das firmas maiores. Eles venderam produtos com preços menores, arruinaram-no, fizeram com que contraísse dívidas e o botaram para trabalhar por um salário simbólico — não exatamente um escravo, mas irremediavelmente amarrado.

Eu poderia citar casos e casos — não de rumores, mas de conhecimento pessoal. A história revoltante não tem fim, já que Riberalta era apenas um dos lugares naquele inferno em que semelhantes coisas aconteciam. Se um fugitivo sobrevivia tempo o bastante para ser pego e levado de volta, o castigo era pelo menos mil chibatadas — ou o máximo que avaliassem que poderia receber sem morrer. As atrocidades no Putumayo, no Peru, reveladas por Sir Roger Casement, foram apenas uma fração da terrível história. Escravidão, derramamento de sangue e vício reinavam supremos nos rios e não haveria fim para isso antes que o mercado da borracha ruísse. Os trabalhadores no rio Madeira tinham uma média de vida ativa de cinco anos. Nos outros rios era um pouco mais. A leste de Sorata, era uma raridade se encontrar um idoso de qualquer sexo! A América do Sul não é um território de proporções pequenas. Tudo é em grande escala e as atrocidades dos dias do ciclo da borracha não foram exceção.

Em Santa Cruz, uma pequena vila a apenas 15 quilômetros de Riberalta, houve inúmeras mortes causadas por um tipo peculiar de febre,

102   A EXPEDIÇÃO FAWCETT

jamais identificada. Dentro do verdadeiro espírito do empreendedorismo local, o *curé* da vila explorou a epidemia para fazer fortuna. Ele dividiu o cemitério em três partes — Céu, Purgatório e Inferno — e estabeleceu preços correspondentes para o enterro!

Em 25 de setembro, deixamos Riberalta num pequeno *batelón* com dez índios ixiamas e oito tumupasas, um timoneiro e um jovem oficial do Exército como intérprete — seu pai era um escocês que passara a vida inteira em La Paz e a mãe, uma boliviana. Esse jovem oficial revelou-se uma ótima companhia — quando sóbrio.

No dia seguinte ao início da viagem, entramos no Orton, um rio notório por seus obstáculos, piranhas, candirus, jacarés, sucuris, arraias e moscas, assim como pela ausência de qualquer animal de caça. Era um rio de correnteza fraca, com margens razoavelmente altas na beira de pântanos extensos e, além de combinar todas as piores características dos rios amazônicos, podia ser navegado por lancha somente na estação úmida. Os piuns nos atacavam em nuvens. Fomos obrigados a fechar as duas pontas da cobertura de folhas de palmeiras com mosquiteiros e também a usar telas nas cabeças; no entanto, apesar disso as mãos e os rostos logo ficaram cheios de pequenas e comichosas bolhas de sangue.

Foi aqui que pela primeira vez ouvimos o pássaro-seringueiro — três notas graves em *crescendo* seguidas por um "cri-crió" e um silvo agudo. É um pássaro ativo, alegre, mais ou menos do tamanho de um sabiá, e sua presença indica a proximidade de seringueiras, já que, presumivelmente, se alimenta dos parasitas delas. Os extratores de borracha — seringueiros, como são chamados — ficam atentos ao canto da ave quando estão em busca das árvores.

Numa barraca chamada Palestina, encontramos traços do conflito com o Brasil em 1903, o qual levou ao rearranjo da fronteira. O local era entrincheirado e fortificado, e dali saía uma trilha que atravessava a floresta até o rio Abuná, e depois para o Acre em Capatará, abaixo da cidade brasileira de Xapuri. Devo dizer que as trincheiras não me impressionaram e duvidei do conhecimento e da experiência dos oficiais responsáveis por elas. Eram dispostas segundo aqueles antigos desenhos que você encontra em manuais e podiam ser facilmente atingidas por fogo de artilharia.

Até aí não havia sinais de barbaridades no Orton; aparentemente a chibata era usada somente quando todo o resto falhava. Nada se via do subjacente sistema escravocrata, contudo sabíamos que estava ali. Não muito longe, no Madre de Dios, havia uma barraca que se ocupava não da borracha, mas da criação de crianças para o mercado de escravos, e diziam que tinha por volta de seiscentas mulheres! A maioria dos gerentes e supervisores locais era desonesta, covarde e brutal — totalmente inadequada para o controle da mão de obra —, todavia alguma fagulha de decência os impedia de praticar suas crueldades abertamente. Nunca se cansavam de me dizer que mestiços e índios só compreendiam o chicote. Com grande frequência eram eles próprios mestiços — e, quanto aos índios, minha experiência provava repetidamente que respondiam prontamente ao tratamento decente.

Segundo contam, foi na Palestina que o primeiro homem a explorar a borracha no Orton — e, de fato, na Bolívia — teria açoitado trabalhadores até a morte ou, para variar, amarrado suas pernas, bem como as mãos atrás das costas, jogando-os no rio. Estes últimos foram os que tiveram sorte! Encontrei um inglês que havia trabalhado para ele que me contou a respeito desses crimes insanos. Mas o próprio inglês inclinava-se a ter uma reputação idêntica!

As moscas quase nos deixavam malucos. Elas não davam trégua, já que os insetos da noite picavam quase tanto quanto os diurnos. Quando estava fazendo observações, os meus tormentos eram praticamente insuportáveis — não havia como proteger as mãos e o rosto deles.

O *batelón* fazia água e batia constantemente contra obstáculos. Calafetar com massa de estopa era uma rotina que não podia ser descuidada nem mesmo por uma hora. As frestas eram tão grandes que a estopa rapidamente ia embora. Dan, o anglo-boliviano, ficou durante um ou dois dias quieto e contemplativo — recuperando-se de uma última bebedeira em Riberalta. Então, quando a cabeça desanuviou, tornou-se bastante inconveniente e eu tive que censurá-lo severamente. Apesar disso, era um jovem animado.

Passávamos uma barraca após a outra e geralmente parávamos para uma refeição ou, se estivessem abandonadas, pegávamos papaias e outras frutas das plantações carregadas. Às vezes acampávamos numa faixa de areia, às vezes dormíamos no interior de uma cabana infestada de mosquitos. Uma ou duas vezes o acampamento foi invadido por um vasto exército de formigas-correição, que cobriam tudo e destruíam todas as criaturas vivas no caminho. O calor era sufocante e raramente podíamos mergulhar no rio devido às letais piranhas e às arraias. A terrível monotonia da floresta, que se estendia até a beira da água nas duas margens, perpetuava-se dia após dia, exceto quando uma clareira era aberta para uma barraca que, com suas folhas de palmeira e canas, parecia quase parte da mata. De vez em quando, achávamos que nossa sanidade não aguentaria nem mais um minuto a praga de insetos!

Encontramos a mulher do sobrinho do general Pando vivendo com sua família na barraca de Trinidad num luxo muito maior do que seria possível em Riberalta. Eles tinham suas próprias plantações, aves e gado, o qual fora trazido por via terrestre durante a estação seca, quando as trilhas eram transitáveis. Aqui, recebemos tratamento de realeza e, por um ou dois dias, pudemos esquecer as misérias da viagem.

Uma senhora na barraca foi vítima de *espundia* avançada na orelha, uma doença comum nessas regiões. Na época, e por muito tempo depois, não se reconhecia o micróbio *Leishmania donovani* como seu causador e que fosse a mesma doença que a *bouton* de Biskra, de Trípoli, e o furúnculo de Délhi, da Índia. Com tratamento drástico e doloroso, pode ser curada em dez dias e, em casos avançados, em menos de seis meses, porque reage a metileno e a fortes antissépticos. Nas florestas, onde geralmente ela completa todo o seu ciclo, evolui para horríveis tumores faciais ou uma massa leprosa e putrefata em braços e pernas.

Houve o estranho caso aqui de um *mozo* (como o trabalhador é geralmente chamado na Bolívia) que foi picado por uma cobra venenosa. A peçonha não foi forte o bastante para matá-lo, mas causou o encolhimento e a queda de dois dedos. Mortes por picadas de cobras eram frequentes aqui, pois todos andavam descalços. Desprotegido, até o mais cuidadoso dos andarilhos corre grande risco, porque algumas dessas cobras letais são muito pequenas. As serpentes eram tão comuns e de tantas variedades que praticamente não há dúvidas de que não são todas conhecidas e classificadas.

Em Trinidad, ganhamos revistas inglesas e uma cópia de *Martin Chuzzlewit*. Famintos de material para leitura, nós lemos e relemos todas as páginas — todos os anúncios —, até mesmo o expediente. As folhas exibiam buracos feitos por cupins e manchas de umidade, mas para nós eram mais valiosas que ouro!

Quando começamos a subida, o rio Tahuamanu estava cheio com as recentes chuvas, contudo o avanço era difícil. Árvores caídas bloqueavam o caminho e obstáculos brotavam da água. Foi necessário um contínuo trabalho com machados para abrir passagem e, quando chegamos a águas comparativamente desobstruídas, estávamos exaustos. Nossos oito índios mostraram-se bons trabalhadores, mas quase os perdemos, porque numa noite eles encheram o cachimbo de Willis com lama, por troça, e na manhã seguinte ele retaliou com uma vara. Se pudessem ter ido embora para casa, não tenho dúvidas de que o teriam feito; mas a revolta se dissipou e, quando suas costas doloridas se recuperaram, eles se acalmaram. Na verdade, esses índios tumupasa vinham ficando um tanto insolentes e o castigo de Willis fez-lhes bem.

Na floresta, acreditam que todo gringo sabe alguma coisa de medicina e, na barraca de Bellavista, pediram-me para tratar um caso de febre hemoglobinúrica, um mal raro aqui. Esse caso se devia, eu creio, à ingestão de água de uma poça imunda e estagnada. Eu tinha um pequeno livro médico e estudei métodos de tratamento — e eles funcionaram! Possivelmente foi um caso de cura pela fé, mas o importante é que o homem se recuperou.

Depois de 43 dias de avanço difícil, inclemente tortura de moscas e pequenas abelhas, e mortal monotonia, chegamos a Porvenir. A vila — se é que se podia chamar de vila — possuía apenas duas cabanas, mas uma delas exibia dois andares, logo não era uma cabana qualquer. O *batelón* deu meia-volta e retornou a Riberalta, mas os oito índios tumupasa ficaram conosco para carregar uma quantidade de provisões até Cobija, a 30 quilômetros. Mandei Dan a Cobija para obter mulas para o transporte do nosso equipamento.

O Tahuamanu era intensamente explorado pelas empresas de borracha e em qualquer das chácaras havia bananas e papaias à vontade. Como Willis era não somente um bom cozinheiro, mas também um esperto pescador, estávamos bem no que dizia respeito à comida. Vivíamos tão bem,

106 A EXPEDIÇÃO FAWCETT

na verdade, que a notícia chegou a Cobija e houve uma disparada de soldados famélicos, junto com habitantes do local, para nos implorar comida e bebida. Pudemos empanturrá-los quando chegaram, graças aos nossos índios, que haviam acabado de capturar uma sucuri de quatro metros, uma bela cobra vermelha, verde e amarela — e uma boa refeição também.

Cobija fica na divisa entre Bolívia e Brasil, onde a linha demarcatória é o próprio rio Acre. No caminho de Porvenir para lá, quando passamos pela sepultura do coronel Aramallo, morto nos combates de 1903, um dos soldados escoltando nossas mulas de carga separou-se do grupo e atirou-se no túmulo com luto quase histérico. Isso me interessou, porque os bolivianos gostavam de dizer que o índio é incapaz de afeto. Contaram-me que esse soldado indígena mostrava sua dor toda vez que passava pela sepultura — e ficamos inclinados a mostrar a nossa quando chegamos ao destino, porque, de todos os lugares mais funestos, Cobija deve ser o pior!

Era agora um porto de alguma importância, já que sua elevação de aproximadamente 250 metros acima do nível do mar permitia navegação ininterrupta até o Atlântico. Havia sido uma barraca, mas fora abandonada e tomada pela vegetação. Em 1903, os brasileiros a capturaram e, então, foram dizimados pelos bolivianos, que atacaram com índios. Eles incendiaram as cabanas com flechas envoltas em algodão embebido em gasolina e inflamadas, e depois eliminaram os defensores quando estes foram forçados a sair em campo aberto. Nenhum brasileiro escapou. Mesmo quando chegamos ali — três anos depois —, ainda havia esqueletos espalhados pelo chão. Os brasileiros ocuparam o lugar mais uma vez, mas como trabalhadores, e aqui e na região de Purus eles somavam em torno de 60 mil.

Minha ansiedade em relação aos instrumentos foi finalmente eliminada. Não havia cronômetros, já que um tinha sido roubado e o outro encontrava-se em Manaus para conserto; e o único teodolito estava tão danificado que não poderia ser utilizado. A topografia da fronteira — uma questão importante, quando não vital, para a Bolívia —, portanto, seria feita com os meus próprios sextante e cronômetro. Determinei que o trabalho seria feito apesar da falta de interesse e da incompetência das autoridades responsáveis — mas admito que por algum tempo fiquei tão irritado que quase desisti.

As lanchas grandes que navegavam no rio depois de Cobija cobravam taxas fabulosas pelo transporte de cargas — com frequência até cem por cento por viagem —, mas na estação seca, de abril a novembro, a comunicação era cortada, exceto por canoas e pequenos barcos conhecidos como *igarités*. Na estação de transporte, o rio ficava lotado de sírios e armênios. Seus *batelones* eram enchidos com mercadorias baratas para serem trocadas por borracha e eles faziam fortunas bem mais rápido que seus irmãos, os infatigáveis *mercachifleros*, ou caixeiros-viajantes, das terras altas. Quando o tráfego no rio estava no auge, Cobija não parecia tão melancólica.

Como estação de coleta de borracha de duas grandes firmas, tinha uma guarnição de vinte soldados e trinta civis, comandada por um intendente bêbado que era major do Exército. Um ou dois eram estrangeiros, bons camaradas, mas chegados na garrafa. Pelo menos vinte dos cinquenta habitantes sofriam de beribéri, que em alguns casos era beribéri galopante, um tipo particularmente rápido que matava suas vítimas num espaço de vinte minutos a vinte horas. Cada soldado da guarnição recebia provisões semanais de um quilo de arroz, duas latinhas de sardinhas e meia lata de pitus em conserva — e com isso ele sobrevivia. Eu ficava simplesmente estupefato que esperassem que homens com uma vida tão rigorosa se mantivessem em boas condições com aquele alimento. Não foi à toa que houve uma correria pelos suprimentos que trouxemos, e deixamos que os homens se servissem à vontade.

O médico da casa da estação de Suarez aqui, que afirmava ter estudado todas as doenças locais, me disse que o beribéri era causado por má comida, bebida e debilidade e que é um bacilo passado de forma contagiosa, ninguém sabe como. A *espundia*, ele acrescentou, era o mesmo caso.

— Espere até você chegar ao Abuná — foi seu jovial alerta. — Há uma forma de tétano bastante disseminada lá que é quase que instantaneamente fatal!

Beribéri e outras doenças causavam um índice de mortalidade em torno de metade da população de Cobija a cada ano — um número chocante! Não chegava a ser surpresa, porque, além de uns poucos patos e galinhas, tudo o que tinham para comer era o intragável charque e arroz.

108 A EXPEDIÇÃO FAWCETT

As florestas tinham muitos animais de caça, mas o povo de Cobija era por demais fatigado e doente para a empreitada.

O intendente, um crápula sem educação que mal sabia assinar o próprio nome, gostava de cartas. Ficamos alojados quase do lado da cabana que servia de quartel-general do Exército e, certa noite, o ouvimos ordenando a um subalterno que se juntasse a ele num jogo. O subalterno se recusou. Houve gritos de fúria embriagada e o jovem oficial saiu da cabana revoltado. O intendente pegou sua espada enferrujada e cambaleou atrás do subalterno, que estava ao lado da cabana de alojamento. Ele o chutou entre as pernas e, então, o feriu com a espada. Ouvindo o barulho, o secretário do intendente correu para ver o que se passava e foi suficientemente incauto para protestar contra o superior. O intendente voltou-se contra ele e perseguiu-o ao redor da cabana, desferindo golpes de espada com as duas mãos que o teriam cortado em dois, caso tivessem acertado. O único refúgio que o secretário conseguiu pensar foi o nosso quarto, entrando apressado, lívido, para implorar por ajuda.

Nos calcanhares do secretário, veio o intendente.

— Onde está aquele maldito? — rugiu. — Onde vocês, seus gringos, o esconderam?

— Calma! — eu disse. — Você deveria se envergonhar, atacando homens desarmados com sua espada!

Ele achou o secretário tremendo num canto escuro e estava prestes a me empurrar para o lado quando eu o contive.

O intendente cuspiu uma obscenidade na minha direção e recuou, tateando no coldre na cintura.

— Vou te ensinar, seu maldito gringo intrujão!

Quando ele tirou o revólver, eu agarrei seu pulso e o torci até a arma cair.

No mesmo instante, o subalterno ferido entrou com alguns soldados, agarrou o intendente que lutava e xingava e o arrastou para a cabana do quartel-general, onde o amarraram numa cama até que ficasse sóbrio.

Houve uma investigação oficial em seguida e revelou-se que o intendente, tendo acabado com todo o seu crédito, enviara uma requisição à casa de Suarez com o pedido de várias caixas de bebida, supostamente para os "engenheiros ingleses". Ele havia vendido todos os suprimentos em que conseguira pôr as mãos e embolsado dinheiro público, e resolveu aproveitar a chance de obter bebida à custa da nossa conta de despesas. Escrevi imediatamente ao general Pando rejeitando firmemente que a expedição fosse cobrada por dívidas de bebidas. Pouco tempo depois, chegou um novo intendente de Rurrenabaque — um excelente homem, que era um bom amigo meu.

A taxa de câmbio oficial estava em 12,50 bolivianos por libra, mas aqui no Acre descobri que nosso soberano de ouro* valia apenas quatro, o que cortou o nosso poder de compra de maneira alarmante. Pela primeira vez na minha vida, o ouro estava desvalorizado. Nunca descobri o motivo disso.

Não tinha nenhum desejo de perder tempo em Cobija e completei logo todo trabalho topográfico e investigação a serem realizados nas redondezas. As chuvas já eram pesadas, o rio subia e descia espasmodicamente e, assim, tínhamos a esperança de conseguir lanchas. Quando eu despachei para o general Pando um plano e estimativa para uma ferrovia de bitola métrica entre Porvenir e Cobija, já estavam encaminhadas as providências para nossa partida rio acima com o objetivo de mapeá-lo até a nascente.

A morte prematura de um pato enorme devido a alguma doença obscura forneceu a oportunidade para oferecer um banquete aos principais membros da comunidade. A ave morta custou-me uma libra; uma galinha adicional, outros 30 xelins. Compramos ovos, a 2 xelins a unidade, e lagosta enlatada e acrescentamos frutas das nossas próprias reservas. Havia à disposição quinze garrafas de champanhe, seis de gim, uma de brandy e três de rum, além do café. Willis ganhou crédito para obter tudo isso — ele conseguia rastrear comida e bebida da mesma maneira que um sabujo detectava coelhos. Os convidados não tiveram dificuldade para acabar com o arsenal e eu, sem nenhum apreço pela bebida, não precisei ajudá-los. Eles até mesmo pediram mais garrafas para impedir que a festa acabasse — pondo na conta, é claro!

Uma lancha atracou um ou dois dias depois, trazendo a reboque uma balsa com suprimentos, e a tripulação disse que o padre viajante do Acre

---

* Antiga moeda de ouro britânica equivalente a uma libra. [*N. do T.*]

110 A EXPEDIÇÃO FAWCETT

vinha subindo o rio. Ele coletava fundos para a catedral de Manaus havia tanto tempo que ninguém mais se lembrava de quando iniciara a tarefa, e diziam que arrecadava mil libras por viagem. Ele celebrava casamentos a 30 libras cada, missas custavam 6 libras, batismos e enterros, 10 libras; além disso tudo, dava concertos de harmônio ou fonógrafo por 7 xelins e 6 centavos por espectador, que ainda deveria providenciar o próprio assento.

A borracha era extraordinariamente rentável no Acre. Os seringueiros brasileiros que trabalhavam nela eram livres de quaisquer formas de restrição além de um contrato, e cada um estava fazendo entre 500 e 1.500 libras por ano. Tinham boa comida, roupas e armas, e viviam em centros, cabanas erguidas na margem do rio próximas às estradas, ou circuitos de 150 árvores cada. Aqui, a chibata era desconhecida e não havia comércio de escravos regular, mas ocasionalmente selvagens eram caçados e rendiam em torno de 60 libras cada. O comércio não era praticado intensamente, principalmente porque as tribos sabiamente haviam abandonado a região.

O Natal de 1906 foi recebido com outro banquete, dessa vez na casa de um comerciante. Fui escolhido para ficar na cabeceira e obrigado a fazer um discurso, o qual proferi sem nenhum tropeço graças à crescente fluência em espanhol. Por sua vez, durante a noite, todos os convidados deram um jeito de "fazer uso da palavra", como eles dizem em espanhol, e todos os discursos foram praticamente idênticos. Houve muitas batidas no peito e amplo uso das palavras "coração" e "nobres sentimentos". Todas as falas foram saudadas com trovejantes disparos das espingardas dos convidados — e ninguém se preocupou com onde as balas poderiam se alojar! Houve música, dança e bebida ilimitada. Às quatro da manhã, os convidados que ainda estavam conscientes foram para outra casa para uma cerveja, e dali apenas três emergiram — eu, Dan e um peruano chamado Donayre.

Numa fuzilaria de tiros de despedida, saímos de Cobija no dia seguinte acompanhando o *señor* Donayre rio acima em seu barco.

CAPÍTULO VII
O ACRE

O *señor* Donayre era o administrador de uma barraca que ficava a vários dias de viagem rio acima. Era um homem interessante. Certa vez, a firma alemã para a qual ele trabalhava no Purus o enviou ao Putumayo para fazer contato com índios nesse rio, aprender sua língua e relatar sobre as chances de borracha e comércio. Numa tribo grande, ele recebeu uma mulher e permaneceu com eles por dois anos.

— Essa gente era canibal — disse —, e muitas vezes vi pedaços de homens, homens brancos, cozidos. Eles não ligavam muito para comer brancos, os preferidos eram homens de outras tribos. O sabor é como o de carne de macaco.

— Você alguma vez provou a carne? — indaguei.

— Eu vivia com eles, lembre-se, e era necessário adotar os seus hábitos. Se eu tivesse me recusado a fazer o que eles faziam não teria vivido para contar!

— Quão desenvolvido eles eram... quero dizer, mentalmente, socialmente?

112 A EXPEDIÇÃO FAWCETT

— Ah, eles eram inteligentes, sim! Tinham um governo organizado e, enquanto cada comunidade separada contava com seu próprio chefe, havia um chefe supremo que agia como rei sobre toda a tribo. Às vezes, eles cremavam os seus mortos, mas geralmente os comiam. Havia muitas mulheres e, apesar de a poligamia ser praticada, a moral deles era de uma ordem superior. É fácil condenar o canibalismo como revoltante, major, mas, quando você pensa nisso, é pior comer um homem morto do que uma fera ou um pássaro morto? Pelo menos há um motivo razoável para matar um homem, o que é muito mais do que se pode dizer da guerra civilizada. E é uma maneira conveniente de se livrar dos mortos, sem ocupar terreno valioso ou poluir o ar com o sepultamento do cadáver! É claro, é uma questão de ponto de vista. O primeiro pensamento é que o canibalismo é revoltante, mas quando você ganha familiaridade com ele, parece haver pouca coisa a se opor.

— O que fez você deixá-los?

— Minha mulher me contou sobre um plano para matar todos os homens brancos. Eles achavam que as brutalidades que os brancos praticavam contra os índios eram uma tentativa de eliminá-los e estavam ansiosos em retaliar. Não penso que quisessem me matar, mas eu era um branco, então, tinha que ser eliminado com os demais da minha raça. De qualquer forma, escapei sem problemas e fiquei chateado por deixá-los. A vida selvagem tem suas compensações e, quanto mais civilizado um homem é, mais pronto está para descartar a velha vida e regressar a uma existência de extrema simplicidade. A maioria dos brancos que eu encontrei que "ficaram selvagens" eram pessoas de boa educação. São os que parecem ser mais adaptáveis. Você encontra brancos que viraram índios e, às vezes, vê índios que são brancos. Eu os vi pessoalmente, gente com cabelo ruivo e olhos azuis, como um gringo. Pergunte a qualquer homem nas barracas brasileiras neste trajeto e ele lhe dirá o mesmo.

Foi a primeira vez que ouvi sobre os "índios brancos". Eu também acabei os vendo e mais tarde terei algo a dizer sobre o assunto.

Entre o Purus e o Acre existia uma grande área triangular que a Bolívia vendera ao Brasil por 2 milhões de libras. Em menos de três anos, o Brasil obteve consideravelmente mais do que esse valor com a borracha dali. Eu próprio vi lotes de borracha valendo até 70 mil libras à espera nas barracas por lanchas de transporte para Manaus. Como já disse, os donos calculavam obter cem por cento o valor da borracha em cada viagem, isto é, com sorte; mas às vezes acontecia de, entre maio e dezembro, as lanchas ficarem imobilizadas por um rio em vazante. Os obstáculos no Acre frequentemente quebravam as lâminas das hélices, de modo que algumas reservas tinham que ser levadas — de fato, havia o caso de uma lancha grande que perdera nada menos que 32 hélices numa única viagem! A largura do rio não passava de 50 metros e lanchas de grande calado só podiam navegar quando as águas rasas e cheias de obstáculos subiam pelo menos oito metros com as chuvas, e mesmo aí suas inúmeras pequenas correntezas rápidas eram difíceis de negociar.

No outro lado da fronteira, em território brasileiro, todas as casas eram bem-construídas, espaçosas e devidamente mobiliadas. Em Porto Carlos, uma ampla barraca brasileira em que a navegação de lanchas terminava, o dono e sua família viviam luxuosamente numa bela casa e com fartura de tudo, incluindo gado trazido de Manaus.

A etiqueta fluvial exigia que o viajante parasse nessas barracas e centros para tomar pelo menos uma xícara de café com os moradores. As pessoas isoladas ali eram famintas por notícias do mundo externo e essa era a única esperança que tinham de obtê-las. Ver um rosto novo, desfrutar uma conversa diferente era sentir mais uma vez o toque de uma civilização remota. No caminho rio acima, paramos em alguns lugares, mas não havia uma alma à vista — todos aparentemente ocupados nas estradas. Borracha, armas, roupas, gramofones e posses valiosas de todos os tipos ficavam largados, mas nunca nada era tocado. Às vezes, colocavam um aviso dizendo "tudo aqui tem dono", mas mal era necessário, porque o roubo era considerado tão hediondo por todos que ninguém sonhava em cometê-lo. Assassinato e estupro eram tolerados, mas roubo, não! Num centro distante, o proprietário devia ter sido morto, porque trepadeiras cobriam a cabana e o mato crescera sobre as bolachas de borracha, mas nada havia sido mexido. Uma bolacha média de borracha na época valia 30 libras e era fácil levá-la, já que flutuaria atrás de uma canoa.

Os selvagens não eram numerosos nessa parte do rio, embora eu tenha ouvido reclamações sobre bandos isolados surgindo nos centros e pilhan-

114 A EXPEDIÇÃO FAWCETT

do quaisquer artigos de metal em que conseguissem pôr as mãos, às vezes até mesmo atacando e matando os seringueiros. A outrora vasta população autóctone fora bastante reduzida em guerras com os brancos e muitos dos sobreviventes tinham partido para regiões mais remotas rio acima.

Passamos a noite num centro, onde um grupo de seringueiros se reuniu para celebrar o ano-novo. A cabana consistia em um único recinto e era construída sobre palafitas, a dois metros de altura, porque os brasileiros sabiamente evitavam dormir no nível do chão. Todos tivemos uma noite razoavelmente boa, com exceção de Willis, que preferiu estender sua rede embaixo do chão da cabana porque temia a chuva. O piso era feito de ripas espaçadas da madeira fibrosa das palmeiras, de forma que nós, dentro, de modo algum estávamos isolados do mundo externo — e tampouco Willis de nós. Após deitar na minha rede, ouvi durante algum tempo os ruidosos escarros e cusparadas dos brasileiros e Willis, que estava embaixo, exatamente na linha de fogo, mandou muitas imprecações para cima.

Perto desse lugar, vivia a mulher mais linda que já vi. Era uma brasileira mestiça, com longos cabelos negros sedosos, traços perfeitos e a mais gloriosa presença. Apenas seus grandes olhos pretos já seriam capazes de excitar um santo, quanto mais um inflamado latino das selvas tropicais. Contaram-me que nada menos que oito homens tinham sido mortos lutando por sua causa e que ela própria esfaqueara um ou dois. Era uma mulher perversa, o protótipo vivo da "garota da selva" dos livros e filmes, e perigosa de se olhar. Até então, doze homens a haviam possuído, e provavelmente muitos mais se seguiram.

Uma noite, acampamos na floresta perto da foz do rio Yalu e quando entrei no meu saco de dormir alguma coisa correu pelo meu braço até o pescoço — alguma coisa peluda e nojenta. Dei um tapa e, sobre o dorso da minha outra mão, caiu uma gigantesca aranha *apazauca*. Ela grudou tenazmente na minha pele enquanto eu tentava sacudi-la até que, finalmente, caiu no chão. Foi um pouco de sorte ela não ter me mordido, porque essa espécie é muito venenosa e às vezes pode matar um homem.

Em Rosário, enquanto esperávamos alguns dias pelas providências a serem feitas para continuarmos a jornada pelo rio, chegou um boliviano que pertencera a uma expedição que subira o Tahuamanu seis semanas antes. Contou que 36 dias após sair de Porvenir eles encontraram uma trilha indígena larga, seguiram-na para o norte, até o rio Yacu — um tributário do Purus —, e capturaram um grande número de selvagens. A expedição, naturalmente, era uma operação escravocrata. Mataram muitos índios, mas perderam alguns homens também. Os "rendimentos" da jornada foram lucrativamente passados adiante e os sobreviventes consideraram-se sortudos em continuarem vivos, porque nem todas as expedições do gênero eram tão afortunadas.

— Houve uma expedição de não menos que oitenta homens — o boliviano contou. — Cruzou do Tahuamanu para o rio de Piedras, ou Tabatinga, que tem sua nascente não muito longe das do Acre e do Purus e corre para o Madre de Dios perto de Maldonado. Apesar dos números do grupo, foram tantos os mortos com flechas envenenadas que o resto desistiu da viagem. Há uma tribo ali chamada inapari, pessoas de compleição pequena que não gostam de ser importunadas, e provavelmente foram eles os responsáveis.

Donayre estava com a aparência abatida e eu suspeitei de lombriga. Tratei-o e minha reputação como médico consolidou-se depois que ele se livrou de uma enfermidade que o perturbava havia meses. Insistiu muito para que eu aceitasse um pagamento em borracha no valor de seis *contos*, ou 360 libras, e derramou lágrimas quando recusei!

Repetidas vezes me pediram — até mesmo imploraram — para que mapeasse concessões seringueiras privadas em troca de pagamentos fantásticos, e se eu não tivesse nada mais para fazer poderia ter aceitado. Certa ocasião, ofereceram-me o equivalente a 5.400 libras por um serviço de topografia que teria consumido cerca de três semanas. O mapa de uma concessão era sempre exigido para que ela se tornasse legalmente válida. A maioria dos topógrafos tinha medo demais de doenças e selvagens para arriscar a vida nessas regiões, apesar de poderem conseguir uma fortuna em pouco tempo. Quanto aos selvagens, suponho não ter encontrado meia dúzia em todo o território entre Rosário e a nascente do Acre. A visão de espingardas os assustava e eles sumiam assim que os avistávamos. Atirar neles seria a última coisa que eu teria feito.

116 A EXPEDIÇÃO FAWCETT

Havia muitas evidências de que a indústria da borracha no Acre já tinha passado do seu auge. Na realidade, encontrava-se nos últimos estágios — como, de fato, por toda a Bolívia. A demanda ainda era boa e os preços, altos, mas pestes de insetos, e também porcos, causavam enormes danos às árvores crescidas, e as jovens cresciam 1,5 ou 2 metros somente para encolher e morrer. Frequentemente me perguntei por que a hévea não era plantada, mas disseram-me que a tentativa fora um fracasso. Possivelmente, a dificuldade poderia ter sido superada se não fosse pelo desejo geral de enriquecer rapidamente. Um seringueiro podia coletar mais de duas toneladas por ano nas condições existentes — como era o caso no Acre — e todos lucravam tanto que nenhuma séria consideração foi dada à ideia de esperar quinze anos para a maturação de árvores plantadas.

Num grande *batelón* obtido com Donayre, saímos de Rosário em 9 de janeiro e imediatamente nos vimos em dificuldades. O rio cheio de obstáculos ficou raso. O barco era realmente muito grande para essa parte, mas não havia alternativa melhor. Para piorar a situação, começou a chover torrencialmente, a ponto de parecer o rugido de um trem expresso em alta velocidade. Mosquitos e mariguis eram implacáveis e quando acampamos nessa noite, as redes estavam encharcadas. Entretanto, as coisas melhoraram no dia seguinte, pois a chuva levantou o nível do rio.

Conseguimos trocar nosso barco grande por duas canoas na barraca de Tacna, na confluência entre o Acre e o Yaverija, e, assim, o problema de navegar na seção da nascente do Acre foi resolvido. Um duelo havia acabado de acontecer entre dois irmãos e seus dois parceiros pelo domínio de uma índia peruana de 17 anos que ficou encantada com a honra. Ela não era nenhuma beldade — aos meus olhos —, mas possivelmente tinha outros charmes que incendiaram a paixão desses quatro idiotas. De todo modo, um dos irmãos levou um tiro no braço e sangrou até morrer por negligência, um parceiro fugiu e os outros dois abraçaram-se e juraram amizade eterna. A casa ficou varada com tiros, de forma que o duelo deve ter sido bastante excitante enquanto durou.

Os índios nessa região não eram cooperativos e tomavam o cuidado de esconder as aldeias a alguma distância do rio. Eles também traçavam boas rotas de fuga contra caçadores de escravos. Ao fazer essas trilhas, a prática era a de terminá-las abruptamente, deixando uma faixa de floresta intocada, e seguir adiante, sempre evitando a proximidade de um rio.

Pouca distância depois de Tacna, chegamos a Yorongas, última barraca no rio. Adiante existia território desconhecido, porque não houvera incentivo para a exploração devido à crescente escassez de seringueiras e aos hostis índios cateana. A floresta nas redondezas era cheia de animais de caça. Havia capivaras e antas, ou tapires, ótima refeição, embora acreditassem ser venenosas em certas regiões por conta de algo contido na sua alimentação. Também havia muitos pecaris, em grandes bandos, o que sugeria que os índios, que são ótimos caçadores, viviam a uma boa distância.

Pela lei brasileira, um homem deve se limitar a trabalhar numa área de terra defronte ao rio com extensão de 20 quilômetros e penetração de 10 quilômetros na selva. Esse limite, de qualquer modo, dificilmente pode ser excedido, tanto devido aos selvagens como à dificuldade em transportar as pesadas bolachas de borracha por distâncias superiores a duas léguas do rio.* Os centros sofriam constantes ataques aqui e, portanto, o índio selvagem levava tiro assim que era avistado, já que nenhuma expedição punitiva contra as tribos obtinha permissão do governo brasileiro, cuja política era a de proteger o indígena. Isso não significa dizer que os tiros disparados eram sancionados — longe disso —, mas não havia como impedi-los nos lugares mais inacessíveis. Os índios encontrados no Acre são os cachitis, cateanas, maritinaris e guaraios, estes últimos provavelmente sendo remanescentes de uma outrora vasta nação, pois estão amplamente dispersos entre o Purus e o Beni.

No Purus e no Acre encontra-se um grande peixe-gato chamado pirarucu, cuja língua áspera, dura como a sola de um sapato, e de formato similar, é usada como lima para ralar comida e desbastar madeira. Arraias são comuns aqui devido ao leito arenoso dos rios; e eu matei a tiros um crocodilo de 3,3 metros, uma raridade nessa altura do rio. O gerente em Yorongas me disse ter matado uma sucuri de quase 18 metros no Baixo Amazonas. Fiquei inclinado, na hora, a considerar isso como um exagero, mas depois, conforme contarei, matamos uma ainda maior.

---

* Cerca de cinco quilômetros. [*N. do T.*]

118 A EXPEDIÇÃO FAWCETT

Todos aqui tomam chá de guaraná, uma bebida originada junto aos índios guaraná do Baixo Amazonas, que a preparam a partir de uma planta encontrada somente nas proximidades de uma aldeia chamada Manes. Ela é comprimida na forma de um cilindro curto e duro, do qual se obtém o pó com uma língua de peixe-gato, que é, então, misturado com água fria. É um excelente tônico e parece não ter nenhum efeito sério. Não há brasileiro na selva que fique sem ele. A demanda é grande e o chá de guaraná genuíno sempre alcança um alto preço, mas há imitações que não apenas são inferiores, como também podem fazer mal. O sabor é um tanto parecido com o do mate.

O gerente em Yorongas era um homem alegre e não nutria nenhum rancor contra os índios, apesar de o terem expulsado de uma barraca, queimado sua casa e destruído quinze toneladas da sua borracha. Tinha suficiente tolerância para dizer que talvez os ataques fossem merecidos, porque ele próprio havia visto expedições tratarem os índios com inacreditável barbaridade. Era raríssimo ouvir um barão da borracha falar dessa maneira e meu respeito por ele cresceu muito em consequência.

Nós havíamos calculado mal a condição do rio acima de Yorongas; a maior das nossas duas canoas era grande demais para subir e, assim, fomos obrigados a trocá-la por duas menores. Árvores caídas bloqueavam o rio constantemente e o trabalho de cortá-las para abrir caminho, ou de levantar as canoas e suprimentos por cima delas, era interminável e exaustivo. Ficamos impressionados com a tranquilidade de toda a vida selvagem; até mesmo a anta — geralmente o mais tímido dos animais — ficava parada e nos observava com curiosidade. Pequenas capivaras sentavam-se enquanto passávamos e não faziam nenhum ensaio de fugir. Havia macacos por todos os lados, é claro, incluindo uma espécie quase branca e menor do que os comuns marrons. Não os vi em nenhum lugar que não no Alto Acre e as criaturinhas são tão delicadas que logo morrem em cativeiro.

Os pássaros eram tão prolíficos e pacíficos que tínhamos dificuldade em evitar que nossa tripulação indígena os matasse com paus. Havia um pássaro peculiar que se alimentava de carne em putrefação, com aparência parecida à de um faisão, que saltitava nas margens do rio e sibilava

O ACRE **119**

ruidosamente para nós. Uma espécie de lontra, conhecida como *lobo*, pôs cabeça e ombros para fora do rio e ladrou diante da face de Willis enquanto ele pescava na popa de uma das canoas — o susto foi tamanho que ele acabou caindo na água. Nós o puxamos e ele murmurou algo a respeito de demônios, porque nunca tinha visto antes um animal daqueles. A presença da lontra nos indicou que não havia crocodilos, porque estes têm medo delas e cuidadosamente evitam o mesmo pedaço do rio.

Enquanto nos deslocávamos usando varas para mover as canoas, ossos de animais grandes surgiram nas elevadas escarpas de arenito vermelho ao redor do rio, onde as margens haviam cedido e despencado. Fósseis eram comuns aqui; mais para baixo, víramos tartarugas petrificadas em perfeito estado. Se tivéssemos parado para investigar, poderíamos ter encontrado sinais de monstros extintos ou de animais não mais vistos nessas florestas.

Quatro dias depois de sair de Yorongas, cruzamos com um rebanho de pecaris e, na mesma hora, irrompeu uma grande agitação. A tripulação saiu num relâmpago — todos foram para a terra —, carabinas dispararam e balas zuniram em todas as direções, atravessando a folhagem e ricocheteando nas madeiras sólidas. Nem mesmo uma batalha no escuro poderia ter sido mais perigosa, porque todos os homens dispararam suas armas sem a menor preocupação com as consequências. Os homens gritavam e os porcos berravam e fugiam em pânico; Willis foi derrubado por um pecari, que passou correndo entre suas pernas, e resolveu se refugiar numa árvore. Os pecaris estavam tão apavorados que nem tentaram atacar e quando tudo acabou encontramos cinco deles mortos no chão. Só Deus sabe quantos mais ficaram feridos! Foi um milagre todos os homens escaparem ilesos — até mesmo Willis, que ao descer da árvore proclamou ser um homem morto. Provamos um pedaço de um dos porcos e achamos a carne excelente; na verdade, é considerada a melhor que a floresta tem para oferecer. A tripulação não tinha a menor dúvida disso, pois consumiu toda a caçada em um glorioso banquete que durou do amanhecer ao pôr do sol.

A vida animal era abundante. Nas grandes árvores, guinchavam legiões de macaquinhos cinza, conhecidos como *leoncitos* e ligeiramente

120 A EXPEDIÇÃO FAWCETT

maiores que micos; à noite, éramos alvos de brotos e outros mísseis jogados por aqueles membros da família dos lêmures com olhos grandes, os macacos-da-noite; os suprimentos no acampamento tiveram que ser protegidos dos ataques dos travessos macacos marrons.

Agora, já apareciam sinais de índios — pegadas nos bancos de areia e trilhas na floresta —, mas não conseguimos nada além de um vislumbre, porque eram muito cuidadosos em se manter fora das vistas o máximo possível. Aqui e ali, um tronco tinha sido laboriosamente cortado na forma de um cone com 30 centímetros de altura — provavelmente com algum motivo religioso. Se não houvesse índios no nosso grupo, talvez os selvagens tivessem aparecido. Era difícil para os nervos saber que, embora sem vislumbrarmos quase nada dos observadores, o tempo inteiro cada movimento nosso era vigiado. Significou manter uma guarda à noite, com as sentinelas fazendo turnos de três horas.

Passamos a Cascada de Avispas, uma pequena queda-d'água de apenas 30 ou 60 centímetros de altura, onde se podia tomar banho em segurança, com o único desconforto de aturar as picadas das moscas amarelas, *tabanas*. Foi um trabalho duro ir contra a correnteza, porque tivemos que vencer nada menos que 120 correntes rápidas e cataratas, algumas com 1,2 metro de altura, e as pesadas canoas, feitas em troncos escavados, tinham que ser arrastadas e erguidas sobre elas. O arenito vermelho deu espaço a rochas pretas e, depois de algum tempo, encontramos uma queda-d'água razoavelmente alta, além da qual a largura do rio encolhia para não mais do que um metro. As canoas não podiam avançar mais. Eu gostaria de ter prosseguido a pé até a nascente, que não poderia estar a mais do que alguns poucos quilômetros, mas os índios se recusaram a ir e fiquei com medo de deixá-los com as canoas e correr o risco de vê-los partirem com elas. Portanto, entalhamos um registro da expedição numa grande árvore e voltamos. Chegamos a Yorongas em 7 de fevereiro e ficamos ali por vários dias, enquanto Willis descia até Tacna para comprar farinha para fazer pão.

Yorongas tinha excelentes plantações de banana e mandioca — superior à batata e um alimento básico por todo o interior do Brasil. No Acre, o plantio era sempre feito quatro dias antes ou depois da lua cheia ou nova, de acordo com a safra; na realidade, era então bastante comum pela América do Sul plantar seguindo-se as fases da lua. Diziam que o desrespeito a essa regra deixava as plantações mais vulneráveis aos ataques de pestes. As mesmas precauções eram tomadas na hora de fazer telhados com folhas de palmeiras, na crença de que as folhas cortadas na lua minguante ou perto demais da lua cheia estavam sujeitas a serem rapidamente devoradas por insetos. É pouco sábio condenar isso como superstições primitivas antes de se comprovar a falta de fundamento. Pessoalmente, creio que ainda temos muito a aprender com a influência da lua.

Durante a estada na barraca, revelei as fotografias tiradas na subida do rio. Era algo a ser feito o mais cedo possível após a exposição, porque a umidade da floresta atacava todo filme que não estivesse lacrado em latas à prova d'água. A dificuldade era encontrar água suficientemente fria. Muitas imagens que seriam boas foram estragadas pela revelação em temperatura alta. Nessa época, eu estava usando uma câmera da Stereoscopic Company, com filme de rolo de 10 por 16,5 centímetros — um quadro grande se comparado com os atuais. Posteriormente, preferi tamanhos menores, pois mais fotos podiam ser tiradas com um dado peso de filme — e peso era a coisa mais importante quando tudo o que levávamos tinha que ser carregado nas costas. O número de fotos valiosas perdidas por causa de contratempos foi desolador, mas terminamos as expedições com material suficiente para formar um registro abrangente.

Dan deixou-nos aqui e retornou a Tacna, provavelmente esperando por uma orgia de bebida. Esse jovem, na viagem rio acima, havia sido deixado para trás em Tacna em coma alcoólico e nos alcançou após partirmos de Yorongas, chegando ao acampamento cheio de desculpas e jurando jamais beber sequer uma gota novamente. Ele tinha pouco respeito por Chalmers e eu esperei um confronto entre os dois, mas, felizmente, não chegou a esse ponto.

O gerente de Yorongas e vários de seus homens estavam irritados porque uma jovem cateana que haviam capturado, e mantido acorrentada como um cachorro, conseguira escapar. Mais tarde, ela apareceu em Tacna, atraída para a perigosa proximidade dos brancos pela paixão por um dos seringueiros. Ela ficou ali, sem a necessidade de correntes para mantê-la.

122 A EXPEDIÇÃO FAWCETT

Quando chegamos a Tacna, Dan havia bebido até cair num estupor. Deixei-o ali, chamei Willis e Chalmers, e parti para subir o Yaverija, um pequeno tributário do Acre que precisava ser mapeado. Era um regato de avanço difícil, devido a obstáculos e árvores caídas, e o trabalho se complicava ainda mais por conta da imobilidade a que todos se dedicavam sempre que eu virava as costas. Projetando-se da superfície de um depósito endurecido de argila na margem, uma boa distância rio acima, encontramos o crânio e alguns ossos de um sáurio petrificado. O crânio tinha mais de 1,5 metro, mas encontrava-se muito danificado, pela ação de água e pedregulhos, para ser removido, embora eu tenha conseguido pegar uns poucos dentes pretos intactos. Não muito longe, vimos o esqueleto de um monstro ainda maior, à vista no chão de uma piscina natural profunda e tranquila, mas não havia como chegar lá.

Sofremos três acidentes sérios com obstáculos nesse rio, mas felizmente nada perdemos de valor, apesar do fato de Chalmers ter caído na água todas as vezes com a bússola na mão. Os instrumentos e o precioso cronômetro foram salvos pela caixa metálica à prova d'água em que os mantínhamos. Ao voltarmos a Tacna, descobrimos que Dan fora para San Miguel com a minha equipe e, quando o alcançamos após remar intensamente por horas, vimos que mais uma vez estava bêbado e que o *batelón* seguira sem ele. Fomos em frente e chegamos a Rosário, onde a esposa de Donayre nos recebeu, já que ele não estava no acampamento.

As cartas nos encontravam em todo tipo de lugares, e foi uma agradável surpresa descobrir uma correspondência à nossa espera em Rosário. Todos os viajantes prontamente levavam cartas quando recebiam um pedido; nunca soube de casos de cartas sendo extraviadas ou roubadas.

Ficamos quatro dias em Rosário esperando pelo regresso do *batelón*, e nesse período me ocupei em tratar o filho pequeno de Donayre e Willis, que estava com febre, e em revelar filmes. Até então, a estação de chuvas era leve e cheguei à conclusão de que os relatos de seus efeitos tinham muito exagero. Há motivo para crer que a intensidade das chuvas está diminuindo com as mudanças graduais no clima sul-americano, embora a cada sete anos, regularmente, aconteça uma forte estação úmida. Muitas vezes vi marcas de água nas margens dos rios bem acima dos níveis registrados, mostrando claramente que no passado as enchentes eram mais sérias que agora. A elevação das águas é causada pelo degelo da neve nos Andes, mas esta também está diminuindo com a queda na precipitação e o recuo da linha da floresta.[7]

Cerca de cinco quilômetros abaixo de Rosário ficava a barraca de um homem que nutria uma grande devoção pelo fonógrafo, e a música viajava ao longo da superfície do rio com perfeita clareza após o pôr do sol. Com sua estridência suavizada pela distância, havia algo de extraordinariamente fascinante em relação ao som vir a nós no crepúsculo da noite tropical no exato momento em que, pela segunda vez em 24 horas, a orquestra de insetos parava e tudo ficava quieto. Uma das suas músicas favoritas era "Estudiantina" e até hoje quando a ouço vêm à minha mente uma visão do Acre, refletindo um céu dourado em nítido contraste com a silhueta do topo da muralha da floresta na margem do rio. Dizem que os selvagens podem se comunicar a uma distância de até 40 quilômetros com os peculiares sons de seus gongos de madeira. Após ouvir esse distante fonógrafo, límpido como se estivesse na sala ao lado, posso acreditar nisso. Na floresta, a voz humana se estende a uma distância de 200 metros; um tiro de carabina pode ser ouvido a apenas 800 metros, ou menos. No entanto, as notas de alguns pássaros parecem viajar muito mais — até mesmo certos insetos podem ser ouvidos a distâncias surpreendentes.

O canto dos pássaros na floresta é estranhamente belo, com um som ecoante abafado um tanto parecido com os sons que você ouve do lado de fora da gaiola dos pássaros no zoológico. Nenhum pássaro tem a variedade musical que os sabiás e as toutinegras da Inglaterra exibem,

---

[7.] Na época em que meu pai escreveu, a Ferrovia Central do Peru tinha que frequentemente operar uma locomotiva especial para tirar a neve dos trilhos durante a estação das chuvas nas proximidades do pico (4.817 metros acima do nível do mar). Lembro-me do antigo limpador de neve em forma de cunha armazenado na estação Ticlio, mas nunca o vi em uso; em 1926, foi mandado para a costa como ferro-velho. Fiquei responsável pelos motores das locomotivas na Seção da Montanha por muitos anos e notei o gradual declínio da neve a cada temporada. Lembro-me de, em 1924, ver neve de cerca de 60 centímetros, mas em 1946 caía não mais do que uns poucos centímetros, mesmo na nevasca mais forte. [*N. do Org.*]

124 A EXPEDIÇÃO FAWCETT

mas eles repetem continuamente duas ou três notas semelhantes a sinos. Alguns grulham, alguns grasnam, outros assobiam ou sibilam. Sem ver qual criatura está produzindo o som é difícil decidir se vem de um pássaro ou inseto. O mais estranho de todos os ruídos de pássaros é o som do trompeteiro, o grande e escuro jacamim-de-costas-cinza. Ele começa com uma série de cacarejos em staccato, crescendo em velocidade como uma motocicleta acelerando até que se torna um alto e prolongado som de trompete, para, então, mais uma vez desacelerar em notas staccato, hesitando mais e mais até desaparecer.

Falando em pássaros, por toda a montanha peruana e boliviana encontra-se um passarinho como o alcião, que constrói o ninho em buracos redondos e regulares nas escarpas rochosas acima do rio. Esses buracos são facilmente vistos, mas geralmente não são acessíveis e, estranhamente, existem somente onde os pássaros estão presentes. Certa vez, expressei surpresa por eles terem a sorte de encontrar os buracos-ninhos convenientemente localizados, e tão harmoniosamente escavados — como se realizados por uma furadeira.

— Eles próprios fazem os buracos — as palavras foram ditas por um homem que passou um quarto de século na floresta. — Já vi como fazem, muitas vezes. Já observei e vi os pássaros chegando com algum tipo de folhas nos bicos e se firmando na rocha, como pica-paus numa árvore, enquanto friccionam as folhas num movimento circular na superfície. Então, voam e voltam com mais folhas, continuando a fricção. Após três ou quatro repetições, eles largam as folhas e começam a bater no lugar com os bicos afiados e, eis a parte incrível, logo abrem um buraco redondo na pedra. Aí voam de novo e repetem todo o processo de fricção muitas outras vezes antes de continuarem a bicar. Leva vários dias, mas finalmente abrem buracos fundos o bastante para conter os ninhos. Eu já escalei e dei uma olhada neles. Acredite em mim, um homem não conseguiria furar um buraco mais preciso!

— Você está dizendo que o bico do pássaro pode penetrar na rocha sólida?

— O bico de um pica-pau penetra em madeira sólida, não? Não, eu não acredito que o pássaro *consegue* furar rocha sólida. Acredito, como todos que os viram acreditam, que esses pássaros conhecem alguma folha com sumo que pode amolecer a rocha até ficar como barro molhado.

Registrei isso como uma lenda — e, depois, após ouvir relatos semelhantes de outros por todo o país, como uma tradição popular. Algum tempo mais tarde, um inglês de cuja confiabilidade não tenho como duvidar contou uma história que pode jogar luz na questão.

— Meu sobrinho estava no território Chuncho, no rio Perené, no Peru, e quando o seu cavalo, um dia, ficou manco ele o deixou numa chácara da vizinhança, a cerca de oito quilômetros da sua, e caminhou para casa. No dia seguinte, voltou para buscar o cavalo e pegou um atalho por uma faixa de floresta em que nunca tinha penetrado. Estava vestindo bermuda, botas e grandes esporas, não o tipo inglês pequeno, mas as mexicanas, com dez centímetros, enormes e praticamente novas. Quando chegou à chácara após uma caminhada difícil e quente através de arbustos fechados, ficou surpreso de descobrir que as suas belas esporas haviam desaparecido, comidas de algum modo até serem nada mais do que pregos pretos com no máximo três milímetros! Ele não conseguia entender, até o dono da chácara perguntar se, por acaso, não tinha caminhado através de uma certa planta com cerca de 30 centímetros de altura, com folhas escuras avermelhadas. Meu sobrinho imediatamente lembrou-se de ter passado por uma área grande em que o chão era coberto por tal planta. "É isso!", disse o chacareiro. "É o que comeu suas esporas! É o que os incas usavam para moldar pedras. O sumo amolece a rocha até ficar como uma pasta. Você tem que me mostrar onde encontrou as plantas." Mas não conseguiram encontrar o lugar. Não é fácil refazer os passos na floresta quando não há trilhas.

Após uma tranquila jornada num rio em que o nível da água subia, chegamos a Cobija em 23 de fevereiro, encontrando o tráfego da borracha no alto da temporada. A população não mais enfrentava a perspectiva da inanição, lanchas vinham e iam, e a alfândega amealhava dinheiro. Mas aqui, na Bolívia, a indústria da borracha estava sendo arruinada pela implacável extração nas árvores, sem dar-lhes descanso. No Brasil, cada seringueiro trabalhava em três estradas, de modo que as árvores eram talhadas apenas uma vez em três dias e, além disso, após dez anos

126 A EXPEDIÇÃO FAWCETT

de exploração podiam descansar por oito anos. Calculava-se que, entre sua extração pelo seringueiro e a entrega em Manaus ou Pará, o produto perdia cinquenta por cento do peso bruto como borracha pura, uma perda arcada por quem extraía, que, mesmo assim, considerava o negócio lucrativo desde que os preços permanecessem em seu nível elevado. De qualquer modo, a vida do seringueiro era terrivelmente dura e poucos ficavam livres de doenças de um tipo ou outro. Seu dia começava às quatro da manhã, percorrendo a sua estrada de 150 árvores e colocando as canecas nos troncos ao longo de uma distância considerável na floresta. Ele, então, tinha que cortar lenha para a fogueira e catar as nozes utilizadas para obter a fumaça branca necessária para curar a borracha. Era preciso refazer o percurso uma segunda vez a fim de coletar o leite e, ao voltar, havia o árduo processo de defumá-lo nas bolachas, em que a queda de uma gota de chuva que diluísse o leite estragaria o dia inteiro de trabalho. Além disso, precisava cuidar da plantação, caçar, construir sua própria casa e mantê-la, fazer a própria canoa e transportar a borracha até a sede.

Vai chegar o dia em que todo o território da floresta livre de inundações será habitado por pessoas civilizadas, e o apito das locomotivas e o ronco do aeroplano serão ouvidos onde antes os únicos sons provinham da miríade de vozes dos insetos. A floresta, em si, não é insalubre; as doenças se alastram a partir das vilas de colonos assentados, em que uma flagrante permissividade é responsável pela maior parte delas. Quando não contaminadas pelos colonos, as tribos desfrutam de boa saúde — e certamente os índios não escolheriam viver onde vivem se a vida fosse desagradável e a terra, improdutiva.

Na margem norte do rio acima de Cobija, próxima a Porto Carlos, há percolação de petróleo, preto e grosso, mas inflamável. Em algum lugar na área entre o rio Purus e o Chaco vastas reservas de petróleo poderão ser descobertas mais tarde.[8]

Estávamos ansiosos por notícias do mundo que conhecemos e esperávamos encontrar em Cobija todos os jornais mandados de casa,

---

[8] Poços de petróleo agora estão sendo operados em diversos lugares da floresta, mas o principal obstáculo à exploração intensiva é a falta de transporte. [*N. do Org.*]

O ACRE **127**

despachados de Riberalta em pacotes. Sim, os pacotes realmente tinham chegado, mas haviam sido comidos pelas mulas como substitutos para ração! Cabras-maltesas vivem principalmente de restos de papel, mas jamais suspeitara que mulas poderiam descer tão baixo. Fomos forçados a aceitar essa explicação para a perda. Não se deveria duvidar da palavra das autoridades postais e as mulas eram incapazes de negar a acusação.

Um período de ociosidade compulsória e terrível monotonia foi aliviado por um alemão chamado Keller, capitão de uma lancha grande que veio de Manaus. Era um brilhante enxadrista e passamos a maior parte do tempo juntos debruçados sobre um tabuleiro. Keller disse-me que os fretes entre Manaus e o Alto Acre chegavam a 24 libras por tonelada, enquanto as exportações de borracha alcançavam 30 libras por tonelada. Não era à toa que as lanchas estavam preparadas para assumir riscos — e que Manaus, no auge do ciclo da borracha, fosse pavimentada com ouro!

CAPÍTULO VIII
RIO DA MALDADE

O *batelón* deslizou ao redor de uma dobra do rio coberta por árvores e, de repente, veio um grito de surpresa do homem na proa. Olhei para cima. Ao lado da margem, a não mais de 200 metros, havia um barco a vapor oceânico.

— Venham rápido! — gritei para Dan e Chalmers, que discutiam dentro da cobertura. — Eis algo que não se vê com frequência!

Eles agacharam-se para chegar ao convés e ergueram-se do meu lado, boquiabertos.

Era uma embarcação pequena, no que diz respeito a vapores — deslocando talvez mil toneladas —, mas naquele instante de encontro inesperado parecia maior do que o *Mauretania*, mais grandiosa do que o *Olympic*. Mal podíamos crer em nossos olhos. Parecia incrível que encontrássemos um verdadeiro barco a vapor vindo do outro lado do mundo — aqui, no coração do continente, cercado pela floresta densa, separado do oceano de um lado pelas cordilheiras que tocavam o céu e do outro por 2.500 quilômetros de rio! Seu casco negro e a parte superior amarelo-escuro apresentavam marcas de ferrugem; a marca da linha-d'água estava 2,5 metros acima da superfície do rio; a comprida e fina chaminé preta não expelia fumaça, mas acima a atmosfera tremelicava com os gases quentes da fornalha; e estava ligeiramente inclinado para a margem, de modo que as pontas dos mastros se misturavam com a grossa folhagem das árvores.

Ao passarmos, vimos o nome *Antonina* em letras esmaecidas na proa. Um comissário surgiu no convés sob o passadiço, esvaziou um balde de água suja no rio e endireitou o corpo semidespido para nos observar — um homem pequeno com cabelos loiros e ombros estreitos. Ninguém mais apareceu e não havia atividade na margem, mas era a hora em que europeus estariam almoçando. Para combater o calor da sala das caldeiras, havia captadores de vento feitos com lonas já gastas e entradas de ar protuberantes. Na popa, o nome despontava novamente, "*Antonina*, Hamburgo", e também uma lâmina da hélice.

— Ei! — exclamou Dan. — Que tal irmos a bordo tomar uma cerveja? Aposto que eles têm barris de cerveja alemã legítima!

Era tarde demais. A corrente já nos tinha levado adiante e seria difícil retornar. Deveríamos ter pensado isso antes, em vez de ficarmos parados olhando como bobos!

— O que será que está fazendo aqui? — murmurou Chalmers.

— Borracha — disse Dan. — Veio buscar borracha. Provavelmente trouxe máquinas e mercadorias para vender. Imagine trazer um barco até este ponto!

Foi o que me impressionou. Barcos a vapor eram vistos ocasionalmente no Madeira, mas nenhum de nós esperava encontrar um no Acre. Sua presença ali provava que o rio era navegável pelo menos até aquele ponto.

Estávamos alguns quilômetros rio abaixo em relação a Xapuri, a vila brasileira do Acre mais ao sul. Após deixar Cobija, entramos em território brasileiro e imediatamente uma mudança foi notada, com florescentes barracas, casas bem-construídas e donos prósperos. Depois de Cobija, Xapuri parecia um lugar luxuoso, pois contava com um hotel — por assim dizer — que cobrava 14 xelins por dia, o que, comparado com os preços no rio, não era caro.

RIO DA MALDADE **131**

Como também acontecia nas vilas bolivianas, bebidas e doenças abundavam em Xapuri. Era aqui que os "durões" do Acre se reuniam para se divertir, de modo que a cidade frequentemente era "quente" em mais de um sentido. Dan era o "janota" do nosso grupo, e o pagamento que ele recebeu em Cobija foi gasto num terno novo, num relógio de corrente folheado a ouro e num par de botas amarelas medonhas com salto alto e laterais elásticas. Não sei como ele escapou da atenção dos durões, já que formavam um bando diabólico capaz de qualquer coisa e um pouco de brincadeiras à custa de Dan teria garantido uma ou duas horas de diversão. Essas vilas fluviais atraíam os piores tipos no Brasil. Os desordeiros locais não se furtavam a atacar os centros, roubando a borracha e sumindo antes que os seringueiros se dessem conta da perda. Era fácil vender o saque rio abaixo. Eram especialistas em revólveres e facas e estavam dispostos a usá-las sem a menor compunção. Nenhum homem normal ousava mexer com eles.

A visão do navio foi um refrescante vislumbre de civilização, mas nossos espíritos enlevados logo se deprimiram novamente quando paramos nas barracas ao longo do rio. Numa dessas, o índice de mortalidade era de 25 por cento dos funcionários a cada ano. Em outra, todas as mulas haviam morrido de alguma doença misteriosa — ah, talvez tenha sido o excesso de jornais! O álcool era a origem da maioria das enfermidades humanas.

Ainda pior que Xapuri era Empreza, outra colônia brasileira, mas ficamos ali apenas o suficiente para pegar o coronel Plácido de Castro, governador do Acre, que nos acompanhou até a sua barraca, Capatará. Foi por causa dele que em Capatará pudemos obter mulas para a viagem terrestre até o Abuná, com sua hospitalidade e conversa agradável aumentando ainda mais nossa dívida. Os afluentes superiores do Abuná tinham que ser explorados e mapeados, já que eram extremamente importantes nos arranjos fronteiriços.

Ficamos num lugar chamado Campo Central a fim de rastrear as nascentes de certos rios e descobrir suas posições. Enquanto envolvidos nessa tarefa, fomos dar em enormes clareiras circulares de relva, com mais de 1,5 quilômetro de diâmetro — locais, alguns anos antes, de grandes

132 A EXPEDIÇÃO FAWCETT

aldeias dos índios apurinas. Uns poucos desses índios ainda viviam em outro lugar chamado Gavion, e alguns outros, com bastante sorte para escapar de expedições escravocratas, fugiram para o norte, penetrando algumas léguas na floresta, onde travaram amizade com seringueiros e rapidamente se deterioraram sob a influência do álcool. De qualquer forma, eram pessoas de aparência miserável, muito pequenas e aparentemente inofensivas. Eles enterravam os mortos numa posição sentada e havia sepulturas por todos os lados nas clareiras.

O pequeno bando em Gavion havia se submetido à civilização e parecia suficientemente contente, exceto pela maldade de um espírito maligno chamado Kurampura. O azar na caça era visto como obra de Kurampura e o apaziguamento do deus era frequentemente buscado com um sacrifício, amarrando-se um homem a uma árvore chamada *palo santo*. A *palo santo* — árvore sagrada — é uma das plantas mais comuns nas florestas sul-americanas. Tem uma madeira macia e clara, sendo geralmente encontrada perto das margens dos rios; e é o local preferido de colônias da formiga-de-fogo brasileira, um inseto feroz com uma picada bastante dolorosa. Basta tocar a árvore e exércitos dessas formigas saem de buracos nos troncos prontas para atacar, até mesmo saltando de galhos acima do invasor. Ser amarrado à árvore por algumas horas deve constituir uma agonia indescritível — contudo, é um costume dos índios; e conheci brancos depravados nessas partes a empregarem a mesma forma de tortura. Como tantos outros insetos venenosos, a formiga-de-fogo ataca, se possível, o pescoço de um homem — só as vespas parecem procurar os olhos. A árvore *palo santo* não tem galhos na parte inferior do tronco, e num raio de vários metros não cresce nenhuma folha ou relva.

Eu escapei por pouco perto de Gavion. Ao longo da trilha havia uma série de canais fundos cruzados por pontes toscas de galhos grossos. Com tempo úmido, as mulas preferem passar pelos galhos externos, porque parecem menos escorregadios; portanto, essas madeiras são as mais gastas e de aparência perigosa. Eu, honestamente, estava nervoso, mas me confortava pensando que, instintivamente, ou por familiaridade, a mula sabia melhor do que eu o que estava fazendo. Enquanto cruzávamos um desses riachos inclinados, o galho em que minha mula estava quebrou e mergulhamos estrepitosamente na água. Caí embaixo do animal, cujo peso me empurrou para o leito lamacento do riacho. Se o fundo fosse duro, não teria ficado com nenhum osso inteiro no corpo, porque a mula chutou e lutou freneticamente em seus esforços para ficar virada para cima. Eu consegui sair no tempo exato, porque não havia mais ar nenhum nos pulmões quando tirei a cabeça para fora da água. Quase fatal, mas, exceto pelo banho, não houve nenhum dano.

Acidentes nunca vêm sozinhos. Um dos índios cortou parcialmente, por pura diversão, uma árvore grande. À noite, ela desabou ruidosamente sobre o acampamento. Ninguém se machucou, mas as coberturas das redes foram rasgadas e cordas, rompidas. Legiões de formigas pretas pequenas e agressivas nos cercaram a partir dos galhos caídos e as moscas *katuki* se apressaram em nos atacar com seus ferrões afiados. Ninguém dormiu pelo resto da noite — os insetos se asseguraram disso.

Chuvas pesadas e alagamento da trilha para o Abuná nos obrigaram a parar por alguns dias num centro chamado Esperança, onde alguém roubou duas das nossas selas e fugiu com elas para a floresta. Se o ladrão foi pego, tenho pena dele, porque as selas pertenciam a Plácido de Castro.

Três seringueiros morreram por picadas de cobras no dia em que chegamos a Santa Rosa, no Abuná. Situado no meio de pântanos, esse lugar era um paraíso para serpentes de todos os tipos, incluindo sucuris — de fato, estas despertavam tanto temor que a barraca era considerada como uma colônia penal e os seringueiros trabalhavam em duplas porque muitos homens solitários tinham desaparecido misteriosamente. Era uma das dependências da Suarez Hermanos e ficava em território boliviano — sem dúvida, o lugar mais deprimente em que jamais estive, mas também muito rico em borracha. A única característica positiva da construção era que contava com dois andares, mas, estando localizada poucos metros acima do nível normal do rio, frequentemente ficava alagada; e na estação seca um oceano de lama a cercava. O gerente era um francês de boa família que, apesar de ser adoentado, aliviava o profundo tédio da vida mantendo um harém de quatro índias muito belas. Santa Rosa sofria com uma constante falta de mão de obra. Hesito em informar o índice de mortalidade, porque é quase inacreditável.

134 A EXPEDIÇÃO FAWCETT

Uma espécie de cobra daqui tinha a cabeça e um terço do corpo chatos como fita, enquanto o resto era cilíndrico. Outra espécie era totalmente vermelha, com uma cruz branca na cabeça. Diziam que ambas eram venenosas. À noite, o brilho dos olhos das sucuris era bastante comum, refletindo pequenos pontos da luz das fogueiras.

— Há índios brancos no Acre — o francês falou. — Meu irmão percorreu o Tahuamanu numa lancha e, um dia, a uma boa distância rio acima, lhe disseram que índios brancos estavam por perto. Ele não acreditou e zombou de quem falou, mas mesmo assim saiu numa canoa e encontrou sinais inequívocos de índios. No mesmo instante, viu-se sob ataque de selvagens grandes, fortes e belos, totalmente brancos, ruivos e com olhos azuis. Também lutavam como demônios e, quando meu irmão matou um, os demais correram para pegar o corpo e foram embora. As pessoas dizem que esses índios brancos não existem e, quando é provado que existem, dizem que são mistura de espanhóis e índios. É o que fala quem nunca os viu, mas quem os viu pensa de outro modo!

Febre e insetos foram demais para Chalmers. Durante algum tempo eu já vinha observando o seu gradual colapso e, temendo que se continuasse comigo poderia não sobreviver às dificuldades, sugeri seu retorno a Riberalta. Meio que esperando uma recusa, fiquei surpreso quando aceitou com entusiasmo. Em 10 de abril, ele partiu com cinco dos índios tumupasa que também estavam febris. Isso me deixou com três índios, Willis e Dan para prosseguir no Abuná e determinar com precisão seu curso. Já tínhamos mapeado a nascente com nossos instrumentos inadequados e para terminarmos adequadamente o serviço era necessário topografar o resto do rio. Não que fosse inexplorado — já fora percorrido na década de 1840 e tivera diversas barracas nas águas superiores —, mas era um rio com uma reputação maligna, frequentemente vazando e transformando as margens em vastos lagos e pântanos, e infestado na seção mediana pelos temíveis índios pacaguaras, que eram sempre hostis. Eles recentemente tinham matado um brasileiro e levado muitos prisioneiros para a floresta. Aqui também existiam as sucuris gigantes, as mais poderosas de todas as constritoras, circulando pelos extensos pântanos em que grassava a febre.

É uma pena que os rios tenham perdido seus antigos nomes índios, porque eles forneciam uma indicação de sua natureza! O Acre era o Macarinarra, ou "rio das Flechas", porque nele se encontravam os bambus dos quais as setas eram feitas. Rapirran, um afluente fronteiriço do Abuná, era o "rio dos cipós", uma planta bastante usada na construção de casas. Outro rio pequeno, Caipera, era o "rio do algodão" — e assim por diante. Algum dia a antiga nomenclatura talvez seja esquecida, uma perda em áreas em que se buscam minerais estratégicos.

Plácido de Castro apareceu para dar adeus antes de partirmos de Santa Rosa num *igarité* que eu comprei. Como sempre, o coronel estava acompanhado por um bando de cachorros, de várias raças, os quais tinham o hábito de sentar a cada minuto para se coçar. Na floresta, os cães se coçavam o tempo inteiro — passavam a vida se coçando; o incrível é que a pele se deteriorava somente em partes isoladas, em vez de ser totalmente arrancada! Foi a última vez que vi o coronel, porque pouco depois ele foi morto a tiros por assassinos desconhecidos numa trilha. Sua morte foi uma perda para o território brasileiro produtor de borracha, porque era um homem bom e culto.

O coronel, que desempenhou um importante papel no lado do Brasil contra os bolivianos no confronto de 1903 no Acre, me contou que inicialmente vestiu os seus homens de cáqui, mas as perdas foram tão grandes que mudou o uniforme para verde. Essa cor se mostrou menos chamativa na floresta e imediatamente reduziu as baixas para um número mínimo. Sua opinião era a de que a crise tinha sido precipitada por incompetência governamental. Era modestamente reservado sobre suas façanhas, mas sua fama havia ultrapassado as fronteiras do Acre.

A função de extrator de borracha era bastante humilde, contudo, encontrei aqui um seringueiro que estudara seis anos na Inglaterra e abandonara todos os hábitos e trajes europeus para voltar por vontade própria. Um homem, por mais bem-educado que seja, que tenha alguma vez experimentado a extrema simplicidade da existência dificilmente retornará à vida artificial da civilização. Só se dá conta do fardo quando ele é deixado de lado. Havia um homem que eu encontrei no rio Madeira que pertencia à tripulação de um *batelón*, talvez a vida mais dura que exista.

136 A EXPEDIÇÃO FAWCETT

Ele falava inglês e francês perfeitamente, mas preferia esse emprego extenuante, com seu álcool, charque e arroz mofado, e os bancos de areia como cama, a qualquer coisa mais luxuosa que a vida pudesse oferecer!

— É melhor tomarem cuidado no Abuná — era o aviso que todos pareciam ter prazer em dar. — A febre dali vai matá-los e, se vocês escaparem dela, há os índios pacaguaras. Eles saem até a margem e lançam uma chuva de flechas envenenadas sobre o barco!

— Um engenheiro alemão foi atacado ali outro dia e três de seus homens morreram — disse alguém. Outro meneou a cabeça enfaticamente para confirmar e apontou um dedo na nossa direção.

— Não faz muito tempo, 48 homens subiram o rio Negro, um afluente do Abuná, em busca de borracha. Só dezoito voltaram e um deles estava completamente louco pela experiência!

Se tivéssemos dado ouvidos a todas as advertências sombrias, não teríamos chegado a parte alguma. A essa altura, eu começava a formar minhas próprias opiniões e não estava preparado para acreditar em todas as histórias que escutava sobre selvagens.

Foi uma das mais desoladoras jornadas que fiz, porque o rio era ameaçador em sua calma e a corrente fácil e a água profunda pareciam anunciar perigos iminentes. Os demônios dos rios amazônicos moviam-se livremente, manifestando a presença em céus carregados, chuvas torrenciais e sombrias e densas florestas.

Antes de atingirmos a confluência do Rapirran, paramos na barraca de um índio tumupasa chamado Medina, que fizera fortuna com a borracha. Nesse lugar imundo, Medina tinha uma filha que era uma das mais lindas índias loiras que eu já vira — alta, com traços delicados, mãos pequenas e cabelos dourados e sedosos. Bela o bastante para enfeitar uma corte real, uma preciosidade para qualquer salão de bailes europeu, esta moça sublime estava destinada a se juntar ao harém do gerente em Santa Rosa e definhar como a quinta mulher daquele empreendedor francês. Tirei várias fotografias dela, mas junto com as do Abuná foram destruídas pela umidade constante — exceto umas poucas reveladas em Santa Rosa.

Nesse rio se encontra um pássaro chamado *hornero*, que constrói uma inteligente residência abobadada de barro em galhos logo acima do nível mais alto da água. Outro pássaro, chamado *tavachi*, procura, como um cuco, usurpar sua casa sempre que possível e o *hornero*, encontrando o ninho ocupado, fecha-o com barro, deixando o invasor perecer miseravelmente dentro de uma tumba selada. A natureza tem suas razões para tudo, mas eu jamais pude compreender o sentido desse arranjo improdutivo, e tampouco entender por que o instinto do *tavachi* não o alerta contra uma morte quase certa.

Aqui você também vê o *bufeo*, um mamífero da espécie dos manatis, de aparência um tanto humana e peitos proeminentes. Ele segue barcos e canoas assim como golfinhos seguem navios no mar, e dizem que são muito saborosos, mas nunca consegui pegar um para comprovar a afirmação. Não é nem indefeso e nem inofensivo e pode atacar e matar um crocodilo.

— Tem alguma coisa para vender? — era a pergunta em todo centro que passávamos. Quando os sírios subiam esse rio com um barco comerciante, como às vezes faziam, as viagens deviam ser extremamente lucrativas.

Estávamos navegando de maneira fácil ao longo da corrente vagarosa não muito abaixo da confluência do rio Negro quando quase embaixo da proa do *igarité* surgiu uma cabeça triangular e vários metros de corpo ondulado. Era uma sucuri gigante. Fui atrás da espingarda enquanto a criatura começava a subir pela margem e, quase sem conter a ansiedade, mandei uma bala .44 de ponta mole em sua espinha, três metros abaixo da cabeça maligna. Na mesma hora houve uma erupção de espuma e várias batidas pesadas contra a quilha do barco, estremecendo-nos como se tivéssemos acertado um obstáculo.

Com grande dificuldade, persuadi a tripulação indígena a virar para a margem. O medo deles era tanto que os olhos estavam esbugalhados; no momento de disparar, ouvi suas vozes aterrorizadas implorando para que não atirasse, a fim de evitar que o monstro destruísse o barco e matasse todos a bordo, já que essas criaturas não apenas atacam as embarcações quando são feridas, como também há grande perigo por parte de seus parceiros.

Desembarcamos e nos aproximamos do réptil com cautela. Estava fora de ação, mas tremores subiam e desciam pelo corpo como rajadas de vento

138 A EXPEDIÇÃO FAWCETT

num pequeno lago da montanha. Tanto quanto era possível medir, 14 metros estavam para fora da água e 5 dentro, perfazendo um total de 19 metros. O corpo não era grosso para um comprimento tão colossal — não mais do que 30 centímetros de diâmetro —, mas provavelmente a cobra estava sem comer havia muito tempo. Tentei cortar um pedaço da pele, mas a fera de maneira alguma estava morta e as inesperadas convulsões nos assustaram. Um cheiro fétido e forte emanava da serpente, provavelmente seu hálito, o qual acreditam ter um efeito estupefaciente, primeiro atraindo e depois paralisando a presa. Tudo a respeito desse animal é repulsivo.

Espécimes grandes como essa podem não ser comuns, mas os rastros nos pântanos atingem uma largura de dois metros e corroboram afirmações de índios e seringueiros de que a sucuri às vezes chega a tamanhos inacreditáveis, que eclipsam a que eu matei.[9] A Comissão Brasileira da Fronteira me informou sobre uma que mataram no rio Paraguai que ultrapassava *24 metros* de comprimento! Nas bacias do Araguaia e do Tocantins há uma variedade preta conhecida como dormideira, devido aos ruidosos sons de ronco que emite. Dizem que atinge tamanhos enormes, mas nunca vi uma. Esses répteis vivem principalmente nos brejos, porque estes, ao contrário dos rios, que frequentemente se transformam em meras valas de lama na estação seca, nunca desaparecem. Aventurar-se nos domínios da sucuri é flertar com a morte.

Não faltava animação para nós nesse rio. Havíamos matado diversos *marimonos* — macacos pretos — para comer e, para manter a reserva de carcaças a salvo no acampamento, as deixamos suspensas nos galhos mais altos. No meio da noite, fui acordado por um empurrão embaixo da rede, como se um corpo pesado tivesse passado embaixo. Ao olhar, vi a luz da lua na forma de uma grande onça. Ela estava atrás da carne de macaco e tinha pouco interesse em mim, mas de qualquer modo teria sido temerário atirar na luz tênue, porque uma onça ferida perto de você é uma coisa terrível. Vi a fera erguer-se nas patas traseiras e aproximar-se de uma carcaça. Na hora de agarrar o que procurava, o barulho da minha

---

9. Quando o relato sobre essa serpente chegou a Londres, declararam que meu pai era um mentiroso de marca maior! [*N. do Org.*]

rede a perturbou; ela virou-se com um rosnado, arreganhou os dentes e, no instante seguinte, desapareceu silenciosamente como uma sombra.

Longas faixas das margens do rio pareciam não ter nada além de árvores de *palo santo*, de cuja proximidade a floresta tinha, por assim dizer, recuado a barra das suas vestimentas. Não havia como confundi-las, porque ficavam como leprosos, com o terreno ao redor absolutamente desprovido de vegetação. Dan estava tão cansado de montar acampamento que uma noite pendurou a rede em duas dessas árvores e deitou-se sem perceber o que havia feito. No meio da noite, gritos terríveis nos despertaram. Alarmados, agarramos as armas na crença de que selvagens estavam atacando. Ainda meio adormecidos com o sono interrompido, quase podíamos sentir as flechas envenenadas rasgando nossos corpos desprotegidos — quase víamos as sombras movendo-se rapidamente na vegetação ao redor do acampamento! Então, nossos olhos se abriram para ver Dan correndo como um doido para o rio, gritando a plenos pulmões. Em seguida, houve o barulho de um corpo se espatifando na água e os gritos diminuíram.

Satisfeitos pelo fato de não estarmos sendo atacados por índios, seguimos Dan até a margem do rio para descobrir o motivo de todo aquele barulho. Legiões de formigas das duas árvores *palo santo* atravessaram as cordas, cobriram-no dos pés à cabeça e enfiaram as venenosas mandíbulas em cada centímetro do seu corpo! Encharcado, ele entrou numa canoa e passou ali o resto da noite, catando os insetos. Na manhã seguinte, gastamos um bom tempo para soltar a sua rede e limpá-la das formigas.

— Selvagens!

O grito veio de Willis, que estava no convés observando a aproximação da corrente do Tambaqui. Dan e eu saímos do abrigo e olhamos na direção que o negro apontava. Vários índios estavam parados na margem, com os corpos pintados com o sumo vermelho do urucu, uma semente comum na floresta. Suas orelhas tinham lóbulos pendentes e penas passavam de um lado a outro das narinas, mas não usavam nenhum toucado de penas. Foi minha primeira visão desse povo, que julguei serem karapunas.

140 A EXPEDIÇÃO FAWCETT

— Vamos parar e tentar fazer amizade com eles — eu disse; mas antes de a ordem ser dada para rumar para a margem, os índios da nossa tripulação os avistaram. Houve gritos de alarme e os remos moveram-se aceleradamente.

Gritos vieram dos selvagens. Soltando os grandes arcos, dispararam algumas flechas na nossa direção. Não conseguimos vê-las chegando, mas uma delas rasgou a lateral do barco com um barulho terrível — atravessou madeira de quatro centímetros de grossura, inclusive o outro lado também! A força por trás daquela flecha me impressionou e, sem ter visto com os próprios olhos, jamais teria acreditado em semelhante poder de penetração. Uma carabina não faria muito mais!

Esses selvagens costumavam aparecer em grupos de duzentos ou trezentos nas margens do rio e dar a qualquer barco que passava uma recepção "calorosa". O meio do rio ficava ao alcance dos dois lados, e assim não havia como escapar. Já tinha ouvido falar do caso de um vapor que foi atacado dessa maneira num outro rio. Uma flecha trespassou os dois braços e o peito de um inglês, pregando-o no convés com tanta força que foi preciso algum tempo para soltá-lo.

O *igarité* deslizava sobre a água com tanta velocidade que logo chegamos à corrente do Tambaqui, atravessando-a sem incidentes, com a tripulação ainda remando furiosamente pelo medo de mais flechas. Não era uma corrente muito rápida — de modo algum ruim como a próxima, Fortaleza, que tinha uma queda de três metros e cujo barulho já era o suficiente para assustar. A água corria levantando uma camada de espuma sobre um afloramento do mesmo granito que se encontra no Madeira e em todos os rios a leste dele, entre oito e dez graus de latitude sul — a importância disso vim a reconhecer mais tarde, ao estudar a geologia do continente antigo. O barco teve que ser carregado para vencer essa queda-d'água, empurrado sobre cilindros feitos com troncos — um trabalho que nos deixou virtualmente exaustos, dada a falta de mão de obra suficiente.

Na margem jazia o corpo desidratado de uma sucuri morta, cuja pele tinha mais de dois centímetros de grossura. Possivelmente, quando secasse por completo encolheria mais, mas mesmo assim o excelente e resistente couro equivaleria ao da anta.

Quatro horas depois da Fortaleza, chegamos à confluência com o rio Madeira, tão largo que parecia um oceano após o estreito Abuná. Ali encontramos um posto de alfândega boliviano, nas condições mais insalubres que se pode imaginar. Todos estavam ou febris ou embriagados — e, se podia haver justificativa para a bebida, ali era o caso! A noite caíra e, ao nos aproximarmos da terra, ouvimos o som de violões e o desafinado lamento de vozes bêbadas, como um alerta da degeneração a ser encontrada ali. A borracha exportada da Bolívia pagava menos impostos do que do Brasil, de modo que era habitual que toda a produção do Abuná, viesse do lado boliviano ou do brasileiro, saísse por esse posto. De qualquer forma, o rio ainda não estava definitivamente fixado como a fronteira. Suprimentos desembarcavam no lado brasileiro e eram levados para o outro à noite, uma forma menor de contrabando que o pessoal da alfândega achava melhor sancionar do que reprimir. O quanto dos impostos coletados chegava ao governo é uma questão que não posso responder. Somente um funcionário lidava com dinheiro; a alternativa dos outros nove era contrair dívidas.

Havia seis soldados sob o comando de um intendente, que fora tirado de Mapiri enquanto procurava borracha e enviado para esse posto miserável com todas as suas posses, as quais consistiam numa lata de sal, duas espadas, um despertador e um penico amassado. O posto precisava ser ocupado. O antecessor tinha o infeliz hábito de atacar os soldados com a espada, até que finalmente eles reagiram a tiros e cruzaram para o Brasil. O oficial bêbado e ferido fugiu para a floresta e seguiu pela margem do rio até Villa Bella. Uma ideia da situação nesses lugares remotos pode ser obtida do fato de que, quando a alfândega boliviana foi entregue ao Brasil, havia 7 mil caixas de carga em San Antonio, um porto abaixo da corrente do Madeira, à espera de transporte para o Beni, e que 5 mil delas continham bebida!

Na foz do Abuná, charque e arroz eram os únicos alimentos. Ninguém se incomodava em pescar ou caçar, ou mesmo em se vestir, e suando nos seus trapos eles cantavam melodias bêbadas ou gemiam consumidos por

142 A EXPEDIÇÃO FAWCETT

doenças, conforme o caso. Não havia remédios disponíveis, e mesmo que houvesse não existia nenhuma mente sóbria o bastante para ministrá-los. A única pessoa saudável era um jovem alemão que viera em seu caminho rio acima, um rapaz sadio que não hesitava em dar as suas opiniões sobre as relações anglo-alemãs. O ardente desejo da Alemanha, disse ele, era pela guerra, com o propósito de causar danos à prosperidade comercial dos rivais e de assegurar colônias.

Depois de oito dias nesse lugar abjeto, conseguimos obter vagas em *batelones* com carga para Villa Bella, um porto na foz do Mamoré e a meio caminho do retorno a Riberalta. Quando começamos a navegar no rio, veio até nós, como um réquiem de despedida, o barulho de violões e vozes.

A Ferrovia Madeira-Mamoré ainda não existia — aquele sistema remoto que ia de lugar nenhum a parte nenhuma, cujos funcionários recebiam salários tão altos que poderiam se aposentar em dez anos, caso vivessem tanto! Por isso, foram precisos cerca de vinte dias de trabalho exaustivo para transportar os pesadamente carregados barcos por muitas correntes entre San Antonio e Villa Bella. Um *batelón* com 12 toneladas de carga não tinha mais do que 8 centímetros entre a borda e a água, sendo necessário navegar perto da margem. Nos trechos calmos, a tripulação de vinte índios remava; mas, quando a água era veloz e agitada, o barco tinha que ser conduzido ao redor de rochas com a ajuda de uma corda comprida. Uma grande habilidade era exigida para evitar os sempre presentes perigos e, à noite, a tripulação ficava profundamente esgotada. Imediatamente eles caíam no sono no momento em que se largavam sobre as pedras quentes ao lado do rio, e, em consequência, a pneumonia se alastrava — tanto que, às vezes, uma tripulação inteira perecia por sua causa e o barco precisava esperar a chegada de uma nova tripulação para seguir viagem.

Quatro dos homens no nosso barco morreram durante a primeira metade da jornada. Aquele que adoecia virava alvo das brincadeiras do resto e, quando morria, havia uma tremenda diversão. O cadáver de olhos abertos era amarrado a uma trave e esparsamente coberto numa cova rasa aberta com os remos na margem do rio, tendo como complemento da sepultura dois galhos cruzados amarrados com junco. Como funeral, jogavam cachaça ao redor e, então, adiante para a próxima vítima!

O rio aqui tinha mais de 800 metros de largura, mas era cheio de rochas e a corrente rápida dificultava a navegação. As perigosas correntes pequenas de Araras e Periquitos foram superadas sem dificuldade, mas a mais intimidante de Chocolatal exigiu três dias. A vida aqui estava longe de ser maçante. O piloto saiu para inspecionar a estrada em que os *batelones* seriam transportados a fim de evitar a corrente rápida e foi atingido por índios a menos de 800 metros do barco. Nós o encontramos com 42 flechas no corpo. Na hora, eu tinha saído em busca de um peru para a panela, mas felizmente não encontrei nenhum selvagem. Minha impressão foi a de que essa tribo, embora de maneira alguma receptiva a abordagens civilizadas, não nutria qualquer animosidade particular para com os homens brancos.

No Mamoré, perto de Villa Bella, os selvagens no passado costumavam ir às *pescanas* — lugares estabelecidos de acampamento— para fazer escambo, mas as expedições escravagistas os tinham afastado. Enquanto viajava pelo Mamoré para negociar mercadorias, um conhecido boliviano foi visitado por um grupo de índios araras, que fingiram ter grande interesse na sua espingarda e imploraram para que desse inúmeros tiros, batendo as mãos de alegria com os estampidos. Quando a arma ficou descarregada, o chefe mostrou o seu arco e flecha, como se fosse exibir o que podia fazer com ele. Ao esticar o arco totalmente, de repente virou-se e mandou a flecha através do boliviano. Na confusão que se seguiu, os índios foram embora.

Um irmão da vítima vingou-se deixando, como se tivesse esquecido, um pouco de álcool envenenado na *pescana*. Mais tarde, oitenta cadáveres foram encontrados ali. Esses índios ainda são muitos e problemáticos, mas a construção da ferrovia expulsou-os do Madeira.

Um mestiço me contou que pouco tempo atrás, perto da corrente de Chocolatal, ele e alguns outros homens capturaram uma canoa com dois índios.

— Um deles rejeitou qualquer comida e morreu — disse. — O outro também começou uma greve de fome, mas o amarramos a uma árvore

144 A EXPEDIÇÃO FAWCETT

pelos calcanhares e praticamos um pouco de tiro ao alvo nele. Ele morreu no oitavo tiro. Foi uma boa diversão!

Fazer transporte em *batelones* era um bom negócio ali. Eles custavam 1.800 bolivianos (144 libras) para construir e eram alugados por 400 bolivianos por viagem — com quatro viagens por ano —, sendo que o contratante ficava com toda a responsabilidade por perdas.

A tripulação do *batelón* quase morreu de rir quando um dos meus tumupasa contraiu beribéri na viagem e ficou com as pernas paralisadas. Ele morreu em Villa Bella.

Nenhuma experiência mais assustadora pode ser imaginada do que a navegação pela corrente rápida de Riberón. Durante um quilômetro e meio nos agarramos a rochas ou à margem, nos trechos em que isso era possível, e, então, nos soltávamos, remando loucamente durante um trecho de trinta metros de água turbulenta o bastante para ser capaz de alagar o barco pesado. Deve ter entrado pelo menos uma tonelada de água durante a agonia. Um dos quatro *batelones* virou e afundou, pois a tripulação não teve força o bastante para remar de maneira efetiva. A carga foi perdida, mas não houve mortes, já que todos os índios nadam como lontras.

Acampamos em Riberón, onde os barcos foram descarregados para serem transportados, a fim de evitar uma corrente rápida. Tão logo havíamos parado, profundamente exauridos, fomos invadidos por um exército de formigas pretas, incontáveis milhões delas que cobriam tudo pelo caminho, produzindo um agudo ruído sibilante, estranho e atemorizante, para qualquer obstáculo vivo. Elas não param diante de nada e o infortúnio se abate sobre quem está dormindo e não acorda com o suave farfalhar a tempo de fugir! Elas não causavam danos ao acampamento, mas aniquilavam todos os insetos e seguiam a marcha. Frequentemente visitam cabanas na floresta e as limpam de quaisquer parasitas.

Em Misericordia, a próxima corrente, havia um grande redemoinho, ao lado do qual vivia um velho que fizera uma razoável fortuna recolhendo destroços de naufrágios, borracha e tudo o mais que fosse parar na margem. Era um lugar bastante perigoso; e, uma vez no ponto crítico do redemoinho, nenhum barco conseguia escapar do desastre. A travessia envolvia riscos terríveis, porque a velocidade através do labirinto de rochas era maior e, por mais habilidosos que fossem piloto e tripulação, geralmente estavam bêbados ao sair de Villa Bella para a viagem. Naufrágios eram frequentes antes de aumentar o controle sobre os seguros, porque frequentemente valia a pena perder deliberadamente uma carga.

Quem quer que fosse o responsável pela escolha de nomes na Bolívia era culpado de ironia deslavada por ter batizado o porto na confluência dos rios Mamoré e Beni como "Villa Bella". Um repugnante brejo preto dominava o centro do lugar e a mortalidade às vezes era enorme. O índice de óbitos entre as tripulações dos *batelones* que faziam o percurso até San Antonio chegava a cinquenta por cento ao ano — um número ao qual, a essa altura, já estava me acostumando. Essa era a taxa cobrada pela borracha boliviana na época e não creio ser exagero afirmar que cada tonelada despachada custava uma vida humana.

Fedendo em meio à imundície geral, com seus habitantes encharcados de álcool e degenerados, Villa Bella, não obstante, era um dos mais importantes postos alfandegários da Bolívia. O medo em relação ao Beni parecia ter afugentado os funcionários decentes; e fui tratado como um informante do governo. Nenhum funcionário teve a educação, ou o senso de dever, de fazer qualquer coisa para ajudar nosso trabalho e um morador até mesmo chegou ao ponto de disparar contra mim com sua Winchester, felizmente com a mira prejudicada pelo álcool. Incapaz de obter qualquer ação prática, asperamente disse ao administrador da alfândega que, se o transporte não fosse imediatamente providenciado, uma reclamação formal contra ele seria encaminhada ao ministro das Colônias. Deu certo — eu, de fato, era um informante do governo! Porém, isso nos permitiu sair do lugar no mesmo dia.

No dia seguinte, chegamos a Esperanza, sede da Suarez Hermanos, a principal empresa de borracha. Aqui, encontramos vários mecânicos britânicos trabalhando para a firma, recebendo bons salários para cuidar das lanchas. Os burocratas, alemães sem exceção, eram abertamente hostis em relação a eles.

Havia uma corrente rápida aqui que era venerada pelos índios, os quais vislumbravam em seu estrondo a dança dos mortos. Uns poucos

146 A EXPEDIÇÃO FAWCETT

dias antes, uma lancha tinha sido levada pela corrente, devido a uma falha do motor, que não pegou, logo após desatracar cheia de passageiros. A sua sobrevivência foi um verdadeiro milagre, já que não naufragou. Todos os homens a bordo, exceto Smith, o mecânico inglês, pularam para a água antes de a embarcação cair na corrente. As mulheres gritaram desesperadamente, esperando que a qualquer momento o barco virasse e elas se afogassem no redemoinho. Quando escapou da corrente, Smith, que calmamente ficara consertando o motor, conseguiu acioná-lo novamente e conduziu a embarcação à margem. A partir daí, foi tratado como herói.

Os mecânicos britânicos gostavam de seus empregos e trabalhavam bem; o pagamento era generoso e o tratamento, bom; e, além das funções regulares, havia outros serviços a serem feitos, tais como consertar máquinas de costura, espingardas etc., o que aumentava consideravelmente a renda. Um deles conquistou o respeito eterno da população ao cair, de garrafa na mão, de um *batelón* no Mamoré, despencar de uma queda-d'água e emergir adiante, rastejando para fora do rio e sentando-se calmamente para terminar a bebida!

Outro desenvolveu uma obscura doença que deixou sua pele quase preta e exalando um odor repulsivo. Um dia, ele não apareceu para trabalhar e o *mayordomo*, certo de que tinha morrido, prometeu a uma dupla de índios uma garrafa de álcool para cada um se eles pegassem e enterrassem o corpo. Os dois cobriram narizes e bocas, colocaram o corpo enegrecido numa rede e levaram para o cemitério. No caminho, a rede deu um encontrão numa árvore e uma voz sepulcral vindo de dentro disse: "Cuidado, rapazes, cuidado!" Os índios largaram a carga e saíram correndo; mas, fortificados por um drinque, e acompanhados por vários outros, voltaram e pegaram a rede novamente. Quando jogaram o corpo ao lado da sepultura, a voz sepulcral foi ouvida mais uma vez, pedindo um pouco de água. Todos fugiram; mas, após mais uns goles, os peões retornaram, puseram o corpo na cova aberta e apressadamente o cobriram com terra até que a chance de ressurreição sumisse!

Pouco após minha chegada, dezesseis índios pacaguaras subitamente apareceram numa canoa, todos com pinturas de guerra nos corpos. Enquanto esses guerreiros remavam à distância no rio, Esperanza incendiou-se com a excitação. Peões gritaram — homens correram para todos os lados, todos berrando ordens ao mesmo tempo — e teve início uma fuzilaria irregular. Os selvagens não deram a menor atenção. Nesse ponto, o rio tinha 600 metros de largura — aproximadamente a distância máxima alcançada por uma Winchester 44 — e com imperturbada dignidade seguiram remando até desaparecerem em algum pequeno afluente. Houve algumas faces desapontadas após a ordem de cessar fogo, quando se deram conta do gasto de munição exorbitantemente cara.

Índios frequentemente vinham da margem oposta e calmamente observavam as atividades na barraca, conscientes de que as espingardas ofereciam pouco perigo. Sua aparição invariavelmente causava agitação em Esperanza e desperdício de cartuchos. Era como os ruidosos latidos de cães à vista de um gato em cima de um muro.

Em 18 de maio, seguimos numa lancha com destino a Riberalta. A noite anterior à partida foi realçada por quatro mulheres e quatro peões índios que protagonizaram um balé embriagado após consumirem quatro caixas de cerveja a 10 libras a caixa — obtidas a crédito. Na manhã seguinte, as mulheres receberam um castigo de 25 chibatas cada uma por terem feito barulho e, então, foram despachadas pelo rio para trabalharem nas plantações, uma punição muito temida por causa dos pacaguaras. Os homens escaparam incólumes, possivelmente porque colaboraram com a empresa ao se endividarem bastante.

CAPÍTULO IX
INTERLÚDIO DESAGRADÁVEL

Uma grande correspondência esperava por mim em Riberalta e todos os outros pensamentos foram deixados de lado pelas bem-vindas notícias de casa, as quais eu esperara por muito tempo. Havia jornais e comunicados oficiais — e, o mais importante de tudo, instruções para adiar novas expedições devido a dificuldades financeiras. Fiquei exultante com isso, porque, além de ter ganhado uma cota de martírio suficiente por um bom tempo, havia mapas a completar, relatórios a escrever e faltavam acabamentos no projeto da ferrovia leve de Cobija. Por fim, Riberalta precisava de uma plataforma flutuante e me pediram para fazer uma análise com estimativas. Nada tinha contra ficar aqui enquanto existisse o que fazer, e desde que fosse pago pelo serviço. O que não suportava era a inatividade.

Não havia perspectivas de barcos subirem até Rurrenabaque por algum tempo, pois a lancha do governo *Tahuamanu* finalmente atingira um estágio sem chances de reparos e fora deixada em algum canto rio acima. Com a perspectiva de uma estada indefinida em Riberalta, Dan

150 A EXPEDIÇÃO FAWCETT

vestiu seu terno de Xapuri e foi se divertir. Quanto a Willis, seus excessos alcoólicos já lhe haviam garantido um lugar na cadeia. Sua soltura deveu-se integralmente a suborno e corrupção, e ele demonstrou gratidão abandonando-me para se estabelecer como vendedor de bebida numa cabana na periferia da cidade, onde a sua própria fraqueza poderia ser gratificada à custa de outros dependentes. Feo, o penúltimo dos meus índios, morreu.

Apesar da força privada de caça a escravos mantida em Madre de Dios, os índios estavam dando algum problema e foi, de fato, neste mesmo rio que um índio pacificado matou com um machado o gerente da barraca Maravillas — um destino que ele provavelmente mereceu. Os pacaguaras tinham uma imagem mais negativa do que realmente mereciam, mas, como regra, não perdiam uma chance de causar todos os danos que podiam. Durante uma viagem à foz do Orton com o dono boliviano de uma pequena propriedade seringueira, encontrei alguns deles na floresta. Quando finalmente reuniram suficiente confiança para se revelar, deram a impressão de serem inofensivos. Eles foram localizados pelos índios da nossa companhia, que sentiram o seu cheiro — os selvagens contam com um faro aguçado como o de um cão caçador. Eles, obviamente, pertenciam ao grupo mais degenerado de índios — um povo pequeno e escuro, com grandes discos nos lóbulos pendentes e varetas enfiadas nos lábios inferiores. Trouxeram animais como presente; qualquer atividade que não a caça era considerada abaixo da sua dignidade. Degenerados ou não, associavam todos os índios civilizados às operações escravocratas que aconteciam com frequência em suas terras e não se relacionavam com eles.

Há três tipos de índios. O primeiro é de pessoas dóceis e miseráveis, facilmente domesticadas; o segundo, canibais perigosos e repulsivos, raramente vistos; o terceiro, pessoas robustas e belas, que devem ter uma origem civilizada e que poucas vezes são localizadas porque evitam a proximidade de rios navegáveis. É um tema que pretendo abordar mais em capítulos posteriores, porque se relaciona com a antiga história do continente.

Corrupção e ineficiência eram a ordem do dia em Riberalta. Um novo juiz fora nomeado; ele era também o açougueiro oficial — uma atividade altamente lucrativa, já que poucos tinham condições de não serem clientes. O soldado das 2 mil chibatadas, largado para morrer com os ossos expostos, havia se recuperado e mostrava-se bastante jovial a respeito de seu sofrimento. Ele engordara muito — o resultado habitual de um açoitamento severo, segundo me contaram, caso a vítima sobrevivesse — e não exibia nenhum sinal no caminhar, apesar do fato de que suas nádegas tinham sido arrancadas.

— Lá vem o gado!

Foi o grito de um peão parado na margem do rio, ao observar a aproximação de *batelones*. Olhei para onde ele apontava, esperando ver bestas da planície de Mojos chegando para serem abatidas pelo nosso juiz-açougueiro, mas em vez disso se tratava de um carregamento humano. O proprietário de uma barraca de Madre de Dios estava no convés do primeiro barco e, tão logo desembarcou, passou a assistir aos seus *mayordomos*, armados com formidáveis chicotes, pastorear pela praia até um galpão cerca de trinta pessoas mais ou menos brancas de Santa Cruz, cujas expressões de lamentável miséria mostravam que sabiam muito bem da terrível situação em que se encontravam. Havia não apenas homens no bando desesperançado, mas também mulheres.

— Quem são essas? — perguntei a um oficial da alfândega boliviana. — Escravas?

— É claro — ele olhou para mim surpreso com a pergunta tola.

— Você quer dizer que essa gente miserável foi trazida aqui para ser vendida?

— Ah, não, *señor*! Apenas índios da floresta são vendidos abertamente. Esse gado será entregue pelo valor das suas dívidas, são todos devedores, e esse valor é o valor de mercado de seus corpos. É uma transação privada, entende?, mas qualquer um que quiser um homem ou uma mulher pode conseguir se estiver disposto a pagar o preço!

Estávamos em 1907 ou havíamos recuado no tempo mil anos?

"Apenas índios da floresta são vendidos abertamente." A brutalidade revelada por essa atitude irritava ainda mais o governo boliviano porque

152 A EXPEDIÇÃO FAWCETT

ele não tinha os meios para impedir a prática, que enfurecia todas as pessoas de bons princípios. Um caso típico ocorrera pouco antes de meu regresso a Riberalta — típico dos "selvagens" depravados que eram esses caçadores de escravos, vindos da escória da Europa e da América Latina.

Uma força escravocrata dirigiu-se a uma aldeia dos toromonas, um povo extremamente inteligente e de modo algum difícil de conviver. O chefe não gostou dos visitantes, mas mesmo assim fez com que sua mulher trouxesse *chicha*, como sinal de amizade. O líder dos escravagistas, temendo veneno, insistiu para que o chefe bebesse antes, o que ele fez, e, enquanto estava com a tigela erguida, foi abatido com um tiro, morrendo na mesma hora. Imediatamente, houve uma captura, e os que não foram mortos acabaram levados para o Beni. Uma mulher, carregando um bebê recém-nascido, levou um tiro no tornozelo e, sem poder andar, foi arrastada até o rio para ser rebocada numa jangada atrás da lancha. Quando o grupo na lancha se cansou disso, deixou-a à deriva para voltar à margem do jeito que conseguisse. Os perpetradores dessa ação monstruosa vangloriaram-se abertamente de seus atos — orgulhosos da "vitória"! Contaram de como crianças tinham sido agarradas pelas pernas e arremessadas contra árvores até morrer. Não há dúvidas acerca dessas atrocidades e não estou exagerando. Antes estivesse! Chamar tais demônios de "bichos" é um insulto a criaturas que não são dotadas da barbaridade humana. Caso estivessem envergonhados desses atos, poderiam ter oferecido como desculpa a morte de vários caçadores de escravos numa aldeia remota com *chicha* envenenada; em vez disso, trataram essa ocorrência como um motivo para vingança — e ainda mais vinganças.

Muitos dos índios a quem a civilização é imposta são hábeis com as mãos e inteligentes. Em diversas missões, eles aprenderam ofícios e trabalham bem; dominam línguas rapidamente, sendo naturalmente imitadores, mas logo se degeneram física e moralmente.

Às vezes, a maré vira. Não muito tempo antes, os integrantes de um grupo enviado por uma empresa de Riberalta para encontrar trabalhadores nas florestas foram descobertos cortados em pedacinhos, flutuando no rio numa grande canoa escavada. De outra expedição no Guaporé, apenas um homem regressou, totalmente insano, mastigando a carne apodrecida de um fêmur! É bom ouvir sobre esses brutos ganhando o que merecem. Não tenho nenhuma simpatia por eles.

Não muito longe de Riberalta, um trabalhador indígena matou seu *mayordomo* a tiros em vingança por alguma brutalidade. Ele foi capturado, amarrado durante uma noite inteira cara a cara com o cadáver e, de manhã, recebeu mil chicotadas. Dificilmente passava um dia aqui sem açoitamentos e, de onde estava alojado, eu podia ouvir os castigos sendo desferidos nas instalações do chefe de polícia. Geralmente, as vítimas reagiam com surpreendente calma, a menos — como ocorria em casos graves — que fosse empregado o *sapo chino*. Esse aparelho era uma estrutura que seguia os princípios do potro, na qual a vítima podia ser esticada, de bruços, de tal maneira que o corpo ficava suspenso no ar para a aplicação das chibatadas.

Numa barraca acima de Riberalta, um índio recebeu quatrocentas chicotadas e, depois, agradeceu ao seu senhor, declarando que precisava ardentemente disso e que agora poderia trabalhar bem! Na cidade havia um velho que, quando embriagado, ia à delegacia e implorava por um espancamento que o ensinasse a se comportar. Provavelmente, o índio tem uma sensibilidade menor que a do homem branco — fisicamente falando. Quanto à sua sensibilidade mental, ninguém faz ideia. Aqui, em Riberalta, o índio nunca via dinheiro e nem sabia o que era receber tratamento honesto; em vez disso, recebia chicotadas por quaisquer deslizes. Era sempre encorajado a beber álcool.

O açoite, numa forma muito mais grave, foi utilizado nas Ilhas Britânicas desde tempos remotos — é, na realidade, ainda empregado no código penal e constantemente recomendado para uso mais geral. Se a vítima pudesse escolher entre o açoite dos territórios da borracha e o de nossas prisões, não há dúvida sobre qual preferiria. Responsáveis pela pacificação das colônias do oeste africano, nós mesmos não estamos em posição de atirar pedras. Gritar contra as atrocidades do ciclo da borracha, ao mesmo tempo que nada se diz acerca das muitas crueldades ainda legalmente sancionadas no nosso próprio país, longe das vistas do público, é ter uma visão estreita. Devo novamente enfatizar que o que aconteceu na Bolívia e no Peru não teve a sanção de seus governos, tratando-se de atos de indivíduos fora do alcance da lei e da ordem. Por pior que tenha sido, não ocorreu nada ali que fosse comparável com as atrocidades do Congo Belga.* É difícil ter noção da distância de um lugar como Riberalta. Não havia telégrafo ou outra comunicação com La Paz, ou qualquer outro lugar, e, nas mais favoráveis condições, a capital ficava a uma jornada de dois meses e meio.

A chegada de um novo governador do Beni deu-me oportunidade para assegurar parte do dinheiro que me era devido, obtendo ordens de pagamento oficiais em várias casas comerciais. Ele era uma pessoa efeminada, bastante suscetível à lisonja, extraordinariamente estúpido, e passava a maior parte do tempo preocupado com ornamentos. Era ridículo vê-lo empenhado, num quarto aberto à vista pública, na decoração da sua cama e outras mobílias com pequenos laços de fita rosa para encantar uma índia pouco atraente de quem se enamorara ao desembarcar. Como um "novo noivo", estava ansioso em causar uma boa impressão. Sabendo que em pouco tempo seus gastos seriam drasticamente cortados, eu tirei vantagem disso e agi enquanto ainda havia tempo. Sua soberba era insuportável, já que antes havia sido um cônsul, e estava sempre pronto a destacar que a posição atual era uma humilhação fruto do ressentimento que sua capacidade despertara em altas-rodas.

Quando sopravam os *surusus*, Riberalta podia ser terrivelmente gelada e, numa manhã, até mesmo havia uma fina camada de gelo nas poças das chamadas "vias". Nessas ocasiões, chovia sem pausa por três ou quatro dias e ninguém tinha roupas o suficiente para afastar o frio. A súbita queda na temperatura matava amplamente os peões indígenas, vestidos com algodão, e também nessa estação houve muitos velórios com bebidas e danças. O nível de mortalidade nas hordas dos enfermos era chocante e, um a um, os comedores de terra desapareceram!

Os trabalhadores e suas famílias eram vítimas frequentes de uma estranha doença que levava a um irresistível desejo de comer terra. Possivelmente, a causa subjacente era um parasita intestinal — a terra podia servir para aliviar a irritação interna. De qualquer forma, o resultado

---

* Ex-Zaire e atual República Democrática do Congo. [*N. do T.*]

era um inchaço do corpo e a subsequente morte. Os índios conheciam somente um remédio — excremento de cães —, mas nunca soube de algum caso de recuperação. Houve relatos de europeus acometidos, mas geralmente com prevalência maior entre crianças, cujos membros emaciados e estômagos horrivelmente inchados pressagiavam seu destino. Um austríaco atacado por essa estranha enfermidade passou pelo Beni, vindo de Reyes. Como um esqueleto vivo, exceto pelo estômago extremamente dilatado, ele era uma visão nauseante e em pouco tempo morreu.

Fora dos poucos escritórios, ninguém em Riberalta tinha qualquer ideia da hora do dia, pois os relógios não eram de uso geral. Um comitê de cidadãos me abordou com um pedido para que eu construísse um relógio de sol público. Em parte para variar de ocupação, em parte como retribuição à hospitalidade, eu concordei com a tarefa desde que os materiais necessários fossem fornecidos. Quando finalmente ficou pronto, instalado no meio da praça, foi descerrado com pompa e circunstância, uma ocasião maravilhosa para discursos e bebedeira desenfreada. Houve sugestões para que se construísse um abrigo sobre ele para protegê-lo das intempéries!

Na mesma noite, vi um bando de gente reunida ao redor do relógio de sol e fui ver o que faziam.

— É uma fraude! — uma voz murmurou. A luz de um fósforo tremelicou. — Vejam, não diz as horas! Alguém me empreste outro fósforo, vamos tentar de novo. Melhor ainda, tragam uma vela.

— Exploração estrangeira! — resmungou outro. — É disso que se trata, imperialismo britânico!

— Não — disse uma terceira voz —, está tudo bem. Esta tarde eu vi as horas nele.

As pessoas tomaram lado, a favor e contra, e a discussão esquentou. Ficou tão ruidosa, de fato, que um policial veio ver qual era o problema.

— Tolos! — ele disparou. — Vocês não sabem que precisam esperar a lua sair antes de poder ver as horas?

Três dias depois, o relógio de sol foi encontrado completamente destruído. Os "prós" acusaram os "contras" pelo ato de sabotagem; mas as minhas próprias suspeitas recaíram sobre um francês dissoluto, funcioná-

156   A EXPEDIÇÃO FAWCETT

rio de uma firma local que anteriormente havia recebido uma oferta de 50 libras para construir um relógio de sol e que não conseguira.

No mesmo dia, fiz minha primeira tentativa de sair de Riberalta, embarcando para Rurrenabaque num pequeno barco conhecido como *Montería*. Apesar dos meus protestos, o dono insistiu em sobrecarregá-lo e, apenas 800 metros rio acima, a embarcação bateu num banco de areia, virou e por pouco não afogou todos os passageiros. O dono recuperou o barco, mas recusou-se a prosseguir e fomos forçados a retornar a Riberalta, onde retomei o antigo alojamento por mais três semanas, sem esperanças de algum dia conseguir sair do lugar detestável. Riberalta parecia estar brincando de gato e rato comigo, deixando-me acreditar que tinha liberdade, apenas para me arrastar de volta repetidamente. Com frequência surgia uma oportunidade para escapar, mas que se desvanecia e me deixava mais deprimido do que nunca. Era uma prisão sem grades, mas uma prisão. Eu podia imaginar a voz do lugar murmurando: "Você veio, vai ficar para sempre! Você pode escapar, por pouco tempo, mas meu feitiço o domina e você deve retornar, sempre, para viver a sua vidinha aqui, para morrer aqui!"

Algumas pessoas acusaram abertamente o francês de destruir o relógio de sol e quase se criou um problema internacional. Lados foram tomados; violentas manifestações antifrancesas e antibritânicas se realizaram; a imprensa local — uma folha semanal de lixo semipolítico — entrou na pendenga e publicou editoriais em linguagem pomposa. O vice-cônsul francês ofereceu um banquete, explicitamente excluindo todos os ingleses e seus partidários. Isso nada me incomodou, mas os outros moradores ingleses não gostaram e retaliaram na noite seguinte com um banquete rival de natureza altamente patriótica.

O festim acabou, lembro-me, bem depois da meia-noite, descambando para a música e o sentimentalismo quando as lamparinas, envoltas por insetos alvoroçados, começaram a dar sinais de exaustão. Enquanto elas tremeluziam e definhavam, de repente veio o grito "Cobra!". Imediatamente, instalou-se um pandemônio e, pouco antes de as luzes se apagarem totalmente, o vulto do réptil foi visto num canto. Alguns subiram nas cadeiras, outros nas mesas. Uns poucos espíritos arrojados agarraram

INTERLÚDIO DESAGRADÁVEL **157**

paus e ferozmente atacaram a serpente. Ela saltou e se retorceu sob os golpes e, então, tudo caiu na escuridão.

Gritos de aconselhamento vinham de fora, onde metade da cidade se reunira. De dentro saíam clamores repetidos por luzes — mais luzes — rapidamente! A cobra podia estar em qualquer lugar. Um ou dois comensais já declaravam terem sido picados. Finalmente, chegaram as luzes, a escuridão se dissipou e a cobra revelou-se na verdade — você adivinhou — uma corda!

Ao amanhecer do dia seguinte, os rostos dos pérfidos franceses e seus aliados estavam radiantes, mas Albion não ficaria para trás e, um dia depois, quando os franceses e vários dos seus partidários se reuniram a bordo da lancha *Campa*, com destino a Esperanza, uma cobra vermelha e preta subitamente apareceu no convés principal. Uma cobra de verdade — não uma corda!

Não tenho ideia de que tipo de cobra era. Possivelmente, uma cobra-coral; mas, de todo modo, houve uma imediata correria sobre as duas pranchas instáveis que serviam para o embarque e, de algum modo, na confusão o francês foi empurrado para o rio. Quando ele emergiu, houve um brado de alerta — "Cuidado, piranha!" — que o fez gritar de terror e nadar a toda velocidade para a margem, com os braços girando como a roda de pás de um vapor. Um grupo de transeuntes o puxou para fora do rio, mas, de maneira bastante estranha, ele caiu repetidas vezes na água, gritando que as piranhas estavam comendo a carne das suas pernas! Quase afogado e coberto da cabeça aos pés de lama, o francês foi finalmente tirado e carregado aos prantos para a sua cabana.

Os astros deviam estar favoráveis a atritos internacionais na época, porque uma ou duas noites depois desenrolou-se uma batalha feroz. Bumpus, um inglês, estava recebendo um peruano em sua casa para celebrar o 28 de julho — a *fiesta* nacional do Peru — com cerveja, a mais cara de todas as bebidas locais. Havia diversos convidados, entre eles um jovem oficial boliviano chamado Zamudio.

No auge da festa, apareceu exigindo entrar um secretário da missão diplomática, uma criatura inútil e afetada, que foi prontamente rechaçada. Surpreendentemente, ele se recusou a ir embora e ficou tão beligerante

158 A EXPEDIÇÃO FAWCETT

que uma briga teve início, na qual foi derrubado. Seus gritos atraíram um major, um capitão e cerca de trinta soldados que estavam por perto, no bar de Willis, e eles atacaram Bumpus — e o peruano, que ficou ao lado do anfitrião. O major ordenou aos soldados que prendessem Bumpus, que imediatamente respondeu com um soco no nariz do oficial. A polícia chegou, viu a luta acontecendo e ficou ali para assistir. Garrafas, cadeiras, detritos de todos os tipos voaram pelos ares. Xingamentos e gritos trouxeram mais espectadores e as apostas tiveram início. Nem Bumpus nem os demais tinham qualquer noção de boxe e, assim, a maior parte da luta consistiu em tapas, braços sendo agitados e especialmente chutes — como sempre, o ar ficou cheio de pés. A desordem somente foi interrompida quando um corpulento coronel apareceu na cena e prendeu o major e o capitão. Fiquei sabendo depois que um sargento e sete homens receberam duzentas chicotadas cada um na manhã seguinte — um enorme equívoco da justiça, já que estavam apenas obedecendo ordens.

Talvez o acentuado aumento no consumo de álcool fosse uma preparação para as comemorações de 4 de agosto, dia da *fiesta* nacional da Bolívia. Cinco dias de embriaguez ininterrupta terminavam com esportes militares na *plaza*, à qual todos os cidadãos iam para assistir, equipados com garrafas, copos e até mesmo latas de querosene cheias de álcool.

Exceto por um jogo, conhecido como *rompecabezas*, os esportes não eram muito interessantes, mas este, difícil até mesmo para pessoas sóbrias, era incrivelmente engraçado quando os competidores estavam cheios de cachaça. O *rompecabezas* consistia numa caixa de seção triangular, com comprimento de dois metros e livre para girar axialmente numa barra de ferro montada em dois postes distantes entre si aproximadamente dois metros. No alto de um poste havia um pequeno assento e no topo do outro, uma bandeirinha. A ideia era passar por cima da caixa e pegar a bandeira. A menos que se tivesse um perfeito equilíbrio, a caixa virava e o competidor se esborrachava no chão.

A essa altura, desesperado com os atrasos para sair de Riberalta, comecei a pressionar o delegado por meio de menções a "representações oficiais" e coisas assim. Isso o assustou tanto que um *batelón* surgiu e foi colocado à minha disposição, à de um funcionário da alfândega e à

INTERLÚDIO DESAGRADÁVEL **159**

do coronel corpulento, todos nós querendo ir a La Paz. Dan deveria vir comigo, mas estava na cadeia a pedido de Willis — logo quem — por conta de dívidas contraídas na compra de bebidas. O inglês apareceu para se despedir de mim e a guarnição foi dar adeus ao coronel, de modo que deixamos a costa em meio a uma nuvem de fumaça azul produzida por tiros de espingarda e os gritos de saudação prosseguiram até saírem do alcance do ouvido.

O coronel não era a companhia ideal para viajar. Era um índio mestiço, cujo lado espanhol confinava-se praticamente ao nome, e sua bagagem limitava-se a um vetusto penico[10] e uma decrépita mala de imitação de couro. Esta última ficou na praia e o esquecimento só foi descoberto quando estávamos numa barraca 40 quilômetros rio acima, onde tivemos que aguardar até uma canoa ir buscá-la. O coronel, então, alojou-se na "cabine" na popa e lá permaneceu pelo resto da viagem — 45 dias.

O homem da alfândega era um bom camarada, mas nem ele nem o coronel haviam trazido qualquer comida e, consequentemente, dependeram das minhas provisões, que vinham a ser aveia Quaker, uns poucos sacos de pão duro e algumas latas de sardinhas. A aveia não os interessou, mas o resto durou apenas por volta de dez dias, após os quais eles passaram a circular em torno das panelas da tripulação, sem muito sucesso. Durante a viagem inteira, não vi o coronel se lavar uma única vez e o penico era usado, entre outras finalidades, para conter comida. Ele era rabugento, desagradável e adoentado; e, como logo brotaram furúnculos por todo o corpo, a sua presença causava um grande desconforto embaixo da cobertura que éramos obrigados a dividir. Ele resmungava por ter sido forçado a embarcar apressadamente, reclamava da falta de variedade das minhas provisões e, assim como o homem da alfândega, expectorava constantemente, tanto no barco como para fora. No barco havia uma *mestiza* que se entretinha caçando mosquitos-pólvora e mariguis e comendo-os — prática comum entre os índios, civilizados ou selvagens. Uma viagem para não ser repetida.

[10.] Propriedade onipresente! Isso e o despertador acompanhavam seus donos *mestizos* em toda parte. [*N. do Org.*]

160 A EXPEDIÇÃO FAWCETT

No segundo dia, encontramos um *batelón* destinado a Riberalta. Seu proprietário, um alemão chamado Hesse, imediatamente reconheceu na nossa tripulação seus próprios peões, que tinham sido alistados pela missão diplomática. Ele gritou, acusando-nos de roubá-lo, mas não havia nada que pudesse fazer e o nosso piloto simplesmente riu dele.

Na barraca de Concepción, consegui um pouco mais de comida com a mulher do administrador, inclusive — uma raridade nessas partes — conservas inglesas. Eram uma raridade porque os fabricantes ingleses recusavam-se a utilizar rótulos impressos em espanhol e, consequentemente, seus produtos não eram comprados porque ninguém sabia o que eram.

No terceiro dia após a passagem por Concepción, um *surusu* nos pegou e retardou o avanço. O ar ficou terrivelmente frio; o vento levantava tantas nuvens de gotinhas que o rio parecia o oceano numa tempestade. A vida na floresta se recolheu e uma sensação de sombria desolação nos oprimiu. Quando chegamos a Santo Domingo, o sol saíra novamente e a nossa depressão sumiu quando o *señor* Arautz, o gerente, encheu o *batelón* com bananas, laranjas e outros alimentos frescos.

— Tenho pena de você, com o coronel a bordo — ele disse, dentro do campo de audição do objeto da sua declaração. — Conheço esse fulano e não te invejo!

O *batelón* logo deixou-nos apreensivos, porque suas madeiras estavam podres. Os temores da tripulação aumentaram quando, no 16º dia, um obstáculo abriu um buraco no fundo do barco, derrubando a mulher, que quase engasgou com a boca cheia de mosquitos. Deveríamos ter afundado, mas, de algum modo, o tronco foi cortado a machadadas e um pedaço de caixa martelado sobre o buraco; dois tripulantes ficaram incumbidos de se livrar da água que entrava pelas frestas. Meia hora depois, outro tronco, maior, arrancou o remendo, provando que, se raios não atingem duas vezes o mesmo lugar, madeira sim! Mais uma vez o buraco foi desobstruído a machadadas e todas as peças disponíveis de roupa da tripulação serviram para fechar a abertura. Um dos homens recebeu a missão de ficar sentado em cima do remendo até que, com sorte, conseguimos chegar à pequena barraca de Los Angeles. Como ninguém

INTERLÚDIO DESAGRADÁVEL **161**

parecia capaz de consertar os danos, eu consegui algumas tábuas, fiz com que o *batelón* fosse tirado da água e secado, prendi as pranchas por dentro e por fora com longos pregos de ferro e obstruí as frestas com estopa. O serviço aguentou o resto da viagem, mas houve muitos momentos de alarme com os rangidos no fundo do barco, que atemorizaram o coronel. Ele ficou agradecido por eu ter efetuado os reparos — tão agradecido que no dia seguinte furtou uma coxa de peru da panela da tripulação e, após morder a melhor parte da carne, me ofereceu o resto com uma reverência.

Quando chegamos a Cavinas, na foz do Madidi, eu estava desesperadamente ansioso para me livrar dos dois companheiros de cabine, cujos hábitos nojentos e sujeira pessoal me nauseavam. A ineficiente tripulação e o negligente capitão tornaram a viagem tão intolerável que tentei conseguir mulas dos padres da missão para chegar por terra a Rurrenabaque. Infelizmente, todos os animais estavam sendo usados. Não havia nada a fazer, senão continuar a aguentar o *batelón* — e agora estava pior do que nunca, porque o tapete de couro do chão da cabine ficara encharcado e o calor do sol fez com que exalasse um fedor tão poderoso que eclipsava até mesmo o do coronel.

A estação seca estava no auge e o nível do rio desceu tanto que a grande quantidade de obstáculos tornou o avanço extremamente difícil. O coronel havia ganhado um macaquinho em uma das barracas que passamos. O animal compartilhava o seu utensílio e contribuía para a imundície da cabine, mas o coronel não queria saber de colocá-lo do lado de fora. Então, descobri que minha chaleira estava sendo usada pelo coronel e pelo homem da alfândega não para esquentar água, mas como copo. Isso me irritou; não que eu fosse recusar se eles tivessem pedido minha permissão — apesar dos furúnculos do coronel —, mas eles não tiveram a cortesia de sequer fazer isso.

Com o tempo quente, voltaram as nuvens de mariguis. Uma vantagem dos *surusus* era que nos livravam temporariamente da praga dos insetos; mas estes, ao retornar, compensavam o tempo perdido e praticamente nos enlouqueciam — menos a passageira, que os considerou uma bem-vinda suplementação à dieta. Tudo ia mal. Durante uma violenta tempestade, o macaco caiu na água, para grande desespero e gritos do dono. Antes

162 A EXPEDIÇÃO FAWCETT

que a criaturinha pudesse ser resgatada, tivemos que persegui-la por um quilômetro e meio, batendo em obstáculo após obstáculo de maneira irresponsável. Quando a tempestade estava passando, veio um estampido como o tiro de um canhão de campanha e um raio caiu no rio a menos de cem metros, com uma maravilhosa emissão de fogo vermelho, amarelo e azul. A tripulação ficou morta de medo e precisou de algumas doses de álcool antes de continuar a subida do rio.

Nenhuma tripulação trabalha sem bebida. Ela os move da mesma maneira que a gasolina move um veículo e quando o estoque acaba, os homens param de trabalhar e se recusam a continuar se mexendo. Nosso "combustível" era mantido numa lata de 15 litros na cabine — e o cheiro na minha chaleira sugeria que o coronel estava se servindo. Vi que tínhamos apenas o suficiente para terminar a viagem se a quilometragem diária fosse elevada da lerdeza habitual para a velocidade normal. Disse isso ao capitão e sugeri que era melhor ele extrair mais trabalho dos seus homens. Ele prontamente culpou o piloto pelo atraso.

— É uma mentira! — rebateu o piloto. — Se você não estivesse sempre bêbado, poderia fazer o seu trabalho melhor!

Uma briga deveria ser o desfecho disso, mas eles não chegaram às vias de fato. Em vez disso, travaram uma selvagem batalha de xingamentos, na qual o insulto maior foi o epíteto "*indio*" e que terminou com um incitando o outro:

— Vamos, vem bater em mim!

— Não, não, vem você!

Parecia que a tripulação ia se juntar à disputa; o *batelón* ficou à deriva corrente abaixo, sem controle, e a discussão teve que ser encerrada por motivos superiores. Pouco depois, um *batelón* de Riberalta nos ultrapassou como se estivéssemos parados e comentários irônicos do piloto quase precipitaram uma reedição da briga.

O incidente seguinte foi a incapacitação de um tripulante. Ao descer em terra para pegar ovos de tartarugas, ele pisou numa arraia, que fez um grande talho no seu pé. Talvez complicações tenham sido impedidas com a explosão de pólvora sobre o ferimento — uma cura drástica —, mas pelo resto da viagem a vítima ficou gemendo no chão do barco. Outro

INTERLÚDIO DESAGRADÁVEL **163**

homem teve dois dedos arrancados por uma piranha enquanto lavava as mãos no rio após despelar um macaco.

Ovos de tartaruga eram abundantes — tão abundantes que o fundo do *batelón* ficou cheio deles para serem vendidos em Rurrenabaque; mas, muito antes de chegarmos lá, pés descuidados quebraram todos e acrescentaram mais um cheiro ao fedor geral. Para acrescentar ainda um outro, o coronel trouxe a bordo um pouco de *chalona*, ou carne de carneiro seca. Embora estivesse num avançado estado de putrefação e cheia de larvas, seu dono dava-lhe grande valor. Para mim, finalmente tornou a cabine insuportável e levei minha rede para fora, com ou sem mosquitos.

Febre e gripe se espalharam pelo barco, tirando de combate nove tripulantes. Sem mão de obra, lutamos para chegar a Santa Teresa, a quatro dias de distância de Rurrenabaque, onde nos detivemos à espera da recuperação dos homens. Que prazer enorme desembarcar — escapar do fedor daquele barco — e respirar novamente ar fresco na barraca do meu anfitrião!

Ele me deu mais detalhes da expedição suíço-alemã contra os guaraios no Madidi, corroborando a história das atrocidades que eu já tinha ouvido. Uma moça fugiu até a beira do rio e foi ferida ali por uma bala. Ela se ajoelhou para banhar o rosto e a cabeça, e nessa posição foi cruelmente assassinada. Com a bravura dada pelo desespero, um dos guaraios atacou sozinho a expedição com arco e flecha, mas foi logo abatido a tiros. Posteriormente, vim a conhecer esses índios; e a maneira abominável como eles foram tratados por brutos covardes me encheu de indignação, assim como todos os bolivianos e estrangeiros decentes no país. Os perpetradores da atrocidade jamais foram punidos. Lamento dizer.

Nada seria capaz de me induzir a repetir essa viagem de 45 dias. Na época, pareceu eterna. O vodu de Riberalta não ia ser quebrado nem mesmo pela distância. Eu praticamente podia ouvir as palavras de despedida do delegado, vagamente perturbadoras: "Lamento que você esteja nos deixando, major. Seu trabalho foi de enorme valia para Riberalta. Pena que você não seja um prisioneiro permanente!"

Mas finalmente chegou o dia em que tudo acabou — nada além de uma memória amarga. Em 24 de setembro, chegamos a Rurrenabaque,

164 A EXPEDIÇÃO FAWCETT

onde meus amigos gringos me deram uma calorosa recepção e o hotel parecia oferecer os confortos de uma cidade.

— Então, você esteve entre os selvagens — rugiu Don Pacifico, o gerente. — Também os conheço. Matei nada menos do que 130 na minha época. Sozinho!

Ele era um homem enorme e gordo, cujas pernas pequenas mal podiam suportar o seu vasto peso, e a ideia de que matara alguém era ridícula.

Harvey, o pistoleiro, era um verdadeiro matador, mas não falava. Somente após muitos drinques ele soltava alguma informação, e quando isso acontecia valia a pena ouvir. Esse homem quieto, de barba ruiva, não era um fanfarrão e tampouco o tipo de pessoa que exibiria a extraordinária habilidade com o revólver sem uma boa causa. Como um genuíno bandido do Velho Oeste, sua vida dependera da velocidade em sacar a arma e da mira precisa. Como todos aqueles que cresceram antes da época dos revólveres de dupla ação, ele mantinha o gatilho apertado e acionava o martelo do seu Smith & Wesson velozmente com a palma da outra mão, em vez de puxar o martelo e apertar o gatilho para cada tiro. Com a cabeça a prêmio, ele escapou dos Texas Rangers e fugiu cruzando a fronteira sul, abrindo caminho pelo México a bala, numa nuvem de fumaça de pólvora, e descendo pelo istmo até a América do Sul. Ele conhecia todos os campos de mineração na costa oeste e seus feitos encheriam um livro.

Em uma ocasião, após assaltar uma grande companhia mineradora numa república vizinha, Harvey foi perseguido por um regimento de soldados. Levando-os no seu encalço até um local favorável, ele subitamente virou-se para trás, de arma em punho, surpreendendo-os e fazendo com que erguessem os braços em rendição. Ele pegou as armas dos soldados, jogou-as no rio e, então, debandou-os com alguns pontapés vigorosos. Outra vez, foi encurralado por vinte soldados. Ele matou um, acertou outro que pôs a cabeça para fora de um arbusto e o resto jogou as armas e fugiu.

Havia uma recompensa de mil libras pela sua captura, morto ou vivo, no último país em que estivera; mas a Bolívia não tinha lei de extradição e aqui ele estava em segurança. A caminho da fronteira, ele encontrou

INTERLÚDIO DESAGRADÁVEL **165**

uma barricada no meio da trilha com seis soldados atrás, com as espingardas engatilhadas. Um oficial ordenou que se rendesse, mas sua resposta foi uma rajada de tiros. Enquanto o oficial caía, Harvey disparou contra a barricada. Outro soldado foi ao chão e o resto prontamente ergueu as mãos.

— Eu certamente fiquei envergonhado — ele confessou —, quando os revistei e descobri que não tinham uma única bala para as espingardas. As bolsas de munição estavam cheias de papel!

Alguns *callapos* chegaram de Mapiri e foram divididos em jangadas para a volta; sem perda de tempo, adquiri uma. A alegre multidão em Rurrenabaque deu-me a costumeira despedida ruidosa e a minha tripulação de três moveu a balsa com varas a uma razoável velocidade. Não apenas eu tinha prometido a cada um deles uma libra por uma rápida viagem, como também teriam à disposição sardinhas, açúcar e álcool ilimitado. Eles fizeram por merecer, navegando em uma excelente velocidade e transportando a embarcação através das correntes rápidas com água pela cintura — um trabalho que dividi com eles. Chegamos a Huanay no tempo recorde de quatro dias e meio.

O meu anfitrião, o *señor* Salamón, tinha um profundo senso da importância da sua posição como *corregidor* de Huanay e inclinava-se a oferecer bebidas por qualquer pretexto. Era um gesto de amizade, e como ele poderia saber do meu desprazer pelo álcool? Era falante e hospitaleiro; ele e a sua encantadora esposa não poderiam ter feito mais por mim.

Um epicurista, o *señor* Salamón ignorava o alto custo dos patos para colocar um na mesa todos os dias. Durante alguns dias antes de serem mortos, as infelizes aves eram alimentadas com comida misturada com álcool e, então, quando já estavam bêbadas, recebiam o líquido puro, o qual precipitava o que o meu anfitrião chamava de uma morte gloriosa. Ele sustentava que o procedimento melhorava o sabor da carne. Eu não concordei — mas talvez o meu apetite estivesse sendo prejudicado pela lembrança da *chalona* do coronel e dos ovos de tartaruga!

Aqui, na foz do rio Tipuani, todos pareciam ricos; o lugar tinha um ar de prosperidade que me impressionou ainda mais após o longo período passado na fronteira remota. O ouro era abundante. A cada vez que o Tipuani inundava, o que acontecia com frequência, as águas traziam ouro e o espalhavam pelos bancos de areia em Huanay, para onde todos iam com peneiras. Todavia, ninguém fez fortuna. O rio era, e ainda é, repleto de ouro, mas cheias repentinas impediam a exposição longa o bastante do substrato para permitir o acesso ao metal. Até a mina de Santo Domingo no norte, no rio Inambari, e mesmo além, todo o país está cheio de ouro, mas a prospecção é um negócio perigoso. Soube de quatro homens que garimparam um rico riacho depois de Santo Domingo. Inicialmente, mantiveram uma cuidadosa vigilância devido à presença de índios, mas com a passagem do tempo, e nenhuma ocorrência de incidentes, eles relaxaram. O ataque veio logo ao amanhecer de um dia. Três foram mortos e o quarto conseguiu escapar gravemente ferido, deixando o ouro duramente obtido para trás.

Havia uma notícia interessante vindo de Challana. O ex-capitão Velarde, o chefe, fugira para La Paz após aceitar uma oferta de 5 mil libras de uma associação pelo distrito de Challana. Quando a população soube da transação, clamou pelo sangue do traidor que a havia vendido, mas a essa altura ele já estava longe. Todos em Huanay o conheciam. Durante seis anos ele fora chefe, amealhando uma bela fortuna enquanto ficou no exercício do cargo.

A chegada de um trem de Sorata com mulas aumentou as minhas esperanças de uma breve partida. Mas elas ruíram quando o coronel chegou de Rurrenabaque, porque eu temia que ele requisitaria oficialmente os animais. Eu exagerei um pouco para o *arriero*. Falei que as suas mulas seriam confiscadas e que ficaria sem indenização. Seria muito melhor alugá-las para mim. Eu poderia pagar metade em adiantamento.

— Então, não vamos conversar mais, *señor*, mas vamos partir antes que alguém descubra a nossa intenção de ir embora. Tudo estará pronto amanhã ao alvorecer.

Eram animais pequenos e eu pesava quase 90 quilos, mas é impressionante o que essas mulas conseguem fazer. Eu claramente amolecera após ficar confinado por tanto tempo no *batelón* e foram precisos vários dias para retomar a forma. Após dois dias em trilhas abomináveis escalando montanhas, subindo até grandes alturas e depois escorregando por descidas íngremes, chegamos a San José, na trilha de Mapiri. Ali, fiquei com o *señor* Peñaloza, filho de um inglês que havia trocado de nome. Ele próprio tinha a aparência de um espanhol e não falava inglês, mas o filho era loiro e de olhos azuis.

Histórias de atrocidades persistiam até mesmo em um lugar distante como San José. Uma dava conta de um alemão que explorara uma área de seringueiras alguns anos antes, perto de Mapiri. Era um assassino em massa. Fuzilava qualquer extrator que considerasse inútil, dando à vítima o privilégio de beber o que quisesse antes de ser executado. Com promessas opulentas como isca, ele atraiu trezentos peões de Arequipa, distrito do Peru. De manhã, alimentava-os com uma sopa aguada e uma xícara de café e os mandava para a floresta extrair borracha. Eles nada sabiam do ofício e praticamente todos adoeceram. Mesmo assim, o alemão não os liberou; os mais adoentados foram fuzilados — quarenta ou cinquenta deles. Os outros conseguiram escapar, alguns para a floresta, alguns para Apolo, de onde por fim retornaram ao Peru. Esse alemão foi acusado pelas atrocidades, no entanto, não recebeu nenhuma punição. Ele cercou-se de uma equipe de segurança formada por *mozos* especialmente selecionados e acumulou uma fortuna com os esforços dos trabalhadores quase famélicos. Fico contente em dizer que ele acabou morto a tiros por um índio vingativo que, aguardando a hora certa, o pegou num momento em que a vigilância dos seguranças estava relaxada.

No auge dos ciclos da borracha e do ouro em Mapiri, um banqueiro amador estabeleceu-se ali. De algum modo, despertou a confiança geral, sendo bastante respeitado como uma influência civilizadora — um farol de respeitabilidade brilhando na escuridão da ilegalidade. Então, desapareceu com 20 mil bolivianos (1.600 libras) e jamais foi visto novamente.

Como esses lugares pareciam civilizados na jornada de regresso da floresta! Pão de verdade era o alimento dos deuses; refeições adequadamente cozidas, servidas em pratos e comidas com garfo e faca, eram a gloriosa materialização de um sonho. A viagem entre *Montaña* e altiplano, que quinze meses antes parecera tão dura, agora era um agradável passeio. Sim, eu sofri muito com o frio das elevadas altitudes, mas não mais do que com os *surusus* das florestas. Sorata, com suas casas de verdade, era

168 A EXPEDIÇÃO FAWCETT

como uma grande cidade e La Paz quase assustava com seu conforto e luxo. Em 17 de outubro, um rufião barbudo, com a pele quase negra devido ao sol quente dos trópicos e à claridade das neves, percorreu as ruas íngremes da capital no lombo de uma mula cheia de energia que se intimidava e cabriolava à visão de carruagens e bondes. Pessoas paravam para apontar e olhar, embora estivessem acostumadas à visão de homens das selvas. Uma barba feita, um bom jantar, um sono profundo entre lençóis de verdade e roupas civilizadas na manhã seguinte transformaram-me de um selvagem em um homem branco novamente.

Entreguei ao presidente, general Montes, os mapas e relatórios, e fui convidado a realizar a delimitação da fronteira com o Brasil no rio Paraguai. A oportunidade de novas explorações era atraente — pois me levaria a território desconhecido —, mas a continuação dos meus serviços dependeria da permissão de Londres. Se as autoridades britânicas concordassem, teria muito prazer.

— Tenho um saldo de £ 800 pertencentes ao governo, *mi general* — eu disse. — Devo entregar ao Tesouro?

— Por favor, não faça isso — ele respondeu. — Seria inconveniente devolver o dinheiro agora. Faça-me o favor de aceitar metade e creditar a outra metade à comissão no Paraguai.

Eu esquecera os problemas com dinheiro no início da expedição ao Beni e o governo expressou satisfação com a rápida conclusão do trabalho. Ministros e outras autoridades em La Paz me trataram com a maior cortesia. Se eu precisava de dinheiro, o presidente me dava uma nota ao Tesouro, o Tesouro me entregava um cheque e o banco descontava no caixa, tudo em uma hora. Fiz o melhor para retribuir o tratamento generoso, procurando evitar todos os problemas possíveis na fronteira tão logo dei início à nova missão. Quando penso nos meses de barganha com uma tesouraria inglesa em torno de uns poucos xelins ou de algum reembolso de pequeno valor de despesas de viagem, lembro-me da Bolívia. Meus conterrâneos gostam de se referir à América Latina como "a terra do *mañana*"; mas com a burocracia vagarosa dos departamentos do governo britânico a frase favorita é "semana que vem"!

À minha frente estava a gloriosa expectativa do regresso ao lar. Pelo momento, estava saciado da natureza selvagem e a iminente viagem à costa ocupava a minha mente; assim como a relaxada travessia marítima e a visão da Inglaterra, com suas arvorezinhas engraçadas, campos ordenados e vilas de conto de fadas; a minha mulher, Jack, o filho de quatro anos, e o recém-chegado, Brian. Queria esquecer as atrocidades, colocar a escravidão, os assassinatos e as horríveis doenças para trás, e olhar novamente para respeitáveis senhoras idosas, cujas ideias de imoralidade se limitavam às indiscrições das empregadas de fulana e sicrana. Queria ouvir a conversa cotidiana do pároco da vila, discutir as incertezas do tempo com os camponeses, pegar o jornal diário na bandeja do desjejum. Queria, em resumo, ser apenas "comum". Mexer no jardim, colocar os meninos na cama e contar uma história, sentar em frente à lareira, com a esposa ao lado, ocupada com a costura — essas eram as coisas que mais desejava. Seria agradável retornar e realizar outro levantamento topográfico, mas se o meu governo se recusasse a estender meus serviços — bem, talvez não fosse ser tão ruim, afinal de contas.

Passei o Natal em casa. O comportado inverno inglês transcorreu rápido e sem oscilações, diferentemente do sul-americano. Contudo, bem no fundo de mim, uma pequena voz estava chamando. Inicialmente pouco audível, ela persistiu até eu não mais poder ignorá-la. Era a voz dos lugares selvagens e soube que agora faria parte de mim para sempre.

Estávamos no jardim em Dawlish Warren, numa amena tarde de janeiro, quase como se fosse primavera, exceto pelas árvores e sebes nuas. À frente das dunas de areia, o mar inquieto murmurava sonolentamente — o único ruído, exceto pela ocasional passagem de um trem. Então, surgiu um outro som. Alguém estava tocando um gramofone numa casa da vizinhança e abrira a janela para deixar entrar o ar temperado. O disco que tocava era *Estudiantina*.

Fui arremessado de volta às florestas do Acre. Diante de mim estava o rio de águas lentas como ouro derretido no brilho do crepúsculo. As ameaçadoras muralhas verde-escuras da floresta fechavam-se para me aprisionar e eu sabia que mil quilômetros de cruel natureza selvagem me separavam

170 A EXPEDIÇÃO FAWCETT

da civilização. Eu estava onde a única lei reconhecida era a da chibata e do revólver e a única fuga, o estupor da embriaguez. Uma dor nostálgica me atravessou. Inexplicavelmente — surpreendentemente —, vi que amava aquele inferno. Suas perversas garras haviam me capturado e eu queria encontrá-lo de novo.

Em 6 de março de 1908, embarquei no *Avon*, em Southampton, com destino a Buenos Aires, tendo a companhia a bordo do sr. Fisher, meu novo assistente. Minha mulher e Jack vieram se despedir e, quando tocou a sirene de partida, parte do meu coração desceu com eles pela escada para o píer. A agonia de outra separação era amarga — mas algo me puxava — puxava persistentemente, irresistivelmente, para longe, para oeste.

CAPÍTULO X
INFERNO ENVENENADO

Pelo menos uma vez na vida de cada homem, a morte o encara diretamente nos olhos — e segue adiante. Em viagens pela floresta, nunca está longe. Ela se mostra em muitos aspectos, a maioria deles horríveis, mas alguns aparentemente tão inócuos que mal ganham a atenção, embora nem um pouco menos letais por causa disso. Repetidas vezes a concatenação de eventos conduz à beira do desastre, e para ali. O voo de uma flecha — um par de centímetros — um momento no tempo — nesses detalhes insignificantes o destino pende. Posso me lembrar de uma série de escapadas por pouco durante travessias do Beni, Acre e Abuná. Cada uma delas poderia ter sido a morte, horrível porque súbita e violenta — à nossa maneira de pensar, impiedosa. Contudo, a morte repentina, apesar do seu momento de terror e agonia, ocorre rapidamente e, se examinássemos essas questões de uma maneira razoável, seria considerada misericordiosa. Certamente é, quando comparada à morte prolongada por inanição. É por isso que acredito que a morte nunca esteve tão perto

172 A EXPEDIÇÃO FAWCETT

como em 1908, quando fomos pegos no inferno envenenado do rio Verde, no leste da Bolívia.

Na primeira vez em que vi a imensa capital argentina, Buenos Aires — a Paris da América do Sul —, ela não me impressionou muito, apesar das esplêndidas lojas e avenidas. Havia uma aura de dissolução. Havia um fedor de riqueza, e a arquitetura era extravagante — desprovida de bom gosto. As ruas barulhentas eram limpas, mas estreitas, mal construídas e, exceto as principais artérias, congestionadas pelo tráfego de cavalos. A frente do estuário de La Plata não ajudava muito, assim como o terreno plano e desinteressante das cercanias. As mulheres, seguindo de perto a moda francesa, vestiam-se bem; e em nenhuma outra cidade sul-americana eu vira um padrão tão alto de beleza feminina. O tão falado Jockey Club não me emocionou. Achei uma pena que tanto dinheiro tivesse sido desperdiçado em ornamentação com um resultado tão vulgar. A qualidade da comida era mediana, apesar dos preços inflados de tudo.

Minhas impressões iniciais poderiam ter sido mais favoráveis se a bagagem tivesse sofrido menos ao ser descarregada do navio. Tudo foi jogado dentro de um longo tubo e caiu com violência no cais de pedra. Caixas com instrumentos delicados aterrissaram com um perturbador impacto, apesar dos meus apelos por mais cuidado. A bagagem de todos os passageiros sofreu o mesmo tratamento. Elegantes caixas de chapéus se achataram embaixo de caixas de aço; baús enormes abriram-se e vomitaram roupas femininas, que foram imediatamente pegas e exibidas às gargalhadas por estivadores e carregadores. Vi uma senhora em lágrimas com a destruição do seu guarda-roupa.

Após a montanha de caixas e pertences soltos ser separada e removida para o *resguardo*, bastou apenas o levantar de um chapéu e uma polida palavra aos funcionários da alfândega para que tudo fosse liberado com um aceno de mão e um místico sinal escrito com giz indelével. Então, patifes italianos correram para a bagagem, levaram-na embora e, por fim, a entregaram num hotel cuja taxa mínima era cara o bastante para ameaçar os recursos de um embaixador!

Por que será que o Almirantado britânico envia as suas piores embarcações nas visitas de amizade às repúblicas latino-americanas? Elas nada despertam além de curiosidade. É difícil estabelecer uma impressão de superioridade naval quando a embarcação visitante é esmagada pelas unidades da marinha local, ou quando, um ou dois meses depois, surge um esquadrão de navios de guerra dos Estados Unidos, um formidável cruzador italiano ou um couraçado alemão. Quando chegamos a Buenos Aires, o H.M.S. *Dwarf* estava no porto, uma pequena canhoneira sem importância. As forças que controlam essas questões aparentemente não compreendem o fato de que o nosso prestígio nacional nesses países depende integralmente da maneira como os impressionamos, e a presença de semelhantes navios insignificantes faz mais mal do que bem. Os embaraçados residentes britânicos habitualmente têm diante de si a difícil tarefa de mudar de assunto![11] Houve muitas piadas sobre o *Dwarf* e não poucas referências às Ilhas Falkland — as "Malvinas", conforme as chamam aqui —, a reivindicação favorita da Argentina contra o "Imperialismo Britânico".

Nós havíamos trazido um conjunto completo de instrumentos para o trabalho, muitas provisões, acessórios de diversos tipos e champanhe para fins de entretenimento. Além disso, eu tinha mil libras em ouro, como primeira parte do pagamento, de acordo com os termos da comissão governamental. Após duas semanas de agradável ócio em Buenos Aires, embarcamos num vapor fluvial para Assunção, capital do Paraguai.

A Linha Mihanovitch administrava vapores bons e raramente superlotados. As embarcações iam e vinham de Assunção noite e dia, com tempo bom ou ruim, e não permitiam que nada atrapalhasse o cronograma — nem mesmo uma revolução. Quando os navios estavam em movimento, os pilotos nunca dormiam. Eles conheciam instintivamente os canais, porque não havia indicações visíveis, podiam dizer a exata natureza do leito do rio no trecho em que se encontravam, sem jamais se confundirem com os bancos de areia em constante movimentação, e raramente deixa-

---

[11.] O épico do *Ajax* e do *Exeter* na ação no rio da Prata dissipou as infelizes impressões, anteriores à Segunda Guerra Mundial, de uma aparente superioridade dos navios de guerra italianos e alemães; é de se esperar que a Grã-Bretanha nunca mais caia no erro mencionado. [*N. do Org.*]

174 A EXPEDIÇÃO FAWCETT

vam que as embarcações encalhassem. Ao chegar a um porto, dormiam por 48 horas ou mais, sendo capazes pela longa prática, de alguma forma, de armazenar sono. Os salários eram de entre 30 e 40 libras por mês — não muito, considerando-se o trabalho.

Em Rosário, o rio Paraná se abre numa extensa bacia; no porto, há sessenta barcos a vapor e inúmeros veleiros. Esta cidade de 150 mil habitantes tem um comércio bastante vigoroso, uma indústria ativa e é cercada por terras ricamente cultivadas. Os palacetes dos ricos no entorno da cidade dão uma pista das fortunas a serem feitas.

Em quatro dias, chegamos a Assunção, cidade de revoluções crônicas. As paredes eram marcadas por projéteis; as balas de um antiquado canhão de campanha derrubaram o canto de um prédio na rua principal e o dono, obviamente, não cogitou repará-lo. Era uma cidade de índios e mestiços, falantes de guarani, a língua dos "guerreiros". Eles se chamavam de guerreiros com alguma razão, tendo provado isso muitas vezes na guerra contra o Brasil, que dizimou a população masculina do Paraguai. Talvez isso explique por que as mulheres de Assunção sejam mais ousadas do que as de qualquer outro lugar.

As memórias da guerra com o Brasil ainda estão bastante vivas e, sob a superfície, há um profundo ódio ardendo, como o sentimento do Peru em relação ao Chile.[12] Os soldados mulatos do Brasil e os guaranis do Paraguai eram, ambos, capazes de atrocidades nos momentos em que se relaxava a disciplina. Um jogo bastante apreciado era o de "alimentar os peixinhos". Um prisioneiro de guerra era amarrado a uma estaca com água pela cintura no rio e recebia um pequeno corte na barriga. As piranhas, abundantes no Paraguai e seus tributários, faziam o resto.

Em Assunção, estávamos mais uma vez próximos à América do Sul inexplorada, pois o Chaco, de modo algum, é perfeitamente conhecido; e tampouco todos os índios têm contato com a civilização. Uma vila de origem jesuíta foi capturada, com igreja e tudo o mais, por índios, que rigorosamente excluem os homens civilizados. A exploração seria pouco

---

12. Tudo isso desapareceu hoje e o espírito de cooperação internacional cresce continuamente na América do Sul. [*N. do Org.*]

atraente em território tão plano e seco, imagino, embora não fosse ser fácil devido às secas no inverno e às enchentes no verão.

Os índios do Chaco ainda preservam tradições dos homens brancos com armaduras, cujos peitorais suas flechas não conseguiam perfurar; e a cruz é usada como um símbolo da antiguidade — não a cristã, mas a cruz budista (segundo o embaixador japonês em Assunção). No Paraguai, existe uma tradição oral que afirma a descendência de alguma grande raça que outrora colonizou o país; mas isso não é exclusivo unicamente deles, porque se encontra entre todas as tribos de origem tupi.

Um barco a vapor com roda de pás lotado e sujo, chamado *Fortuna*, nos levou rio Paraguai acima, através de território que quase até o sopé do planalto do Mato Grosso pareceu, visto do navio, plano e desinteressante. Aqui e ali, os índios do Chaco — lenguas e chamacocos — emergiam de seus domínios para ver o mundo e trabalhar. Pareciam bastante inofensivos, mas ocasionalmente, em seus territórios, podem ser problemáticos.

No rio Paraguai há um tubarão de água doce, enorme, mas sem dentes, que dizem atacar e engolir homens se tiver uma chance. Falam aqui de um outro monstro fluvial — peixe ou castor — que pode, em uma única noite, destruir uma seção imensa da margem do rio. Os índios relatam a existência de rastros de algum animal gigantesco nos brejos que margeiam o rio, mas alegam que jamais foi visto. O tubarão existe sem qualquer dúvida; quanto aos demais monstros — bem, há coisas esquisitas ainda a serem reveladas neste continente de mistério. E, se insetos, répteis e pequenos mamíferos estranhos e não classificados podem existir aqui, por que não poderia haver alguns poucos monstros gigantes, remanescentes de uma espécie extinta, ainda vivendo na segurança das vastas e inexploradas áreas pantanosas? No Madidi, na Bolívia, enormes rastros foram encontrados e os índios de lá falam de uma imensa criatura vista algumas vezes semissubmersa nos pântanos.

O sr. Cecil Gosling, que em 1908 era o cônsul britânico em Assunção — e o primeiro embaixador em La Paz após a restauração dos laços diplomáticos com a Bolívia —, mostrou-me um inseto exótico de cor cinza-esverdeada, com uma aparência similar à do gafanhoto. Suas asas posteriores lembravam um pavão e a cabeça e o tórax eram uma reprodu-

176 A EXPEDIÇÃO FAWCETT

ção exata dos de um crocodilo! A aparência repulsiva do inseto pode ter servido para assustar potenciais agressores.

Ouvi falar de uma caverna perto de Villa Rica, no Alto Paraná, em que existem curiosos desenhos e inscrições numa língua desconhecida. Isso me pôs a refletir que fragmentos de informações e histórias de antigas tradições transmitidas por índios, seringueiros e homens brancos errantes pareciam se encaixar, formando um padrão com um sentido crescente. Será que, pensei, além dos incas houve outras civilizações antigas neste continente — que os próprios incas teriam se originado de uma raça maior, espalhada de maneira mais ampla e cujos traços, atualmente não identificados, poderiam ser encontrados aqui e ali? E Tiahuanaco, Ollantaytambo e Sacsayhuaman? Esses lugares não eram construções indígenas. Segundo os especialistas, eles existiam quando os incas conquistaram originalmente o Peru. Seria possível que no coração desconhecido da América do Sul ainda vivessem descendentes das velhas raças? Por que não?

A semente havia penetrado. A mente subconsciente a fertilizou com uma lenda aqui e uma narrativa ali, até que, sem que eu me desse conta, suas raízes se firmaram. Na época, eu me encontrava totalmente ocupado pelas exigências do trabalho na fronteira e só quando este se encontrava quase completo é que, subitamente, descobri que o embrião da curiosidade arqueológica havia crescido e se transformado numa flor.

Na fronteira Brasil-Paraguai cresce uma planta conhecida em guarani como *caa-he-eh*. Tem cerca de 45 centímetros de altura, com folhinhas aromáticas muito mais doces do que o açúcar comum, e valeria a pena uma investigação. Existe outra chamada *ibira-gjukych*, também pequena, com folhas salgadas. Dá para imaginar a conveniência delas para os colonizadores na região.

As perfeitamente delineadas colunas de mosquitos são uma curiosa característica do rio Paraguai. Um redemoinho denso de insetos com altura entre 10 e 20 metros ergue-se em cada margem. Ao pôr do sol, as colunas se desfazem e, durante uma hora, tornam miserável a vida de qualquer um nas proximidades. É nesse momento que os mosquitos estão piores do que nunca — em outras partes do interior acontece o mesmo —, mas à noite, embora você nunca esteja livre da atenção deles, os ataques são bem menos agressivos.

Ilhas de colinas emergindo abruptamente dos brejos indicam a proximidade de Corumbá, o porto fluvial brasileiro que era nosso destino. Durante seis meses do ano, toda a região é um enorme lago, exceto por alguns poucos lugares em que as margens ficam um ou dois metros acima do nível da água. A uma distância de 2.400 quilômetros do estuário do La Plata, a superfície do rio na estação úmida fica menos de 400 metros acima do nível do mar. Isso dá uma ideia de como esse território é plano!

A Comissão Brasileira da Fronteira subiu a bordo e, com muita cerimônia, encontrou-se conosco. O comandante da guarnição estava com eles e foram pedidas garrafas de champanhe no salão do navio. A cidade tinha aproximadamente 1.200 soldados e um pequeno estaleiro. Alguns oficiais navais juntaram-se ao grupo, todos camaradas extraordinariamente simpáticos — na verdade, os melhores do Brasil. A cidade em si era atraente. Havia bons hotéis, lojas e ruas pavimentadas, e a vida social aqui era uma atração do local. Nós rapidamente lamentamos a falta de roupas respeitáveis; nos sentimos completamente deslocados nas nossas roupas de trabalho, que eram tudo o que tínhamos. Culpa do nosso secretário boliviano. No seu ardor nacionalista, ele descrevera a cidade como um assentamento de fronteira atrasado. Eu viera aguardando algo como Rurrenabaque ou Riberalta, mas, em vez disso, encontrei uma cidade desenvolvida com pessoas bem-vestidas.

O terreno baixo e pantanoso em que Corumbá se localiza é um paraíso para cobras. Sucuris são comuns. As grandes — felizmente, raras — eram conhecidas por às vezes atacar o gado e até mesmo por arrancar homens de canoas à noite. O comprimento usual ficava entre 4,5 e 9 metros, mas as realmente grandes chegavam ao dobro — ou até mais. O estranho barulho que produziam podia ser ouvido à noite, período em que normalmente se alimentam. Os brasileiros insistem que até mesmo as cobras venenosas daqui imitam os cantos de pássaros e os sons de animais pequenos para enganar suas presas. As pessoas do local geralmente

178 A EXPEDIÇÃO FAWCETT

levam uma pequena sacola com dicloreto de mercúrio, na crença de que a substância mantém serpentes à distância, e todas as vilas mantêm um suprimento de soro antiofídico e seringas prontos para uso imediato.

Houve, novamente, uma conversa sobre índios brancos.

— Conheço um homem aqui que encontrou um — disse o cônsul britânico. — Eles são bastante selvagens e têm a reputação de saírem somente à noite. São conhecidos como "morcegos" por isso.

— Onde vivem? — perguntei.

— Ah, em alguma parte para cima, na região das minas de ouro perdidas de Martírios, a norte ou noroeste de Diamantino. Ninguém sabe exatamente onde estão. Mato Grosso é um território em grande parte desconhecido. As regiões montanhosas no norte jamais foram penetradas, tanto quanto se sabe, embora muitas expedições tenham ido para lá, apenas para desaparecerem. É um território ruim, com certeza. Guarde minhas palavras, jamais será explorado a pé, por maiores e mais bem-equipadas que sejam as expedições. Possivelmente, em cem anos máquinas voadoras farão isso, quem sabe?

Suas palavras me causaram uma impressão tão forte que foi impossível esquecê-las.

Não vale a pena descrever o trabalho topográfico de uma fronteira. Um é praticamente igual ao outro e o que torna tudo interessante são os acontecimentos incidentais, não a tediosa rotina do trabalho em si. O meu antecessor não era um especialista e, quando a comissão se reuniu aqui no ano anterior, ele foi incapaz de realizar o serviço, apesar de toda a conversa sobre o que havia conseguido fazer na África. Os brasileiros eram camaradas agradáveis, mas nem um pouco ansiosos em acelerar o trabalho — na verdade, olhavam para qualquer atividade com nítido desprazer. Cabia a mim completar o serviço, e pretendia fazê-lo sem nenhum atraso evitável.

A Bolívia tinha uma linha costeira e um farol no marco de fronteira no lago Cáceres. Nem os soldados nem os peões acampavam perto dessa construção por medo de um fantasma que os perturbava todas as noites, perambulando ao redor e causando grande alarme. Não conseguimos encontrar uma explicação para as assombrações, mas as evidências certamente pareciam enormes.

Puerto Suarez, a vila boliviana mais próxima, com sua população encharcada de álcool, era um miserável conjunto de cabanas cobertas com folhas de palmeira, a dez quilômetros de Corumbá, na margem oeste do lago Cáceres. Durante seis meses do ano ficava isolada por enchentes e devia sua existência a um comércio de contrabando noturno com a cidade. Os bolivianos ficavam ressentidos com as comparações entre a sua sordidez e o relativo luxo de Corumbá e se recusavam a reconhecer qualquer diferença entre os dois locais. Puerto Suarez era infestada por cobras; as piores eram a cascavel e a surucucu. Não posso afirmar com certeza que alguma vez ouvi essas variedades venenosas emitir quaisquer sons, mas garantiam que sim — imitando com maior ou menor grau de sucesso o canto dos pássaros, como já mencionei aqui, para atraí-los.

A cascavel é geralmente encontrada em emaranhados de meia dúzia juntas. A picada é letal e a morte acontece com sangue saindo de olhos, ouvidos e nariz. A surucucu é sempre feroz e dizem que caça homens. Uma única mordida traz a morte em pouco tempo, mas a criatura não se contenta com isso — segue atacando até o veneno se esgotar.

No início de julho já tínhamos completado todo o trabalho que poderia ser feito nas redondezas de Corumbá e só faltava o ajustamento da fronteira no extremo norte, no rio Guaporé. Em 1873, uma comissão erroneamente tomara como a nascente do Verde um riacho totalmente distinto. A fronteira negociada corria ao longo do rio Verde, mas — aqui estava o problema — ninguém jamais o subira e o seu curso exibido nos mapas era pura especulação. Circulava uma proposta para trocá-lo como marco de fronteira por um outro, que seria prejudicial à Bolívia. Sendo essencialmente um explorador — atraído por qualquer tipo de risco —, eu decidi eliminar as constrangedoras dúvidas relacionadas ao assunto. Decisão fatal! Se soubesse no que estava me metendo, o Verde provavelmente continuaria inexplorado até hoje.

— E então? — perguntei a Fisher. — Você vem junto?

— Bem, eu vou. Mas não é um tanto incomum para esse tipo de trabalho... criar um precedente? Você entende? Certamente os contratos não exigem isso, não é?

— Se isso não for feito, esta fronteira sempre será alvo de disputa. Concordo que, nos termos do contrato, não há obrigação de explorar o

180 A EXPEDIÇÃO FAWCETT

rio. Mas há o desejo natural de fazer o serviço da melhor maneira possível e também a satisfação pessoal de ser o primeiro a penetrar onde ninguém antes ousou ir. Além disso, certamente não vou ficar caçando moscas em Corumbá durante meses.

Os arranjos necessários foram feitos. Ganhamos a companhia de um colonizador escocês do lado boliviano chamado Urquhart e, com seis peões, partimos rio acima na lancha da comissão. Os brasileiros ficaram radiantes. Com o rio topografado com precisão, não haveria necessidade de complicados, e talvez intensamente discutidos, arranjos acerca de uma nova linha de fronteira. O projeto ganhou uma entusiástica bênção por parte deles.

Após subir 290 quilômetros, chegamos à fazenda de gado de Descalvados, e carroças foram alugadas para nos levar, junto com nossas provisões, por via terrestre até a vila boliviana de San Matías, onde eu esperava conseguir animais para o prosseguimento da jornada. A viagem não teve incidentes maiores, exceto por um susto causado por uma pantera negra num lugar chamado Bahía de Piedra. O medo dessa fera havia esvaziado o território num raio de quilômetros, porque suas ferocidade e força colossal faziam com que ela gerasse mais pavor que a onça. Até mesmo o valor da sua pele — vinte vezes mais cara que a da onça — não era suficiente para seduzir os caçadores locais.

Como o prefeito de Santa Cruz tinha, de acordo com instruções presidenciais, alertado as autoridades em San Matías para ajudarem a comissão de todas as maneiras possíveis, a compra de animais foi imensamente facilitada. O *corregidor* era um homem energético e capaz, apoiado por um *teniente* e uma dúzia de soldados — mas San Matías, ah, que lugar aquilo era! A população, na maioria indígena, subsistia de álcool e de gado roubado das terras de Descalvados, havendo um perpétuo estado de guerra com os gaúchos de lá. Um funcionário belga louco na extremidade de Descalvados próxima a San Matías tinha o hábito de atirar em índios da sua varanda para se divertir assistindo às suas contorções! Diziam que o gerente belga maltratara tanto os índios que eles fugiram para a Bolívia. Certamente ocorrera muito derramamento de sangue e todos aqui se vangloriavam de ter matado alguém. Uma celebridade local se distinguiu com o assassinato a machadadas de dois homens que dormiam. Todo habitante homem levava uma arma na cintura e uma faca escondida em alguma parte do corpo, contudo, eram agradáveis e gentis em relação a nós, embora geralmente estivessem bêbados. Além da população gatuna, a principal característica de San Matías eram as cavernas de pedra calcária de Cerro Boturema. Todo tipo de histórias inacreditáveis foi contado a respeito delas, a maioria com algum detalhe fantasmagórico, porque onde a vida humana não é respeitada a superstição é mais acentuada. Havia algumas piscinas de água insípida dentro das cavernas que às vezes ficavam cheias de peixes, e às vezes não, entretanto, aparentemente não havia saídas.

A praça da vila era tomada por mato, garrafas velhas, latas vazias e bananas apodrecendo. Índios de aparência melancólica se acocoravam desanimadamente na sombra de uma igreja de adobe, cuja torre inclinada ficava a cerca de dez metros do resto da construção. Bolivianos brancos, aparentemente sem nada para fazer, largavam-se em cadeiras decrépitas postadas entre o sol e a sombra de suas portas. Da "guarnição" — uma cabana em que se alojavam os doze soldados —, despropositados toques de clarim mantinham um simulacro de eficiência militar que não enganava ninguém. Tanto quanto eu podia ver, não se fazia nenhum trabalho aqui. O lugar era tão deprimente que eu estava pronto a perdoar o vasto consumo de bebidas. Nosso grande desejo era ir embora, o que fizemos assim que possível.

O terreno ao redor parecia árido, exceto por pampas com pastagens razoáveis. A incerteza da vida e a prática local de roubo de gado impediram o seu desenvolvimento. A norte e nordeste ficava a serra do Aguapé, onde, segundo a tradição oral, se formara uma colônia de escravos negros fugidos conhecida como quilombo. Possivelmente, ainda existe — ninguém sobe as montanhas para descobrir. Havia duas pequenas estâncias, Asunción e San José, perto da fronteira boliviana; na primeira delas existia uma razoavelmente alta colina, da qual se avistavam os abruptos precipícios do "Mundo Perdido" — a serra de Ricardo Franco, oposta à velha cidade do Mato Grosso, a 110 quilômetros dali. Veados e emas eram comuns e os pântanos abrigavam muitos patos. Avançando um ou

182 A EXPEDIÇÃO FAWCETT

dois dias para o norte, avistavam-se as trilhas de índios selvagens. Nos dias do Império, todo esse território formava uma grande fazenda de gado pertencente ao barão Bastos, mas fora abandonada havia muito tempo.

Chegamos a Casal Vasco, outrora a residência do barão, após cruzar o rio Barbados, uma faixa de água com 70 metros de largura que felizmente encontrava-se em seu nível mais baixo, com não mais do que dois metros de profundidade. A antiga glória do lugar podia facilmente ser deduzida pelas ruínas — uma fortaleza feudal dos esqueletos de várias casas grandes, de cujos telhados apodrecidos voavam milhares de morcegos ao pôr do sol. Era esquisito — ameaçador — ver essas criaturas malignas contra o céu dourado antes de se dispersarem no crepúsculo. Alguns dos maiores morcegos-da-fruta, ou raposas-voadoras, eram tão grandes que pareciam pterodáctilos. Meia dúzia de famílias de negros viviam em choças nas proximidades com medo eterno de ataques de selvagens.

Acampamos por uma noite apenas em Casal Vasco e, então, seguimos em um dia de marcha tranquila por 35 quilômetros através dos *campos* até Puerto Bastos. Era primavera no hemisfério sul e, exceto pelo verde perpétuo das palmeiras, os cinturões e ilhas de floresta que salpicavam as planícies formavam uma massa gloriosa de cores. Nunca vira tamanha riqueza de flores, tanta beleza ostentada naquele dia de vívidos amarelos, vermelhos e púrpuras. Borboletas incríveis, elas próprias mais espetaculares que qualquer flor, aumentaram o deslumbramento. Nenhum pintor teria sido capaz de fazer justiça. Nenhuma imaginação conseguiria formar uma visão igual a essa realidade!

As carroças e animais voltaram de Puerto Bastos para San Matías e, numa pequena *montería*, descemos o rio Barbados até Vila Bela do Mato Grosso.* Esta cidade, há muito tempo abandonada e agora nada mais do que uma triste coleção de antigas, mas sólidas, casas e igrejas, fica na margem leste do Guaporé e raramente é lembrada como ex-capital do Mato Grosso. Uns poucos negros moravam em reformadas casas semiarruinadas nas ruas silenciosas, aparentemente subsistindo de quase nada.

---

* Ele está se referindo a Vila Bela da Santíssima Trindade, a qual também cita como Cidade do Mato Grosso. [*N. do T.*]

INFERNO ENVENENADO 183

De dia, trabalhavam em algumas pequenas plantações de cana-de-açúcar e mandioca; à noite, se trancavam nas casas com medo dos índios que se moviam furtivamente pelas ruas. Ricas jazidas de ouro tinham sido exploradas nas cercanias, mas agora estavam esgotadas. Uma horrível doença conhecida como *corupção* se abateu sobre a cidade, causando tantas mortes que os sobreviventes fugiram aterrorizados. Em uma das igrejas arruinadas havia uma maravilhosa coleção de antiga prataria em dois enormes baús de madeira — castiçais, modelos de caravelas e galeões, caixas, estatuetas e todo tipo de quinquilharia.

Existe algo de extremamente triste numa cidade fantasma. A imaginação constrói a vida cotidiana das pessoas desaparecidas — suas alegrias e infelicidades, suas aspirações e passatempos. Quando seres humanos abandonam uma morada, inevitavelmente deixam para trás alguns pedaços das suas personalidades; uma cidade deserta tem uma melancolia tão poderosa que até o menos sensível dos visitantes fica impressionado. Cidades arruinadas há muito tempo já perderam parte disso e não marcam da mesma maneira. São os lugares abandonados no passado recente que atingem com mais força o coração do visitante. A Cidade do Mato Grosso foi um exemplo notável. Fez-me pensar em outra — Cobija, outrora um florescente porto entre Tocopilla e Antofagasta, onde hoje é o litoral do norte do Chile. A saída da Bolívia para o Pacífico foi tirada dela na guerra de 1879, mas a movimentada cidade de Cobija já estava morta — devastada por um horrendo terremoto e maremoto. A mesma melancolia paira sobre as "cidades fantasmas" californianas da época das minas de ouro, uma emoção perfeitamente expressa por Debussy em sua obra para piano *La Cathédrale Engloutie*.

Nos escombros de uma igreja encontrei os restos do que antes fora o trono cerimonial do bispo, uma coisa enorme com um dossel. Não estava inteiro, mas, exceto pelo assento, os pedaços pareciam completos, de modo que os juntei, enrolei numa lona e, mais tarde, levei-os para a Inglaterra. Pensei que a cadeira seria um presente único para a minha mulher e não vi nada de errado em pegá-la, já que suas partes apodreciam em meio aos destroços no chão da igreja. A restauração foi confiada a um marceneiro de Dawlish e, antes de o serviço ser iniciado, providenciei

184 A EXPEDIÇÃO FAWCETT

para que os pedaços fossem cuidadosamente desinfetados até que não pudesse restar qualquer possibilidade de infecção remanescente da infestada Vila Bela.

Não houve contenção de gastos na restauração. O assento e o encosto foram substituídos com excelente couro marrom-claro do Marrocos e, ao término da recuperação, de fato o objeto ficou muito belo. Durante algum tempo, tive o prazer de ver minha mulher sentando-se no grande trono dos bispos de Mato Grosso, na cabeceira da mesa da sala de jantar; mas, de maneira coincidente com sua instalação, ela passou a sofrer de doenças misteriosas. Um dia ela disse:

— Acho que estou cometendo um sacrilégio. Eu, uma protestante, sentada no trono sagrado de um prelado católico romano!

Eu posso, às vezes, ser supersticioso como um índio, mas já vivenciei mais do que a parcela que me cabe de coisas estranhas. Assim que a suspeita de azar surgiu, soube que a cadeira tinha que ir. Peguei um rótulo, escrevi o endereço do Oratório de Brompton, em South Kensington, Londres, e despachei o objeto sem nenhuma carta de explicação. Pensei: que eles mesmos construam sua história sobre ela!

Quando a cadeira chegou, naturalmente foi um mistério para o Oratório — e assim permaneceu até minha esposa ir lá e contar a verdade. Talvez esteja lá até hoje e espero que o regresso à fé à qual pertence tenha sido acompanhado por nada além de boas coisas.

Surpreendentemente, a Cidade do Mato Grosso estava na ponta de uma linha telegráfica que ia até Cuiabá — uma linha estratégica instalada pelo governo. Consegui enviar um telegrama para a Inglaterra e recebi uma resposta em 24 horas, embora o custo tenha sido muito alto. Não foi fácil, porque o telegrafista nunca ouvira falar na Inglaterra e teve que entrar em contato com a sede por "telegrafone" para descobrir onde se localizava — além disso, esse lugar solitário jamais vira um estranho com uma mensagem para enviar!

A foz do rio Verde ficava um grau de latitude ao norte rio abaixo, e quando chegamos foi necessário montar guarda à noite. Havia selvagens nas duas margens, com reputação de serem maus, enquanto o Guaporé era conhecido como um rio perigoso por suas sucuris. A largura do rio variava e chegava a aproximadamente cem metros; as águas eram lentas e muito bloqueadas por vegetação na superfície. Essa vegetação, conhecida como *camelote*, retardava consideravelmente o avanço e, às vezes, era difícil discernir o curso do rio, porque faixas dela se estendiam até a floresta em ambos os lados.

Nos trechos de água desimpedida, *bufeos* circulavam ao redor do barco. Lontras ladravam animadas para nós, pondo cabeça e ombros para fora da água e sendo respondidas por frenéticos latidos dos nossos cachorros. Por duas vezes, vimos índios nas margens, mas eles sumiram instantaneamente na mata, deixando-nos pensando se a visão não se tratara apenas de ilusão. Os macacos-da-noite, com seus olhos grandes, bramiam desafios, atirando galhinhos nas redes e impedindo o sono de que tanto precisávamos. Vimos com frequência um pássaro estranho, muito raro segundo me contaram mais tarde, como uma imensa borboleta-pavão quando suas asas se abriam em voo. Nunca soube o seu nome.

Mesmo que a latitude fosse desconhecida, não teria sido difícil encontrar a foz do Verde, porque um antigo posto de fronteira, datando de 1873, continuava de pé na floresta. Estávamos em território novo, com um rio de águas cristalinas. Tartarugas enormes tomavam sol nos bancos de areia, havia muitos peixes e o rio estava cheio de arraias, fáceis de lancear e boas de comer.

Subimos o rio, deslocando-nos com varas até onde foi possível, mas logo nos vimos envolvidos por colinas, onde correntes rápidas se iniciavam, e chegamos à conclusão de que os barcos não poderiam avançar.

— O que faremos agora? — perguntou Urquhart. — Não me diga que temos que ir a pé.

— Não há o que fazer — respondi. — Temos que deixar tudo o que não conseguirmos levar nas costas e seguir por terra o curso do rio. Vai ser duro, mas tem que ser feito.

— E quanto à comida? Não podemos carregar o suficiente para nós! — falou Fisher.

— Teremos que confiar no que pudermos encontrar. É pouco o que podemos levar por causa dos instrumentos, mas não podemos deixá-los para trás.

186 A EXPEDIÇÃO FAWCETT

Encostamos na margem, desembarcamos e deixamos a embarcação numa piscina natural, para não atrair a atenção de índios. Todas as provisões extras e os instrumentos que não eram imprescindíveis foram colocados em duas caixas de metal e enterrados acima do nível mais alto das águas. Por causa do seu peso, deixamos 60 libras em ouro numa das caixas. Possivelmente, é assim que se originam muitas histórias de tesouros escondidos. De qualquer maneira, narrativas sobre o meu tesouro enterrado subiram e desceram o Guaporé, com a soma crescendo a cada versão. As histórias me perseguiram durante anos. Quando ouvi pela última vez sobre o "Tesouro do Verde", tinha atingido a marca de 60 mil libras. Se continuar assim, chegará o dia em que atrairá aventureiros caçadores de tesouros de fora — possivelmente dos Estados Unidos ou da Inglaterra — e a infrutífera busca pelos meus 60 soberanos dourados vai exaurir os recursos de uma multidão. É claro que as histórias mirabolantes não fazem menção ao fato de que recuperamos o equipamento enterrado mais tarde. Que os potenciais caçadores de tesouros meditem sobre a moral dessa história!

A abundância de peixes e animais de caça na foz do rio nos enganou. Com cuidado, nossas parcas reservas de comida poderiam durar três semanas; mas peões são vorazes e suas rações foram consumidas em poucos dias. No segundo dia de caminhada, encontramos uma densa vegetação rasteira e fomos obrigados a abrir com facões cada centímetro de caminho. Pequenas abelhas, com um quinto do tamanho de uma mosca-doméstica, encheram nossos olhos, narizes e ouvidos, e penetraram em nossas roupas até não haver um centímetro de corpo livre delas. De vez em quando, ao cortar a vegetação, perturbávamos um ninho de vespas; ou, então, as muito agressivas abelhas vermelhas achavam que estávamos perto demais de seus domínios e atacavam, não com picadas, mas mordendo a pele e os cabelos.

Precisávamos seguir o rio. Teria sido mais fácil nos afastarmos e fazermos desvios ao redor da vegetação densa, mas o rio era a fronteira e, assim, tornava-se essencial mapeá-lo com precisão absoluta, para não arruinar todo o propósito da expedição.

A água do rio ficou mais amarga e os peixes escassearam. Provavelmente, pelo mesmo motivo não havia mais animais de caça. De qualquer forma, o barulho que fazíamos ao abrir caminho com os facões espantaria tudo nas proximidades. Não havia sinais de índios, e nenhum motivo para que houvesse, de modo que relaxamos a guarda à noite e confiamos nos cães para dar o alarme caso surgisse algum. Havia uma abundância de seringueiras intocadas pelas mãos dos extratores.

Iniciamos a jornada a pé em 15 de setembro; seis dias depois, os peões ficaram sem comida; dividimos nossos suprimentos, mas no dia 23 esses também se acabaram. Encontramos alguns açaís e comemos os palmitos, mas eles são uma refeição insatisfatória e até mesmo nos enfraqueceram. Em 25 de setembro, vimos um peru — mas ele nos viu antes! No dia 30, houve o doloroso trabalho de abrir caminho por uma floresta de *tacuara* — um tipo de bambu com galhos cheios de espinhos. No dia seguinte, encontramos um ninho de abelhas e, famintos, o atacamos. O mel havia fermentado e fez com que nos dobrássemos de dor com violentas cólicas estomacais. Em 2 de outubro, um dos cachorros encontrou um ninho de pássaro com quatro grandes ovos azul-claros. O cachorro ganhou um como recompensa e os outros três conseguiram apenas excitar nossa fome. No dia seguinte, chegamos à nascente do rio, encontrando ali algumas palmeiras *chonta*, com nozes do tamanho de bolas de gude, e quase tão duras quanto.

— Bem, chegamos aqui, sem dúvida — disse Fisher —, mas como vamos voltar?

Definitivamente não pelo caminho que viemos, eu pensei.

— Vamos encontrar um caminho, com certeza. Não temos mais que seguir o rio. Acredito que podemos voltar subindo as montanhas.

— Que Deus assim queira! — murmurou Urquhart.

Fisher disse alguma coisa como "deixar nossos ossos aqui, provavelmente!".

Possivelmente sim, mas, de qualquer maneira, antes iríamos lutar.

— Basta! — eu disse. — Nós vamos conseguir. Recomponham-se e mantenham uma cara animada. Se os peões acharem que estamos desistindo, jamais terão a coragem para perseverar. Se vamos morrer, vamos morrer andando!

Nós estávamos famélicos agora — verdadeiramente famélicos. A tendência de tropeçar e cair mostrava uma crescente fraqueza, contudo,

188 A EXPEDIÇÃO FAWCETT

ainda não tínhamos dificuldade para carregar as mochilas, que pesavam agora cerca de 15 quilos. As vozes dos demais e os sons da floresta pareciam vir de uma grande distância, como se por através de um longo tubo, pois a surdez da fome caíra sobre nós. Nossa posição parecia absolutamente sem esperanças. Foi preciso um tremendo esforço para executar as observações e traçar uma triangulação ligando a nascente do rio com Vila Bela, mas o trabalho tinha que ser feito ou nosso sofrimento seria sem propósito — isto é, se conseguíssemos escapar desse inferno! Lembrando-se das florestas cheias de caça do Guaporé, os peões estavam inclinados a se amotinar, e quem poderia culpá-los? Ainda que quiséssemos, estava fora de questão voltar pelo mesmo caminho, porque observações não seriam possíveis e certamente ficaríamos retidos entre as lagunas.

À nossa frente erguia-se a serra de Ricardo Franco, misteriosa, com seus cumes chatos e suas encostas rasgadas por profundas quebradas. O tempo e os pés do homem não haviam tocado nesses cumes. Eles se mantinham como um mundo perdido, coberto por florestas até o topo, e a imaginação podia enxergar ali os últimos vestígios de uma era havia muito desaparecida. Livres da batalha contra condições mutáveis, monstros da alvorada da existência do homem poderiam ainda circular soberanos por essas altitudes, aprisionados e protegidos por penhascos impossíveis de serem escalados. Assim pensou Conan Doyle quando, mais tarde em Londres, falei dessas montanhas e mostrei fotografias. Ele mencionou a ideia para um romance passado no centro da América do Sul e pediu informações, as quais disse-lhe que daria com prazer. O fruto delas foi *O mundo perdido*, em 1912, publicado como folhetim na *Strand Magazine* e, subsequentemente, na forma de um livro que conquistou ampla popularidade.

Num esforço para encontrar um caminho por aquela direção, avançamos rumo às montanhas, mas, para nosso desalento, encontramos cânions profundos nas vertentes, impossíveis de cruzar. Repetidas vezes fomos obrigados a parar na beira de algum precipício apavorante e voltamos desanimados ao ponto de partida, com nossas forças mais e mais exauridas. A questão vital era saber por quanto tempo poderíamos prosseguir. A menos que conseguíssemos comida logo, ficaríamos debilitados demais para retornar por qualquer rota, e mais uma expedição desapareceria sem que jamais se ouvisse sobre ela!

O capataz dos peões sumira e suspeitei que havia se deitado para morrer, como fazem os índios quando parece não mais haver esperança. Eu saí à procura, encontrei seus rastros e, por fim, o encontrei no monte, sentado encostado numa árvore, chorando como uma garota com o coração despedaçado.

— Vamos — eu disse, batendo em seu ombro —, levante-se, homem! O que deu em você?

— Deixe-me em paz! — ele choramingou, empurrando minha mão. — Deixe-me morrer. Eu quero morrer, não aguento mais!

A amabilidade não funciona nesses casos, por mais simpatia que você sinta. Eu peguei minha faca de caça e cutuquei suas costelas até ele gritar e levantar-se.

— Não, nem pensar! — eu falei. — Você não vai deitar e morrer desse jeito. Se vai morrer, vai morrer de pé. A menos que prefira a faca.

Ele não disse nada, mas tomou fôlego, deu uma última soluçada e saiu cambaleando para o acampamento, sem dúvida me considerando um demônio.

Eu reuni o grupo e anunciei minhas intenções.

— Nossa única esperança é seguir a divisória de águas. Acredito que ela nos levará para fora. Não podemos escapar pelas montanhas, nem pelo caminho que viemos, assim, é nossa única chance.

Houve um gemido de consternação, porque isso significava apostar nossas vidas numa mera esperança. Chamei Fisher e Urquhart.

— É melhor tirar as armas dos peões na primeira oportunidade. Na maneira de pensar deles, seguir a divisória de águas é a direção errada e eles podem desertar. Sem as armas, não ousarão, com medo dos índios.

Os índios não estavam longe agora. À noite, vimos suas fogueiras aqui e ali, mas nenhum selvagem apareceu. Era terrivelmente decepcionante que nos evitassem de maneira tão obstinada, porque os teríamos recebido muito bem, na esperança de obter algo para comer.

Novamente a caminho, encontramos outra dificuldade. O solo estava coberto por uma vegetação dura e escorregadia sobre seixos soltos. A

190 A EXPEDIÇÃO FAWCETT

cada passo, escorregávamos e, nas nossas condições enfraquecidas, com frequência caíamos de rosto no chão. Então, era preciso quase um esforço sobre-humano para nos levantarmos, porque as mochilas pareciam nos prender embaixo. Como teria sido bom ficar deitado ali — apenas deitar e descansar! Os peões tinham que ser conduzidos com ameaças e golpes, e o esforço para mantê-los em movimento estimulava nossas próprias energias debilitadas. Eu jamais batera nessas pessoas em acesso de fúria e a aparente brutalidade do tratamento agora ia terrivelmente contra a minha natureza, mas era com o único objetivo de forçá-los a lutar por suas vidas.

Olhares vorazes frequentemente eram lançados sobre os cães, embora não fossem nada além de pele e ossos — como nós. Eu havia rejeitado com firmeza todas as sugestões para matá-los e comê-los. Primeiro, porque gosto demais de cachorros; e, segundo, porque poderiam nos ajudar a encontrar comida. De algum modo, eles deram um jeito de manterem-se vivos caçando, embora não conseguíssemos saber o que eles encontravam. Eles não pareciam estar exaustos, contudo, agora apenas se enrolavam na relva, dormiam e não acordavam mais. Não era possível imaginar uma morte mais pacífica e até mesmo bela. Os peões indígenas queriam seguir o exemplo — deitar e dormir para fora desta vida. Em vez disso, recebiam cutucões para prosseguir.

Foi um milagre que nos salvou — para mim, pelo menos, foi, e sempre será, a coisa mais próxima do que gostamos de chamar de milagre. Em 13 de outubro, sentindo que chegáramos ao último fôlego, fiz o que nunca vira falhar quando a necessidade era suficientemente forte, e isso é rezar em voz alta por comida. Sem me ajoelhar, mas virando-me para leste e oeste, pedi auxílio — forçando-me a *saber* que o auxílio viria logo. Rezei dessa maneira e, no espaço de quinze minutos, um veado surgiu numa clareira a 300 metros.

Os outros o viram ao mesmo tempo e nem a nossa respiração quebrou o silêncio enquanto eu pegava minha espingarda. Era uma distância quase impossível para uma carabina Winchester com repuxo violento; e, para quem está morrendo de fome e sede, a mira não é confiável e nem é fácil manter a arma estável.

— Pelo amor de Deus, não erre, Fawcett! — O sussurro rouco veio das minhas costas. Errar! Enquanto mirava com o cano balançando, sabia que a bala encontraria o alvo. O poder que respondera à minha oração providenciaria para que não se desviasse. Jamais matei uma caça de maneira tão precisa — o animal caiu onde estava, com a espinha quebrada!

Os peões devoraram suas porções, pele, couro e tudo mais. Que pena que os cães não sobreviveram mais alguns dias! Nossos problemas haviam acabado. No dia seguinte, achamos um ninho de abelhas cheio de excelente mel; no dia 15, finalmente encontramos um caminho para descer os penhascos até as florestas do Guaporé e, no dia 18, chegamos a um pequeno assentamento de negros, onde conseguimos algum açúcar mascavo.

Estranhamente, a coisa que mais havíamos desejado era açúcar. Nos nossos sonhos, nos deliciávamos com iguarias açucaradas e, na agonia das horas de vigília, discutíamos repetidamente quais as coisas doces que mais gostaríamos de comer. Como você pode imaginar, comemos rapadura sem parar naquele dia no assentamento — nos empanturramos, engolindo até não poder mais. À noite, nos dobramos de agonia nas redes, gemendo de dor até vomitarmos.

Em 19 de outubro, chegamos de volta a Vila Bela, cujas ruas tristonhas e casas vazias nos deram boas-vindas após a profunda solidão da floresta. Havíamos deixado provisões ali, e leite condensado e aveia Quaker constituíram uma dieta consideravelmente mais saudável que açúcar. Nossas forças retornaram com a crescente percepção de que havíamos escapado por milagre.

Um exultante telegrama do general Pando estava à minha espera. Antecipando nosso regresso em segurança, ele enviara suas congratulações e requisitara um endereço para o qual pudesse mandar o dinheiro que nos era devido. Mal sabia do quão perto o Verde ficara de colocar um fim prematuro em nosso trabalho. O rio finalmente estava explorado e viu-se que o seu curso diferia totalmente do palpite de 1873. Sua nascente era em mananciais e não num lago, como se imaginara. O nosso conjunto completo de observações permitiria que cada quilômetro seu fosse precisamente mapeado, desse modo assegurando aproximadamente 3.100 quilômetros quadrados para a Bolívia. Nossas dificuldades e sofrimentos foram totalmente justificados.

192 A EXPEDIÇÃO FAWCETT

Seguimos a linha de telégrafo até o Jauru, uma caminhada não tão ruim por uma trilha razoável, e descemos das colinas de Aguapé até Porto Esperidião, uma estância no rio. Ali, conseguimos uma canoa grande, que nos levou a Caxocira. Um brasileiro hospitaleiro nos alimentou bem e forneceu um barco até Descalvados, onde chegamos em 18 de novembro.

Nossa recepção foi fria. Alguém espalhara o malicioso boato de que reclamáramos em todos os cantos do tratamento abominável que recebêramos da última vez ali. Supostamente teríamos dito que qualquer colonizador teria exibido mais hospitalidade. Não havia a menor verdade nisso e a propagação de semelhante verdade só podia ter o propósito de nos desacreditar. Entretanto, logo houve um degelo das pessoas, que terminaram fazendo com que nossa estada fosse muito confortável.

Uma lancha nos levou rio abaixo para Corumbá, onde, para grande constrangimento, fomos saudados como heróis. Os brasileiros não continham a admiração por quem quer que deliberadamente rumasse ao encontro dos bugres — como chamavam os selvagens — e foi impossível convencê-los de que durante toda a jornada mal os vislumbramos.

Cinco dos seis peões morreram em decorrência dos efeitos da viagem. O sexto — o homem que prosseguira sob a ameaça da minha faca — me procurou no ano seguinte e pediu para me acompanhar novamente. Ele era loquaz sobre o que chamava de nossa "resistência inglesa" e não nutria ressentimentos contra mim. Pelo contrário, me seguia com todos os sinais de devoção.

O resultado da exploração foi que as duas comissões concordaram em, no ano seguinte, ir à nascente do Verde sob minha condução, enquanto um terceiro grupo brasileiro subiria o rio verificando o seu curso para corroborar meus mapas. Em seguida, iríamos erguer juntos os marcos para registrá-lo de modo permanente como um ponto fronteiriço.

CAPÍTULO XI
13 DE AZAR

Em maio de 1909, estávamos de volta a Buenos Aires, tentando desesperadamente partir rio acima e escapar de uma greve geral que paralisava tudo e piorava a cada dia. Havia inclinações comunistas entre os operários italianos da cidade e disputas trabalhistas eram frequentes. Os problemas dessa vez começaram quando alguém de cabeça quente disparou um revólver no meio de uma multidão e outro enfiou uma faca no cavalo de um policial. Os tiros começaram, houve muitas mortes e a greve teve início.

A comida escasseou, as lojas ergueram barricadas contra saqueadores e fura-greves tinham sorte se escapavam vivos. Não se tratava realmente de uma revolução, mas uma atmosfera pesada pairava sobre o local. A polícia comportou-se esplendidamente, apesar dos ataques sub-reptícios sofridos e da horrenda prática dos grevistas de jogar ácido sulfúrico no rosto dos policiais.

O tráfego no rio foi quase que totalmente suspenso, mas conseguimos obter passagens num vapor do Lloyd Brasileiro, o *Ladario*, e até mesmo obtivemos carroças para transportar a bagagem até as docas, fazendo o

194 A EXPEDIÇÃO FAWCETT

trajeto sentados em cima dela e com uma escolta de policiais fortemente armados ao redor. Essa linha possuía um excelente serviço costeiro, mas o *Ladario* era a pior das suas embarcações e não havia cabines disponíveis, porque estava lotada com brasileiros da classe baixa. Felizmente, é possível se virar sem cabine nos vapores fluviais, já que uma rede pode ser estendida em qualquer lugar.

Assunção estava envolvida em uma das suas revoluções periódicas e em estado de sítio, embora os jornais de Buenos Aires tivessem pintado um quadro muito mais grave. No entanto, no devido curso chegamos a Corumbá, onde descobrimos que a parte brasileira da expedição já havia se deslocado para o norte.

Foi preciso muito pouco tempo para completar os preparativos. Tínhamos muitas provisões e uma balsa foi alugada para transportar os equipamentos, incluindo seis mulas, dois cavalos, 24 bois e quatro carroças novas. Um oficial boliviano chamado Pacheco deveria nos acompanhar e também haveria dois índios chiquitanas e quatro peões brancos.

Enquanto nos preparávamos para partir, ficamos no hotel Gatti e dessa vez tínhamos roupas adequadas para quaisquer atividades sociais às quais fôssemos convidados — é claro que não surgiu nenhuma ocasião para usá-las. Nosso anfitrião, o sr. Gatti, era o mais diplomático dos homens, e tinha motivos para tanto, porque uma noite houve uma cena terrível no hotel.

Um jovem boliviano estava mostrando a alguns brasileiros o velho truque do fósforo — aquele em que dois palitos são presos na extremidade de uma caixa de fósforos e um terceiro é posto entre as pontas e aceso, de modo a ser propelido. Um dos brasileiros estava sentado na linha de fogo e o míssil atingiu o seu nariz e ficou preso ali. O brasileiro em nenhum momento pensou em dar um peteleco no fósforo; em vez disso, uivou de dor e xingou o boliviano, enquanto todos rolavam de rir. Ele pareceu ficar insultado com isso, todos começaram a discutir e, de algum modo misterioso, a questão tomou um rumo político. Se não fosse pela intervenção do sr. Gatti, poderia ter acontecido um derramamento de sangue, porque na época todos os homens de Corumbá portavam uma arma automática e eram raras as semanas em que não havia incidentes fatais.

A prática usual com um assassino era trancafiá-lo numa prisão até ele mostrar o quanto de dinheiro ou influência possuía. Caso tivesse sorte o bastante para contar com uma ou as duas coisas, era providenciada uma "fuga" através da fronteira para a Bolívia até que o assunto esfriasse. Por outro lado, se nada tivesse, a condenação pelo crime resultava em trinta anos de prisão. O sistema funcionava bem e ninguém, exceto o indigente sem conexões, tinha reclamações a fazer. De qualquer modo, ele merecia o castigo, por ter se entregue a luxos dispendiosos fora do alcance de seus meios!

Não existe pena de morte no Brasil, mas não se pode dizer que, em consequência, o assassinato prevaleça. Os tiros em Corumbá geralmente ocorriam por ciúmes, bebedeira e divergências sobre política internacional; o crime pelo crime era quase desconhecido, porque o brasileiro, no geral, é uma pessoa que respeita as leis.

Dois missionários ingleses chegaram à cidade, cheios de fervor para converter os índios do Mato Grosso. O jovem boliviano do caso do fósforo enxergou neles vítimas perfeitas para as suas brincadeiras. Levou os dois uma noite para a varanda do hotel e apontou as fogueiras distantes espalhadas por todo o horizonte plano, onde havia pequenas fazendas nos trechos de chão firme no pântano.

— Lá estão! — disse de maneira triunfante. — São os acampamentos dos selvagens. Eles estão por toda a nossa volta, observando e esperando para atacar a cidade quando surgir a oportunidade.

— São maus índios? — um dos missionários perguntou, ansioso.

— Maus? Sim, eles são, com certeza. Canibais, todos eles!

Foi o que bastou. No dia seguinte, os missionários partiram rio abaixo. Na verdade, não havia nenhum índio selvagem num raio de 150 quilômetros!

Antes de irmos embora, chegou um alemão do norte numa canoa arruinada. Estava vestido com nada mais que um saco e amaldiçoou o país por deixá-lo nessa situação. Ele estivera por três meses rio acima, além de Diamantino, com índios bororos como peões, na esperança de conseguir uma fortuna em ouro e diamantes. Em vez disso, perdeu tudo.

Outro alemão e um inglês com o mesmo objetivo haviam subido o rio numa lancha a gasolina alugada — e também retornaram de mãos

196 A EXPEDIÇÃO FAWCETT

vazias. Ignorando as condições, tinham partido confiantes no sucesso, mas doenças e falta de alimentação e de experiência na vida na floresta resultaram em fracasso. Nas vastas matas ao norte de Cuiabá, a ausência de um mapa confiável fazia com que as pessoas percorressem repetidamente o mesmo terreno, de modo que as decepções se reproduziam até resultar num estado de total exasperação.

Saímos de Corumbá em 13 de junho e as esperanças que nutríamos de evitar azares logo se dissiparam com a descoberta, após o embarque dos animais, de que a balsa estava fazendo água. Era tarde demais para consertá-la e, como a viagem era de apenas alguns dias, decidimos ir assim mesmo, mas incumbindo os peões de se revezarem nas bombas. Na mesma noite, acordei na cabine da lancha ouvindo um sinistro barulho de bolhas ao lado. Subi para o convés e agarrei um machado bem a tempo de cortar as cordas que prendiam a lancha à balsa, que afundava com todos os animais a bordo. Os três peões nas bombas da balsa dormiram e tiveram sorte de escapar no caos. Um ou dois animais conseguiram se soltar e nadaram até a margem, mas os bois e todo o resto se afogaram. A perda foi grave, mas decidi continuar e confiar na sorte para assegurar o transporte.

Com a ajuda do gerente belga da estância, ou rancho, em Descalvados, conseguimos obter duas carroças ali. Enquanto os bois necessários estavam sendo procurados, vivemos em razoável conforto a bordo da lancha, mas o ar estava pesado com o fedor de decomposição e ossos queimados, pois tínhamos ancorado ao lado de uma fábrica em que gado era morto para a preparação de carne enlatada. Nosso peões passavam o tempo no rio contaminado pescando piranhas, aqueles ferozes peixinhos carnívoros que, ao se juntar aos milhares, deixam as águas perigosas demais nas proximidades de matadouros.

Foi aqui que pouco tempo antes um dos peões da estância caiu no rio. No instante em que o corpo tocou a água, cardumes de piranhas o cercaram e o seu esqueleto limpo foi recuperado no dia seguinte. O gerente me contou um caso semelhante acontecido numa estância perto de Corumbá. Houve um barulho de algo caindo na água à noite e uma mulher sonolenta acordou e perguntou:

— O que foi isso?

Outra respondeu:

— É o Ladriguez caindo no rio.

A primeira resmungou e voltou a dormir. Do infeliz Ladriguez não veio sequer um grito; ele foi literalmente feito em pedaços pelas piranhas antes de voltar à superfície!

Um soldado brasileiro estava pescando numa canoa no porto de Corumbá quando o puxão de um peixe grande o derrubou na água. Ele se agarrou à popa da canoa gritando e, após algum tempo, outra canoa saiu da margem e se aproximou para ver do que se tratava aquele barulho. Em vez de resgatar o soldado, a segunda canoa rebocou a primeira até a praia, onde se descobriu que o soldado estava morto, com os dedos ainda agarrados à lateral da embarcação e com toda a carne arrancada dos ossos da cintura para baixo. Essa imagem causou muita diversão durante dias! Nunca havia a menor simpatia pelas vítimas de acidentes fatais. Até mesmo a mulher e os filhos do morto deram de ombros e prontamente passaram a procurar por um novo provedor para o lar!

Frequentemente eu tinha que nadar em rios a fim de atravessar a ponta de uma corda para puxar equipamentos. Precisava ter muito cuidado para assegurar que não houvesse nenhum corte ou ferida aberta em qualquer parte do corpo, porque isso já era o suficiente para atrair esses peixinhos diabólicos. Dentro da água, só o pensamento já fazia sentir pontadas nos dedos dos pés e, quando finalmente saía do outro lado, o alívio era indescritível.

Antes de partirmos de Descalvados, foi organizada uma "dança" num galpão perto da lancha. Gaúchos, trabalhadores e suas mulheres bebiam grandes quantidades de álcool e giravam os corpos em seus tangos e cachuchas ao som de violões e alaúdes. O nosso grupo, comandado por Pacheco, juntou-se à festa, mas voltou voando a bordo por volta da meia-noite acompanhado por uma saraivada de tiros. Um gaúcho enciumado, com uma arma em cada mão, entrara no galpão e disparara aleatoriamente. Um homem foi morto, outro, ferido no estômago e uma mulher levou uma bala de raspão. O gaúcho, então, montou num cavalo e rumou velozmente para o interior.

198 A EXPEDIÇÃO FAWCETT

A "dança" foi um caos instantâneo! Não havia nenhum médico com conhecimento de cirurgia e alguns dos funcionários belgas operaram o homem ferido, vasculhando seus órgãos vitais com um espeto de carne em busca da bala. Os gemidos da vítima nos mantiveram acordados pelo resto da noite e, ao amanhecer, ele morreu. Um grupo partiu atrás do assassino, mas, como geralmente acontecia, ele nunca foi pego.

De Descalvados a lancha regressou a Corumbá e seguimos para San Matías nas carroças. Constatamos que o lugar tinha se deteriorado desde o ano anterior e que lutas consideráveis tinham ocorrido na região. Na delegacia encontrava-se um brasileiro bastante amargurado, pois acabara de receber mil chibatadas por ter matado um homem a facadas. As cobras tinham sido responsáveis pelas mortes de vários dos habitantes; e um nobre francês bastante encantador que conhecêramos no ano anterior em Trinidad, perto de Descalvados, havia sido assassinado. A morte pairava sobre o lugar, embora os moradores se mostrassem hospitaleiros e gentis quando não engajados em crimes de violência. As condições em que viviam eram tais que podiam servir para desculpá-los. Menos perdoável foi a atitude de dois peões indígenas que sumiram com uma quantidade de provisões e duas das melhores mulas que eu tivera a sorte de comprar aqui.

A falta de transporte nos obrigou a abandonar parte das provisões para trás ao deixar San Matías, em 1º de julho. A fim de fazermos observações no topo do monte Boa Vista, paramos por um dia em Assunção, onde ouvimos rumores a respeito do Tesouro do Verde, que já chegara a 37 mil libras e continuava evoluindo! Uns poucos dias depois, alcançamos parte da Comissão Brasileira da Fronteira, ocupada com a verificação de velhas posições, e fomos muito bem recepcionados.

Em pouco tempo os deixamos para trás, porque levávamos menos bagagem que eles; mas, dois dias depois, uma das mulas foi morta por uma cobra, o que nos deteve, já que uma só carroça não podia transportar todos os suprimentos. Não tínhamos como substituir o animal, porque não havia mais habitações de qualquer tipo nas cercanias. Enquanto tentávamos resolver o problema, uma coisa estranha aconteceu.

A mula mais linda que eu jamais vira, em condições absolutamente perfeitas e com sela e rédeas novinhas, chegou ao acampamento vinda do norte. Que eu soubesse, a Comissão Brasileira da Fronteira não perdera nenhum animal. Imaginando que devia pertencer a algum viajante que necessariamente encontraríamos na trilha, peguei-a emprestada, com a intenção de devolvê-la ao proprietário quando o encontrássemos. Todavia, não cruzamos com ninguém e a mula — literalmente, um presente dos céus — permaneceu conosco.

Cobras eram uma peste nessa região. Num dos lados, elas infestavam os arbustos secos, enquanto no outro, nas lagunas e brejos, as jararacas eram abundantes. Numa ocasião, a minha mula deu um salto sobre uma serpente que se projetou para fora dos arbustos — esses animais detectam com muita rapidez as cobras pequenas, ao mesmo tempo que, aparentemente, são incapazes de reconhecer com a mesma velocidade as maiores. Em outra ocasião, minha mula passava sobre o que provavelmente nós dois tomamos como um galho caído na trilha quando, de repente, o animal parou completamente, tremendo. Olhando para baixo, vi, com grande horror, que o "galho" era parte de uma enorme jiboia com cerca de 20 centímetros de diâmetro. A mula ficou paralisada de terror e o resto do grupo estava a uma boa distância para trás. Eu dei um súbito grito, enfiei as duas esporas e bati firmemente no traseiro do animal com o chicote. Ele decolou como um foguete, passou por cima da serpente e continuou avançando por pelo menos duzentos metros antes de eu conseguir pará--lo, ainda tremendo de medo. Dei a volta para avisar os outros. Quando cheguei lá, vi que atiravam nela com as Winchesters, mas a jiboia simplesmente deslizou para dentro da vegetação.

Encontramos o rio Barbados com o volume de água consideravelmente maior e o vau, com pelo menos 150 metros de largura, encoberto por *camelote*. Os peões recusaram-se a cruzar, alegando que havia bichos no rio — especificamente, crocodilos ou sucuris —, e os homens das carroças os apoiaram com firmeza. Os animais podiam nadar e as carroças flutuariam, mas antes alguém precisaria cruzar a água com uma corda leve e puxar a bagagem em bolsas ou numa jangada. Não havia o que fazer. Tive que ir. Ao me despir, sentia um desagradável peso no estômago; lembrei que, não muito antes, um homem e seu cavalo tinham morrido no mesmo lugar.

200 A EXPEDIÇÃO FAWCETT

Uma vez do outro lado, era fácil puxar a bagagem. Pacheco não nadava e teve que atravessar numa trave, um método bastante útil para se conhecer. Qualquer tronco com algo entre 8 e 15 centímetros de espessura serve, desde que flutue. Numa ponta amarra-se um pequeno pau na vertical, e as roupas são colocadas nele. A pessoa senta na outra ponta e rema com as mãos. É fácil equilibrar-se. Uma das pontas afunda com o peso da pessoa, mas isso serve para levantar a outra, com as roupas, bem acima da água.

Os cachorros foram atravessados dentro de bolsas, como a bagagem. Os jacarés podem respeitar seres humanos, mas sempre atacam cães. Dizem que não atacam antes do meio-dia nas travessias, mas depois, e no fim da tarde, há algum risco. Os bois nadaram rebocando as carroças flutuantes e não houve incidentes.

Encontramos Casal Vasco deserta, pois os selvagens tinham matado os homens em retaliação aos tiros recebidos; porém, pouparam mulheres e crianças. Em Puerto Bastos, as carroças foram mandadas de volta; parte da bagagem foi despachada por barco para a cidade do Mato Grosso; as mulas partiram por via terrestre, uma rota problemática que envolvia muitas travessias do rio Barbados. O principal grupo da Comissão Brasileira da Fronteira ocupava o bangalô do telégrafo na antiga cidade do Mato Grosso quando nos juntamos a ele, e no dia seguinte o comandante Oliveira partiu com um médico, um assistente e montanhas de provisões rumo à foz do Verde.

A sua expedição foi desastrosa. Oliveira caiu no rio, ficou doente, febril, e foi obrigado a retornar a Vila Bela. Os outros não conseguiram subir o rio. Eles descobriram uma das nossas canoas de 1908, quebrada e de cabeça para baixo, entre as árvores dez quilômetros correnteza abaixo a partir do Verde, e localizaram nossa trilha, mas foram forçados a cruzar para o rio Guaporé, onde permaneceram até uma missão de busca resgatá-los seis semanas depois.

O comandante Lemanha, que deveria me acompanhar, veio pela trilha de San Matías com seis soldados armados até os dentes. No ano anterior havíamos decidido juntar forças para a jornada terrestre e carregar em burros provisões também para o grupo do rio. Atravessamos o rio e acampamos numa pequena cabana numa clareira no sopé da elevada serra de Ricardo Franco.

De repente, houve uma saraivada de tiros na floresta e dois soldados resfolegantes apareceram esbaforidos no acampamento.

— Selvagens! — gritaram. — Estão atacando por todos os lados.

— Quantos? Onde? — Lemanha perguntou enquanto pegava a pistola e checava para se assegurar de que estava carregada.

— Milhares, *mi comandante* — foi a resposta. — Mas os afugentamos, eu e o cabo Pereira!

Fisher e eu fomos investigar. Atirar nos selvagens era a coisa mais perigosa que eles poderiam ter feito. Ficávamos imediatamente marcados como inimigos. Mas não precisamos nos preocupar, porque não encontramos traço algum de ataque — na verdade, os dois soldados tinham descarregado as munições contra sombras e nada mais!

A cabana era muito velha e seu telhado abrigava muitas cobras e aranhas. Assim que entramos, nossas pernas ficaram cobertas com aqueles enlouquecedores carrapatinhos brancos conhecidos como carrapatos-do--chão e não demorou muito para que quase arrancássemos a pele devido à irritação das mordidas. Desistimos da cabana e dormimos na mata.

A visão do alto da Ricardo Franco era magnífica, 730 metros acima do rio, mas não foi uma tarefa fácil levar os animais até lá. Um deles caiu de pernas para o ar de uma encosta íngreme e aterrissou com um barulho assustador numa árvore. Ficou ali até o puxarmos e o colocarmos de pé; então, aparentemente incólume, voltou a subir a trilha como se nada tivesse acontecido.

Ao chegarmos ao topo, tivemos que abrir caminho para os animais por dois ou três quilômetros de floresta cerrada. Em 1908, não houvera problemas, mas animais de carga precisam de uma trilha mais larga que a de homens. A abertura foi feita por mim e Fisher, com uma dupla de peões para ajudar. Os soldados estavam nervosos por causa dos índios — não sem razão, porque eram mulatos; os índios, sem esquecer perseguições passadas, jamais poupavam um negro.

Logo achamos a trilha antiga, seguimos a divisória de águas e, em dezesseis dias, chegamos à nascente do Verde. Dessa vez, havia muitos

202 A EXPEDIÇÃO FAWCETT

veados, e bastante dóceis. Uma semana ali foi o suficiente para completar o trabalho e erguer o marco de fronteira; e, então, sem provisões para uma estada de mais de dez dias, decidi regressar a Vila Bela e, conforme combinado, deixar Lemanha aguardando o grupo do rio.

Dei a Lemanha um mapa detalhado da região, já que seu senso de localização não era lá muito desenvolvido. Partimos em meio a um gélido *surusu*, que nos congelou até os ossos e envolveu as montanhas com uma densa névoa que reduziu a visibilidade a menos de 20 metros.

Decidimos refazer nossas pegadas com o uso do mapa traçado durante o retorno da vez anterior. Seria um teste interessante da sua exatidão, já que fora realizado com bússola e com as distâncias medidas em passos. A caminhada em terreno relativamente fácil em média é feita com 1.240 passos por quilômetro — na floresta, 1.370. Para nossa surpresa, constatamos que funcionava perfeitamente, porque no terceiro dia chegamos ao topo da montanha que havíamos escalado vindo de Vila Bela e, no dia seguinte, reentramos na cidade velha para encontrar o comandante Oliveira já ali após retornar do Verde e ansioso por notícias sobre o resto do seu grupo.

Disse-lhe que não os tínhamos visto. Ele relutava em acreditar que não haviam chegado ao destino, mas finalmente mandou um barco de busca pelo Guaporé. Eles foram encontrados na margem esquerda, sem comida e em más condições. Enquanto isso, Lemanha esperou na nascente do Verde até suas provisões ficarem baixas e, então, retornou com grande preocupação em relação à sorte do grupo do rio. Ficou bastante claro que, se não fosse por nossa jornada de 1908, essa seção não teria sido mapeada.[13]

Oliveira gentilmente nos forneceu provisões, já que as nossas tinham sido saqueadas, presumivelmente pela população negra. Então, como

---

[13.] Após todos os seus sofrimentos ali, meu pai teria ficado profundamente desapontado se soubesse que o que ele tomou como a nascente do Verde na realidade não era. Ele seguiu o que parecia ser o principal fluxo, mas o Verde é um rio de muitas ramificações pequenas e uma dessas se abria numa grande massa de água não muito longe da foz. A verdadeira nascente foi descoberta pelo coronel Bandeira Coelho em 1946, a alguma distância a sudoeste da posição estabelecida por meu pai. De todo modo, neste momento em que escrevo, a posição de 1909 ainda permanece como a nascente oficial. [*N. do Org.*]

tínhamos muito tempo, propus a Fisher que entrássemos na floresta a nordeste e visitássemos os índios parecis. Fisher e Pacheco foram contra a ideia, de forma que fui sozinho pela planície ao norte da cidade na esperança de ver alguns, pois costumavam ficar por ali. Eles realmente estavam lá, mas eram desconfiados demais para sair da floresta ou se aproximar a menos de cem metros de mim; mas não fui importunado. Essa mesma gente havia massacrado todas as almas na plantação dos negros em que nos enchemos de açúcar após a jornada do ano anterior.

Na trilha para São Luís de Cáceres, um belo espécime de gato-do--mato, do tamanho aproximado de um cão de caça, cruzou a nossa frente, assustando as mulas. Assim como a grande onça-preta, essas criaturas são selvagens e impossíveis de se domesticar. Aqui, estávamos sendo devorados por carrapatos, que infestam o Mato Grosso durante o inverno. Eles subiam pelas pernas das mulas, cobriam seus narizes e entravam nos olhos. Agrupados em caniços e galhos, se atiravam sobre nós quando passávamos. A cada noite, tirávamos algo entre cem e duzentos dos nossos corpos, ficando com pequenas mordidas que ninguém ousava coçar.

Numa hospitaleira estância no Jauru, vendi os animais e dei ao proprietário uma sela em troca de transporte até São Luís de Cáceres, uma vilazinha no rio Paraguai, entre Corumbá e Cuiabá. Ele nos contou sobre um grupo que subira o rio até sua confluência com outro, onde descobriu grandes pepitas de ouro nos seixos.

O rio em São Luís tem cerca de 150 metros de largura e a população da vila se reuniu na margem para oferecer uma calorosa recepção, porque a notícia da nossa vinda nos precedera. Uma canoa cheia de homens, mulheres e crianças veio nos buscar; estava tão carregada que somente cinco centímetros separavam sua borda da água. Entramos nela e a água agitada, levantada por uma forte brisa, ficou perigosamente perto de entrar no barco; de fato, quando estávamos no meio da corrente, Pacheco, nervoso pela possibilidade de molhar a roupa, ergueu-se um pouco. Os outros tentaram equilibrar a canoa, mas bateu uma rajada de vento, ela balançou, encheu-se de água e afundou, subindo somente quando ficou livre da carga. Os que sabiam nadar foram para a praia e os demais se agarraram à canoa cheia de água. Eu estava com botas pesadas, a calça

204 A EXPEDIÇÃO FAWCETT

ficou pesada com a água que entrou nela e, com os preciosos registros da viagem no bolso de um casaco mantido acima da cabeça com um braço, não foi fácil chegar à terra só com o outro! Um homem se afogou.

A população à nossa espera não se divertia tanto havia muito tempo. Todos gargalhavam e a luta do homem se afogando foi recebida com vibração. Não fizeram o menor esforço para ajudá-lo e mais risadas explodiram quando Pacheco, um péssimo nadador, conseguiu chegar à margem e ficou deitado na lama arquejando.

Foi uma chegada bem pouco digna para uma Comissão Internacional de Fronteiras; se existisse uma fábrica de carne enlatada em algum ponto acima de Descalvados, as piranhas não teriam deixado um único sobrevivente! Eu estava com seis cronômetros na cintura — um peso e tanto para carregar —, mas só um encheu-se de água.

Após uma semana, chegou uma lancha e embarcamos nela.

— Por aqui — disse o comissário, levando-nos à segunda classe, onde negros e *mestizos* amontoavam-se em meio a seus pertences.

— Aqui não serve — eu disse. — Onde fica a primeira classe?

— Primeira classe? — ele nos olhou de alto a baixo com desdém.

Tudo o que tínhamos era o nosso uniforme para florestas, e, a essa altura, sua condição não era nada boa; além do mais, estávamos barbudos e com rostos e braços marcados por mordidas de insetos. No geral, creio que devíamos estar numa posição desfavorável se comparados aos passageiros com trajes elegantes, gravatas vistosas e chapéus-coco no convés superior.

— Sim, primeira classe — repeti.

Ele foi chamar o capitão, que veio, olhou-nos com franca desaprovação e, finalmente, deu um relutante consentimento para que fôssemos conduzidos a uma cabine...

Uma nova revolução irrompera no Paraguai, vapores fluviais tinham sido confiscados e ficamos sem saber como ir de Corumbá para La Paz. Mas um rebocador que descia o rio puxando duas grandes balsas chegou ao porto e o capitão foi persuadido a tentar seguir viagem. Fisher e eu conseguimos autorização, penduramos nossas redes numa das balsas e o comboio partiu pelas águas lamacentas.

À noite, os ratos a bordo formavam um regimento, promoviam uma gincana no convés, se amontoavam no cordame, corriam pelas cordas das nossas redes e perseguiam uns aos outros sobre nossos corpos. Na aurora, acordei para ver dois sentados no meu estômago calmamente limpando seus rostos. Consegui acertar um golpe num deles, que foi parar do outro lado do convés, enquanto o outro, parecendo um tanto surpreso, desceu sem muita pressa e desapareceu.

Cem quilômetros rio abaixo, subiu a bordo um destacamento do governo paraguaio — um major pequeno e pomposo e quarenta soldados — e isso resultou num confisco temporário do comboio em Olimpo, mais adiante, como transportador de tropas. Outros duzentos soldados embarcaram nas balsas e a falta de espaço ficou desconfortável. Mas, para nosso alívio, surgiu uma lancha subindo o rio e, suspeitando que se tratava de revolucionários, 150 homens desembarcaram das balsas enquanto a outra embarcação atracava na margem. O major sumiu dentro da sua minúscula cabine e trancou a porta, enquanto os seus homens esperavam em vão por ele. No fim, a lancha pertencia ao mesmo lado e desejava apenas transmitir notícias da posição dos revolucionários. Os soldados voltaram a embarcar.

Prosseguimos cautelosamente até Medanos, uma estância da American Quebracho Company, e como o nosso capitão se recusou a seguir adiante, os soldados maltrapilhos e descalços foram forçados a desembarcar. Ofereci-lhe 100 libras para deixar as balsas para trás e furar o bloqueio com o rebocador, mas ele se recusou a assumir o risco. Então, caminhei pela margem esquerda do rio e tentei alugar um barco de uma fazenda de gado chamada Terreros, mas novamente não obtive sucesso. Sem desistir, mais adiante encontrei um paraguaio generoso que me emprestou gratuitamente um bote comum de navio, com a única condição de que fosse deixado em Puerto Murtinho.

Com um grande cobertor improvisado como vela, Fisher e eu prosseguimos a viagem no bote, desfrutando de consideravelmente mais conforto do que tínhamos a bordo da balsa infestada de ratos.

— Gostaria de saber se vamos conseguir chegar a Murtinho sem sermos interceptados — murmurou Fisher enquanto nos recostávamos

206 A EXPEDIÇÃO FAWCETT

preguiçosamente sob o sol quente e o bote deslizava quase em completo silêncio.

Olhei para cima e vi uma nuvem de fumaça preta depois da próxima curva.

— Não — respondi. — Pelo jeito, vem problema pela frente!

Um pequeno barco-patrulha surgiu e mudou seu curso para nos abordar. Ao chegar mais perto, vimos sacos de areia amontoados no convés e a ponta do cano de um antiquado canhão de campanha ameaçadoramente posicionado na proa. Com fuzis aparecendo em cada fresta, o barco deu a volta e emparelhou.

— Quem são vocês? — um homem com um megafone rugiu. Respondemos, enfatizando nossa importância internacional.

— Prossigam para Puerto Murtinho, e nada de truques! — alertou.

Quando mexi no leme, ficamos a favor do vento e, para garantir que obedecêssemos, o barco veio atrás, com rostos escuros e canos de fuzis enfileirados ao longo dos sacos de areia. Foi uma relevante ação desses sanguinários e, talvez, a primeira grande vitória naval da revolução! Éramos prisioneiros de guerra e, ao chegar no porto, o bote foi confiscado e nós, jogados a bordo do *Pollux*, um pequeno vapor fluvial usado como prisão temporária para estrangeiros.

Apesar de ser um porto brasileiro, os revolucionários mantinham seu quartel-general aqui e os soldados treinavam na *plaza* sem armas. No tempo livre, eles se embebedavam e ameaçavam com gestos cortar nossas gargantas.

Um enorme companheiro de prisão afirmou ser um famoso pugilista que nocauteara os melhores homens da costa oeste dos EUA.

— Sim, senhor — ele rugiu. — Ninguém pode comigo!

Apesar de toda a sua conversa, quando algum revolucionário bêbado chegava por perto mostrando a faca e gritando ameaças, ele logo dava um jeito de desaparecer e começamos a suspeitar da sua fanfarrice.

— Eles estão atrás de mim — foi a sua desculpa. — Eu tenho um silenciador Maxim de fuzil e eles sabem disso. Vão me matar para pegá-lo.

Ele nos mostrou a peça e implorou para que eu a aceitasse como um presente. Ainda a tenho em minha posse, como curiosidade.

Um barbadiano pequeno e bêbado da tripulação do barco deu uma boa olhada no nosso amigo gigante e começou a lançar insultos.

— Se aquele maldito preto não calar a boca — jurou o pugilista —, eu vou quebrá-lo ao meio!

Longe de calar a boca, o barbadiano aumentou as ofensas até que, finalmente, falou alguma coisa imperdoável que o grandalhão não teve como ignorar. Com um grito de fúria, o pugilista arrancou a jaqueta e, atirando-se sobre o outro, cravou os dentes num braço e as unhas na cara do homenzinho. Como resposta, recebeu um golpe preciso e poderoso na boca.

Eles rolaram no convés, gritando e se arranhando, enquanto os demais dezenove prisioneiros incentivavam a briga e os guardas revolucionários faziam um animado círculo ao redor. Que visão quando finalmente o emaranhado de corpos foi desfeito e o pesado pugilista foi resgatado sangrando e blasfemando! Os ombros enormes tinham ficado com a jaqueta e o grande corpo revelou-se não passar de uma silhueta de garrafa com uma pouco saudável obesidade. A história virou a grande piada do barco e não ouvimos mais nenhuma fanfarrice.

Os dias não passavam em monotonia, embora nos irritássemos com a demora. Vimos refugiados nus de refregas rio acima sendo conduzidos desde o lado oposto e cadáveres flutuando sem serem tocados pelas piranhas, possivelmente porque não tinham mais a carne fresca. Um veio com o antebraço e o indicador apontando para o céu, uma visão esquisita que atraiu a atenção de todos. À distância, ouvimos espasmódicas salvas de tiros de espingardas e ficamos certos de que o pomposo majorzinho não estava por perto! Um dia, passaram diante do cais dois revolucionários a cavalo, disparando os revólveres contra tudo e todos. Estavam cegos pelo álcool e completamente irresponsáveis; após a performance ser repetida por vários dias consecutivos, a polícia brasileira apareceu e os matou.

Com muita dificuldade, consegui uma audiência com o chefe revolucionário, que ouviu com grande paciência e cortesia minhas reclamações contra a detenção de uma comissão internacional e concordou em permitir que partíssemos no *Ilex*, um barco a vapor fluvial brasileiro que, por algum motivo, tinha salvo-conduto. Foi bastante generoso da parte dele,

208 A EXPEDIÇÃO FAWCETT

já que muito provavelmente deveríamos ter sido retidos para interrogatório pela "Marinha" alguns quilômetros abaixo, em Palmas Chicas, e poderiam considerar que sabíamos demais. Além do mais, ele nos alertou que toda a bagagem poderia ser confiscada.

O navio veio e parou, papéis foram examinados e os passageiros, examinados. O responsável, o dr. Cayo Romero, um homem de aparência muito distinta, nos embarcou, evidentemente sabendo quem éramos, pois a permissão para seguir viagem foi concedida. A frota revolucionária consistia em oito vapores armados com canhões de campanha e havia forças entrincheiradas nas instalações da empresa inglesa *Quebracho*,[14] as quais tinham sofrido danos consideráveis.

Mais adiante, passamos pelo *Leda*, que subia o rio com mil soldados do governo armados com metralhadoras e modernas Mausers. Disseram que outros mil também iam por terra. À visão dessas tropas, os revolucionários desapareceram e o movimento ruiu.

O ministro da Guerra, em Assunção, estava ansioso por notícias e nos ofereceu um banquete. Como meio de obter informação de primeira mão do front pode não ter funcionado muito, mas todos os convidados pareceram ter apreciado imensamente, e nos despedimos calorosamente.

Pacheco juntou-se a nós em Buenos Aires e cruzamos para Montevidéu, onde embarcamos no *Oravia* com destino a Mollendo, via estreito de Magalhães. Pacheco continuava perseguido pela má sorte e, em Montevidéu, sua calça foi roubada durante a noite, com todo o dinheiro nos bolsos. Eu emprestei-lhe um par, mas ele jamais se preocupou em devolver.

A viagem ao redor do Horn é interessante. Naturalmente, um navio de linha enfrenta poucas das dificuldades que os antigos veleiros encontravam. Antes de mais nada, paramos nas Ilhas Falkland — as "Malvinas", cuja posse é reivindicada há tanto tempo pela Argentina. Minha impressão foi a de que não existe lugar mais miserável. Constantes ventos fortes varrem a terra desarborizada e a vida ali deve ser incrivelmente monótona.

---

14. *Quebracho* é uma árvore que tem uma casca com valiosas propriedades químicas. [*N. do Org.*]

Nevou durante a travessia inteira do estreito e por toda a subida da costa até Valparaíso o mar esteve agitado a ponto de deixar desconfortável até mesmo o *Oravia*. Deu para perceber o que enfrentavam os antigos marinheiros que velejavam por essa passagem. Ancoramos em Punta Arenas, o mais austral dos portos chilenos, e, então, com paradas constantes, subimos a costa, afastando-nos do clima do cabo Horn, novamente na direção do calor, e o litoral arborizado deu espaço aos áridos pampas de nitrato. Finalmente, chegamos a Mollendo e tomamos o trem para La Paz.

O presidente da Bolívia, o dr. Villazon, foi bondoso o bastante para expressar enorme satisfação pelos resultados da expedição e me convidou para delinear a fronteira peruana. Para tanto, seria necessária a exploração preliminar do rio Heath, o que me atraiu muito, já que, também nesse caso, o curso das águas era ignorado. Haviam-no subido a partir da confluência com o Madre de Dios por alguns quilômetros, mas os selvagens tornavam impossível a peruanos e bolivianos a exploração até a nascente. Enquanto isso, a questão da fronteira permanecia envolta em incertezas, algo sempre passível de produzir complicações, e havia um esforço para se chegar a um acordo um tanto desvantajoso para a Bolívia.

Esse trabalho significaria o meu afastamento do Exército, já que o Gabinete da Guerra não concordaria com um afastamento superior a quatro anos. Mas eu não tinha ilusões quanto ao Exército; não era uma profissão para um homem pobre e qualquer demonstração de iniciativa costumava resultar em hostilidades. Promoções eram insuportavelmente lentas e eu servira durante vinte anos, a grande parte nos trópicos, por um salário menor do que o da maioria dos curas, somente para correr o risco de ser encostado como major.

Resolvi sair e o Gabinete da Guerra decidiu dar o seu último chute em mim cortando uma pensão miserável com base no argumento de que eu servira a um governo estrangeiro!

CAPÍTULO XII
BOM SELVAGEM

Antes de dar início ao trabalho em 1910, voltei à Inglaterra, não apenas porque queria ver minha mulher e filhos, mas também para encontrar alguns assistentes que me acompanhassem na próxima expedição, que prometia ser dura. Após conviver com as vastas extensões de florestas e planícies, era impressionante notar como as vias e os prados de Devonshire pareciam inacreditavelmente arrumados e seguros — como eram distantes daqueles sórdidos lugares remotos em que a vida de um homem não valia o menor dos gestos! As pequenas árvores frondosas eram acolhedoras e amistosas; a chuva, suave; e o calor do sol, temperado. As pessoas também — eu estava acostumado a lugares em que a visão de um outro homem era um acontecimento, e aqui me encontrei olhando para as bem-vestidas multidões indo e vindo indiferentes a tudo, exceto às suas várias atividades! A mesma impressão me acolhia toda vez que voltava da América do Sul para a Inglaterra, mas sempre, após uns poucos meses dessa existência protegida numa paisagem ajardinada, minha imaginação passava a considerá-la como o portão de uma prisão que me cercava lenta, mas inexoravelmente.

Até mesmo "Waterside", a enorme casa com seu amplo jardim em Uplyme, perto de Lyme Regis, era ameaçadora em seu conforto — ou

212 A EXPEDIÇÃO FAWCETT

devo dizer presunção?* A alegria de estar novamente com a família parecia inicialmente o próprio ideal do que um lar deveria ser; mas, infelizmente, após um ou dois meses, pensamentos dos lugares selvagens — com todas as suas pestes e doenças, sua miséria e desconforto — perturbavam a paz ambiente e me chamavam de volta. Eu partia, com o coração doído por outra longa separação do círculo doméstico, contudo, bem no fundo de mim alguma coisa estava exultante com a fuga da vida cotidiana! Kipling compreendeu muito bem a sensação — sua poesia está repleta dela.

Tive sorte em conseguir os serviços de dois esplêndidos oficiais não comissionados do Regimento de Fuzileiros, os cabos H. J. Costin e H. Leigh. Eles mostraram-se capazes e adaptáveis, e não poderia ter encontrado melhor companhia. Havia ainda outro soldado, o canhoneiro Todd, um antigo colega meu dos dias como subalterno; além disso, existia a esperança de recebermos mais tarde a companhia de um jovem oficial, um amigo a quem minha mulher ensinara a arte da observação astronômica com teodolito no telhado de um hotel em Malta, dez anos atrás.

A viagem não foi das mais agradáveis, porque tínhamos a bordo um duque e sua família, os quais esperavam mais deferência do que nós, simples plebeus, estávamos inclinados a dar. A "Família Sagrada", como nós os chamávamos, manteve um lado inteiro de um dos conveses para si e suas criadas e ficava profundamente insultada quando algum invasor confundia as criadas com as patroas, e vice-versa. Havia também um representante do Serviço Diplomático que ficou tão impressionado pela presença da nobreza que insistiu para que a lista de passageiros fosse reimpressa para incluir um M.V.O.* omitido! O capitão ficou deslumbrado pela honra conferida a ele e a seu navio e ignorou totalmente os passageiros comuns, de modo que não houve nada do habitual ambiente alegre encontrado na maioria das embarcações britânicas. Foi com grande alívio que mudamos para um barco costeiro no Panamá.

---

* No original, há um jogo com as palavras *snugness* (conforto) e *smugness* (presunção). [*N. do T.*]

* Membro da Real Ordem Vitoriana. [*N. do T.*]

BOM SELVAGEM **213**

Paramos em Callao e fiz questão de ir a Lima visitar o ministro das Relações Exteriores. Contei das vantagens de obter oficiais britânicos para atuar pelo Peru na delimitação programada para 1911.

— Talvez eu os requisite — ele disse —, e, caso o faça, há alguma perspectiva de conseguir algum? Você parece pensar que sim.

Eu sabia que não havia muitos qualificados para semelhante trabalho, porque a instrução militar não inclui treinamento topográfico. Respondi:

— Existe quem esteja bastante ansioso pela oportunidade. O problema é localizá-los; mas vale tentar.

— Vou ver — ele disse. — Concordo que, se quisermos acabar logo com o negócio, e de maneira satisfatória, é a única solução.

O governo boliviano pedira-me para tentar encontrar, enquanto estivesse na Inglaterra, outro oficial para trabalhar no Chaco, e a minha esperança era que eu pudesse ser útil para estabelecer a confiança nos serviços dos britânicos, de modo que isso pudesse render mais tarde algum uso político. Fisher me deixara, transferindo-se para o Chaco, mas por motivos seus desistira e voltara para casa.

Todos nós jantamos com o presidente da Bolívia em La Paz, em 10 de junho, e no dia seguinte partimos para Tirapata, sede da Companhia Mineradora Inca, uma vila montanhesa depois do lago Titicaca. Foi nosso ponto de encontro com dois oficiais bolivianos que desejavam ter a experiência de fazer uma expedição, os capitães Vargas e Riquelme, e com um grande número de mulas carregadas com todo tipo de provisões. Mas isso não era tudo: apareceu um capitão do Exército regular britânico com um ex-subalterno e oficial não comissionado, para não falar também de um médico e de nada menos que vinte caixas de suprimentos médicos e meia tonelada de bagagem extra. Não sei como esperavam que esse Exército atravessasse território selvagem. Expedições grandes são fadadas, pelo seu próprio tamanho, ao fracasso, porque os selvagens pensam que os soldados estão tramando contra eles e atacam com flechas envenenadas antes que se suspeite da sua presença.

O belo capitão começou mal ao recusar-se ao convívio com os três oficiais não comissionados. Naquela época, a perspectiva social era muito diferente do que é hoje, e as estreitas distinções classistas que haviam feito

214   A EXPEDIÇÃO FAWCETT

parte da sua educação ainda não tinham sido descartadas. O subalterno era de uma espécie diferente — mais jovem e mais adaptável. Também era entusiasmado e pronto para qualquer coisa. O médico igualmente era um bom camarada e sua resistência mais tarde mostrou-se maior do que sugeria o seu físico pequeno. Antes de partir, mandei o oficial não comissionado do capitão para La Paz para se juntar à expedição do Chaco, porque, a menos que algo fosse feito, haveria problemas.

A trilha da Companhia Mineradora Inca levou-nos até a solitária passagem Aricoma. Ali, mesmo a 4.500 metros, estávamos livres da neve, mas em toda a volta havia picos brancos, com alguns pontos e faixas de rocha preta, e pairou sobre nós uma sensação de hostilidade — só posso definir assim — que invariavelmente domina essas alturas andinas. Os Alpes suíços têm picos tão espetaculares quanto qualquer um dos Andes — quando não ainda mais —, embora as altitudes sejam, naturalmente, consideravelmente menores. De todo modo, há uma sensação amistosa a respeito deles — são domesticados, dóceis como um elefante ou qualquer outra besta de tamanho podem ser. Nos Andes, há coisas que não são do nosso mundo. É o lar de outra espécie, e o terror absoluto caminha ao lado do viajante solitário que invade seus desertos.

A trilha mergulhou numa garganta estreita na qual em muitos lugares o caminho havia sido aberto em paredes rochosas perpendiculares. Ela cruzava e recruzava o rio em vertiginosas pontes de cabos e cordas, tão delicadas de olhar que hesitávamos em confiar nossos pesos a elas. Aqui e ali, vimos *vicuñas*, e o corajoso capitão não conseguiu resistir a matá-las sempre que uma oportunidade se ofereceu. A falta de familiaridade com o homem tornara-as razoavelmente dóceis e, assim, o número de vidas desses belos e inofensivos animais que ele matou foi revoltante. Admito que sou tendencioso — não gosto de matança inútil de qualquer tipo!

Aconteceu de eu estar ausente quando o grupo se encontrava numa vila e o vice-prefeito de Macusani apareceu para dar as boas-vindas. Os oficiais bolivianos estavam para trás com a bagagem e ninguém presente dominava bem o espanhol. Todd salvou a situação abrindo a caixa de suprimentos médicos que continha champanhe (!) e iniciando uma bebedeira. Quando cheguei, vi que, para impedir que causasse algum problema, o inebriado vice-prefeito fora amarrado a uma cama na hospedaria em que estávamos, enquanto Todd, que insistia em chamá-lo de George, fornecia-lhe copiosos goles da bebida direto do gargalo.

Na manhã seguinte, nosso visitante estava recuperado e aceitara bem a recepção oferecida, provavelmente considerando-a como apenas mais uma excentricidade dos gringos malucos. O *cholo* dos Andes está acostumado a tantos abusos que não se surpreende com o comportamento das pessoas.

Adiante na trilha, Costin escapou por muito pouco. Estávamos passando em fila por um trecho estreito num penhasco, com o rio 300 metros abaixo. Costin conduzia sua mula e se deteve para acender um cigarro; o animal não parou e bateu nele, derrubando-o no precipício. Isso serve para mostrar o quão rapidamente a mente subconsciente pode provocar uma deliberada reação muscular; ao cair no vazio, a mão de Costin estendeu-se e agarrou firmemente no estribo da montaria. A mula, acostumada a emergências repentinas, firmou-se a tempo de sustentar o peso do homem; o couro do estribo e a barrigueira da sela aguentaram a tensão; e Costin, um instrutor de educação física do Exército, puxou-se com um só braço para a trilha antes de se dar conta inteiramente do que acontecera.

As mulas sempre andam na beirada dessas trilhas montanhesas para evitar que as cargas batam na parede das rochas, porque o impacto machuca seu lombo. Às vezes um casco desloca uma pedra solta e escorrega para fora; quando isso acontece, o montador fica um pouco verde e tenta forçar uma risada. O perigo de andar na beira dos penhascos é óbvio, mas ainda mais perigoso é passar montado por pontes balançantes, porque as ripas fornecem apenas uma base precária às mulas e, se uma perna escapa, o montador quase que certamente cai na torrente gelada abaixo, e para se salvar precisará de nada menos que um milagre.

Cruzamos o rio Inambari e chegamos a Santo Domingo, outrora considerada a mais rica mina de ouro do Peru. Ela fica no topo de uma cordilheira entre dois vales profundos, cujos rios havia muito tempo já tinham sido garimpados. A mina era operada por uma associação que a comprara de um americano por 40 mil libras. O americano a obtivera de

216 A EXPEDIÇÃO FAWCETT

um índio em troca de uma vaca e um bezerro, um acordo surpreendente levando-se em conta a superstição corrente de que revelar a estranhos a localização de uma mina de ouro traria ao imprudente a ruína da família e a sua própria morte. O ouro era extraído ali numa proporção de 2,3 quilos por tonelada, mas creio que a construção da mina e a reforma da trilha engoliram a maior parte da renda da associação.

As chuvas constantes faziam dos deslizamentos uma ameaça séria à trilha depois de Santo Domingo. Comboios de animais transportando borracha desde o rio Tambopata tinham esburacado tanto o caminho que as nossas mulas o tempo inteiro enfiavam os cascos em poças lamacentas com um monótono "plop" e um solavanco do corpo que nos sacudia nas selas duras. Acima, as vertentes das montanhas desapareciam em redemoinhos de névoa e o tempo inteiro uma chuva inclemente atravessava os ponchos e escorria pelas nossas pernas. Até mesmo a vegetação tinha uma aparência desgrenhada, exceto pelas enormes samambaias que cresciam luxuriantemente nas fendas das rochas. As condições não mudaram por todo o caminho até Astillero, onde a Companhia de Borracha Inca construíra um pequeno posto, o qual ficava sob a responsabilidade de um escocês chamado Angus.

Dois oficiais peruanos estacionados em Astillero insistiram em nos tomar por espiões mandados pela Bolívia para informar sobre o posto militar na confluência dos rios Tambopata e Maldonado. Eles puxaram as pistolas e resmungaram raivosamente até finalmente conseguirmos pacificá-los com a ajuda do champanhe das provisões médicas. Afinal de contas, esses suprimentos não deixavam de ter sua utilidade! A tensão foi consideravelmente reduzida — de fato, os oficiais ficaram bastante falantes ao saber que íamos para o rio Heath.

— Vocês não podem subir até esse rio — disse o primeiro. — Os selvagens são tão maus que é morte certa! Há milhares deles, não meramente uns poucos aqui e ali, como na maioria dos rios, mas milhares. Duas companhias de soldados tentaram ir não faz muito tempo, mas tantos foram mortos que tiveram que abandonar a empreitada e voltar imediatamente. Estou lhe dizendo, você nem vê esses selvagens, você nem desconfia que estão por perto até que, de repente, flechas estão voando ao lado da sua cabeça, batendo nas canoas e perfurando homens à direita e à esquerda! Essas flechas também são envenenadas, se uma delas te arranhar, você está acabado!

— E aquele alemão, Heller? — acrescentou o outro. — Ele partiu para o Heath com vinte canoas e quarenta homens nas margens para vasculhar os arbustos nos dois lados. Não adiantou nada. Os ataques vieram da floresta e houve uma terrível perda de vidas antes de Heller conseguir recuar e voltar com os sobreviventes. Ele avançou por nove dias, mas esse foi o limite. Não dá para ir, estou dizendo!

O corajoso capitão pareceu um tanto incomodado quando ouviu isso e imagino que reagiu com grande alívio a uma carta enviada pelo presidente com um pedido para que, se eu o liberasse, ele fosse mandado de volta a La Paz para trabalhar na região do Chaco. Foi um alívio para mim também, porque os oficiais não comissionados estavam tão ressentidos com o tratamento que ganhavam dele que cogitaram recusar-se a prosseguir, e atritos no grupo eram a última coisa que eu desejava. Sua capacidade para o trabalho despertava algumas dúvidas e a falta de cuidado com que manuseava os preciosos cronômetros já tinha resultado em danos a um deles.

Tivemos que esperar alguns dias até que um *batelón* fosse encontrado para nos levar ao Madre de Dios e passamos o tempo entretendo o posto com o champanhe das provisões médicas. Estava fora de questão levar essas caixas pesadas conosco, de modo que Todd fez todo o possível para que o conteúdo não fosse desperdiçado, bebendo garrafa atrás de garrafa como se fosse limonada.

Chegou a notícia de que índios chuncho estavam próximos de nós e em pé de guerra. Eles tinham atacado os seringueiros e aprisionado um, mas o soltaram após tirarem suas roupas. Não houve mortes e, para falar a verdade, geralmente os seringueiros eram os culpados por esses ataques, que não aconteceriam se evitassem importunar os índios.

O *batelón* tinha que ser devolvido em Astillero e, assim, Leigh e eu o levamos rio abaixo até a foz do Tambopata. No caminho, vimos dois porcos selvagens atravessando a nado os 500 metros que separam as margens do Madre de Dios — um feito extraordinário — e os matamos com as

218 A EXPEDIÇÃO FAWCETT

carabinas para suplementar as provisões. Quase nada vimos dessa carne, porque o destacamento boliviano na foz do Heath apreciou-a bastante.

Consegui obter uma canoa adequada para a viagem, e outro *batelón* deveria vir atrás. O subalterno e um dos oficiais bolivianos ficaram encarregados desta última embarcação; e quando finalmente chegaram na foz do Heath, onde já havíamos sido recebidos pelo comandante, o major Aldasozo, narraram o que poderia ter sido uma tragédia. Os dois tinham discutido e o subalterno dera um soco no rosto do outro — um insulto fatal na América do Sul. Que o boliviano tenha se contido de dar um tiro nele na mesma hora eu só posso definir como um ato de louvável autocontrole, mas, ainda assim, a expedição perdeu os seus préstimos, já que ele preferiu ficar com os compatriotas na guarnição.

O major Aldasozo mostrou-se pessimista quanto às nossas chances de subir o Heath.

— É impossível — afirmou. — Os guaraios são maus e há tantos deles que até mesmo ousam atacar soldados armados bem aqui! Precisamos ficar em alerta constante. Aventurar-se em meio a eles é loucura total.

— De todo modo, vamos tentar — respondi.

Ele levantou os ombros e acrescentou:

— Bem, se você vai, o risco é todo seu. Mas vou fazer o seguinte: vou mandar alguns soldados com você. Não posso ceder mais do que cinco, mas eles ajudarão.

Ele também pôde ceder uma canoa; assim, Leigh, Costin e eu ficamos com uma e o resto do grupo, com a outra. Uma terceira canoa veio atrás com os soldados e um civil que trabalhava na guarnição.

Os primeiros quatro dias rio acima não foram difíceis. Então, chegamos a uma clareira indígena abandonada na margem do rio e as correntes rápidas começaram. O avanço ficou mais complicado e, nas margens, vimos pegadas frescas de índios. No sexto dia, a canoa da guarnição nos abandonou para voltar à foz do rio. Claramente, havia índios nas proximidades, e podíamos ser atacados a qualquer momento. Não obstante, continuávamos sem ver qualquer sinal de vida, exceto as inúmeras pegadas na margem do rio. Então, no dia seguinte, fizemos uma curva no rio e vimos um grande acampamento indígena num banco de areia.

Cães latiram, homens gritaram, mulheres berraram e pegaram crianças, e houve uma frenética correria. As mulheres e as crianças fugiram para a floresta ao lado do banco de areia, com os cachorros seguindo tão perto que se misturaram com as pernas dos donos e fizeram com que caíssem gritando no chão. Os homens pegaram nas ocas arcos e flechas e outras armas, correram para canoas na praia e as empurraram para o rio com tanta força que o ímpeto quase os levou para o outro lado. Então, saltaram das canoas para a margem cheia de árvores altas e desapareceram em meio à folhagem; em seguida, a sua gritaria insana deu lugar a um silêncio sinistro.

Enquanto isso, movimentamos as varas com toda a força para avançar o mais rapidamente possível, levando as canoas para o banco de areia. Tão logo o primeiro homem desembarcou, houve o barulho de disparos de armas de fogo na outra margem e flechas passaram zunindo entre nós. Todos mantiveram a frieza, embora o pobre capitão Vargas, que provavelmente escorregou, tenha caído para trás da canoa e precisou ser pescado do rio. As laterais da nossa canoa tinham a grossura de bons quatro centímetros, mas vi que uma flecha perfurou os dois lados e ainda avançou mais de 30 centímetros para fora. Isso dá uma ideia da força por trás delas!

Puxamos as canoas bastante, lutando para que não flutuassem para longe e, então, corremos pelo banco de areia enquanto flechas caíam no chão ao redor. Eu levantei os dois braços e gritei para o outro lado uma frase em chuncho que havia aprendido em Astillero com um dos seringueiros. Provavelmente era inteligível aos guaraios, porque há alguma semelhança entre todos esses dialetos; e o piadista que me ensinou as palavras sem explicar o significado delas teria se divertido bastante se me visse aqui, com as nossas vidas por um fio, informando aos agressores que éramos inimigos que tinham chegado para matá-los! Não foi à toa que choveram mais flechas do que nunca!

Não consigo entender como não nos acertaram, porque o rio estreitava nesse ponto e não havia mais de 20 ou 30 metros nos separando. Normalmente, eles são atiradores incríveis com os arcos; quando estão suficientemente concentrados, podem disparar uma flecha por cima de

220 A EXPEDIÇÃO FAWCETT

uma árvore e acertar um pequeno animal do outro lado com a maior facilidade. Eles tinham também algumas armas de fogo, mas depois de dispará-las estavam ocupados demais para recarregá-las.

Na hora, não vi nenhuma flecha, mas os outros depois me disseram que algumas passaram bem perto de mim. Quando são disparadas contra outra pessoa, elas parecem voar muito lentamente, mas, estando-se em sua linha direta, as flechas não são vistas.

Com o fracasso das minhas tentativas de paz, mudamos as canoas para um local mais seguro sem sofrer nenhuma baixa e, então, Todd foi instruído a sentar-se num tronco no meio do banco de areia — a uma distância segura — e tocar o seu acordeão. Ele sabia tocar muito bem o instrumento, e essa fora uma das principais razões para trazê-lo; a cena deve ter parecido absurda, com ele sentado dedilhando calmamente música após música como se estivesse se divertindo num pub inglês. Aqui estávamos, nos desviando de flechas e cantando a plenos pulmões, enquanto Todd tocava o instrumento e marcava o tempo com ambos os pés. Qualquer um diante dessa cena diria que estávamos completamente bêbados; a cacofonia teria provocado uma lancinante agonia no ouvinte! Todd tocava "Knocked 'em in the Old Kent Road"; Costin, com os olhos girando e os lábios tremelicando com o esforço, proclamava em altos brados que éramos "Soldiers of the Queen"; o médico gritava sobre uma "Bicycle Made for Two"; enquanto, tanto quanto me recordo, minha contribuição foi "Swannee River". Alguém — não consegui ver quem — preferiu "Onward, Christian Soldiers"; e o capitão Vargas, sem dúvida, ocupou-se de alguma pérola do cancioneiro boliviano.

Não sei por quanto tempo ficamos assim, mas pareceu uma eternidade. Com o tempo, até mesmo esquecemos as flechas, e, de repente, reparei que Costin, ainda inflando os pulmões, estava cantando "Eles pararam de a-ti-rar flechas na nossa di-re-çãooo!" repetidamente. Ele estava certo; as flechas não mais zuniam por nós — de fato, um rosto escuro, com os olhos arregalados de surpresa, nos espiava do alto de um arbusto baixo. Então, outra cabeça ficou à mostra — e mais outra. Gostaria de saber o que os selvagens estavam pensando nesse momento.

Não havíamos disparado nenhum tiro. Não fazer isso foi a primeira ordem que dei quando saltamos no banco de areia, porque o nosso destino estaria selado caso retaliássemos. A essa altura, os selvagens certamente deviam ter percebido que não estávamos ali com intenções agressivas e que queríamos somente travar amizade.

As ricas gesticulações da conversação cotidiana na América Latina se desenvolveram numa linguagem de sinais tão ampla que um intricado diálogo pôde ser realizado sem uma única palavra pronunciada. Eu, então, andei até a beira da água e agitei os dois braços sobre a minha cabeça, desse modo informando aos índios que estava atravessando. Agora, rostos despontavam de trás das árvores e torci para que meus gestos amistosos fossem corretamente interpretados.

Uma das canoas deles, contudo, continuava na praia e, instruindo Todd a continuar tocando com todo entusiasmo, entrei nela e pedi ao médico que a empurrasse da margem. A canoa pegou embalo, o médico pulou dentro e, no último instante, o subalterno correu e se juntou a nós. Então, remamos, enquanto no banco de areia a desvairada cantoria continuou com mais empenho do que nunca.

Da beira da margem não conseguíamos ver nada dos selvagens acima, e, tanto quanto sabíamos, flechas e tiros à queima-roupa poderiam ser nossa recepção quando avançássemos. Hesitação só teria dificultado o inevitável — do mesmo jeito que acontece quando mergulhamos de uma grande altura — e, assim, seguido pelo médico, desci da canoa, agarrei a vegetação e subi pela margem.

Dois ou três braços marrons saíram da folhagem no alto, agarraram minhas mãos e me puxaram para o meio de um grupo de quarenta ou cinquenta guerreiros guaraios. Logo, o médico apareceu ao meu lado e olhamos ao redor para os rostos inteligentes e de boa aparência desses temidos selvagens.

Alguns deles tinham espingardas roubadas dos seringueiros, mas a maioria estava armada apenas com os notáveis arcos pretos, com três metros ou mais de comprimento, e flechas igualmente longas. Uns poucos tinham braços e rostos pintados com padrões quadrangulares com o

222 A EXPEDIÇÃO FAWCETT

sumo do urucu e vestiam camisas feitas com casca de árvore batida com um desenho no peito em tinta púrpura. Alguns vestiam as becas compridas e escuras que lhes davam uma aparência feminina; outros estavam completamente nus.

Houve muitos risos e falatório enquanto examinaram nossas roupas e, então, depois de conduzidos na floresta por cerca de 400 metros, chegamos a mais algumas ocas e vimos que o cacique da tribo nos esperava. Consegui pensar somente em uma maneira de demonstrar-lhe amizade. Coloquei meu chapéu Stetson na sua cabeça e dei-lhe tapinhas nas costas. Ele sorriu e todos os bravos ao redor caíram na gargalhada — na verdade, riam de tudo, engraçado ou não. Então, nos presentearam com bananas e peixes e relações amistosas foram firmemente estabelecidas.

O cacique levou-me a uma grande piscina natural em que peixes de todos os tamanhos e tipos flutuavam na superfície, com as barbatanas para fora e agitando levemente a água com os rabos. Estavam atordoados pelos efeitos da seiva *solimán* atirada na água — o modo favorito de pesca dos índios. Como a seiva é um forte cáustico, do qual uma pequena gota pode destruir um olho, há um certo perigo na sua coleta; mas é encontrável quase que em qualquer lugar e a precaução necessária se tornou um hábito instilado nos índios desde crianças. Eles meramente jogam na água e imediatamente todos os peixes nas proximidades ficam paralisados ou entorpecidos e flutuam até a superfície. O veneno aparentemente não tem nenhum efeito nocivo na sua carne como alimento.

Os índios pegaram alguns desses peixes para nós e, então, voltamos todos para a margem do rio e cruzamos para o banco de areia, onde o resto do grupo esperava de modo um tanto ansioso. Montamos acampamento e cada item dos equipamentos absorveu inteiramente a atenção dos selvagens. Eles cercaram Todd para dedilhar o acordeão e ele, sempre à vontade em qualquer companhia, logo estava chamando-os de "Bill" e "Joe", explicando o funcionamento do instrumento no seu melhor dialeto cockney e tirando sons que eram recebidos com gritos e risadas. Todd deixou que um enorme guerreiro, vestido com uma beca, tentasse tocá-lo; quando saiu um gemido, o índio o largou como se estivesse pegando fogo e caiu para trás, enquanto os demais gritaram zombando dele. Não havia necessidade de uma língua comum, um total entendimento existia em ambos os lados!

Dormimos bem essa noite, porque ninguém precisou ficar de guarda. A expedição sempre usava redes cobertas com longos toldos impermeáveis, estendidas entre árvores ou tripés de canas. Não existe cama melhor depois que se acostuma à postura curva e eu a prefiro mesmo na Inglaterra.

Seis índios passaram a noite no banco de areia conosco, os únicos da tribo a serem vistos na manhã seguinte. Os outros aparentemente haviam entrado na floresta, porque todas as canoas continuavam ali e o cacique deixara como presente para nós alguns colares de dentes. Dois dos seis índios ofereceram-se para nos ajudar a empurrar as canoas com varas rio acima e eu aceitei com prazer. Eles estavam ansiosos em saber se éramos "*soldados*" — a única palavra em espanhol que conheciam —, pois os soldados, com razão, eram temidos e odiados por eles. O pobre Vargas ficou preocupado com isso e implorou para que eu não o entregasse! A ilustração 32 do encarte exibe esses dois índios, um vestido numa camisa de casca de árvore, sentado, e o outro de pé, numa beca de algodão tingida de vermelho. Eles estão com véus que eu lhes dei para protegê-los das nuvens de mosquitos que tornam a viagem nesse rio particularmente desagradável.

Na terceira noite após deixarmos o banco de areia, os dois guaraios desapareceram, levando a espingarda e a munição de Todd com eles. Todd era a sentinela e havia ido dormir. Seu linguajar quando a perda foi descoberta mostrou claramente que dali em diante ele não confiaria em índios! Ouvimos tiros a oeste, como se estivessem zombeteiramente convidando-nos a ir atrás. Em vez disso, seguimos rio acima, com Todd numa fúria que levou vários dias para se esvair porque se deu conta de que poderia também ter perdido o amado acordeão.

Na seção superior do rio, os sinais de índios eram vários, mas não vimos nenhum deles. As aldeias provavelmente estão afastadas do rio, no lado oeste, onde o terreno é alto; no lado leste, há brejos que se estendem até a bacia do Madidi. Os obstáculos tornaram-se um sério problema;

224 A EXPEDIÇÃO FAWCETT

a água estava baixa e tivemos dificuldades para superá-los. Então, para piorar as coisas, chegamos a uma série de correntes rápidas, uma após a outra, até o ponto de pensarmos que não acabariam.

Num determinado lugar, vimos várias canoas de ponta-cabeça na margem e passamos por bancos de areia com ocas desertas construídas durante a estação seca. Avistamos fumaça no alto de uma margem elevada, onde provavelmente índios estavam ocupados abrindo uma clareira; mas sempre ficavam afastados de nós. Aqui e ali ouvíamos vozes — um grito ou um som gutural —, mas não vimos os índios nem fomos atacados. O capitão Vargas, de sentinela numa noite, afirmou ter visto figuras perto do acampamento, mas os seus tiros não trouxeram a confirmação de serem qualquer coisa mais notável que sombras.

Alimentos frescos eram abundantes. Pegamos o saboroso peixe escamoso chamado dourado, pesando cerca de dois quilos, e conseguimos pôr as mãos também em alguns porcos selvagens. O pior de tudo era perder a pele dos pés e das pernas por deixá-los imersos o dia inteiro no rio para puxar as canoas através das correntes rápidas. A pele saía em pedaços, que grudavam nas meias e tornavam uma tarefa difícil tirá-las à noite. O médico suspeitou de um micróbio na água, mas acho que a culpa também era da areia. De toda forma, o único remédio era esfregar pernas e pés com álcool a cada noite e aguentar da melhor maneira possível o incômodo. Felizmente, ainda tínhamos bastante álcool nas reduzidas provisões que trouxemos. *Sututus* foram outra agonia para alguns de nós: são as larvas de uma traça ou mosquito que, após sair de ovos postos na camisa, imediatamente se enfiam sob a pele — geralmente nas costas. Os pequenos monstros só podiam ser extraídos quando a ferida que causavam estivesse "madura", e mesmo aí era uma arte conseguir tirá-los, porque ao serem manipulados se agarravam à carne com afiadas mandíbulas. Às vezes o sumo de tabaco ajudava, mas matá-los sob a superfície podia envenenar o sangue. Mais tarde, os índios se ocuparam da cura com um método próprio. Eles faziam um curioso som de assobio com as línguas e na mesma hora a cabeça da larva aparecia para fora. Então, o índio dava uma rápida espremida na ferida e a invasora era ejetada. Ao médico, essa prática era heterodoxa e, portanto, cheirava a necromancia, mas, quando viu o resto de nós livre da tortura dessas pestes, submeteu-se ao tratamento.

O avanço ficou ainda mais difícil quando o leito do rio mudou de areia para pedra lisa e escorregadia com algas. Nós deslizávamos e xingávamos, machucando os joelhos e constantemente nos esborrachando na água. Se houvesse alguma esperança de a situação melhorar à frente não teria sido tão ruim, mas, tanto quanto sabíamos, poderia piorar ainda mais. Ainda assim, a viagem tinha que ser feita e nossa recompensa eram os valiosos dados geográficos a serem acumulados pela primeira vez.

— Selvagens! — gritou Costin, um dia, enquanto ele e eu movíamos suavemente as varas até o começo de uma corrente rápida; Leigh voltara para dar uma mão à segunda canoa.

— Bem ali, à nossa frente, major! — ele apontou para um banco de areia a uns 400 metros e vi oito vultos marrons nos examinando atentamente.

— Vá para a margem — disse-lhe. — Rápido! Agora espere aqui na canoa e eu vou na frente ver se consigo travar amizade com eles.

Se levasse uma espingarda, estaria me rotulando como um inimigo, de modo que avancei de mãos vazias e fazendo gestos amistosos, meio que esperando vê-los dar meia-volta e sumir na floresta. Em vez disso, eles se espalharam num semicírculo, colocaram flechas em seus arcos e vieram lentamente na minha direção. Era uma situação difícil, porque pareciam hostis, mas o amor-próprio proibia uma retirada. Quando eles estavam a cerca de cem metros, ficaram agitados e, olhando para trás, vi que a outra canoa entrara no campo de visão. Ao virar-me novamente para defrontá-los, vi suas costas enquanto se espalhavam e buscavam abrigo.

Corri atrás, mas parei a aproximadamente 40 metros do ponto em que tinham desaparecido e gesticulei em vão para saírem, até mesmo usando algumas palavras amistosas aprendidas com os guaraios. Então, acenei para Costin trazer um pouco de açúcar e outras coisas pequenas da canoa, erguendo-as para serem vistas e, depois de deixá-las convenientemente sobre uma pedra, recuei. Os índios emergiram após um curto intervalo e foram examinar a oferenda. Então, voltaram até a beira da floresta, depuseram as armas e vieram até mim. Fomos aceitos como amigos.

226 A EXPEDIÇÃO FAWCETT

Eles pertenciam a uma pequena tribo chamada echocas, com uma grande plantação nas proximidades, da qual nos presentearam com mandioca, milho e bananas. Também nos deram peixes e insistiram em ajudar a arrastar as canoas até perto da grande oca comunal. Passamos a noite com eles, que com muita hospitalidade nos ofereceram um banquete.

No dia seguinte, deixamos as canoas com os novos amigos e partimos a pé, carregando as mochilas e acompanhados durante algum tempo por alguns deles. Para minha grande surpresa, eles mostraram o local em que acontecera um combate com seringueiros. Foi surpreendente porque eu não suspeitava da presença de seringueiros nessa parte do rio; na verdade, não esperávamos encontrar nenhum sinal de civilização após deixar o Madre de Dios.

Eu sabia que não estávamos muito longe do Tambopata e minha intenção era cruzar até esse rio, fazer o trabalho necessário e, então, completar o círculo construindo balsas e seguindo a correnteza até Astillero. Os alimentos ainda eram abundantes, já que nas piscinas naturais havia peixes, e matamos duas antas, cuja carne achamos excelente, com gosto similar à bovina. Por toda a extensão havia plantações dos echocas, das quais inúmeros vegetais e frutas nos foram dados — na verdade, a generosidade desses selvagens gentis era quase constrangedora.

Agora, havíamos chegado às montanhas e, à noite, morcegos-vampiros tornaram-se uma irritação. Todd, Vargas e eu fomos mordidos na cabeça e nos dedos dos pés, e Costin, na ponta de todos os dedos de uma das mãos. De manhã, acordávamos para encontrar nossas redes cheias de sangue, porque qualquer parte de nós que tocasse os mosquiteiros ou se projetasse para fora deles era atacada por esses animais hediondos. É um erro achar que o homem nunca é molestado por morcegos. Eu, de fato, senti um em plena ação uma noite. Ele bateu as asas de maneira bem suave por algum tempo sobre o meu rosto antes de pousar em mim e tive que fazer um bom esforço para espantar a criatura, pois a minha inclinação, notei com interesse, era dormir e deixá-la à vontade. As variedades grandes e pequenas utilizam as mesmas táticas e são tão perigosas para cavalos e mulas que frequentemente resultam em morte, devido à repetida perda de sangue ou à septicemia.

Em 14 de setembro, chegamos a um ponto em que o rio nada mais era do que um regato de 30 ou 60 centímetros, descendo de colinas arborizadas difíceis de escalar. Após fazer as necessárias observações topográficas, demos meia-volta para retornar pelo caminho da vinda até chegarmos a um local adequado para iniciarmos o percurso terrestre até o Tambopata. Antes de fazermos a travessia, os echocas vieram ao nosso encontro com mais comida e chegaram mesmo a nos acompanhar até o Tambopata ficar à vista. Depois que se foram, entramos numa trilha que nos levou à clareira da barraca Marte de seringalistas.

Encontramos Marte num estado de fome absoluta. Numa imunda palhoça, num lado da clareira, aproximadamente 30 índios estavam deitados em diferentes estágios de colapso, pútridos com furúnculos e outras enfermidades, enquanto o *señor* Neilson, o boliviano de ascendência escandinava que administrava o lugar, tinha apenas um litro de milho nas suas reservas. Ainda assim, quis que o aceitássemos. Os trabalhadores vinham subsistindo havia algum tempo de folhas e relva, contudo, no Heath, a pouca distância de onde os seringueiros tinham penetrado, existia comida em abundância, com o rio cheio de peixes e muitos animais de caça. O medo de índios selvagens os mantinha afastados, e era impossível não ver o inevitável mecanismo da lei de causa e efeito. Aqui estávamos nós, que havíamos tratado os selvagens com consideração, estufados de boa comida fornecida por exatamente aquelas mesmas pessoas! Que o riacho além das montanhas fosse o Heath e que os índios dali estivessem dispostos a ser amistosos eram fatos totalmente ignorados por esses seringueiros, que ficaram bastante surpresos ao tomar conhecimento.

Marte estava ligada à principal barraca de San Carlos por uma trilha sofrível, imprópria para animais, mas para nós era muito melhor do que trilha nenhuma. Ficava a aproximadamente 50 quilômetros e precisamos de dois dias para percorrê-los. De San Carlos, uma trilha um pouco melhor conduzia a Sandia e ao altiplano. Antes de chegar a San Carlos, encontramos uma expedição de seis echocas que haviam partido em busca de alimentos e estavam carregados de cana-de-açúcar de uma plantação abandonada. Eles insistiram para que aceitássemos uma generosa porção.

228   A EXPEDIÇÃO FAWCETT

Embora em melhor condição do que Marte, San Carlos não contava com muita comida. O gerente dali, um inglês casado com uma boliviana, trabalhara por muito tempo na indústria da borracha no Beni e suspeitei que os seus métodos para lidar com os trabalhadores tivessem sido adquiridos lá. Descobri mais a respeito desse lugar no ano seguinte. Conseguimos um pouco de milho e *chuñu* (batata congelada) com o gerente, mas tivemos que pagar um bom preço. Enquanto os demais ficaram na barraca para se recuperar das várias doenças, Costin e eu caminhamos pela margem rio acima até a confluência com o Lanza, um importante ponto na delimitação da fronteira.

Muitos dos peões indígenas em San Carlos eram comedores de terra, fadados a morrer após um ou dois anos desse hábito. Uma das vítimas, pouco tempo antes, tinha sido mandada embora doente com uma reserva de banana e carne para se sustentar, mas foi encontrada mais tarde fazendo três tortas de terra para comer como desjejum. Ele morreu antes de chegar ao destino.

O capitão Vargas sofrera bastante na viagem e, como não estava inclinado a fazer a travessia do rio até Astillero, separou-se de nós aqui e partiu para casa pela trilha do Sandia. Era um excelente companheiro e lamentamos vê-lo partir.

Retornando a Marte, construímos três balsas e, então, embarcamos para uma agitada viagem de dois dias descendo o Tambopata até Astillero — agitada porque passamos por incontáveis correntes rápidas, uma experiência arrepiante numa correnteza de 50 quilômetros por hora, em que o rio, normalmente com uma largura de cem metros, estreitou para apenas 20 metros durante um trecho que percorreu de 800 metros, o que produziu na água um efeito "tubo de venturi". Leigh e eu estávamos numa jangada, o subalterno e o médico em outra e, na terceira, Costin e Todd. Fizemos a travessia sem incidentes, mas os outros naufragaram várias vezes. Costin e Todd, de fato, foram pescados em uma ocasião por índios chunchos, que os alimentaram, montaram acampamento e ajudaram a consertar a jangada. Havia muitos chunchos rio abaixo e, antes de Astillero, passamos por uma das suas aldeias e vimos o chefe orgulhosamente usando um chapéu-coco.

Qualquer um que goste de emoções fortes deveria tentar fazer um rafting por essas correntes de montanhas. É preciso habilidade para evitar troncos e rochas; a corrente oleosa o leva sem percalços ao redor do sopé de enormes precipícios; e, então, subitamente, você vê que na frente as paredes dos penhascos se estreitam e o rio cai, sumindo de vista. Se você não conhece o rio — o que era nosso caso —, não há como saber se adiante há uma queda-d'água ou uma corrente rápida, mas a água o carrega cada vez mais rápido e, perto da beira, você descobre que é um declive acentuado em que a água desce com terrível velocidade. Então, você já está dentro e não há tempo para ficar com medo!

É preciso usar as varas com muito cuidado, particularmente nas correntes rápidas. A arte consiste em se manter perto da margem e se afastar de rochas e troncos bem antes de se aproximar. O homem da proa também tem que evitar pôr a vara na frente do corpo, ou ela pode vir com tudo em cima dele. Essas coisas aconteceram!

Nenhuma árvore cresce em Astillero e nossas balsas chegaram em boa hora para um grupo à espera de transporte para Maldonado. Angus, o nosso amigo escocês, deu-nos uma calorosa recepção, alimentando-nos na sua casa com uma comida que pareceu riquíssima após a escassez do Alto Tambopata, e também conseguiu mulas para nós. Todd perdeu uma das meias e descobriu que o cozinheiro a tinha pegado para fazer café! É sério — estava sendo usada assim. Uma maneira popular de fazer café na América do Sul é colocar o pó numa bolsa e, então, derramar água quente nela. A meia de Todd era a bolsa — e, embora possa ter servido eficazmente ao seu propósito, isso acabou tirando nossa vontade de café pelo resto da estada ali!

Angus nos passou notícias sobre o capitão que foi mandado para o Chaco. No caminho, após deixar Santo Domingo, ele confiscou todo o estoque de pão de um pobre índio, sem dar a mínima para como ele iria repô-lo, dando em troca o equivalente a um xelim. Depois, tentou expropriar um cavalo de quatro índios, que se recusaram terminantemente. Sua retaliação foi enviar um longo relatório oficial ao prefeito sobre a insolência dos quatro homens e o conluio que armaram para impedir o que teria sido, para eles, a perda de uma fortuna! De modo geral, os ingleses se comportam muito bem nesses países, mas atos como esses por parte de um ou dois levam muitos anos para serem esquecidos. Soube mais tarde, em La Paz, que o capitão regressou à Inglaterra com o oficial que esteve com ele no Chaco, após a expedição deles ter sido um completo fracasso. Esses dois homens tinham sido condecorados por trabalhos topográficos na África e tudo o que posso imaginar é que na época o padrão para esse tipo de serviço não devia ser muito alto no continente! Eles eram bastante inadequados para as condições sul-americanas.

Em 25 de outubro, desfizemos o grupo em La Paz. Leigh, Todd e o médico foram para casa; o subalterno arrumou um emprego com a Companhia de Borracha Inambari, onde mais tarde acabou se afogando; e Costin e eu permanecemos para o trabalho do próximo ano. Como disse Costin:

— É um inferno, com certeza, mas você acaba gostando!

CAPÍTULO XIII
TETO DO MUNDO

Costin e eu recebemos a companhia de um excelente camarada jovem chamado Manley, que havia trabalhado para mim na Inglaterra. Ele era de Devonshire, conhecia cavalos profundamente e comprovou o seu valor repetidas vezes — na verdade, ele e Costin foram os únicos assistentes que pude classificar como totalmente confiáveis e completamente adaptáveis, e jamais desejei companhia melhor.

Saímos de La Paz no início de abril de 1911 e cruzamos o lago Titicaca rumo a Juliaca, no Peru. Isso fica no altiplano, mas a interessante e antiga cidade colonial espanhola estava bastante ativa com os incessantes movimentos de pesados vagões nos pátios da Ferrovia do Sul do Peru, porque se trata de um elo da *"Diagonal de Hierro"*, a "Diagonal de Ferro" da rota ferroviária internacional que agora ligava a costa do Pacífico à Bolívia e à Argentina.

Imagine uma vasta planície estendendo-se de horizonte a horizonte, margeada por montanhas púrpura e serras cobertas de neve branca; verde com relva, pastos e pequenos pedaços de terra cultivada. É o altiplano.

232 A EXPEDIÇÃO FAWCETT

Aqui, perto de Juliaca, braços de água ladeados por junco saem dos pântanos na beira do lago, lar de patos e outras aves aquáticas. As balsas nativas, indispensáveis no cenário do Titicaca, projetam seus reflexos imóveis ou deslizam com as velas de junco, e por toda parte há índios de ponchos e gorros com orelheiras tricotados, uma gente rija e silenciosa ocupada com seus próprios negócios.

De novembro a maio, o altiplano é castigado pelas chuvas e nos pontos em que os raios caem nuvens de poeira se erguem como se fossem explosões de granadas. Com frequência, há perda de vidas com o canhoneio de raios durante as tempestades, mas elas são tão regulares que se aprende as horas em que acontecem. Faz frio na estação das chuvas, a 3.600 metros ou mais, e os dias são úmidos e sombrios, exceto quando as nuvens voadoras se abrem e um bem-vindo sol seca as enevoadas encostas. Mas o verdadeiro frio — o frio implacável e excruciante que pode congelar e matar um homem — vem com a estação seca, de maio a novembro, quando o termômetro cai abaixo de –20 graus. Em contraste, a temperatura no sol feroz do meio-dia pode passar dos 44 graus sem que se perceba o quão quente está, de tão seco é o ar. À noite, as estrelas são gloriosas. Pode-se avistar galáxias que no ar mais denso do nível do mar são invisíveis ao olho nu; e, se o céu está limpo, nenhuma noite é realmente escura, tal a luminosidade delas.

Nosso primeiro trabalho era a delimitação da fronteira entre o Peru e a Bolívia no ponto em que esses países se tocam no litoral do Titicaca; e dali seguir sobre as montanhas e descer até a região florestal no sopé da vertente leste da cordilheira. O maior perigo vinha dos cachorros. Eu adoro cachorros e nosso grupo era sempre acompanhado por um bando deles — que compensavam na personalidade o que faltava em pedigree —, mas os diversos cães das aldeias aimarás e quíchuas nas montanhas eram treinados para atacar estranhos. Paus não bastavam para mantê-los longe. Certa vez, vi um cachorro violento e salivando sendo afastado com um cacete enfiado em sua boca, e apesar do fato de a ponta ter penetrado bastante na garganta, ameaçando sufocá-lo e certamente machucando-o muito, o animal lutou tão ferozmente para alcançar o homem que conseguiu e foi preciso matá-lo. Depois de algum tempo, descobrimos que os ataques cessavam se levássemos à mostra pedaços de corda. Os cachorros não ligam para paus, mas têm um saudável respeito por cordas, porque é com elas que os filhotes apanham até se disciplinarem.

Caspar Gonzales, um jovem oficial boliviano, juntou-se a nós em Juliaca e realizamos uma triangulação geodésica um grau a leste da principal Cordilheira dos Andes, passando quase três meses nessa região. À noite, o frio era quase insuportável — habitualmente chegando a –5 graus dentro das tendas — e, ao levantarmos nas manhãs, os pés estavam tão congelados que enquanto não esquentassem era uma agonia caminhar. Depois de o sol nascer, a temperatura subia constantemente e causava queimaduras na pele até que, por fim, nos acostumamos. Fazer a barba estava fora de questão — o rosto teria saído junto com a barba!

Os cães das aldeias serviam como proteção a uma gente hospitaleira que não poderia ter sido mais gentil. Vice-prefeitos e outros dignitários nos tratavam suntuosamente com sopas, carne-seca e batatas congeladas, e nós retribuíamos com festins de chá e rum, champanhe e bolo genovês. Na maioria dos lugares, parávamos para visitar o padre da vila e tomar um copo de vinho da comunhão com ele.

Uma das mulas de bagagem, conhecida como a *"Chúcara"* ("Tímida"), era um ótimo animal, mas não fora treinada para a sela. Manley cobiçava essa besta como montaria e ficou determinado a domá-la. Nós colocamos a sela sem dificuldade e, aproximando-nos pelo seu lado cego — ela só tinha um olho —, ele subiu enquanto a segurávamos. Aí, a soltamos e nos afastamos rapidamente. Durante um minuto, nada aconteceu; ela ficou absolutamente imóvel. Então, a *"Chúcara"* explodiu em ação e Manley não teve a menor noção do que aconteceu. Com incrível imprevisibilidade, a mula deu um salto, com a cabeça abaixada entre as pernas dianteiras, e Manley voou sobre o pescoço do animal para aterrissar pesadamente em cima do próprio ombro a bons dez metros de distância! Acho que nem mesmo o mais experiente peão poderia se sentar naquele animal numa sela sem abas. Nenhum osso se quebrou, mas Manley ficou abalado e desistiu de qualquer ideia de usar a *"Chúcara"* como montaria.

O *soroche*, ou mal da altitude, manifestou-se em nós na forma de dor de estômago crônica e mantivemos nossa base em Cojata enquanto esse

234   A EXPEDIÇÃO FAWCETT

problema perdurou. Era um lugar miserável, castigado por ventos ferozes e que durante o inverno ficava sob um manto perpétuo de neve, mas tinha a vantagem para nós de ser a vila mais próxima das cordilheiras, e dali saíamos para fazer todo o trabalho necessário durante os dias. As noites eram passadas entretendo ou sendo entretidos, uma formalidade bastante necessária nessas paragens caso se deseje a colaboração das autoridades locais.

Viscachos são abundantes aqui. Esses animais são do tamanho aproximado de um coelho, e com aparência similar, exceto que seus rabos espessos lembram os dos esquilos e o pelo tem a cor de chinchilas. Eles pulam aos milhares nas rochas das encostas das montanhas e são considerados apetitosos pela população local. Me surpreende o fato de a indústria de peles ainda não ter prestado atenção nesses animais, porque sua cobertura é infinitamente superior à do coelho e são encontrados em todas as partes no altiplano.

Após deixarmos Cojita, nossa parada seguinte foi Pelechuco. Esse lugar sai-se melhor numa comparação com as vilas na *Puna*, ou planície alta, porque aqui havia abundância de verde e, apesar da altitude de 3.600 metros, gerânios, fúcsias, amores-perfeitos e rosas cresciam espontaneamente e em profusão. O grande condor da América do Sul aparece em sua melhor forma aqui. O *señor* Carlos Franck, um alemão-boliviano que nos hospedou, deu-nos muitas informações a respeito deles. Como geralmente se sabe, trata-se do maior dos pássaros e o condor-rei frequentemente atinge uma envergadura de mais de quatro metros. Eles raramente descem a menos de 5 mil ou 4.500 metros, exceto para pegar uma ovelha ou — e há casos comprovados — uma criança. A sua força é impressionante. Há o relato de um condor ferido arrastando uma mula; perto de Pelechuco, um homem adulto foi carregado por cerca de 20 metros. Mas, geralmente, eles atacam ovelhas da montanha, significativamente menores; sobem 300 metros ou mais e, então, as soltam, para as devorarem à vontade.

Carlos Franck, que conhecia essas montanhas como a palma da mão, uma vez deu de encontro com um agrupamento de condores-reis. Um grande círculo de pássaros solenes cercava dois enormes de cor preta e um branco ainda maior, o qual parecia ser o líder. Ele desejava havia muito tempo um dos raros condores brancos como troféu e foi imprudente o bastante para atirar nele. Imediatamente, a roda de pássaros se desfez e dois partiram na sua direção. Franck foi obrigado a se jogar de costas no chão e bater neles com a espingarda quando mergulharam. Ele escapou, mas os pássaros o seguiram enquanto descia atabalhoadamente a trilha rochosa estreita, tentando sempre que possível derrubá-lo com as asas no abismo. Ele achou que teve muita sorte em escapar.

Na vila de Curva, não muito distante de Pelechuco, viviam os peculiares índios ciganos da América do Sul conhecidos como *brujas* ou *calahuayas*. Como os bascos na Europa, sua origem se perdeu nas brumas do tempo; eles perambulam pelos Andes, são veterinários de cavalos, herboristas ou videntes e as pessoas em geral lhes atribuem poderes ocultos.

— Minha filha, a quem você conheceu — Franck disse —, sofria de doença dos quadris quando menina; na verdade, era uma aleijada. Eu sei que você dificilmente acreditará, mas escute a história da cura dela. Eu a mandei para a Alemanha para verem o que poderia ser feito. Pobre menina! Passou por quatro operações, mas isso de nada adiantou e ficamos desesperados, sem saber se algum dia seria curada. Então, um dia, depois de ter voltado para Pelechuco, um desses *calahuayas* nos visitou e se ofereceu para curá-la em troca de uma substancial quantia, segundo o princípio de "sem cura, sem pagamento". Não vou entrar nos detalhes da fórmula que ele me instruiu a preparar, porque era nojenta demais a ponto de virar o estômago, e se eu não tivesse uma firme crença nos poderes dessa gente estranha não teria ousado dá-la à minha filha. Contudo, eu a preparei e dei como uma infusão em água. Ela, é claro, não tinha ideia do que se tratava e, acredite-me, em uma semana, em não mais de uma semana, estava perfeitamente bem e tem estado assim desde então.

— E você acredita que foi o remédio do *calahuaya* que a curou?

— O que mais poderia ser? O caso da menina não tinha esperança e até mesmo aqueles especialistas eruditos na Alemanha não foram capazes de fazer nada por ela.

— Soa fantástico, o tipo de coisa que se acha que acabou com a Idade Média.

236 A EXPEDIÇÃO FAWCETT

— Vivendo nesses lugares isolados, bem próximo da natureza e longe da agitação do mundo externo, experimenta-se muitas coisas que uma pessoa de fora pode considerar fantásticas, mas que para nós são práticas comuns. Vou lhe contar outra história sobre um *calahuaya* e você poderá facilmente checá-la, porque aconteceu na semana passada. Você notou um casebre solitário lá para baixo, ao lado da trilha antes de chegar a Pelechuco? Notou? Bem, era ocupado por um funcionário da alfândega que vivia sozinho, exceto por um *pongo*, um criado nativo. Ele tratava muito mal esse pobre homem. Ninguém sabe por que o *pongo* continuava com ele; possivelmente existia mais alguma coisa na história que desconhecemos. De qualquer forma, o funcionário pegou o criado roubando, amarrou-o, passou uma corda embaixo dos braços e baixou-o da ponte de pedra na frente da casa bem acima da cachoeira. A corda quebrou, o *pongo* caiu na torrente e se afogou. Três noites depois, o funcionário estava sentado na cabana, com porta e janelas trancadas, quando uma pedra acertou a parede atrás dele e caiu no chão. Ele deu um salto, alarmado, e por um instante pensou que alguém devia ter jogado a pedra do lado de fora, mas ali ela estava no chão, dentro. Como poderia ter entrado? Então, outra pedra, grande, caiu na mesa e imediatamente veio o barulho de algo quebrando, quando uma terceira caiu no meio das louças. Ele pegou a espingarda e abriu a porta. O seu raio de visão era pequeno e, mal tendo tempo de virar a cabeça, uma pedra o acertou na testa. Ele recuou com sangue jorrando de um ferimento feio e bateu a porta. No dia seguinte, ele veio a mim implorando ajuda. Juntos, fomos até a *choza* e ele mostrou as pedras no chão, pedras do rio de bom tamanho, grandes como o seu punho. Fiquei com ele até a noite cair e, assim que escureceu, a chuva de pedras reiniciou. As pedras pareciam vir direto da janela fechada ou da parede da frente e eram arremessadas contra o funcionário como se lançadas de uma grande distância. Impressionado e, para falar a verdade, com medo, eu murmurei: "É o diabo que está fazendo isso!" Na mesma hora, as pedras vieram na minha direção. Não soube como explicar o mistério e é tão inacreditável que não espero que você acredite nessa parte da história. Duvido que eu acreditasse, se não estivesse envolvido como testemunha. O funcionário não conseguiu mais viver ali e por três meses a *choza* ficou desocupada, mas durante esse tempo vários moradores da vila corajosos foram lá testemunhar com os próprios olhos o arremesso das pedras. E viram! Se quiser, pergunte a eles. Então, na semana passada, um *calahuaya* visitou Pelechuco e foi induzido a exorcizar o fantasma. Ele queimou ervas na soleira e durante algumas horas cantou mantras incompreensíveis. Então, pegou o dinheiro e partiu. Desde esse dia não teve mais pedradas e o funcionário está vivendo lá de novo.

Por já ter ouvido relatos semelhantes em outras partes, não fiquei inclinado a descartar a história de Franck como um trote. Esses relatos parecem genuínas visitas de poltergeists, uma forma de assombração comum nas planícies andinas. O vigário de Jauja, na região central do Peru, contou-me ter sido chamado para exorcizar um poltergeist que atacara um trabalhador *cholo* e sua família numa *choza* na periferia da cidade. Todos tinham sido alvos de pedras e uma menininha estava com machucados no corpo inteiro. Uma das partes mais estranhas da história é que as pedras jogadas vinham de uma distância considerável, porque eram de um tipo não encontrado num raio de muitos quilômetros ao redor de Jauja. O vigário não conseguiu colocar um fim nas visitações. Ele próprio ficou bastante assustado, defrontando-se com algo que não era reconhecido ou explicado pela sua religião. Por fim, as assombrações pararam espontaneamente e a paz voltou à *choza*. Jamais souberam de alguma razão aparente para isso.

Relutamos em trocar o hospitaleiro abrigo de Carlos Franck pelos bivaques congelados nas alturas, mas era necessário sair de Pelechuco a fim de registrar vários pontos de triangulação no norte ao longo das encostas da cordilheira ao leste. Ele tinha uma fazenda perto de Queara na nossa rota e, assim, desfrutamos mais um pouco da sua amabilidade. Ali também ganhamos uma serenata de um grande bando de índios bêbados que dançaram em frente à casa por uma noite e um dia inteiros entre intervalos para goles de cachaça.

Os habitantes indígenas de Pelechuco, Muñecas e Apolo viram nas ações da Comissão de Fronteira a serviço do Peru uma tentativa de invasão de território e o fervor patriótico esquentou, criando uma situação bastante delicada. Nós, por outro lado, como representantes da Bolívia,

238 A EXPEDIÇÃO FAWCETT

éramos heróis vindos para repelir a invasão e por todos os lados havia um clamor pelas armas a fim de vingar a honra nacional. O fato de a outra comissão mais tarde destruir algumas das bases que eu construíra para a mesa plana deixou claro a nós que o ressentimento não se restringia aos totalmente ignorantes.

De Queara, escalamos até a nascente do Tambopata, acampando numa altitude de 5.200 metros e sendo torturados pelo frio. Num ponto da passagem, descobrimos que as agulhas das bússolas ficaram completamente neutralizadas num raio de aproximadamente 800 metros e suspeitamos da existência de um considerável depósito de ferro.

De todas as trilhas horripilantes que encontrei nos Andes bolivianos, a de Queara para Mojos é a pior. As *cuestas*, ou subidas e descidas, eram quase intransponíveis de tão íngremes e em muitas partes o caminho tinha sido destruído por torrentes criadas pela chuva, fazendo com que precisássemos construir pontes sobre grandes espaços. Perdemos doze das 24 mulas de carga por conta de acidentes nessa viagem. Foi muita sorte ninguém do grupo ter morrido. Havia trechos tão estreitos que, apesar de o animal ficar bem na beirada, a carga batia nas rochas protuberantes e a mula caía ruidosamente no precipício. Uma delas foi lançada centenas de metros abaixo até o rio, onde ficou morta entre duas rochas, com as quatro patas para o alto e caixas de provisões arrebentadas ao redor. Outra despencou cem metros e acabou presa pela carga apoiada entre duas árvores. Ficou ali, suspensa no ar, despreocupada a ponto de mastigar tudo que fosse comestível ao redor, e, como não podia ser libertada, tivemos que matá-la a tiros.

Todo o terreno na vizinhança de Mojos é rico em ouro e não dá para compreender por que a própria vila foi abandonada. Bem acima dela, na vertente da montanha, havia outra vila vazia, onde o clima era soberbo e a vista, incomparável. Não restavam mais do que cinco famílias indígenas e não havia atividades de espécie alguma, contudo, ficarei surpreso se esse lugar não voltar a ser um centro de mineração de ouro.

Escalando montanhas e descendo a vales verdejantes, seguimos o curso do rio Queara até a confluência com o Pelechuco, onde ele se torna o Tuiche, e, então, subimos com dificuldade uma trilha íngreme acima do rio até a pequena vila de Pata. Havia apenas quatro fazendinhas e cerca de uma dúzia de habitantes, mas o *corregidor* (líder) nos recebeu muito bem e abrigou-nos numa cabana em que fomos atacados por legiões de pulgas. Como não havia água na vila, ela tinha que ser trazida do rio, 600 metros abaixo.

As pessoas desses isolados vilarejos e comunidades na floresta acham que todo visitante estrangeiro é necessariamente um médico. Sim, acaba--se adquirindo certos conceitos fundamentais de medicina e primeiros socorros, porque na natureza selvagem a autossuficiência é uma virtude, e isso pode ser encarado como proficiência onde não há conhecimento especializado disponível. Muitos dos missionários que penetram nessas regiões são qualificados praticantes médicos e, assim, não é raro, ao chegar a uma vila, ser chamado para cuidar dos doentes. Isso aconteceu comigo em Pata.

Uma mulher da vila estava sendo atormentada por ter uma das mãos bastante infeccionada e sua família implorou para que eu a operasse. Costin imobilizou a cabeça e os braços com um cobertor, Manley cuidou das pernas e passou-me os instrumentos. Surdo para os gritos abafados, entreguei-me ao trabalho. Foi um sucesso e, no dia seguinte, ela veio me ver cheia de gratidão para perguntar quanto devia. Sua surpresa foi enorme ao ouvir que não havia pagamento a fazer, porque essas pessoas não estão acostumadas a receber qualquer serviço ou favor sem a apresentação de uma conta exagerada. O filho insistiu que o mínimo que podia fazer como recompensa era me contar o segredo de uma mina de ouro que descobrira.

Nos antigos registros peruanos da província de Charcas, essa mina é avaliada como extraordinariamente rica. Sua localização foi perdida em 1780, quando o cacique de Tungazuque, Jose Gabriel Tupac-Amaru, incitou os índios a se rebelar contra o domínio espanhol e todas as minas a leste da cordilheira foram escondidas e as trilhas, destruídas.

O meu informante estava voltando de uma feira local e, para evitar problemas com os animais de carga num trecho particularmente ruim da trilha, fez um pequeno atalho por certo riacho — o qual apontou para mim. De repente, ele e os dois índios que o acompanhavam viram-se

240 A EXPEDIÇÃO FAWCETT

diante de vários pequenos túneis na encosta da montanha, os quais, pelas pilhas de minério cobertas de mato nas entradas, obviamente faziam parte de uma antiga mina. Eles entraram e encontraram ferramentas enferrujadas no chão e moldes nos quais o ouro era derramado após ser fundido. Nunca consegui tempo para visitar a mina e parece improvável que tenha recebido a presença de qualquer outra pessoa.

Embora no começo do período colonial todas as minas existentes fossem registradas em detalhes, muito poucas dessas que subsequentemente se perderam foram redescobertas. Suas localizações não são desconhecidas, mas os índios guardam segredo e nada os induz a falar, exceto nuns poucos casos em que a informação é dada em gratidão por alguma bondade. No passado cruel, a tortura em nada resultava. O quanto padres inescrupulosos tiveram sucesso com as armas da superstição e do terror eu não sei dizer, mas acredito que o indígena ainda mantém um respeito bem maior pelos seus antigos deuses do que pelo inferno dos cristãos.

A tradição reza que os índios fizeram um grande monte na entrada do poço da fabulosamente rica mina de Sunchuli. A grande mina de San Juan de Oro jamais foi redescoberta. Fica em algum lugar por volta de 13°50' sul, entre as curvas dos rios Inambari e Tambopata, e para avaliar o seu possível valor pode-se tomar como parâmetro a mina *Olla de Oro* na encosta leste do Illimani, perto de La Paz.

David Bricker, um vigoroso prospector e engenheiro de minas americano, ouviu falar da *Olla de Oro* e partiu atrás dela. Após longa e cuidadosa busca, chegou a um lugar em que a leve queda de um penhasco deixara um pequeno buraco exposto; entrou nele rastejando com a barriga no chão para descobrir que era uma passagem para uma mina com nada menos do que 28 galerias. A mina foi explorada e resultou numa fortuna para o seu felizardo descobridor, já que o metal excedia 1,4 quilo por tonelada.

Tem havido especulação sobre onde os incas obtinham seus vastos tesouros de ouro e prata. Alguns consideram que foi o acúmulo de séculos passados garimpando os rios, enquanto outros acreditam que a extraordinária riqueza das minas foi a causa para o uso intensivo desses metais tão raros em outras partes. Inclino-me por esta última crença. O valor

TETO DO MUNDO **241**

artificial do ouro e da prata foi criado pelos conquistadores espanhóis, e antes da chegada deles as virtudes desses metais eram a facilidade em serem trabalhados e sua beleza. Até hoje a prata não é considerada um metal raro no Peru.

Meu sucesso como cirurgião rendeu-me outra paciente, a mulher do *corregidor*, que, tanto quanto eu pude notar, sofria de um tumor interno, que podia ser um câncer. Seu marido implorou para que eu a operasse, mas, em vista dos meus limitados conhecimentos, não ousei, por medo de que, se a mulher morresse depois, eu seria responsabilizado. Na realidade, ela morreu apenas três dias mais tarde e frequentemente me pergunto se fiz certo em recusar o pedido.

Deixamos Pata e fomos para Santa Cruz, outra vila quase deserta, embora aqui a razão fosse uma estranha doença surgida nos últimos cinco anos. Os sintomas começavam com vômito de sangue e terminavam na morte após febre alta. O lugar ficava no centro de uma excelente região cafeeira, que também dava muitas frutas, mas havia o constante perigo de cobras por toda parte.

Acampamos na frente de uma igreja muito maior do que parecia apropriado para um lugar tão pequeno e os poucos moradores restantes, por mais miseráveis que fossem, nos ofereceram a habitual recepção generosa. Nós claramente tínhamos melhores provisões do que eles e, além do mais, éramos estranhos e estrangeiros, entretanto, esses pobres *cholos* ignorantes mostraram-se dispostos a dar o pouco que possuíam em nome da hospitalidade. Esse maravilhoso instinto definha na esterilidade do que gostamos de chamar de civilização, mas é parte da natureza de povos supostamente primitivos ou atrasados que habitualmente consideramos como uma forma inferior de vida humana. Sem dúvida, é uma das virtudes fundamentais sobre as quais a verdadeira nobreza de caráter se funda e aqueles que a possuem não devem ser olhados com desdém.

Enchemos as crianças com chocolate e bolos e conseguimos salvar uma delas de uma cobra, o que serviu em parte como retribuição pelas muitas gentilezas recebidas. A propósito, um inglês em Apolo me contou que aqui em Santa Cruz uma cobra de dois metros foi morta e viram que ela tinha 42 chocalhos — são, acredito, vinte a mais do que o recorde

242 A EXPEDIÇÃO FAWCETT

oficial! São tantas essas pestes que elas tornam perigosa a colheita de café, e esse café tem uma demanda muito alta, sendo considerado o melhor que há pelos especialistas.

Apolo, nossa próxima parada, outrora fora o centro de uma grande população indígena e a primeira missão na floresta do Peru Antigo após a Conquista. Fica no meio de uma planície bastante fértil, todavia, apenas cerca de quinhentas pessoas viviam ali em terríveis sujeira e pobreza, sem que aparentemente nenhuma delas tivesse qualquer ocupação. A água de beber era retirada de um regato sórdido abaixo de onde os habitantes jogavam o lixo e lavavam as roupas imundas. Não era à toa que as doenças se espalhassem!

Uma comissão médica boliviana estava na cidade testando o efeito da "606" naquela horrível doença, *espundia* ou furúnculo de Délhi. Ao saber disso, doentes vieram de quilômetros ao redor e a rua única estava cheia de vítimas horrendas, cujos rostos em alguns casos tinham sido inteiramente comidos. Acredita-se geralmente que seja causada pela mordida de uma mosca infectada por alguma criatura da floresta, assim como a mutuca é contaminada pela capivara no caso do *mal das cadeiras* em cavalos e da peste em gado. No entanto, isso não explica a ocorrência da mesma doença a 3 mil metros de altura nas montanhas, onde é chamada de "uta", já que uma mosca da floresta não teria condições de viver na alta altitude e num clima mais rigoroso.

Acredito que a "606" era ineficaz.[15] Se tratada nos estágios iniciais, a doença pode ser derrotada por fortes antissépticos, mas os habitantes dos assentamentos nas florestas têm suas próprias ideias a respeito e se resignam a deixá-la completar todo o seu ciclo.

Parece que é inevitável encontrar ingleses até mesmo nos lugares mais isolados da América do Sul. Você poderia se perguntar o que existe para atraí-los a lugares como Apolo, mas uma rápida reflexão fornece a resposta; e, sob muitos aspectos, eles podem ser invejados. Sua posição

---

[15.] Era. A doença hoje (1951) está sendo atentamente estudada por especialistas dos EUA e espera-se que em breve a "uta", bem como a terrível "verruga-peruana", seja definitivamente curada. [*N. do Org.*]

na comunidade é considerável, eles têm uma vida fácil e em razoável conforto, e há poucas preocupações para perturbá-los. É uma fuga segura do medo constante em relação àquela herança de um sistema econômico exaurido — o desemprego. Acredito que, mais do que qualquer outra coisa, essa seja a atração maior. Os ingleses descartam mais facilmente os supérfluos da modernidade — eles viram "nativos" com mais prontidão que quaisquer europeus, exceto os italianos; e quanto mais refinada a educação, mais rápido vem a mudança. Não há desgraça nisso. Pelo contrário, na minha opinião, isso mostra uma admirável consideração pelas coisas verdadeiras da vida, em detrimento do artificial. Álcool e mau comportamento podem frequentemente ter algo a ver com isso, mas não é raro observar que a mais absoluta simplicidade é buscada como o objetivo primário.

Fomos recebidos em Apolo por um alegre e eficiente inglês chamado Flower, casado com uma boliviana, e enquanto estávamos lá sua bela filha comemorou o aniversário com um baile, ao qual comparecemos apesar dos nossos uniformes para floresta. Dançamos a cachucha o melhor que conseguimos e coquetéis e cerveja foram servidos com tanta generosidade que, antes de a festa terminar, muitos convidados dormiam no chão.

A cachucha é uma dança atraente e talvez algum dia possa ser vista nos salões de Londres e Nova York. Ela representa o flerte do galo à galinha e pode ser dançada com um pudor bastante cativante. Algumas das danças nacionais da América do Sul foram introduzidas nos países do Norte e ganharam tanta popularidade que o sucesso seria quase certo caso a *marinera*, a *zamacueca*, a cachucha e outras fossem transplantadas de seu meio "equatorial".

De Apolo retornamos a Santa Cruz, onde Manley nos deixou para subir ao altiplano e trazer um biólogo do Museu Nacional de La Paz que se juntaria ao grupo para a expedição à floresta. No caminho de regresso, eles pegariam as mulas em Santa Cruz e viriam atrás de Costin e eu, que, a essa altura, já estaríamos rumando para o Tambopata.

Enquanto isso, Costin e eu fomos para Boturo, no Tuiche, e subimos o Asuriama com o objetivo de tentar chegar por via terrestre à bacia do Tambopata e também à barraca de San Carlos. Foi uma jornada dura,

244 A EXPEDIÇÃO FAWCETT

porque tivemos que, todos os dias, abrir uma trilha na frente dos animais, e nosso avanço intrusivo suscitava o risco de despertar o ressentimento dos insetos e répteis escondidos na densa vegetação rasteira. Em uma ocasião, de algum modo passamos ao lado de um grande ninho de vespas sem perturbá-las. O mesmo não aconteceu com as mulas, porque o animal que vinha na frente aproximou-se demais e a carga bateu num canto do ninho. Duas vespas pousaram no seu traseiro e, de repente, a mula deu um salto no ar; caixas se espalharam em todas as direções, sacos caíram e o animal sumiu no mato, enquanto pássaros aterrorizados gralhavam nas árvores acima, sinalizando a sua fuga. Aconteceu o mesmo com a mula seguinte — e com a próxima, e a próxima! Todo o resto do dia foi gasto rastreando os animais, recolhendo as provisões e reparando pacotes e selas.

Na trilha ao longo de um afluente do Tambopata, chamado Cocos, vi a mais espetacular borboleta que jamais encontrei. Tinha uma cor cinza-amarelada com marcas marrons e antenas laranja, e as asas traseiras possuíam rabos marrons com cerca de 15 centímetros com pontas espiraladas. Entomologistas talvez conheçam a espécie, mas eu nunca a vira antes, e tampouco a revi depois em minha vida. Essas florestas são um paraíso para os entomologistas, as borboletas estão em todas as partes e o número de diferentes espécies é impressionante. Certamente, há muitas ainda não coletadas — talvez totalmente desconhecidas.

O nível do Cocos estava bastante elevado por causa das chuvas, o que impediu que o atravessássemos, causando um grande atraso, mas depois de algum tempo chegamos ao Tambopata, em Playa Paujil, desse modo reencontrando o trabalho do ano anterior. Eu queria ter certeza sobre o trabalho feito ali, antecipando possíveis discussões posteriores por conta da determinação da Comissão Peruana da Fronteira de não descer o rio Heath. A minha intenção era mais tarde voltar ao Heath e cruzá-lo pela floresta até Ixiamas, e dali seguir a Rurrenabaque, no Beni, porque havia rumores de restos incas nessa região.

A essa altura, eu já ouvira em muitos locais vagas tradições orais acerca de ruínas de civilizações antigas e minha imaginação era tão estimulada por elas que a urgência de investigar ficava cada vez maior. Eu já havia iniciado o processo eliminatório pelo qual as localizações de algumas dessas ruínas seriam fixadas após mais alguns anos de cuidadosos estudos e, se então tivesse conhecimento do documento contendo o relato de 1743 sobre a cidade perdida de Raposo, muito tempo perdido nas florestas bolivianas poderia ter sido evitado. Desnecessário dizer, eu nada sabia sobre a maravilhosa cidade montanhesa de Machu Picchu, que mais tarde seria descoberta por Hiram Bingham com a expedição Yale, no desfiladeiro do Urubamba, a noroeste de Cusco. Assim como a localização de Machu Picchu era ignorada no período colonial, muitos outros lugares ainda a serem descobertos formam a base para boa parte das lendas conhecidas pelos indígenas.

Saindo de Playa Paujil, chegamos a San Carlos com grande dificuldade. A atmosfera geral na barraca estava consideravelmente mais leve do que na vez anterior. O administrador da barraca estava exultante com a inesperada resolução dos problemas de transporte, pois o juiz distrital de Sandia havia chegado e se revelado como um *arriero* peruano que sem perda de tempo fechou um contrato para vender toda a borracha de San Carlos. Além disso, o problema da mão de obra geralmente difícil de se obter foi resolvido graças ao fato de os índios de Sandia estarem ansiosos em trabalhar a fim de escapar de uma convocação do prefeito para atuarem como carregadores da Comissão Peruana da Fronteira, um serviço pelo qual pareciam nutrir grande pavor.

Durante algum tempo, ficamos intrigados pelo grande respeito em relação a nós por parte dos moradores de San Carlos, que se explicava por termos conseguido descer de jangada um trecho particularmente perigoso de rio depois de Playa Paujil, algo que aparentemente nem mesmo os mais hábeis *balseros* se arriscavam a fazer. Costin e eu — que estivéramos caminhando por toda a redondeza com mochilas — não tínhamos a menor ideia de com que estávamos nos metendo quando construímos uma balsa e nos pusemos rio abaixo em nossa ignorância. Não sei como escapamos vivos.

O estoicismo dos índios é incrível. Um homem apareceu sem o braço esquerdo — arrancado pela explosão de um dos canos apodrecidos vendidos como armas aos seringueiros a preços extorsivos. Vendo o braço preso

246 A EXPEDIÇÃO FAWCETT

por apenas uns poucos feixes de músculos, ele o cortou com o machete e estancou o sangramento colocando o toco em óleo de copaíba quente. A sua boa recuperação sugeria que a crença local nas virtudes medicinais desse óleo é bem fundada. De fato, o óleo é bastante utilizado nas florestas em aplicações sobre feridas abertas.

Geralmente, não há jeito de fazer um índio gritar ou mostrar emoção quando não quer. Ele parece capaz de aguentar qualquer dor e, sem dúvida, o efeito analgésico do hábito de mascar coca tem muito a ver com isso. Entretanto, lembro de um caso em San Carlos em que um índio sucumbiu à dor e rolou no chão dando gritos de agonia depois de ter se entupido de arroz seco e cru e bebido muita água do rio. Eu não conhecia nenhum remédio para essa situação — nada, quero dizer, dentro dos meus poderes —, mas seus companheiros o amarraram pelos pulsos e tornozelos, estendendo-o entre quatro árvores, e passaram a literalmente pescar o arroz com varetas de ferro curvadas na ponta! Ele sobreviveu ao tratamento, tendo ficado aliviado a ponto de mostrar gratidão e, ouso dizer, passou a ter consideravelmente mais cuidado no futuro.

Os índios estão acostumados a períodos alternados de escassez e fartura. Quando há bastante, seu instinto é o de comer enquanto houver alimentos, de modo a se preparar para a escassez que certamente virá em seguida. A quantidade de comida que conseguem engolir é prodigiosa. Vi meus oito índios no Acre devorarem cinco porcos de uma só vez; mas esse esforço foi superado pelos dois homens em Sandia que comeram uma lhama inteira em um banquete ininterrupto — e a lhama em volume de carne é quase igual a um burro!

Essas florestas não estão livres de ocasionais furacões, que podem abrir trilhas com algumas centenas de metros de largura e muitos quilômetros de comprimento, derrubando todas as árvores e criando um emaranhado de galhos, trepadeiras e arbustos. A dificuldade em abrir caminho no meio desse caos é aumentada pelas formigas e vespas, furiosas com a destruição de seus ninhos e ansiosas em atacar. Um furacão desses atingiu San Carlos enquanto estávamos ali. Ouvimos o impressionante rugido do dilúvio que se aproximava e das árvores caindo; então, nos alcançou, jogando-nos no chão sem enxergar e ouvir nada. Uma das cabanas se

TETO DO MUNDO **247**

desintegrou, uma parede inclinou-se e caiu; o telhado da principal construção começou a levantar, mas todos os homens e mulheres com força suficiente subiram e se agarraram nele, passando cordas por cima e empilhando pedras. Então, com um ímpeto final, a tempestade passou e ficamos ouvindo os trovões enquanto ela abria uma trilha na floresta à frente.

O biólogo chegou com Manley no final de setembro. Ele ficou bastante decepcionado quando soube das condições em que a expedição avançaria, porque, em vez de poder viajar com o conforto de luxuosos equipamentos — com livros de referência, caixas para coleta de material e assim por diante —, teria que carregar nas próprias costas tudo o que lhe fosse necessário, além de uma parcela de alimentos e instrumentos. Mulas não podiam ser empregadas e era uma questão de carregar nós mesmos tudo o que conseguíssemos.

A trilha até Marte estava particularmente difícil por causa da desordem criada pelo furacão e, em muitos lugares, a lama chegava aos joelhos. Pouco a pouco, o biólogo se desfez dos equipamentos até chegar ao ponto em que jogara tudo fora, exceto comida, uma lente de aumento e uma rede. Nós não levávamos nada supérfluo e eu o repreendi.

— Eu sei que mochilas são coisas difíceis de carregar — argumentei —, mas você se acostuma em poucos dias. Tudo isso que você está jogando do fora será necessário mais tarde.

— Não para mim — foi a sua resposta. — Eu não preciso disso!

Dei de ombros. Talvez ele fosse duro o bastante para se virar sem as coisas.

Como que para servir de lição ao biólogo, passou por nós uma fileira de seringueiros emaciados, todos eles índios do altiplano, cada um com uma carga de 70 quilos de borracha para San Carlos. Vários estavam com uma doença conhecida como *sejtiti* — uma espécie de lepra contraída nessas partes e nos *yungas* (os vales quentes das montanhas) — e exibiam feridas abertas e pólipos cutâneos. As cargas em suas costas eram quase três vezes mais pesadas que as nossas, contudo, mesmo doentes, seguiam em frente.

Devido à febre que se propagava na barraca de Marte, nos desviamos ao redor, acampamos na floresta e avançamos para o Heath no dia seguinte. Os índios de San Carlos não queriam ir além do rio, mas carregaram suprimentos para nós até a praia, deixaram-nos ali e voltaram.

Construímos duas balsas e partimos rio abaixo, Manley e eu numa, Costin e o biólogo na outra. Não tínhamos andado muito quando nossos velhos amigos echocas, contentes em ver-nos novamente, apareceram com bananas e milho.

O biólogo estava inclinado a desconfiar dos echocas, mas mostrou mais confiança quando, com o eficiente tratamento deles, se livrou das muitas *sututus* embaixo da pele. Ele atraiu mais dessas desagradáveis larvas que nós e estava sofrendo dores incessantes.

— Por que você não desiste e volta? — perguntei-lhe. — Nós mal começamos e esta viagem vai ser muito pior do que qualquer coisa que você já tenha experimentado.

Sua resposta me encheu de apreensão, mas admirei a coragem.

— Eu não — ele disse. — Já vim até aqui e vou até o fim!

Cada um de nós parecia atrair um tipo particular de inseto. Se com o biólogo era *sututus*, comigo eram vespas e com Costin, as monstruosas formigas *tucanderas*, com quatro centímetros de comprimento. Houve um espetáculo numa manhã diante dos echocas, quando Costin, botando uma das botas, de repente ficou maluco — dançando, gritando e correndo em círculos. Finalmente, sentou-se, arrancou a bota e exibiu um dedo com uma formiga *tucandera* agarrada na ponta com mandíbulas afiadas. Os echocas, inicialmente alarmados, explodiram em gargalhadas. Rolaram no chão, bateram nas costas uns dos outros e riram ainda mais uma vez do hilariante entretenimento especialmente oferecido em sua homenagem. Depois, eles frequentemente pediam, com sinais e muitas risadas, a Costin para repetir a apresentação, até mesmo oferecendo-lhe algumas *tucanderas* para colocar nas botas!

CAPÍTULO XIV
A CURVA DA ESTRADA

Antes de partirmos Heath abaixo, o capataz de Marte soube da nossa presença e veio acompanhado de um grande grupo visitar-nos.

— Estamos a caminho das plantações de que vocês nos falaram — ele disse. — Agora que sabemos sobre os selvagens e a comida que eles têm lá, achamos que precisamos fazer algo a respeito de suprimentos, porque na barraca os seringueiros se mantêm vivos somente com folhas, e temos trezentos seringueiros para cuidar, você sabe.

— Você está dizendo que Marte está novamente em estado de inanição?

— Sim, é isso. E quando não estamos? É a única coisa da qual podemos ter certeza! — ele bateu no meu ombro e acrescentou: — Graças a você, agora temos esperança de ficar melhor do que antes. Mas, mesmo assim, gostaria que estivéssemos tão bem quanto eles estão em San Carlos.

Nessa região, há duas ervas valiosas que merecem atenção. A primeira delas é a *yawal chunca*, um pequeno arbusto com folhas de 25 centímetros de comprimento por 8 centímetros de largura, verdes na frente e

250 A EXPEDIÇÃO FAWCETT

mais claras atrás, com veias e pontas em vermelho vivo. Uma infusão de três ou quatro dessas folhas em um litro de água fervente produz uma admirável cura para a febre. A outra é um arbusto chamado *pando de coca*, muito conhecido pelos índios, que o mascam. Suas propriedades são semelhantes às da coca comum, mas numa forma mais suave. Nenhuma dessas ervas é explorada comercialmente, mas ambas são habitualmente usadas pelas pessoas do lugar.

Com tantas doenças disseminadas, não surpreende que remédios herbáticos sejam utilizados na *Montaña* de Bolívia e Peru. Também nas regiões elevadas parece que cada enfermidade tem uma cura apropriada da natureza e o *cholo* comum confia quase que totalmente em ervas, exceto quando forçado a se submeter a tratamento médico. Resfriados e tosses cedem de pronto à *wila wila*, uma planta como a edelvais, encontrada somente nas mais altas altitudes. Nas regiões litorâneas, uma cura infalível para os casos mais avançados de artrite ou reumatismo é a *Sanguinaria canadensis*. Há cem outros remédios para cada um dos que eu conheço e, é claro, a profissão médica não encoraja as pessoas a tomá-los. Contudo, as curas que realizam frequentemente são notáveis e falo com a autoridade de quem testou vários com sucesso total. O método de uso das ervas, em todos os casos com os quais tenho familiaridade, é fazer uma infusão como se fosse um chá.

O Heath está cheio de morcegos-vampiros. Eles sempre descobrem os acampamentos e, à noite, qualquer parte exposta é atacada — na verdade, às vezes eles roem o mosquiteiro para chegar até você. Há tantos morcegos na América do Sul — e, particularmente, nas colinas mais baixas dos Andes — que talvez chegue o dia em que possam ser reconhecidos pelo valor de sua pele. Muitos possuem uma bela pele, parecida com a da toupeira em sua riqueza, mas com um marrom-roseado ou, às vezes, um vermelho-escuro. Os incas usavam pele de morcego para ornar suas roupas e só a família reinante tinha permissão legal para usá-la. O morcego-vampiro é uma tormenta para seres humanos e animais e uma fortuna espera a pessoa empreendedora que comercializar sua pele.

Tivemos uma jornada tranquila com as balsas até o acampamento dos echocas. A grande oca comunal fora destruída pelo furacão — até mesmo ali os danos foram acentuados como em San Carlos. A comida era abundante como sempre.

A essa altura, o biólogo — ele era europeu, a propósito — sofria terrivelmente com as feridas e com a falta de roupas para trocar, porque as suas fediam. Ele começava a se dar conta do quão tolo havia sido ao jogar fora tudo exceto aquilo para as necessidades mais imediatas e ficava cada vez mais carrancudo e assustado. Os echocas haviam temporariamente aliviado a tortura das *sututus*, mas ele tinha objeções aos seus métodos de extração dessas pestes e, quando uma nova safra de feridas começou a despontar, preferiu usar o seu próprio remédio — sublimado corrosivo. Como resultado, as larvas morreram dentro da pele e deixaram horríveis feridas supurantes. O fedor delas e das roupas combinou-se para torná-lo bastante desagradável e, como todo dia tínhamos tempestades com trovões e trombas-d'água, ele ficou num estado ainda pior.

Eu estava verdadeiramente preocupado com ele. Se houvesse uma septicemia, ele seria um homem morto, porque não poderíamos fazer nada a respeito. Quanto chegamos ao ponto da travessia terrestre, avaliei que ele não tinha condições para enfrentar a floresta; e, alguns dias depois, comecei a duvidar se até mesmo conseguiríamos levá-lo de volta a San Carlos a tempo de salvar sua vida. As tempestades continuavam, o rio estava cheio e retornar com as balsas contra a corrente significaria colar na margem e subir agarrando-se de galho em galho — um trabalho extenuante demais para um homem doente. A única saída era subir o rio a pé pela margem, e foi o que fizemos.

Manley ficou com febre, mas seguiu em frente, e uma *sututu* provocou uma ferida feia na perna de Costin. Felizmente, não faltava comida, pois havia plantações dos echocas em todas as partes e eles tinham o hábito de cortar a parte superior de uma bananeira com as frutas ainda nela, fazendo com que amadurecessem mais rapidamente. A principal dificuldade era o bambu com espinhos, *tacuara*, que quase transformou-se num obstáculo intransponível para homens adoecidos; mas, por fim, chegamos novamente ao acampamento dos echocas. Uma nova oca havia sido erguida, de modo que havia abrigo para nós, e o milho foi uma bem-vinda mudança em relação à banana.

252 A EXPEDIÇÃO FAWCETT

Os gentis selvagens extraíram as *sututus* de nós; uma delas, que saiu das minhas costas, tinha mais de dois centímetros. Eu estava com outra no braço, que me perturbava bastante, e esta eles só conseguiram remover após apelar para o último recurso de untar a região com cera de abelha e algum tipo de seiva. Então, eles nos acompanharam rio acima, transportando as cargas do biólogo e de Manley.

Não gosto de me referir aos echocas como "selvagens" e só o faço por motivos de identificação — para diferenciar entre um índio domesticado e um em seu estado natural. Essas pessoas eram primitivas, mas assemelhavam-se mais a crianças alegres do que à ideia habitualmente aceita do que é um selvagem. Não havia nada de dissimulado ou desonesto neles e a prontidão com que aceitaram nossas iniciativas de amizade foi uma prova clara de quão injustificada é a condenação geral de todos os povos da floresta. Uma vez estabelecida, a amizade era irrevogável. Nada que pudessem fazer para nos ajudar era demais para eles. Eram limpos e modestos, bem como de personalidade gentil, e eu a essa altura já nutria uma grande consideração por eles e considerava sua nobreza inata como sendo muito maior do que a de muitos povos "civilizados".

Os echocas conheciam todos os atalhos até Marte, de modo que a sua companhia nos economizou muito tempo. Ainda assim, não esperava chegar a San Carlos com o biólogo vivo. Ele mal conseguia se arrastar de dia; à noite, dormia no chão, já que sua rede tinha sido jogada fora muito tempo atrás.

Na plantação superior, encontramos o grupo que partira de Marte em busca de comida ainda trabalhando, e eles nos acompanharam até a sua barraca.

— Quatro dos meus homens já morreram de fome — disse o capataz. — Com frequência, chegamos a passar vários dias sem ter o que comer.

— Por que nada é feito a respeito da sua situação? — eu perguntei. — Certamente suprimentos podem ser enviados de San Carlos para vocês.

— Possivelmente, mas é uma questão de custo. Marte mal rende o suficiente para cobrir as despesas e, a menos que a produção fosse realmente grande, nada do gênero seria considerado.

A CURVA DA ESTRADA **253**

Três echocas continuavam conosco e os problemas de comida nunca os perturbavam. Quando famintos, um deles entrava na floresta e chamava animais; numa ocasião, acompanhei-o para ver como fazia. Não vi sinais de animais na mata, mas o índio simplesmente sabia que não era o caso. Ele deu gritos agudos e fez sinal para que eu não me mexesse. Em poucos minutos, um pequeno veado surgiu timidamente no meio dos arbustos a um metro de nós e o índio deu-lhe uma flechada. Vi eles atraírem de cima das árvores macacos e pássaros com esses gritos peculiares.

Os echocas até mesmo ficaram conosco em Marte por alguns dias, enquanto os doentes se recuperavam para prosseguir, e nos acompanharam a San Carlos. Sem a ajuda deles, o grupo — enquanto grupo — talvez jamais tivesse chegado. As feridas do biólogo atraíam nuvens de moscas, mas na barraca foram cuidadosamente lavadas e tratadas; e, por um golpe de sorte, chegou um *arriero* que pôde levá-lo no lombo de uma mula para Sandia. Tínhamos dúvidas de que sobreviveria, mas conseguiu — sem a menor vontade, imagino, de realizar quaisquer novas viagens pela floresta.

Assim que Manley se livrou da febre, nós três — ele, Costin e eu — atravessamos a floresta até Santa Cruz, onde nossas mulas deveriam estar à espera, apenas para descobrir que o *arriero* partira com todas, exceto duas em péssimas condições, e provavelmente as vendera, porque jamais as vimos novamente. Para obter mais animais com Flower, Costin foi para Apolo numa das mulas deixadas. Ele não teve sorte. Apolo fora incendiada e não havia mulas — na realidade, naquele momento a reputação dos gringos era muito ruim, pois Flower tinha sido considerado o responsável pelo incidente.

Não chovia em Apolo havia muito tempo e, então, a igreja local organizou uma procissão religiosa. Flower — um ateu — riu da procissão com suas imagens de mártires sangrando e velas. Então, uma das velas caiu no chão e deu início a um incêndio que se espalhou com velocidade alarmante, atingindo as casas de material inflamável e destruindo o local em questão de minutos — tudo, exceto a casa de Flower, que tinha cobertura de telhas e escapou da tragédia. Não poderia haver dúvidas — sua zombaria fora a causa de tudo!

254 A EXPEDIÇÃO FAWCETT

As duas mulas serviram para carregar nossas mochilas e, assim, mais leves, partimos a pé para Pelechuco. A jornada pareceu interminável, porque mesmo sob as mais favoráveis condições já era difícil, mas caminhando pelo menos escapamos da arrepiante agonia de vencer aquelas estreitas trilhas montanhesas no alto de uma montaria. Quando, cansados e abatidos, finalmente chegamos na vila na montanha, Carlos Franck nos recebeu e cedeu mulas para a viagem a Cojata. Em 19 de dezembro, chegamos a La Paz.

A delimitação da fronteira havia sido causa de muitos problemas com o Peru, apesar do fato de a Bolívia ter cedido àquele país a terra em que marcos fronteiriços foram arbitrariamente erguidos. Havia uma enorme procrastinação que não me agradava nem um pouco. Eu não gostava de estar envolvido numa situação internacional tão delicada a ponto de os dois países estarem quase em guerra, de modo que desisti do trabalho de delimitação. No que me diz respeito, o presidente foi bastante cordial e compreendeu perfeitamente a situação; e o ministro das Relações Exteriores pareceu tê-la achado bastante curiosa. Os jornais tinham publicado todo tipo de opiniões e houve muitos insultos de ambos os lados, mas, apesar dos incidentes feios na fronteira devido ao fervor patriótico, a crise não se instalou.

Após nossa retirada, por muito pouco não explodiu um levante indígena, o que levou a Bolívia a nomear uma Comissão Francesa da Fronteira para resolver a questão da fronteira. Ela discordou das marcações peruanas e um membro da comissão discutiu com um oficial boliviano e o desafiou para um duelo, o qual foi cautelosamente recusado. Apesar do nosso trabalho de 1910, a única seção inexplorada da fronteira, o Heath, não foi tocada por causa de seus "selvagens", mas os meus mapas terminaram aceitos como oficiais. Houve algum descontentamento no lado do Tambopata quanto à posição da fronteira e a Comissão Francesa da Fronteira recusou-se a aceitar qualquer demarcação que não fosse a sua própria, a qual tinha uma diferença mínima em relação à feita por nós em 1910. De qualquer maneira, agora isso não mais me dizia respeito, o que me deixava contente, embora tivesse muito apreço pelo trabalho

A CURVA DA ESTRADA **255**

topográfico e lamentasse ver a delimitação não chegar a uma conclusão definitiva que agradasse inteiramente ambos os lados.

Em 1913, ao me encontrar novamente com o ministro das Relações Exteriores, ele me contou que o biólogo havia deixado a Bolívia.

— Uma questão bastante dispendiosa! — falou. — Um salário anual de 500 libras por um besouro, e ordinário, por sinal. É demais até mesmo para as elásticas finanças de uma república da costa oeste!

— De todo modo, há uma enormidade de dados científicos a serem colhidos na *Montaña*.

— Que outros paguem por ela, major. Já tivemos o suficiente de ciência até aqui.

Não houve um retorno ao Exército para mim. Meus laços foram queimados; mas isso, por outro lado, deu-me liberdade para a exploração privada que eu desejava ardentemente realizar. Mesmo sem ir muito além das montanhas e das colinas menores dos Andes, havia uma vastidão de pesquisas esperando para ser feita nas ruínas do Império Inca. Nas florestas a norte e nordeste de Cusco, existem muitas vilas e fortalezas antigas ainda por serem reveladas e investigadas. A romântica descoberta de Machu Picchu era uma notícia recente. Mas o meu objetivo era muito mais antigo que os incas e achava que tinha que ser procurado mais a leste, na natureza selvagem ainda inexplorada. Todas as tribos indígenas superiores tinham tradições orais a respeito de uma outrora grande civilização ao leste, de uma raça que pode ter gerado os incas — e até mesmo o povo misterioso que abandonou aquelas gigantescas ruínas que os invasores incas encontraram e adotaram como suas.

Nas florestas, havia diversas bestas ainda desconhecidas pelos zoólogos, tal como o *mitla*, o qual eu vi duas vezes, um gato preto de feições caninas do tamanho aproximado de um foxhound. Havia serpentes e insetos ainda ignorados pelos cientistas; e, nas florestas do Madidi, alguma besta misteriosa e enorme tem sido frequentemente perturbada nos pântanos — possivelmente um monstro primevo igual àqueles outros relatados em outras partes do continente. Certamente foram descobertas pegadas que não pertencem a nenhum animal conhecido — pegadas

256 A EXPEDIÇÃO FAWCETT

imensas, muito maiores do que as que poderiam ter sido feitas por quaisquer das espécies que conhecemos. A sucuri ali atinge dimensões maiores das que geralmente se admite, mas, se os relatos de viajantes respeitados continuarem sendo persistentemente rejeitados, não há meio de se comprovar. Há répteis perigosos a se encontrar, quase impossíveis de capturar devido à força prodigiosa — isto é, os realmente grandes.

Os selvagens também não são conhecidos — há tribos cujas existências sequer são suspeitadas. As tribos robustas e saudáveis não vivem perto de rios facilmente navegáveis, mas se afastam para além do alcance do homem civilizado. De qualquer forma, onde se suspeita de sua presença, eles são temidos e esforços feitos para evitá-los (de minha parte, sempre os procurei!). Talvez seja por isso que a etnologia do continente tenha se erigido sobre uma concepção equivocada, a qual procurarei retificar num capítulo posterior.

Esses são alguns dos motivos por trás da determinação de no futuro me devotar à exploração e de utilizar as informações que já reuni numa tentativa de jogar alguma luz sobre a escuridão da história do continente. Creio que ali se encontram os maiores segredos do passado ainda preservados em nosso mundo atual. Cheguei à curva da estrada; e, para o bem ou para o mal, escolhi o caminho da floresta.

Manley de modo algum estava bem e Costin apresentava os primeiros sintomas do que se revelaria como *espundia*, por fim curada na Escola de Londres de Medicina Tropical; desse modo, em 6 de janeiro de 1912, deixamos La Paz e fomos para casa, parando por alguns dias no delicioso clima de Arequipa.

É uma pena que mais turistas não visitem esse adorável lugar,[16] porque não apenas se trata de uma cidade interessante, como também é a porta de entrada para Cusco e as fascinantes relíquias de civilizações incas e pré-incaicas. A vida indígena no altiplano está passando por uma mudan-

---

[16.] As linhas aéreas fizeram de Arequipa um centro turístico popular e quem visita a "Cidade Branca" regressa inúmeras vezes! Desde que P. H. F. escreveu essas palavras, houve notáveis melhorias nas instalações hoteleiras dali e de outras partes do Peru. [*N. do Org.*]

1. Percy Harrison Fawcett, Pelechuco, 1911.

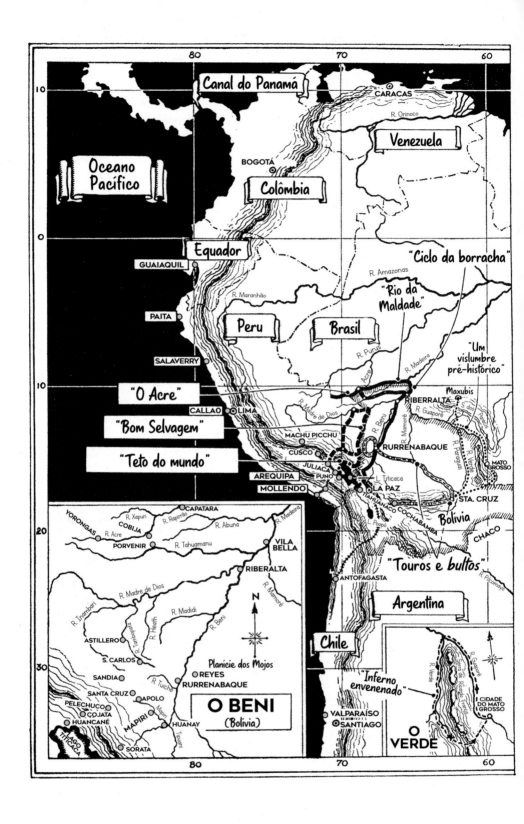

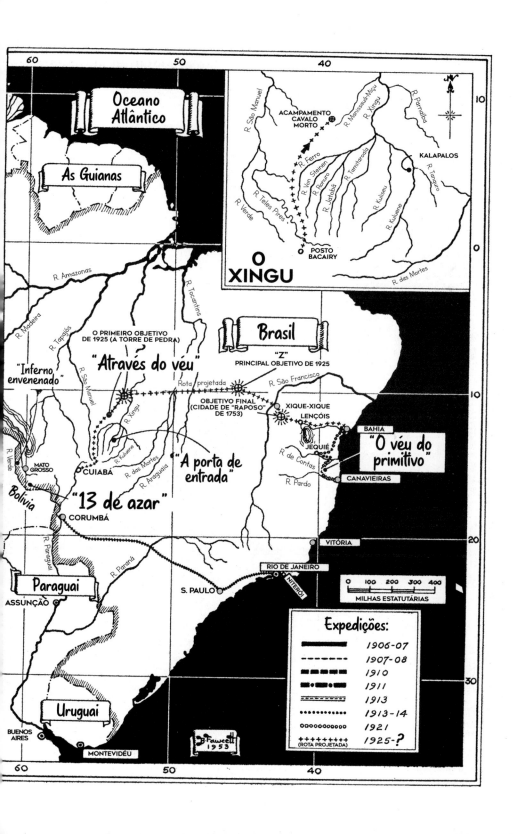

2. A poderosa Sacsayhuaman. "Empilhadas pelas mãos de gigantes para reis divinos antigos", a chave para a resolução do mistério de quem construiu essa imensa muralha pré-inca pode um dia ser descoberta no Brasil.

3. Machu Picchu. Provavelmente a lendária Vilcabamba, procurada sem sucesso pelos conquistadores, esta maravilhosa cidade dos incas foi descoberta em 1911 por Hiram Bingham e pela Expedição Yale-Peru.

4. As ruínas tombadas de Tiahuanaco. Isto pode ser tudo o que restou de antigas construções erguidas antes do surgimento dos Andes.

5. Dois antigos ídolos de pedra. Eles permanecem erguidos ao lado dos arcos de entrada do templo Tiahuanaco.

6. Estatueta de 30 centímetros, esculpida em basalto preto. Acredita-se que veio de uma das antigas cidades perdidas brasileiras.

7. Uma rua de Cusco. Na parede da direita é possível ver os trabalhos em pedra dos incas, sobre os quais os espanhóis construíram suas cidades.

Brian Fawcett

8. O "relógio de sol" de Machu Picchu. Este e outros monumentos arcaicos eram tão misteriosos para os incas quanto são para nós hoje em dia.

9. "De Sorata, devemos escalar até a passagem sob as neves do Illampu."

10. *Callapos* no rio Mapiri.

11. Rurrenabaque. Para quem chega, uma sombria cidade. Para quem sai, uma metrópole.

12. Barraca San Antonio. Posto militar do grande império da borracha boliviano.

13. Uma vítima de espundia. Primeiro seu nariz irá apodrecer, em seguida sua boca. Este homem viverá para ver seu rosto se tornar algo horripilante e sem carne.

14. Grupo em Porvenir, 1906. Fawcett está sentado.

15. Fim da trilha no Alto Acre.

16. Cascata de Avispas, no Alto Acre.

17. Transporte do *batelón* na cachoeira de Riberón.

18. Cel. Plácido de Castro em Capatará. Esse grandioso brasileiro foi assassinado pouco tempo após a foto acima ter sido tirada.

19. A trilha de Mapiri. Nessas montanhas, um passo em falso significa morte.

20. Navegação de balsa nas águas rápidas do rio Mapiri.

21. Cachaça. A assassina!

22. "Grupo famélico" na nascente do Verde. Fawcett é o mais alto das duas figuras centrais.

23. Indígenas chamacocos do Chaco.

24. O POSTO DE FRONTEIRA EM CÁCERES. Fawcett, Fisher e Urquhart em sua pesquisa.

25. O RIO E A FLORESTA. Não importa onde, eles sempre estão lado a lado.

26. Os amistosos echocas sob seus abrigos.

27. Cena do encontro com os guaraios. Uma amizade se estabelece.

28. O "Mundo Perdido" na fronteira do grande planalto do Mato Grosso, que inspirou o famoso livro de Arthur Conan Doyle.

29. A PONTE EM QUE MORREU O *PONGO*, EM PELECHUCO.

30. UMA PAUSA NO ALTO HEATH.

31. JULIACA, 1911. Costin, Manley, o comissário de polícia e Fawcett.

32. Acampamento ao lado da choça de nativos no rio Heath.

33. Fawcett com dois nativos guaraios. Entre os indígenas do oeste amazônico, nem sempre é fácil distinguir homens de mulheres. Esses dois indígenas são guerreiros.

34. Atravessando as planícies de Mojos com carro de boi.

35. Uma rua em Santa Cruz de la Sierra, como costumava ser. A cidade é uma importante conexão da rota aérea entre Lima e Rio de Janeiro.

36. Fawcett no pátio da casa assombrada em Santa Cruz.

37. Uma balsa no Tambopata.

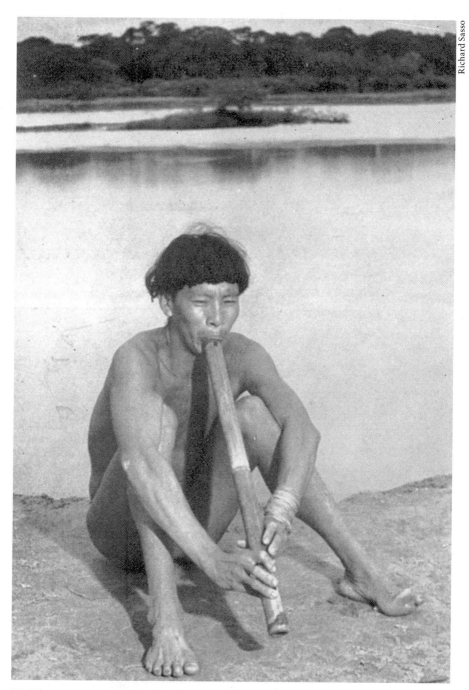

38. Um hino ao sol à margem de um solitário rio no Mato Grosso. Um mistério das florestas, este nativo toca uma flauta similar à quena peruana e chama as estrelas de "vira-vira".

39. Costin na frente da maloca comunal Maxubi.

40. O alto sacerdote Maxubi segurando um machado de pedra.

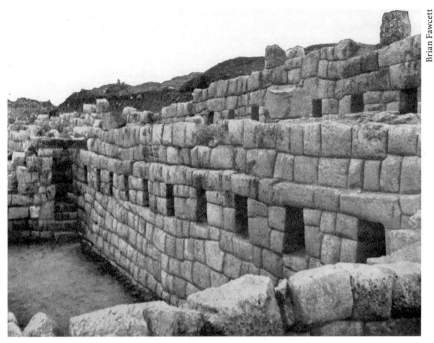

41. O ENIGMA DAS ANTIGAS CIDADES DA AMÉRICA DO SUL AINDA NÃO FOI SOLUCIONADO. A cidade da qual esta construção faz parte fica no Peru.

42. A CAMINHO DA PASSAGEM KATANTIKA. Delimitação da fronteira Bolívia-Peru, 1911.

43. Brian Fawcett com Comatzi, chefe dos Kalapalos.

44. Dentro de uma maloca kalapalo, Mato Grosso. Um arco de mais de dois metros e muitas flechas ficam prontos, ao alcance das mãos, ao lado das redes. A esposa do cacique e as crianças não estão preocupadas com a presença de Brian Fawcett.

45. Jack Fawcett e Raleigh Rimell no Acampamento Cavalo Morto.

46. Brian Fawcett com dois fortes jovens kalapalos. Yarulla, que está de frente, já foi tido como o filho de Jack Fawcett. Porém, é sabido que seu pai era Izarari, e ele é o herdeiro da chefia de sua tribo.

47. Mulheres indígenas do Xingu.

48. A ÁRVORE CACHAMORRA. Foi reportado que nessa árvore os kalapalos marcaram a altura dos três membros perdidos do grupo de Fawcett em 1925. A faca se prende ao tronco em seu ponto mais baixo numa das marcas, enquanto o alto major Norwood Eggeling, Força Aérea dos Estados Unidos, ajuda a medir a altura da faca desde o chão. Muito interessado, Narro, o indígena kuikuro, observa.

49. A SEPULTURA AO LADO DA LAGOA. Os supostos restos mortais do coronel Fawcett foram encontrados nesta depressão de terra por Orlando Villas Bôas em 1951. As investigações tiveram continuidade em janeiro de 1952, estabelecendo que os ossos não pertenciam a nenhum membro do grupo de Fawcett. Os xingus nunca enterram suas vítimas.

ça e, em aproximadamente mais uma geração, pode restar muito pouco do colorido desfile dos costumes nativos.

Terremotos são frequentes em Arequipa — eles parecem vir com a lua cheia — e é comum que os habitantes saiam assustados de suas casas no meio da noite. Contaram-me sobre um terremoto recente que acabou na maior hilaridade — um pânico transformado em riso geral.

Os hotéis estavam todos lotados e num deles quinze damas dormiam no chão num dos lados de um grande quarto, enquanto quinze cavalheiros ocupavam o outro lado. Entre estes havia um corpulento chileno dono de uma excepcional pelagem — uma espécie de capacho humano! Durante a noite, a cidade foi sacudida por um forte tremor. As pessoas correram para as ruas e *plazas* vestidas do jeito que conseguiram. O hotel ficava na praça principal — a Plaza de Armas —, onde se reuniu a maior multidão e onde a iluminação era particularmente boa.

Houve pânico com o prosseguimento dos tremores, acompanhados por aquele som baixo e grave que as pessoas mais sentem do que ouvem, e as torres da catedral balançaram perigosamente diante do céu estrelado. As mulheres caíram de joelhos e ergueram os braços em súplica, gritando por clemência, descobrindo os peitos e agitando os cabelos. Os homens fizeram o sinal da cruz e reviraram os olhos em terror, tentando manter-se de pé.

De repente, pessoas saíram pelas portas do hotel — um bando gritando e em grande agitação — e atrás veio o chileno gordo, com a boca escancarada pelo nervosismo, o torso peludo coberto com uma blusa de mulher e os tornozelos prendendo-se num par de *bloomers* femininos. A cada poucos passos, ele parava para puxar os *bloomers* para cobrir a cintura despida, mas toda vez um novo tremor fazia com que interrompesse a ação e seguisse adiante aos tropeços.

A multidão olhou essa cena extraordinária e até mesmo esqueceu-se da sua desgraça. Um mar de gargalhadas surgiu; cada novo esforço do chileno era recebido com mais hilaridade. O senso de humor de Arequipa fora despertado e nem mesmo o terremoto era capaz de silenciá-lo! Ainda rindo, as pessoas voltaram para suas casas. Ainda rindo, rememoraram

258 A EXPEDIÇÃO FAWCETT

infindáveis vezes o episódio no dia seguinte. E a cidade continuou a tremer — mas com as gargalhadas!

Terremotos devastadores parecem acontecer apenas uma ou duas vezes por século. Creio que 1867 foi o ano do último tremor sério aqui. Nessa ocasião, a cidade foi fortemente atingida e as torres da catedral ruíram. O litoral sul do Peru enfrentou a catástrofe com igual violência; um maremoto varreu Arica e na baía Pisagua — ela própria a cratera de um vulcão — uma alta coluna de vapor ergueu-se da água e aterrorizou a população. Toda a América do Sul treme periodicamente com as recorrentes, mas decrescentes, ondas de uma longa era eruptiva, cuja história somente pode ser encontrada nas lendas indígenas. Mesmo localizado a uma boa distância do litoral, na planície boliviana de Mojos, o lago conhecido como "Exaltacion" é frequentemente sacudido por misteriosas perturbações, durante as quais colunas de vapores fétidos são ejetadas para o ar. Sua origem provavelmente é vulcânica, mas também é razoavelmente certo que um extenso campo de petróleo será futuramente encontrado nessa região. Geólogos realizaram uma análise superficial das partes mais acessíveis do país, mas, assim como nas deduções etnológicas, existem diversas teorias e muito pouco conhecimento real em seus relatórios.

CAPÍTULO XV
TOUROS E *BULTOS*

La Paz estava deserta, pois a população afluíra para o *Alto* — a planície acima da cidade —, onde um assassino iria ser publicamente executado por um pelotão de fuzilamento. Homens, mulheres e até mesmo as crianças menores vestiram suas melhores roupas, pegaram toalhas e sanduíches e puseram-se a caminhar alegremente pela estrada íngreme, porque tratava-se de um espetáculo para ninguém perder. Assassinatos e execuções eram raridade em La Paz.

Os estrangeiros mantiveram-se à distância, mas nos contaram tudo depois. Na realidade, foi praticamente só o que ouvimos por muitos dias. O juiz e o delegado amarraram o criminoso numa cadeira, enquanto o pelotão de fuzilamento mergulhou numa tensão que em muito superava a do prisioneiro. Os homens estavam tão nervosos que seus dedos trêmulos apertaram o gatilho antes que a amarração estivesse acabada e houve uma saraivada de balas para todas as direções. Uma mulher foi atingida e caiu no chão gritando; outra bala mandou a cartola do juiz pelos ares e uma terceira atingiu o delegado no traseiro! O prisioneiro vibrou e cuspiu uma torrente de xingamentos contra as autoridades que saíram correndo.

260 A EXPEDIÇÃO FAWCETT

O sargento no comando do pelotão de fuzilamento prontamente ordenou outra descarga de tiros, na direção do prisioneiro, e, quando essa fuzilaria levantou uma nuvem de poeira ao redor da cadeira sem causar quaisquer danos ao condenado, ele passou a destratar os soldados. O homem era corajoso, sem dúvida! Sobreviveu a nada menos que oito saraivadas e seus xingamentos só cessaram quando o sargento aproximou-se ao seu lado e acabou o assunto com um revólver à queima-roupa.

Vários dias mais tarde, o *Alto* foi cenário de outro espetáculo, mas dessa vez uma exibição de aviação. Dois irmãos italianos com um nome parecido com Frankelini — não me lembro como era exatamente — foram contratados para voar num aeroplano com motor de 25 cavalos. Como nada semelhante jamais fora visto ali, La Paz viu-se tomada por grande excitação. O nome do falecido Jorge Chavez, ás voador peruano, ainda despertava grande admiração na costa oeste e havia um sentimento geral de que só faltava um aeroplano para elevar La Paz a uma posição de destaque.

Infelizmente, ninguém se deu conta da dificuldade de fazer um avião decolar num terreno que fica 4 mil metros acima do nível do mar e o motorzinho girou a hélice sem produzir qualquer efeito, exceto o de arrastar pesadamente o frágil aparelho em corridas erráticas, durante uma das quais três índios foram mortos.

A decepção transformou-se em fúria — quase em violência. Os italianos acharam melhor abandonar o aeroplano e voltar para a cidade o mais rapidamente possível, e por vários dias não deram as caras. Quando se aventuraram a aparecer novamente em público, viram-se impiedosamente ridicularizados como os dois "Fracassinis" — uma inteligente e tipicamente crioula brincadeira com a palavra "fracasso". Em nenhum outro lugar a arte dos apelidos é mais desenvolvida do que na América do Sul.

Todd, Costin e eu viemos de Antofagasta a tempo de estarmos presentes quando esses eventos ocorreram. Era o início de 1913 e nós em breve partiríamos mais uma vez para o Beni com o objetivo de explorar Caupolicán, algo que o colapso do biólogo havia impossibilitado em 1911. Eu tinha a esperança de trabalhar a leste de Santa Cruz de la Sierra (não a Santa Cruz do último capítulo, mas a cidade muito maior e mais

TOUROS E *BULTOS* **261**

ao sul), contudo, era o ano no ciclo de sete anos em que caíam chuvas excepcionais nas montanhas e os rios transbordantes transformavam os baixios da região da floresta num vasto pântano. Consequentemente, a ideia teve que ser temporariamente arquivada.

Eu estava impaciente para iniciar a busca, já que durante o período em Antofagasta a minha imaginação fora novamente incendiada por seis estranhas estatuetas de metal trazidas por um índio para serem vendidas. Elas tinham aproximadamente 15 centímetros de altura e evocavam peças do Egito Antigo. Ele se recusou a dizer onde as obtivera. Na verdade, quando eu soube das estatuetas, o índio já as havia vendido, mas recebi a oportunidade de examiná-las. Sem dúvida, eram muito velhas e provavelmente tinham laços com aquelas coisas em cuja busca estávamos prestes a sair.

Para completar o grupo, escolhi um jovem inglês em La Paz que parecia promissor. No entanto, ele nos acompanhou somente até Huanay, porque enquanto se banhava no rio Mapiri engoliu muita água, engasgou e perdeu a dentadura. Isso efetivamente impediu sua participação, porque sem os dentes ele morreria de fome. Em Chiniri, no caminho para Rurrenabaque, encontrei o nosso antigo cozinheiro Willis, que havia comprado uma plantação ali com o dinheiro obtido com a venda de bebida em Riberalta. Tentei persuadi-lo a vir conosco, mas sem sucesso.

Rurrenabaque não mudara nada. O inglês e o pistoleiro texano continuavam firmes; os mesmos papagaios tagarelavam nos telhados; nos seus poleiros habituais mantinham-se duas araras familiares, uma imitando um violino e a outra, uma flauta, parando apenas para receber quaisquer estranhos com bombardeios de insultos em espanhol. Apesar da aparência imutável do local, havia uma diferença — Rurrenabaque estava começando a sentir os efeitos adversos do fim do ciclo da borracha.

Um prospector texano juntou-se a nós; e, após dar a Todd tempo para se recuperar de um ataque de malária, cruzamos o rio rumo a Tumupasa. Estava ansioso para investigar uma história sobre o *"Pozo de Tumupasa"*, um buraco que supostamente faria parte de uma mina de prata, mas nada consegui obter sobre sua localização com os índios reticentes. Os padres da missão católica romana ou não sabiam ou não quiseram me informar;

262 A EXPEDIÇÃO FAWCETT

assim, fomos para Ixiamas, um belo lugarejo que poderia ter um melhor futuro se as comunicações não fossem tão ruins.

Na igreja de Ixiamas, vimos uma bela coleção de pratos e nos contaram que a prata fora obtida ali mesmo, mas a localização das minas era desconhecida. Também nos disseram que uma corrida do diamante estava em pleno desenvolvimento na nascente do Madidi, de modo que botamos as mochilas nas costas e fomos investigar.

Os trechos superiores do Madidi atravessam cânions profundos de rochas vermelhas instáveis, sujeitas a eternos deslizamentos. Não encontramos nenhum sinal de formações contendo minerais e os "diamantes" revelaram-se topázios — não há evidências de que diamantes de verdade serão encontrados ali.

Atravessando pela floresta, saímos no Tuiche, em Asuriama, onde em 1911 cruzamos para o Tambopata. É um terreno montanhoso e sinais de carvão e petróleo são frequentemente vistos. Para mim, o local sempre será associado a cobras, porque ali por duas vezes escapamos por pouco de surucucus.

Eu estava escalando uma elevação íngreme com grossa cobertura de plantas pequenas e coloquei minha mão em cima da cobra. Ela instantaneamente atacou Ross, o texano, que estava na minha frente e reagiu como um relâmpago, com uma das mãos já buscando a arma na cintura.

— Cuidado! — gritei para Costin, e nós dois nos jogamos para trás. Então, vieram dois disparos do revólver do texano e a surucucu caiu paralisada, com a cabeça atravessada por um tiro.

— Com certeza, foi por pouco! — murmurou Ross, assoprando a fumaça do cano da arma e calmamente guardando-a novamente no coldre.

Costin e eu recuperamos o fôlego.

— Ela te pegou? — perguntei.

— Sim, mas não sei onde.

Ele apalpou as pernas e coxas com as mãos, então parou por um momento e tirou de um bolso da calça o saco de tabaco. Juntos, vimos os buracos atravessando-o de lado a lado.

— Meu Deus! — disse Ross, arregalando os olhos. — Ela me pegou mesmo! Veja, os dentes morderam aqui e atravessaram.

Ele rapidamente desafivelou o cinto e baixou as calças. Na sua coxa havia duas marcas feitas por aqueles dentes letais, mas por um milagre da boa fortuna a pele não fora penetrada. O veneno formou uma mancha molhada na sua perna. Após nos assegurarmos de que a cobra estava realmente morta, medimos o seu corpo amarelo com marcas em forma de diamantes e vimos que media dois metros.

Ninguém em Asuriama sabia se era possível descer o Tuiche com jangadas, mas, como os demais integrantes do grupo tinham suficiente coragem para arriscarmos, construímos balsas para a viagem. Precisávamos levar provisões de comida e, assim, Costin e eu percorremos uma trilha de 20 quilômetros até uma plantação de açúcar com a esperança de poder comprá-las. Na volta, houve outra aventura com uma surucucu, mas dessa vez quem escapou por pouco fui eu.

Nós vínhamos carregados com açúcar e patos, comigo na frente. De repente, algo me fez saltar de lado, abrir as pernas e do meio delas se projetaram a cabeça maligna e o corpo enorme de uma surucucu em pleno ataque. Gritei, meio pulando e meio caindo para o lado, esperando ofegante pelo segundo ataque, que eu tinha certeza que viria. Mas não veio: a fera deslizou para baixo, para o riacho ao lado da trilha, e ficou lá quieta. Não tínhamos armas conosco e, como ameaçou atacar de novo quando atiramos pedras, a deixamos ali. Media bem uns 3 metros de comprimento e tinha algo entre 15 centímetros de grossura; os dentes duplos, pela proporção, deviam ter quase 3 centímetros. Os especialistas afirmam que essas serpentes passam dos 4 metros, mas nunca vi nenhuma grande assim.

Mais do que qualquer coisa, o que realmente me surpreendeu foi o alerta do meu subconsciente e a resposta muscular instantânea. Surucucus têm a reputação de atacar com grande velocidade e miram na altura da cintura. Eu não a vi até que aparecesse entre as pernas, mas o "homem interior" — se posso chamar assim — não apenas a viu a tempo, como também avaliou com precisão a altura e distância do ataque e emitiu ordens para o corpo!

Há muitos indícios de que esta parte do país outrora foi leito do oceano. O solo e o clima seriam ideais para vinhedos e, caso a indústria fosse introduzida, o transporte não seria um grande problema. É também uma excelente região de açúcar; e ouro é igualmente encontrado aqui, do mesmo modo que em tantos outros lugares em que florestas e montanhas se unem.

Quando as duas balsas ficaram prontas, entramos no rio. Nós quatro nos julgávamos jangadeiros experientes, mas Costin e eu ficamos na frente e Todd seguiu atrás com Ross. Mal sabíamos da insana aventura em que embarcáramos até entrarmos num cânion com penhascos enormes alguns quilômetros abaixo de Asuriama, onde os 200 metros do Tuiche encolhiam para uma largura de aproximadamente 40 metros, e encontrarmos uma corrente rápida após a outra. Nossa velocidade subiu até estarmos voando na corrente e eu sabia que, cedo ou tarde, nos daríamos mal.

Após um quilômetro e meio disso, a água ficou mais profunda e a corrente desacelerou. Ganhamos confiança enquanto as jangadas deslizavam tranquilamente ao redor de uma escarpa íngreme, mas, então, nossos corações se apertaram quando ouvimos o sinistro rugido de uma cachoeira logo à frente. Gritei um alerta para a outra balsa e afundei a vara para virar na direção da margem, mas a água era funda demais para encontrar o leito. A corrente nos pegou e deslizamos cada vez mais rápido para a beira de uma queda que poderia ter qualquer coisa entre alguns passos e trinta metros.

— Mantenha-a reta! — gritei para Costin, encarregado da vara usada como remo. Então, passamos pela beira e a jangada pareceu se equilibrar ali por um instante antes de descolar de nossos pés. Dando duas ou três voltas enquanto caía no ar, a balsa mergulhou em profundezas escuras.

Não sei como conseguimos. Costin emergiu primeiro — cem metros depois da cachoeira — e, ao não me ver, pensou que eu tinha me afogado. Quando emergi arfando, finalmente livre da força dos remoinhos e turbilhões, encontrei a jangada de cabeça para baixo ao meu lado, correndo com velocidade assustadora rumo a outra corrente rápida. Então, a água ficou mais rasa e senti o leito do rio. A correnteza nos levara para perto das rochas na lateral e, após algumas tentativas, conseguimos encontrar um apoio e nos puxar para fora. A balsa, carregada junto conosco, prendeu-se entre duas pedras.

TOUROS E *BULTOS*   **265**

Olhando para trás, vimos o que tínhamos atravessado. A queda apresentava uma altura aproximada de seis metros e, no local em que a água caía, o cânion estreitava até meros três metros; através desse gargalo, o enorme volume de água corria com força terrível, desabando numa massa de espuma marrom e pedras pretas. Pareceu inacreditável termos sobrevivido a esse redemoinho!

Todd e Ross foram alertados a tempo de evitar serem arrastados pela correnteza e jogados pela cachoeira. Eles transportaram a balsa e os equipamentos, devolveram-na às águas velozes abaixo e acabaram naufragando devido à força da corrente pouco depois do ponto em que paramos.

Toda a bagagem estava firmemente amarrada às balsas e não perdemos nada, exceto meu chapéu; mas roupas, instrumentos e a câmera ficaram encharcados — esta última, arruinada. Estava fora de questão correr o risco de outro desastre no rio, de modo que abandonamos as balsas e seguimos a pé para Apolo. Lá, nosso amigo Flower me deu uma espécie de chapéu para proteger minha cabeça careca, porque nessas partes um chapéu talvez seja a mais necessária de todas as proteções para o corpo.

Uma trilha em péssimas condições nos levou para o norte, na direção de Tumupasa e, de lá, retornamos a Rurrenabaque, a imutável. Nada ocorrera ali desde nossa partida, exceto a aparição de uma sucuri de dez metros, morta em pleno ato de devorar uma porca. Esta, naturalmente, morreu, mas vários porquinhos foram tirados com vida do seu útero. Os animaizinhos foram amamentados no peito de uma índia. Em Rurrenabaque, porcos eram considerados mais valiosos do que seres humanos!

Ficamos sabendo que perto de Tumupasa um comerciante austríaco havia sido assassinado por três escravos índios os quais maltratara. Eles primeiro deram-lhe tiros, depois o esfaquearam e, para terem certeza do resultado, ainda seguraram a cabeça dentro da água do rio. Rurrenabaque e Ixiamas juntaram-se a Tumupasa na caça aos assassinos assim que o crime foi descoberto e os três homens logo foram localizados e capturados. Cada um recebeu 500 chibatadas; mas um juiz veio de Reyes e ordenou outras 500. Depois, foram mandados para Apolo pelo rio, mas na viagem conseguiram escapar para a floresta. Um foi rastreado até um riacho, onde misteriosamente todas os rastros sumiam e a conclusão foi

266 A EXPEDIÇÃO FAWCETT

que o diabo — ou talvez alguma besta — havia providenciado o seu desaparecimento.

Meu objetivo agora era chegar a Santa Cruz de la Sierra, para seguir na direção leste assim que a estação seca começasse. A jornada a pé era perigosa demais, já que hordas de gado selvagem feroz perambulavam pela planície de Mojos. Fomos alertados para os touros selvagens, que haviam matado muitos andarilhos. Montado em mulas ou cavalos o perigo era pequeno. O gado tinha medo de montadores e sumia tão logo os avistava. Mas não foi possível conseguir nem mulas nem cavalos, de forma que seguimos com carroças puxadas por bois. As carroças eram suficientemente seguras.

As carroças da planície têm grandes rodas sólidas de madeira com dois metros de diâmetro apoiadas em eixos de madeira dura da floresta, fáceis de repor em caso de quebra — ou em eixos de ferro importados vendidos a doze libras a unidade. Eixos de madeira são preferidos, porque o barulho agudo produzido pelo atrito da madeira mantém os bois em movimento — eles estão acostumados a essa música e avançam relutantemente na sua ausência.

Acertei as contas com Ross em Rurrenabaque e Costin, Todd e eu partimos pelos pampas numa carroça alugada com destino a Santa Ana. Antes de chegarmos a Reyes, Costin novamente foi mordido no pé por uma enorme formiga *tucandera* preta e, devido ao inchaço, teve que ficar na carroça, uma experiência muito mais desconfortável do que andar atrás do veículo na lama, como Todd e eu fizemos. Duvido que rodas com raios teriam aguentado o castigo imposto à carroça pelo trânsito em caminhos com buracos de até um metro e choques contra pedras ocultas. Permanecer na carroça, apesar de toda a sua lentidão, era um feito!

Reyes revelou-se um amontoado de deprimentes cabanas indígenas, sem nada de interessante a não ser o fato de que outrora abrigara uma missão. Foi construída num aterro cerca de quatro metros acima do nível da planície circundante e, exceto pela entrada, era cercada por uma vala larga. O lugar deve ser bastante velho, pois em toda essa planície há ruínas de obras de uma população grande e provavelmente antiga — vastas barragens ligadas em algumas partes por quilômetros de trilhas elevadas sobre terrenos lamacentos. Durante o verão, toda a planície é inundada; e essas áreas periodicamente submersas são conhecidas localmente como *bañados*.

Perto de Candelaria, ossos de mastodontes foram recentemente escavados muito próximos à superfície. Alguns desses animais pré-históricos talvez tenham existido aqui até tempos relativamente recentes, o que deixa no ar uma pergunta sobre quais monstros podem ainda ser encontrados nos lugares menos acessíveis. Vimos antas e emas nessa área, a qual é uma ampla faixa de pastagem, cheia de gado e com ocasionais ilhas de floresta.

Um dos cães, nadando num regato ao lado da carroça, chegou a menos de 30 centímetros das mandíbulas de um enorme crocodilo, que estranhamente não fez nenhuma tentativa de abocanhá-lo. Isso é bastante incomum porque, como já mencionei, eles quase sempre estão ansiosos em pegar cachorros. O condutor da carroça desceu e enfiou uma vara no olho da fera antes que ela pudesse se mexer.

Em Potrero ouvimos falar de algumas minas de prata de riqueza fabulosa nas vizinhanças de um lugar chamado Buena Vista, que, juntamente com três colinas próximas, tinha sido capturado por índios. Pensamos em investigar a história, mas decidimos que era nebulosa demais para valer um desvio tão grande. No sótão da pequena igreja de Potrero havia duas efígies de madeira de santos, bastante venerados pelas pessoas e que, segundo constava, conteriam em compartimentos secretos do corpo algum grande segredo. Ninguém reuniu coragem suficiente para investigar e, quando nos oferecemos para examiná-las, recebemos uma seca recusa.

Enquanto estávamos em Potrero, recebemos um pedido para ajudar um morador que dera um tiro na própria cabeça com uma pistola Browning. Como eu não tinha nenhum equipamento adequado para remover um pedaço de osso do crânio do homem, não havia muito a ser feito. Nesses lugares remotos sempre encontrávamos pessoas doentes ou feridas e tudo que elas podiam fazer para aliviar o sofrimento era engolir vastas quantidades dos remédios falsos vendidos pelos itinerantes *mercachifleros*, ou caixeiros-viajantes, por exorbitantes somas de dinheiro. Contra picada de cobra — essa planície era infestada de serpentes de muitas espécies —,

268 A EXPEDIÇÃO FAWCETT

eles só tinham um remédio, o qual era matar o animal e aplicar sua carne nos furos produzidos pelos dentes. Talvez tenha funcionado algumas vezes, mas provavelmente a cura aconteceu porque nenhuma cobra fica com as reservas de veneno cheias no espaço de duas semanas após se alimentar e, de qualquer modo, nem sempre a picada atinge totalmente a vítima.

Costin teve algumas aventuras com os touros de aparência feroz que circulam por aqui, solitários ou em bandos. Ele saíra com uma carabina .22 para caçar perus selvagens numa das ilhas de floresta que se encontravam a alguma distância da carroça e avistamos um touro preto enorme seguindo o seu cheiro. Gritamos para alertá-lo e ele virou-se a tempo de ver o touro preparando o ataque. Felizmente, tinha uma vantagem suficiente para conseguir chegar a um monte de árvores e arbustos a cem metros de onde estava antes de o touro alcançá-lo. Apesar dos espinhos ou outros obstáculos, ele pulou de cabeça no abrigo. O touro, sem poder chegar até ele, ficou rodando o lugar, bufando furiosamente e batendo no chão com a pata. Sempre que surgia uma chance, Costin dava tiros nos olhos do animal com a sua arma de brinquedo. Finalmente, conseguiu cegá-lo e, enquanto o animal enlouquecido arremessava-se contra a frente dos arbustos, Costin escapou pelos fundos e veio correndo para a carroça.

Certo dia, eu estava 50 metros atrás dos outros quando, para meu horror, vi um touro vermelho imenso num lado da trilha, entre mim e a carroça. Bufava, sacudia o rabo e batia a pata no chão — e eu estava sem uma espingarda e longe demais de qualquer árvore ou outro refúgio. Não havia o que fazer senão passar por ele e, assim, engoli em seco e avancei bem lentamente, encarando-o com o que eu esperava ser um olhar hipnótico. Deu certo e passei pelo touro sem ser atacado. Mas por nada eu repetiria a experiência!

Sempre que possível, os vaqueiros locais laçavam esses touros ferozes e os amarravam pelos chifres às árvores para morrerem de fome. É uma cruel retaliação do homem contra a fera; porém, você não tem muita clemência dos touros quando é pego. Um dia, fomos atacados por três touros e somente após um ser morto e os outros crivados de balas é que desistiram de nos pegar. O dono de uma estância na região me contou que um touro matou o cavalo no qual estava montado e ele só conseguiu escapar porque a fera continuou arremetendo contra a vítima morta. Como frequentemente fazem os elefantes, esses touros às vezes até mesmo tentam derrubar uma árvore para pegar o homem que se refugiou nos galhos. Felizmente, agora há menos deles que antes, quando circulavam em manadas de quinhentos ou mais e, na época do acasalamento, representavam uma séria ameaça a todos os habitantes das planícies. Hoje, andam em duplas ou trios, mas são mais irritadiços e perigosos do que antigamente, porque as vacas, sendo mais fáceis de caçar, foram praticamente exterminadas.

Chegamos a uma estância em que uma criança tinha acabado de ser picada por uma cobra conhecida como *yoperohobobo* — da família *Lachesis* e uma espécie de jararaca — e me imploraram para tentar fazer algo. A pele da criança estava quente e seca, e a perna picada exibia os furos e encontrava-se bastante inchada. As ligaduras amarradas acima do joelho estavam apertadas demais.

Tinha comigo uma pequena garrafa de soro antiofídico, que eu ganhara de uma argentina a bordo de um navio. Dei duas injeções do soro na criança, uma nos músculos das costas e a outra na perna, acima da picada. Ela ficou com medo, mas após cerca de meia hora começou a suar profusamente e dormiu. Na manhã seguinte, estava fora de perigo, para grande espanto dos pais, e eles ficaram ainda mais surpresos quando não cobrei nada.

Chegamos em Santa Ana um dia atrasados para testemunhar o extraordinário espetáculo de uma luta entre um touro doméstico e um touro selvagem. Eles se enfrentaram na periferia da cidade, cercados por centenas de excitadas vacas que batiam as patas e bramiam sem parar. No fim, o touro selvagem venceu. O perdedor ficou sem os dois olhos e teve que ser morto a tiros.

A criação de gado é a principal ocupação em Santa Ana, um posto no rio Mamoré. É um agradável lugarejo; as casas bem-construídas estão localizadas no local de uma antiga aldeia indígena e a única rua é mantida razoavelmente limpa. O álcool é a maldição dali, como em tantos outros desses lugares isolados. Os habitantes estão sempre bêbados ou dormindo para curar a ressaca!

270 A EXPEDIÇÃO FAWCETT

Vimos ali pela primeira e única vez uma raça de cachorro conhecida como cão de caça andino de focinho duplo. Os dois focinhos são tão independentes que parecem ter sido separados com uma faca. Com o tamanho aproximado de um perdigueiro, é bastante valorizado pelo agudo olfato e a inteligência para caçar onças. É encontrado somente nessas planícies.

Embarcamos na lancha *Guapay* para subir o rio até Las Juntas. A margem leste do Mamoré essencialmente está nas mãos de índios, outrora domesticados pelas missões, mas agora novamente selvagens — creio que mais devido aos maus-tratos que à inclinação natural. Com o propósito de vendê-los como escravos para as empresas de borracha, um homem branco que viveu alguns anos com eles foi sórdido o bastante de conduzir alguns a uma armadilha. Um ou dois anos depois, ele naufragou na foz do rio, foi encontrado e reconhecido pelos índios, e entregue às mulheres para ser torturado.

Alguns anos atrás, o Mamoré não era considerado navegável por lanchas na estação seca, mas quando estas foram introduzidas elas acabaram abrindo um canal próprio e agora operam o ano inteiro. Antes disso, não era raro um barco ficar preso por bancos de areia ou troncos e, então, as tripulações — geralmente escravos ou índios domesticados — se amotinavam, matavam o capitão e fugiam rio abaixo pelas margens. Diziam que essa parte do país produzia um tipo de nativo traiçoeiro e covarde, mas, levando-se em conta os maus-tratos que sofriam, há algo a ser dito em sua defesa.

Existe uma lagoa de bom tamanho no rio Cusi, entre Trinidad e Estrella, onde ainda há diversas aldeias grandes de índios selvagens. Houve uma época em que esses índios eram liderados por um severo escocês ruivo que nutria grande ressentimento em relação à civilização e não perdia oportunidade de expressá-lo com ataques aos assentamentos. Ele foi o terror da região até o dia em que morreu. Certa feita, dezoito bolivianos bem-armados marcharam contra a sua base, mas perderam a coragem no caminho e retornaram. Embora agora não tão ferozes quanto antes, os índios ainda lançam periódicos ataques contra os assentamentos ou aprisionam os viajantes.

TOUROS E *BULTOS* **271**

A *Guapay* encalhou antes de Las Juntas e os passageiros foram transferidos para um *batelón*. Um miserável e sujo conjunto de cabanas encharcadas constituía a vila, onde fomos obrigados a esperar por carroças que nos levassem a Santa Cruz. A cabana que ocupamos foi dividida em dois compartimentos por ripas e, do outro lado, um homem jazia morrendo de varíola. Ao entrar no nosso canto, vimos algo se mexendo numa parede. Era grande e se retorcia, e logo percebemos que se tratava de uma surucucu. Felizmente, conseguimos acertar uma bala antes que atacasse. Antes, contudo, crianças tinham brincado dentro e fora da cabana enquanto o animal estava ali!

Antes de partirmos desse lugar, um velho chegou de Santa Cruz com doze escravos para pôr à venda em Riberalta.

— Vou fazer um bom negócio com eles, entende? — ele disse. — Mas são homens, não tão lucrativos quanto mulheres. Se fossem mulheres, aí eu estaria muito bem!

Cuatro Hojas é o real porto de Santa Cruz quando o rio não está muito baixo. De Las Juntas a Cuatro Hojas, fomos de carroça por uma região de brejos na beira de floresta cerrada. A trilha estava num mar de lama tão profunda que os animais afundavam até a barriga e somente graças às rodas de 2,5 metros é que conseguimos passar. Parecia como navegar num bote em alto-mar durante uma tempestade, aguentando solavancos violentos. Havia narcejas por todos os lados e matamos várias com nossas espingardas .22, o que resultou numa bem-vinda mudança em relação à eterna dieta de comida enlatada. Também havia carrapatos — o bicho-colorado, um tipo minúsculo e vermelho; e o carrapato-do-chão, o mais venenoso deles — e suas mordidas fizeram com que não parássemos de nos coçar.

Em Cuatro Hojas, outra carroça se juntou a nós, com uma viúva de Santa Cruz e duas crianças bonitas e inteligentes. Não eram dela — a mulher as encontrara largadas na sua porta e as adotara, apesar de ser muito pobre. Claramente, eram meio europeias. Ela me contou que, não muito tempo atrás, bebês indesejados eram deixados à noite na porta da igreja na *plaza* em Santa Cruz para serem devorados pelos porcos famintos que circulavam livremente pelas ruas. Para impedir isso, as autorida-

272 A EXPEDIÇÃO FAWCETT

des tiveram que banir os porcos — não havia como conter a produção de bebês indesejados!

Certa manhã, Costin aproximou-se rapidamente da carroça, esbaforido e praguejando.

— Está atrás de mim! — gritou, de maneira bastante desnecessária, porque a apenas dez metros vinha um enorme touro preto. Se houvesse algum gado selvagem ao redor, Costin certamente o atrairia. Esvaziamos nossas carabinas nele, que, após alguns instantes, sacudiu raivosamente a cabeça, deu a volta e foi embora lentamente para o pântano.

Toda a região ao redor de Santa Cruz é boa para a criação de gado — boa também para plantar —, mas as comunicações são tão ruins que não se desenvolveu. As pegadas das mulas atrasam o progresso do lugar, o que é uma pena, porque o solo é tão rico que poderia se tornar a horta da Bolívia. A cidade tem 20 mil habitantes e 2 mil casas; fica 500 metros acima do nível do mar, conta com um clima ótimo e seus campos produzem três safras de milho por ano. Algum dia vai render todo o seu potencial, mas no momento o que se destaca é a inacreditável pobreza e, talvez em consequência, um baixo padrão moral.

Na cadeia, onde fora jogado dois anos antes, havia um inglês chamado Walker, prestes a ser executado pela participação num brutal assassinato em massa acompanhado por roubo. Para obter uma considerável quantidade de ouro, ele e um alemão haviam matado todos os membros de um comboio, exceto uma mulher que escapou e deu o alarme. Walker, então, matou o alemão para ficar com a sua parte. Desde a captura, ele escapara duas vezes, mas fora recapturado — numa das vezes a apenas alguns passos da fronteira que o colocaria a salvo — e levado de volta a Santa Cruz. Tendo conhecido-o alguns anos antes em Rurrenabaque, fui à cadeia vê-lo. Ele me disse que o julgamento fora totalmente justo e admitiu que merecia o destino que o encontraria em um ou dois dias. Quando chegou a hora, enfrentou o pelotão de fuzilamento com perfeita compostura, diante de toda a população da cidade.

Todd estava bastante doente e, antes de podermos ir para o leste, seria necessário retornar a La Paz e providenciar sua volta para casa. Decidimos ficar durante um mês na cidade para nos alimentarmos e nos recuperarmos para a árdua viagem até Cochabamba; e, em vez de ficar no hotel, que era bem razoável, mas barulhento demais por causa dos bêbados, aluguei uma casa por uma ninharia. Santa Cruz não era um lugar particularmente interessante para ficar. As ruas eram de terra e quando chovia formavam-se inúmeras poças, que só podiam ser vencidas pisando-se em pedras instáveis. Havia um cinema — ao ar livre — e os melodramas exagerados excitavam tanto a plateia que se tornava necessária a presença em cada sessão de um guarda armado. Comparadas com os *cholos* que predominam nas regiões montanhesas, as pessoas têm a pele bem clara, já que aqui se encontra tanto sangue espanhol puro quanto em qualquer parte da América do Sul.

Como o resto do grupo preferiu o hotel à casa, fiquei contente com a oportunidade de atualizar todo o serviço geográfico. Um *arriero* desempregado ofereceu-se como cozinheiro e, assim, mudou-se para os fundos, enquanto eu estendi minha rede na espaçosa sala da frente. A mobília consistia em uma mesa, duas cadeiras, uma estante e uma candeia. Não havia cama, mas isso não me incomodava, porque nas casas nestas partes sempre há ganchos para redes.

Na primeira noite, tranquei portas e janelas de madeira e o *arriero* foi para seus aposentos no fundo. Deitei na rede e me preparei para uma confortável noite de descanso. Estendido ali, após apagar a vela, esperando para mergulhar no sono, ouvi algo mover-se pelo chão. *Cobras!*, pensei, e apressadamente acendi a candeia. Não havia nada e disse para mim mesmo que devia ser o *arriero* se mexendo do outro lado da parede. Assim que apaguei a luz, o barulho recomeçou, e uma galinha atravessou a sala, cacarejando ruidosamente. De novo, acendi a luz, intrigado com como a ave havia entrado, e mais uma vez nada encontrei. No instante em que apaguei a luz pela segunda vez, houve um barulho no chão, como se fosse um velho aleijado arrastando-se de chinelos. Isso era demais. Acendi a candeia e a deixei queimando.

Na manhã seguinte, o *arriero* veio me ver, parecendo amedrontado.

— Receio que tenha que deixá-lo, *señor* — ele disse. — Não posso ficar aqui.

— Por que não? Qual é o problema?

274 A EXPEDIÇÃO FAWCETT

— Tem *bultos*[17] nesta casa, *señor*. Não gosto disso.

— Bobagem, homem! — fingi zombar. — Não há nada. Se você não gosta de ficar nos fundos sozinho, venha para cá. Tem espaço mais do que suficiente para nós dois.

— Muito bem, *señor*. Se você me deixar dormir aqui, eu fico.

Na noite seguinte, o *arriero* enrolou-se nos seus cobertores num canto e eu, deitando na rede, apaguei a luz. No momento em que ficamos no escuro, veio o som de um livro sendo jogado na sala, com as páginas sacudindo no ar. Pareceu acertar a parede em cima de mim; mas a luz não revelou nada, exceto o *arriero* sob os cobertores. Apaguei a luz e a "galinha" voltou, seguida pelo "velho arrastando os chinelos". Depois disso, deixei a luz acesa e as assombrações pararam.

Na terceira noite, a escuridão veio com pancadas barulhentas nas paredes e, depois, ruídos de móveis caindo. Acendi a candeia e, como sempre, não havia nada para ver; mas o *arriero* levantou-se, destrancou a porta e, sem uma palavra, desapareceu na noite. Fechei e tranquei a porta de novo e me deitei, mas tão logo a luz se apagou a mesa pareceu ser levantada e jogada contra o chão de tijolos com grande violência, ao mesmo tempo que vários livros voavam pelo ar. Quando acendi a luz, nada parecia ter sido tocado. Então, a galinha voltou, e depois o velho, que surgiu acompanhado pelo barulho de uma porta abrindo. Meus nervos são muito bons, mas eu suportei o que era possível e, no dia seguinte, troquei a casa pelo hotel. Pelo menos os beberrões barulhentos dali eram humanos!

Uma série de perguntas revelou o fato de que ninguém morava na casa por causa da sua reputação diabólica. Achavam que o *bulto* era o fantas-

---

17. *Bultos* significa literalmente "fardos" e é, acredito, um termo expressivo para fantasma. Ouvi-o pela primeira vez por ferroviários de uma estrada de ferro nas montanhas do Peru. O pessoal do turno da noite me procurou um dia e pediu para mudar o horário de trabalho, a fim de evitar voltar para casa — fora da cidade — na escuridão da madrugada. Eles reclamaram que toda manhã, ao passar embaixo dos penhascos que cercavam o lugar, um *bulto* saía das rochas e os perseguia. Perguntei-lhes como era a aparência do *bulto*. "Como um saco com pernas curtas", disseram. Tive que recusar o pedido e eles evitaram novos encontros com o *bulto* esperando no galpão o amanhecer ou pegando carona num trem de carga que saía. [*N. do Org.*]

ma de alguém que enterrara prata no local — um tesouro que ninguém jamais teve a ousadia de procurar.

O meu *poltergeist*, embora barulhento, era, ao meu ver, menos perturbador que a coisa que assombrava outra conhecida casa da cidade — pelo menos, na opinião de alguém que não tinha muito conhecimento sobre fantasmas. Ali, diziam que o fantasma se inclinava sobre quem quer que se deitasse num determinado quarto, tocando a vítima com uma mão ossuda e bafejando um hálito fétido em sua face. Diversos ocupantes da casa ficaram doidos e o lugar agora está desocupado.

Todd foi mandado para La Paz e eu enviei um telegrama à Inglaterra requisitando outro homem para substituí-lo. Então, Costin e eu partimos rumo às montanhas para examinar as condições de mineração ao norte de Cochabamba. No caminho, passamos por Samaipata, um lugar um tanto decrépito, mas com futuro, porque fica a 1.600 metros de altura e oferece um clima agradável. Não muito longe da vila, existem algumas ruínas incas, o assentamento mais a sudeste que esse povo pré-histórico deixou. Provavelmente, foi construído pelo inca Yupanqui para suas expedições militares ao leste, porque há os restos de um palácio, banheiras arruinadas e um poço ou túnel que dizem ser a entrada de uma câmara de tesouros. Pode valer a pena escavar o local, porque arados de aldeões revelaram lhamas de ouro e outras relíquias. Tanto quanto consegui descobrir, a única tentativa feita de explorar o poço foi abandonada quando o equipamento do investigador foi roubado, contudo, segundo o que me disseram, na metade do caminho há uma passagem que sai do poço e vai para a colina. O poço tem degraus gastos, esculpidos na rocha sólida, e a minha impressão é que pode ter sido uma mina.

A trilha de Cochabamba em determinados trechos segue o leito do rio Grande e, com frequência, durante as chuvas torna-se intransponível. Nos pedaços em que atravessa um ou dois cânions estreitos pode até mesmo ser perigosa caso venha um aguaceiro de cima, como habitualmente acontece nos Andes. No geral, a rota é um tanto árida, mas não sem atrativos, e o cacto gigante encontrado aqui dá ao cenário uma aparência quase surrealista.

276 A EXPEDIÇÃO FAWCETT

A vida é colorida em Totora, uma vila indígena de bom tamanho nas montanhas, embora não exista nenhuma preocupação com a limpeza. No decrépito *tambo*, ou hospedaria, dividimos o quarto com uma série de ovelhas e porcos — e também seus parasitas.

Após ultrapassar o cume da trilha, a 3.300 metros, descemos para o vale de Cochabamba e, em Pucara, ouvimos o som de uma locomotiva — o primeiro desde que deixamos La Paz. É um som que, mais do que qualquer outro, anuncia o retorno ao mundo cotidiano, após meses de existência primitiva e solitária em lugares remotos — um excitante som de lar e de reencontro com parentes e amigos. Quando nos aproximamos, os barulhos da chaminé do trem e dos engates de vagões soaram como música aos nossos ouvidos. Tudo o que encontramos foi um bonde a vapor, mas para nós era magnífico!

Fomos de bonde para Cochabamba, atravessando o campo fértil, cheio de eucaliptos e densamente ocupado pelos índios das montanhas. Como cidade, Cochabamba é provavelmente a melhor da Bolívia, porque conta com um clima perfeito e não está numa grande altitude. É um entroncamento da Ferrovia Antofagasta-Bolívia e pode vir a se tornar um local de grande importância — na verdade, seria com certeza caso fosse estabelecida comunicação por estrada ou ferrovia com a produtiva região de Santa Cruz.

Comemos uma grande quantidade de morangos com creme e muitas outras frutas da zona temperada, as quais fazia muito tempo que não saboreávamos. Fomos entretidos por amigos, que nos levaram para as refrescantes termas de Calacala e orgulhosamente nos mostraram as belezas do lugar. Eles têm muitos motivos para se orgulhar, porque a cidade é linda e sua localização, esplêndida, numa bacia entre montanhas com picos cobertos de neve ao norte. Em contraste com a moda popular de vestimentas em monótono preto, as ruas são muito alegres, pois as construções exibem várias cores e as *plazas* são decoradas com flores.

Existe uma coisa desagradável a respeito de Cochabamba, que são as *buichinchas*, baratas sanguessugas, insetos vis que invadem as casas à noite caso as janelas estejam abertas e fazem um banquete com quem está dormindo. Naturalmente, também há pulgas — na América do Sul, é

TOUROS E *BULTOS* **277**

difícil escapar delas —, mas ninguém liga muito e, de toda forma, chega uma hora em que até mesmo o estrangeiro com seu sangue fresco deixa de senti-las.

Nessa época havia um estabelecimento ali que fazia duas bebidas saborosas que nunca encontrei em outro lugar. Uma era chamada *viña raya*, assim batizada, suponho, por conta da potência semelhante a uma descarga elétrica. A outra, conhecida como coca, era feita com a destilação em álcool de folhas de coca especialmente selecionadas, tendo ainda outros ingredientes, e não me lembro de jamais ter provado algo tão bom. Em cor e consistência é como chartreuse verde, mas o sabor é totalmente distinto. Uma dose alivia as pontadas de fome e aumenta a resistência, além de ser um excelente digestivo. Quem tiver a sorte de obter a receita e produzi-la na Europa ou nos Estados Unidos fará, sem a menor dúvida, uma fortuna. Levei doze garrafas para casa, mas, infelizmente, elas não duram muito!

Na junção dos rios Sacambaya e Inquisivi, não muito longe de Cochabamba, existe uma missão jesuíta em ruínas onde dizem haver um grande tesouro enterrado. Sacambaya era a mais acessível de uma série de 38 minas de ouro exploradas na região pelos jesuítas, que estabeleceram uma missão em cada uma e utilizaram mão de obra indígena para extrair o minério.

Quando os jesuítas foram banidos da América do Sul, todas essas minas estavam no auge da produção e o despacho de ouro para Roma havia sido suspenso por algum tempo para que os padres pudessem juntar uma soma suficiente para comprar uma parte da Bolívia e transformá-la numa colônia jesuíta. Todavia, ao saberem da iminente expulsão, reuniram todo o ouro em Sacambaya, onde um túnel foi aberto por seis índios — um túnel que levou mais de um ano para ser escavado e que incluía 38 alcovas. O tesouro de cada missão foi depositado separadamente e foram precisos seis meses para fechar o túnel, já que o buraco foi cuidadosamente preenchido e tampado com uma enorme pedra oval colocada na entrada do poço. Os seis índios foram assassinados para garantir a manutenção do segredo e os oito padres regressaram a Roma, onde sete foram mortos e o oitavo, aprisionado.

O religioso sobrevivente foi solto anos depois e retornou à Bolívia, onde tinha uma filha — a maioria dos padres do campo tem esposas não reconhecidas. Essa moça ou casou-se ou tornou-se amante de um inglês e contou-lhe o segredo do tesouro. O segredo foi passado adiante boca a boca, até que alguns descendentes do casal decidiram procurar o tesouro. Foram a Sacambaya, identificaram as pistas, encontraram os esqueletos dos seis índios e começaram a cavar.

Enquanto isso acontecia, apareceu no local um córnico, que conseguiu forçar os outros a aceitarem-no como sócio. As descobertas feitas sugerem que estavam no caminho certo, mas a sociedade acabou desfeita por conta de brigas e o córnico continuou a procurar sozinho. Ouvi a história de sua boca. Ele garantiu ter encontrado o túnel, com claros sinais de calcário, carvão e pedaços de roupas de monges. Então, seus fundos acabaram.

— Você chegou a tentar de novo? — perguntei-lhe.

— Sim, mas não imediatamente. Tinha gente que sabia que eu conhecia o segredo e fui posto na prisão com a acusação de roubar um transporte de correspondências. Suponho que me quisessem fora do caminho, para tentarem eles próprios descobrir o tesouro. Se foi isso, eles ficaram decepcionados, porque em um ano eu estava livre de novo. Voltei a Sacambaya e comecei a cavar onde tinha parado, mas o dinheiro acabou e precisei parar.

— É preciso capital para caçar tesouros. É um jogo caro. Geralmente, vai mais dinheiro na escavação do que sai dali!

— É verdade, major. De fato, consegui quatro ou cinco ingleses interessados e formamos uma sociedade para outra tentativa. Ficamos quatorze dias lá, mas desisti quando descobri que aqueles homens não gostavam de trabalho duro. Nós discutimos, é claro. Eles queriam colocar índios para escavar, mas eu não concordei, porque o segredo se espalharia. Era para nós mesmos fazermos todo o trabalho, e bons homens o teriam feito. Com meia dúzia de mineiros córnicos eu conseguiria o tesouro em uma semana, porque não existe mineiro como o córnico, eu garanto!

— O que aconteceu depois?

— Ah, nós rompemos. Eles foram para a Inglaterra e um deles afirmou que a sua cota na associação valia 40 mil libras. O caso foi parar na Corte de Falências de Londres.

— Por que você está me contando tudo isso?

— Bem, por uma razão, major. Se você estiver interessado e quiser entrar no negócio, e se tiver um pouco de capital para investir num negócio garantido, nós formamos uma sociedade. Você me parece uma pessoa honesta, major, e sei que não tem medo de trabalho. O que me diz?

— Hmm... Primeiro eu vou lá dar uma olhada no lugar. Está no nosso caminho quando sairmos daqui.

CAPÍTULO XVI
UM VISLUMBRE PRÉ-HISTÓRICO

Ao subirmos nas montanhas ao norte de Cochabamba, passamos um proveitoso tempo examinando as possibilidades de mineração na região e, de maneira tortuosa, fomos dar em Sacambaya. Não há dificuldades para se chegar ao lugar, tanto a partir de Cochabamba como de Inquisivi, uma vila mineradora três léguas rio acima, pois se trata de terreno aberto e há diversas fazendas nas proximidades. Algumas paredes quebradas representam o que outrora foi a missão jesuíta e, não muito longe, encontrei seis ou oito buracos abertos e outros que pareciam ter sido cavados apenas para serem tampados novamente.

Acredita-se que o tesouro valha meio milhão de libras esterlinas — se existe, o que estou inclinado a duvidar. Pode haver provas dele na tradição oral do local; mas, desde a história do meu tesouro do Verde, desconfio dessas narrativas de fortunas enterradas. Porém, um certo boliviano da região, de existência bastante modesta, tornou-se um homem de grande fortuna em tempo notavelmente curto. Ele nunca explicou a sua sorte, mas diziam que fizera algumas viagens furtivas a Sacambaya.

282 A EXPEDIÇÃO FAWCETT

A minha opinião é — se realmente existe um tesouro lá — que as tentativas de localizá-lo não foram feitas de maneira muito inteligente. Qualquer um que conheça todas as pistas não teria problemas em estabelecer de modo definitivo a existência ou não de um túnel. O córnico me disse ter encontrado o túnel, mas não vi nenhum sinal dele, apesar do meu cuidadoso exame. Os buracos cavados pareciam ser poços à procura de um túnel, mas era óbvio que não tinham achado nada.

Não havia nada que eu pudesse fazer a respeito, porque não tinha dinheiro sobrando, e, apesar de acreditar na sinceridade do córnico, o lugar me decepcionou. Não dava a "sensação" de haver tesouro enterrado ali, e tenho a inclinação de dar algum valor a essas impressões.

Sem dinheiro, o córnico mais tarde foi para o Rio de Janeiro, onde trabalhava, creio, para a Companhia de Luz e Força. Não consegui entrar em contato com ele novamente e acho que deve ter morrido lá. Novas tentativas podem vir a ser feitas para encontrar o tesouro, porque o segredo é compartilhado pelos membros da sociedade e sempre há aventureiros prontos a participar de uma caça ao tesouro, ainda que cavem a sua ruína assim.

De Inquisivi, cruzamos as montanhas até Eucalipto e pegamos um trem para La Paz. Eu já havia telegrafado para casa pedindo outro homem para substituir Todd e esperava que Manley chegasse em pouco tempo. Enquanto isso, tinha alguns negócios a tratar na capital, incluindo conversas preliminares a respeito de um projeto que estava preparando para uma estrada de Cochabamba a Santa Cruz.

Eu calculei que, na média, 150 mulas carregadas circulavam diariamente entre essas duas cidades, mesmo na estação úmida; mas o transporte animal, além de ser lento e ineficiente, era totalmente inadequado para o tráfego potencial de vegetais, frutas e madeira da "Horta da Bolívia" para o altiplano. Uma ferrovia parecia a resposta óbvia, mas havia certos problemas. O terreno era difícil e a construção seria cara, mas o principal obstáculo seria a manutenção da via permanente nos desfiladeiros estreitos e castigados por chuvas. No entanto, uma estrada, devido à sua maior flexibilidade de inclinação, poderia evitar os lugares perigosos e, na ocorrência de interrupções por deslizamentos ou desmoronamentos, tomaria menos tempo para ser reaberta, além de exigir menor mão de

UM VISLUMBRE PRÉ-HISTÓRICO **283**

obra permanente. Mesmo em 1913, o desenvolvimento de rebocadura em estradas era fácil de prever, embora eu admita terem havido dificuldades que jamais me ocorreram. Minha imaginação visualizou enormes caminhões rebocando árvores cortadas das florestas do interior, as quais podem fornecer uma madeira adequada, quando não superior, para todos os usos industriais que conhecemos; mas carga de eixos sobre leitos e pontes, desgaste de pneus e ângulos de curvas em estradas nas montanhas eram assuntos nos quais não tinha experiência. Vi somente as possíveis vantagens do transporte rodoviário e as desvantagens do transporte ferroviário. O tráfego ferroviário já se mostrou como o mais eficiente método para deslocar grandes cargas — particularmente em épocas de emergência nacional — e o seu senso de dever para com o público é incomparavelmente maior do que o das voláteis empresas de transporte por caminhão.

Fiquei entusiasmado com a ideia de uma estrada e as autoridades governamentais que me ouviram também deram a impressão de serem fortemente favoráveis. Parecia provável que aprovariam uma garantia para o retorno dos custos de construção e eu não antecipava grandes problemas para se levantar localmente o capital. Lamentavelmente, veio a guerra[18] e o meu projeto foi arquivado.

O Natal de 1913 foi passado em sossego em La Paz e, em seguida, retornamos a Cochabamba de trem, via Oruro. Então, alugamos mulas, compramos provisões e partimos para Santa Cruz, uma viagem difícil nessa época do ano, quando a estação úmida está no auge e os rios frequentemente transbordam.

Ficamos encurralados em uma das estreitas gargantas quando houve uma chuvarada nas montanhas acima de nós. Percebi o que poderia acontecer em seguida e fiquei de olhos abertos para encontrar uma subida pela lateral do cânion. Felizmente, chegamos a um lugar em que as mulas conseguiam passar e iniciamos uma escalada, deixando o chão do vale para trás — bem na hora. Veio um rugido abafado do desfiladeiro e, olhando para trás, vimos uma poderosa muralha de água de quatro a cinco metros de altura deslocando-se abaixo de nós e carregando tudo o

---

[18.] A guerra de 1914, é claro. [*N. do Org.*]

que encontrava pelo caminho. Se tivéssemos atrasado um ou dois minutos, seríamos pegos, o último animal da fila ainda estava muito perto das rochas arrastadas e da espuma marrom levantada.

Tivemos que parar por um ou dois dias em Totora, o que nos deu a oportunidade de aprender um pouco dos hábitos nativos. Um deles é o do marido de uma mulher em trabalho de parto ir para a cama com um pano na cabeça e ficar lá, gemendo por quatro dias. Enquanto isso, a mulher dá à luz com a facilidade habitual desses indígenas e cuida do pobre marido, alimentando-o com um chá feito a partir de milho, enquanto os vizinhos se reúnem para transmitir sua simpatia pelas agonias que uma cruel Natureza inflige a um desafortunado pai! Esse costume absurdo não se restringe a Totora — ocorre entre povos atrasados em muitas partes do mundo.

Ao chegar a Santa Cruz, desenvolvi o que deve ter sido febre tifoide e me senti miserável por alguns dias. A cura espartana de ficar pelado por horas embaixo do sol finalmente recuperou o meu sistema; mas, aí, veio um irritante ataque de *susu*, que é uma espécie de conjuntivite contagiosa bastante comum aqui por causa da poeira e da sujeira. Minhas pálpebras incharam terrivelmente e surgiram terçóis. Consegui curá-los recorrendo à reserva de remédios, mas só porque o ataque foi leve. Era bastante raro eu ser posto fora de combate desse jeito e fiquei profundamente envergonhado.

A doença mais comum em Santa Cruz é o que eles chamam de *"espasmo"*. Reumatismo é um *"espasmo de aire"* e todo tipo de febre, um *"espasmo del sol"*. Qualquer enfermidade, de indigestão a febre amarela, torna-se um *"espasmo de"* alguma coisa! As pessoas da cidade são tão pobres que os poucos médicos têm uma renda baixíssima. Geralmente, não se faz nada e apenas se espera a doença completar o ciclo — o que serve para mostrar quão necessário é um serviço médico estatal. No interior da Bolívia e do Brasil não existe outro meio pelo qual o tratamento e a prevenção de doenças podem ser realizados em prol daqueles que mais

UM VISLUMBRE PRÉ-HISTÓRICO **285**

necessitam. Cedo ou tarde, esses países chegarão a isso — e o mesmo acontecerá com quaisquer outros que se considerem civilizados.[19]

O custo de vida em Santa Cruz é baixo como em qualquer outra parte e, apesar da pobreza, o povo é hospitaleiro e não reclama. Pelo equivalente a 30 xelins por mês, eu aluguei uma casa nova e bem-construída (dessa vez, sem um *bulto*!); e todos os alimentos que conseguíamos comer — incluindo carne, pão, leite, frutas e vegetais — custavam a cada um de nós somente um xelim e seis pence por dia. Não é à toa que muitos estrangeiros são incapazes de ir embora do lugar! A terra era vendida por aproximadamente 80 libras a légua quadrada e me ocorreu que existia uma excelente oportunidade para uma colônia de estrangeiros laboriosos, prontos a explorar os ilimitados recursos, realizar melhorias na cidade e construir estradas secundárias para canalizar a produção para um ponto central de distribuição.[20] As jovens de Santa Cruz, na maior parte, são muito belas, mas a moral é frouxa. Nas ruas, são comuns os olhares de desavergonhado atrevimento e à noite não é raro ouvir batidinhas na porta ou na janela e uma voz perguntando se o *señor* deseja algo! Isso acontecia de maneira mais aberta durante os três dias de carnaval, quando toda fachada de respeitabilidade era deixada de lado e homens e mulheres se entregavam a uma orgia de bebidas.

Com o carnaval vieram terremotos e as casas foram violentamente sacudidas, causando muita preocupação, mas poucos danos reais. Decidimos nos aventurar nas ruas, correndo o risco de sermos acertados por ovos enchidos com tinta ou pelo conteúdo de baldes de água suja virados

---

[19] Na *Montaña* peruana, o Serviço Cooperativo Interamericano de Saúde Pública — conhecido como SCISP — fornece aos habitantes um atendimento médico do qual jamais desfrutaram antes. É um acontecimento recente ali; não sei dizer se a Bolívia e o Brasil têm os mesmos serviços. [*N. do Org.*]

[20] Isso foi tentado mais de uma vez nas regiões da *Montaña* nas repúblicas do Pacífico, com pouco sucesso sendo obtido. O principal problema é que mesmo um colonizador dinâmico, como os alemães ou os italianos do norte, acaba sucumbindo ao clima fatigante e, quando a lassidão se impõe, ele prefere virar "nativo" e não fazer nada. A natureza o provê com as necessidades da vida e ele não precisa se preocupar com nada! [*N. do Org.*]

286 A EXPEDIÇÃO FAWCETT

das varandas no alto. Era tudo uma grande diversão para aqueles que gostavam da liberdade desses dias insanos, mas ficamos contentes quando tudo acabou e o rei momo foi solenemente enterrado no cemitério.

Assim que o meu velho amigo Manley chegou de La Paz, demos adeus aos muitos amigos na cidade, montamos nos animais e partimos rumo à fronteira brasileira. A região ainda exibia os efeitos da estação úmida, que em 1913 estendeu-se agosto adentro, e os rios estavam anormalmente cheios. O rio Grande teve que ser atravessado em pelotas — uma espécie de barco de vime feito com tiras de couro cru amarradas nas pontas —, e a força da corrente fazia com que até mesmo essas embarcações oferecessem perigo. Então, atravessamos uma floresta anódina por 36 léguas até chegar a um pequeno destacamento de soldados bolivianos, posicionado ali para manter os índios selvagens sob controle. Toda a região do rio Parapiti para o sul, e entre os rios Piraí e Grande para o norte, está nas mãos dos índios yanaiguas, que às vezes atacam os viajantes. Passamos sem encontrar nenhum deles e chegamos a El Cerro, uma colina com uma pequena fazenda de gado e cerca de cinquenta trabalhadores indígenas.

Depois de El Cerro, descemos a uma região de palmeiras, onde o lago Palmares se expandia para todos os lados em vastos *bañados* durante as chuvas. Seguimos uma trilha seca — que estava uns bons três metros abaixo de uma marca de água — até El Corrito, outra fazenda de gado. Essa estância, que ocupava uma área de duas léguas quadradas e poderia facilmente abrigar 5 mil cabeças de gado, foi comprada por 240 libras — um bom exemplo de quanto a melhor terra na província custava na época.

Dali até San Ignacio foi um percurso seco e poeirento, mas o terreno parecia rico em minerais. Nas montanhas ao norte há ouro numa proporção de 425 gramas por tonelada. Originalmente, as minas foram exploradas pelos jesuítas. Negligência e decadência pairavam por toda a região, porque o isolamento a matou; e San Ignacio — a capital da Província Chiquitos — é uma vila miserável com uma população predominantemente indígena de 3 mil almas que mal conseguem sobreviver.

O carnaval ainda não tinha terminado em San Ignacio — na verdade, as comemorações de Ano-Novo não tinham realmente acabado. Na

UM VISLUMBRE PRÉ-HISTÓRICO **287**

maioria das casas arruinadas, ouvimos sons de violões e vozes desafinadas e o cheiro de cachaça flutuava no ar. Aqui e ali, um bêbado estava caído encostado numa escada ou parede, ou estirado no chão como a vítima de um massacre. Não havia um latido de cachorro ou pio de pássaro; era como se o lugar estivesse resistindo no coma que antecede a morte.

Estávamos na beirada daquele que é possivelmente o pior território de cobras na América do Sul, e a perda de vidas humanas em decorrência disso é terrível. Diversas pessoas asseguraram enfaticamente que nessa região havia uma cobra de aproximadamente um metro que diminuía de tamanho, encolhendo-se sobre si mesma antes de atacar. Como que para modificar o relato do que me parecia uma impossibilidade anatômica, acrescentavam que não era muito venenosa. Gostaria de ter visto uma, mas isso não aconteceu.

Os autênticos indígenas de Chiquitos eram pessoas de pele clara que viviam em buracos — cavidades de aproximadamente quatro metros de diâmetro abertas no chão, ligadas à superfície por um longo túnel e totalmente cobertas com galhos e folhas de palmeiras. Os índios morcegos do Brasil ainda vivem dessa maneira — genuínos trogloditas —, um povo feio e intratável, impossível de se lidar.

Na floresta rebaixada depois de San Ignacio, avançamos lentamente durante seis dias por *bañados* de lama e água — na época das chuvas, a terra fica completamente inundada. Projetando-se do solo, os troncos ramificados de choupos erguiam-se até copas brancas com galhos cheios de musgo e trepadeiras parasitas que se emaranhavam de tal maneira que a luz do dia só atravessava em pontos esparsos. Na escuridão em meio às enormes raízes despontavam esbranquiçadas seringueiras lutando para conseguir um vislumbre do sol.

Nas matas da zona temperada, as árvores têm troncos escuros e suas cascas exibem uma miríade de texturas interessantes; mas aqui, na América tropical, os troncos são lisos e de uma palidez quase luminosa que pode ser discernida mesmo no escuro. Por toda parte, o caos da vegetação pequena, que lembra videiras, se infiltra sobre os espaços abertos do chão, abraça as árvores e quaisquer arbustos fortes o bastante para suportar seu peso e sobe com intenções malignas na direção dos terraços da floresta em

288 A EXPEDIÇÃO FAWCETT

que batem os raios solares, e onde orquídeas flamejam numa confusão de cores. Do alto, como uma rede, pendem os cipós, como se alguma aranha monstruosa houvesse tecido uma teia de fibras vivas para aprisionar homem e bestas em malhas inquebráveis. Do chão, erguem-se as frondosas videiras numa onda de verde, rompendo a cobertura de palmas e bambus.

Aqui e ali, onde alguma gigante da floresta estrangulada caiu morta para apodrecer na lama do chão, a luz do dia penetra até um espaço aberto em que um mamoeiro ou uma palmeira-imperial se levanta graciosamente, como alguma linda ninfa das clareiras. O caminho da morte até a desintegração é curto na floresta. As árvores vivem suas vidas e caem ignoradas, para se tornarem lar e alimento de enxames de insetos. A umidade perpétua e os fungos disseminados apodrecem a madeira morta até esta chegar a um estágio de polpa fedorenta, fragmentando-a ao ponto de se tornar parte da lama que a absorve. Não existe nada da terra seca e fofa que se encontra nas matas do norte — é tudo lama, exceto nas ilhas de solo elevado, e os pés afundam monotonamente num cobertor caótico de folhagem e mato, com um barulho de sucção, de tal maneira que os músculos das pernas doem com o incessante esforço para libertar as botas a cada passo adiante.

Quando a floresta cedia espaço a terreno aberto, tínhamos a visão de pântanos planos, interrompidos ocasionalmente por ilhotas situadas alguns centímetros acima do nível geral e tomadas por bambus, *tacuara* e arbustos. Numa dessas ilhas — uma razoavelmente grande —, havia uma miserável estância chamada San Diego e habitada por gente tão sombria quanto a vista que se tinha com a costa voltada para a porta de cana apodrecida. O lugar estava cheio de cobras, já que essas ilhas nos brejos ofereciam refúgio das enchentes, e dentro da casa da fazenda nada menos que 36 — todas venenosas — tinham sido mortas em três meses. Podíamos ouvi-las arrastando-se dia e noite no telhado de palha.

Duas léguas depois de San Diego, chegamos à trilha San Matías-Vila Bela, que eu já percorrera. Como as carroças que trouxemos de San Ignacio não tinham condição de atravessar o rio Barbados na cheia, fomos forçados a acampar o mais perto possível de Casal Vasco e disparar uma grande quantidade de munição para atrair atenção do outro lado. No

UM VISLUMBRE PRÉ-HISTÓRICO   289

terceiro dia, apareceu um negro na outra margem que, por coincidência, havia estado com a Comissão Brasileira da Fronteira de 1909. Ele retornou a Casal Vasco e trouxe uma canoa para que pudéssemos atravessar.

— Vocês não teriam ido longe se tivessem tentado nadar nesse rio, *señor* — ele disse enquanto remávamos. — Pessoas foram pegas por crocodilos aqui.

Ele ficou de queixo caído quando contei que havia nadado ali em 1909.

— Foi um milagre você não ter sido pego. Um homem branco tem muito menos chance que um de cor com aqueles bichos, qualquer um pode te garantir isso!

— Mas dizem que eles não atacam homens antes do meio-dia.

— Sim, *señor*, é o que dizem. Mas não é só crocodilo que existe nesses rios. Também tem sucuris e elas não esperam até depois do almoço para atacar! O Guaporé é pior para sucuris, talvez. Em alguns lugares, não é seguro erguer acampamento nem mesmo nas margens desse rio.

Ele continuou:

— Um grupo em que eu participei acampava em qualquer *playa* conveniente em que as redes pudessem ser estendidas. Um dos homens preferia armar a sua longe dos outros; dizia que dormia melhor se não ouvia o nosso ronco. Certa noite, ouvimos uma espécie de grito sufocado, interrompido como se a traqueia de alguém estivesse sendo apertada, e todos nós levantamos e corremos com nossas carabinas até onde esse homem tinha armado a rede. Alguém trouxe uma lanterna e, com essa luz pálida, vi algo que nunca mais vou esquecer, porque uma enorme sucuri tinha as cordas da rede na boca e estava enrolada no corpo do homem, com rede e tudo. Atiramos e, após algum tempo, ela soltou a presa e foi para o rio. O homem estava morto, *señor*, não tinha um só osso inteiro no corpo!

No Mato Grosso, onde as sucuris proliferam, existe uma curiosa superstição de que, se um homem é mordido por uma delas e escapa, a partir dali fica imune contra qualquer cobra venenosa. No sertão brasileiro, acreditam que um saquinho de bicloreto de mercúrio impede ataques de cobras contra a pessoa que o leva. Os nativos se aferram a essas ideias e

290 A EXPEDIÇÃO FAWCETT

qualquer argumento provoca a resposta: "*Señor*, eu sempre vivi no sertão e conheço essas coisas."

Casal Vasco, onde a população tinha sido massacrada por selvagens, novamente era habitada por alguns negros e tivemos sorte o bastante para conseguir um barco que nos levasse a Puerto Bastos. Lá, Antonio Alves, um velho amigo da época das delimitações de fronteira, me vendeu uma ótima canoa para o restante da jornada pelo rio.

A imundície, as ruínas e a dilapidação de Vila Bela continuavam iguais, mas, ao entrarmos na rua cheia de mato, um torpedo preto e branco saltou de uma casa direto para o meu peito. Era um fox terrier que eu deixara ali com uma perna quebrada em 1908 e as frenéticas lambidas de uma língua veloz me disseram que eu não tinha sido esquecido.

Para evitar os índios gatunos que vagam pelas ruas silenciosas de Vila Bela à noite, acampamos na margem oposta do rio, onde fomos visitados por um jacaré, uma onça, uma anta e alguns porcos — além de alguns macacos-da-noite que anunciavam sua presença com uivos sinistros.

Há muitos animais no Alto Guaporé, porque não existe muita gente para perturbá-los. Após onze dias de intensas remadas, chegamos ao rio Mequéns, onde havia uma barraca alemã de borracha. Ali, encontramos o barão Erland Nordenskiold, que com sua corajosa mulher estava engajado na investigação das tribos mais acessíveis do Guaporé. Diz muito sobre essa jovem e atraente senhora sueca o fato de estar disposta a atravessar florestas e pântanos com o marido durante dias para conhecer alguma tribo distante.

Cerca de 20 quilômetros ao leste havia montanhas que o barão considerava imprudente visitar.

— Sem dúvida, há tribos grandes de selvagens lá — ele observou —, e quase certamente são perigosos. Ouvi a respeito pelos índios que visitamos. Todos falam de canibais em alguma parte naquela direção.

— Dizem que os homens são grandes e peludos — acrescentou a mulher do barão.

Eu ri.

— Vamos descobrir logo, porque é para onde estamos indo — falei.

— Muito imprudente! — murmurou o barão. — Francamente, não espero revê-lo. Você está cometendo uma grande tolice.

Curvados por pesadas mochilas, deixamos o rio Mequéns e por dois dias chapinhamos pela lama mole de extensos brejos até chegarmos a um rio vagaroso que se esvaziava neles. Subimos esse rio e, alguns dias mais tarde, chegamos a planícies cobertas de mato que marcavam as primeiras colinas da serra dos Parecis. Essa parte do território é tão linda que pude entender muito bem por que, espalhados pela floresta, há eremitas de muitas nacionalidades que preferem a vida solitária na natureza selvagem a uma existência incerta e pobre na civilização. Em vez de termos pena deles por perderem as amenidades às quais estamos acostumados a considerar tão necessárias, deveríamos invejá-los por possuírem a sabedoria de saber o quão supérfluas as coisas realmente são. Talvez eles sejam os que estão mais próximos de encontrar o verdadeiro sentido da vida.

Após escalar a serrania, chegamos novamente à floresta, onde a vegetação rasteira representava um pequeno obstáculo ao nosso avanço e onde as enormes seringueiras, algumas com até quatro metros de circunferência, não exibiam sinais de extração regular. Sim, algumas tinham sido ineptamente cortadas, mas dava para ver que não era trabalho do seringueiro de alguma empresa. Parecia que homens brancos jamais haviam estado ali, mas os traços de índios eram claros.

Encontramos uma fruta deliciosa nessas matas. O nome, eu não sei, nunca a vira antes. Tinha a peculiaridade de ser praticamente só semente e quase nada de polpa, mas o pouco que possuía tentou-nos a comer uma após a outra. Havia outra fruta que decidimos experimentar após notar que os insetos pareciam apreciar. Era do tamanho aproximado de uma romã e parecia palatável, mas deixava um gosto adstringente na boca e o pouco que ingerimos nos deixou terrivelmente enjoados, fazendo com que ficássemos tontos por algum tempo.

Três semanas após penetrarmos na floresta, encontramos uma trilha larga e muito utilizada que cruzava perpendicularmente aquela na qual estávamos.

— Selvagens! — eu disse. — A aldeia deve estar bem perto, porque é uma trilha de uso diário!

292   A EXPEDIÇÃO FAWCETT

— E quanto a essa em que estamos? — perguntou Costin. — Também é bastante usada. Pode ser qualquer uma delas, se formos pensar assim.

Olhei para as duas e não consegui decidir qual tinha mais chances de ser a correta.

— Vamos fazer o seguinte, major: cara ou coroa — sugeriu Manley.

Procurei uma moeda e, após alguns instantes, achei uma no canto de um bolso da calça.

— Cara, seguimos em frente. Coroa, pegamos o outro caminho.

Joguei-a para o alto e nós três nos inclinamos sobre onde ela caiu, meio escondida por uma folha morta. Coroa.

— Muito bem, então, vamos pegar a nova trilha.

Seguimos nela por quatro ou cinco quilômetros, passando por várias plantações e, subitamente, a luz do sol bateu em nós na beira de uma grande clareira. Com grande cautela, espiamos ocultos pela vegetação rasteira e, na nossa frente, num espaço amplo de terra batida lisa, havia duas grandes ocas na forma de colmeias. Elas tinham cerca de 12 metros de altura no centro e 30 metros de diâmetro, mas só uma porta podia ser vista na mais próxima — talvez a 10 metros de distância.

Enquanto observávamos, uma criança nua com pele cor de cobre saiu da oca, com uma noz numa das mãos e um machadinho de pedra na outra. Ele se agachou diante de uma pedra chata, pousou a noz e começou a bater na casca com a lateral do machado.

Assistindo à cena, me esqueci dos meus companheiros e de tudo mais. A cortina do tempo se abriu para revelar um vislumbre do passado distante — um vislumbre pré-histórico —, porque exatamente assim teria agido, e parecido, a criança neolítica quando o homem começava a subir a escada da evolução. A floresta primeva, a clareira, a oca, tudo era precisamente como devia ter sido incontáveis milhares de anos atrás! Então, a casca quebrou, a criança deu um pequeno rosnado de satisfação e, pondo de lado o machado de pedra, colocou a noz na boca.

Com um esforço mental, trouxe a mente de volta ao presente e soltei um assobio baixinho. A criança olhou para cima, suas mandíbulas pararam de se mover e os olhos giraram; dois braços saíram da escuridão do interior da oca, agarraram-na e a levaram para dentro. Houve um excitado falatório, o barulho de arcos e flechas e gritos abafados. Não adianta ficar escondido na floresta depois que a sua presença é conhecida pelos selvagens e, assim, apareci, rapidamente avancei para a oca e entrei pela porta baixa, agachando-me dentro da escuridão das paredes.

Quando meus olhos se acostumaram à falta de luz, vi que a oca estava vazia, exceto por uma velha que ficou parada olhando para mim ao lado de uma série de urnas de cerâmica sob o poste do centro. Havia outras portas no canto oposto, pelas quais os ocupantes tinham saído. Aí me ocorreu a explicação — havíamos chegado quando todos os homens estavam nas plantações e as mulheres e crianças de um instante atrás agora corriam para dar o alarme, deixando apenas a senhora que era idosa demais para escapar.

A velha murmurou para si mesma e, então, inclinou-se para continuar o trabalho que fazia quando a agitação começou — o preparo de cerveja de milho na fogueira. Eu fiz sinais indicando que estava com fome e, obviamente aterrorizada, ela pegou uma cabaça e veio mancando até mim, ainda murmurando. A cabaça tinha uma comida bastante saborosa, o que quer que fosse, e eu levei para os outros, que ainda esperavam na beira da clareira.

O céu havia se fechado e, com um trovão na folhagem acima, uma chuva torrencial começou a cair.

— Venham comigo — gritei. — Não faz diferença se estivermos lá dentro ou aqui.

Entramos juntos na oca e, quando a cabaça ficou vazia, levei até a mulher para que a enchesse de novo. Enquanto estávamos comendo a segunda rodada, os homens entraram. Eles chegaram por várias entradas que não tínhamos percebido antes e, pela porta atrás de nós, podíamos ver as sombras de mais homens lá fora, provavelmente cercando a oca. Todos os homens tinham arcos e flechas. Um homem, que eu assumi ser o líder, parou ao lado da velha escutando a sua excitada narrativa sobre o que acontecera. Fui até ele e tentei dizer-lhe por sinais que éramos amigos e só queríamos nos alimentar, explicando que já havíamos comido. Ele ficou completamente imóvel enquanto me aproximei e não deu nenhum

294 A EXPEDIÇÃO FAWCETT

sinal de compreender o que eu tentava dizer. Recuei até a porta, peguei alguns pequenos presentes da mochila e voltei para entregar-lhe. Ele os pegou sem qualquer reação, mas as mulheres se aproximaram com cabaças cheias de amendoim. Nossa amizade agora estava aceita e o próprio chefe sentou-se num banco curvo e comeu os amendoins conosco.

Descobri mais tarde que esses índios eram os maxubis, que tinham 24 aldeias e somavam mais de 2 mil pessoas. Não tinham a pele muito escura, mas de um tom de cobre claro; um tanto pequenos e com um tom de vermelho nos cabelos. Os homens usavam conchas e madeiras nas orelhas, varetas atravessadas nas narinas e lábios inferiores, e pulseiras de sementes de madeira *chonta* entalhada. Nos tornozelos e pulsos, tinham faixas de borracha pintadas de vermelho com urucu, o que nos explicou o mistério das seringueiras riscadas. As mulheres não usavam ornamentos e tinham os cabelos curtos, enquanto os dos homens eram compridos, uma curiosa inversão do nosso costume. Creio que esse povo, como muitos outros no Brasil, é descendente de uma civilização superior. Numa das vilas maxubis havia um menino ruivo com olhos azuis — não era albino.

Nosso destino ainda estava muito longe a leste e ficamos com os maxubis apenas o suficiente para aprender um pouco de sua língua e hábitos. São adoradores do sol e um ou dois homens em cada aldeia têm o dever toda manhã de receber o nascer do sol com vozes musicais, cantando uma música estranha e evocativa no que eu diria que era a escala pentatônica — similar à *yaravi* dos índios das montanhas do Peru. No profundo silêncio da floresta, quando a primeira luz do dia interrompeu a longa sinfonia noturna dos insetos, esses hinos nos impressionaram enormemente pela sua beleza. Era uma música de pessoas desenvolvidas, não os meros ruídos rítmicos amados pelos autênticos selvagens. Eles tinham nomes para todos os planetas e chamavam as estrelas de "vira vira" — curiosamente sugestivo do nome "*viracocha*" pelo qual os incas conheciam o sol.

Seus modos exibiam uma gentil cortesia e sua moral era irretocável. Os pés e as mãos eram pequenos e bem-formados, as feições, delicadas. Conheciam a arte da cerâmica; plantavam tabaco e o fumavam em cachimbos com fornilhos pequenos ou em cigarros enrolados em palha de milho. Em todos os aspectos, indicavam uma queda de um estado eleva-

UM VISLUMBRE PRÉ-HISTÓRICO **295**

do no desenvolvimento do homem, em vez de um povo em processo de evolução a partir da selvageria.

Tribos como essa encontram-se espalhadas pelas vastas extensões da América do Sul desconhecida — umas poucas mais bem organizadas e algumas até mesmo com vestimentas —, refutando enfaticamente as conclusões de etnólogos que exploraram somente os rios e nada sabem dos lugares menos acessíveis. Ao mesmo tempo, há selvagens de verdade, feios, perigosos e traiçoeiros.

Nunca havíamos visto amendoins como os cultivados pelos maxubis. Era o alimento básico e as cascas tinham entre oito e dez centímetros de comprimento. O sabor, assim como o valor nutritivo, era excelente, e seria difícil encontrar um alimento mais conveniente para carregar numa viagem — como aprenderíamos depois. Nas refeições, os homens se serviam de uma tigela comunal enchida com esses amendoins gigantes, enquanto as mulheres comiam separadas e mantinham a tigela dos homens sempre cheia.

Em cerca de dez dias, já conseguíamos trocar ideias com os maxubis em sua própria língua e foi aí que eles nos contaram sobre uma tribo de canibais ao norte — os maricoxis. *"Vincha maricoxi, chimbibi coco!"*, disseram — para dar um exemplo de sua fala. "Se vocês visitarem os maricoxis, serão comida no caldeirão!" Uma assustadora mímica acompanhou o alerta.

A informação obtida dos maxubis foi útil e interessante e, após visitar várias das aldeias mais próximas, nos despedimos e partimos na direção nordeste, onde diziam que os maricoxis viviam. Entramos em floresta sem trilha alguma — provavelmente uma terra de ninguém evitada tanto por maxubis quanto por maricoxis — e, no quinto dia, achamos um caminho que parecia estar sendo usado regularmente.

Enquanto estávamos parados, olhando da direita para a esquerda, tentando escolher a direção mais promissora, dois selvagens surgiram aproximadamente cem metros ao sul, andando apressados e falando aceleradamente. Ao nos avistarem, eles pararam e rapidamente colocaram flechas em seus arcos, enquanto eu gritava para eles em maxubi. Não podíamos vê-los claramente devido às sombras em cima de seus corpos, mas

296   A EXPEDIÇÃO FAWCETT

me pareceu que eram homens grandes e peludos, com braços excepcionalmente longos e com testas inclinadas a partir de sobrancelhas salientes — na verdade, homens de um tipo bastante primitivo e totalmente nus. De repente, eles se viraram e desapareceram na vegetação rasteira e nós, sabendo que era inútil seguir, tomamos o lado norte da trilha.

Não muito antes do pôr do sol veio o som fraco, abafado e inconfundível produzido por um chifre. Paramos e ouvimos atentamente. Novamente escutamos o sinal da corneta, respondido de outras direções até que várias delas soaram ao mesmo tempo. Na tênue luz da noite, sob a elevada cúpula de galhos nessa floresta inexplorada pelo homem civilizado, o som era assustador como as notas iniciais de uma ópera fantástica. Sabíamos que era feito pelos selvagens e que eles, agora, estavam em nosso rastro. Logo, passamos a ouvir gritos e falatório acompanhados dos toques de corneta — um barulho brutal e implacável, em grande contraste com o secretismo do selvagem comum. A escuridão, ainda distante acima do topo das árvores, caía rapidamente sobre as profundezas da mata, de modo que passamos a procurar um local de acampamento que oferecesse alguma segurança contra ataques, até que finalmente nos refugiamos numa densa concentração de *tacuaras*. Ali, os selvagens nus não ousariam nos seguir por causa dos incômodos espinhos de mais de dois centímetros. Ao pendurar nossas redes dentro da estacaria natural, podíamos ouvir os selvagens falando excitadamente ao redor, mas sem ousar penetrar. Então, quando toda a luz se apagou, eles foram embora e não os ouvimos mais.

Na manhã seguinte, não havia nenhum selvagem nas proximidades e também continuamos sem vê-los quando, após seguir uma outra trilha bem definida, demos numa clareira com uma plantação de mandioca e mamões. Tucanos de cores incríveis amontoavam-se nas palmeiras, comendo as frutas, e, como não havia perigo à vista, também nos servimos à vontade. Acampamos ali e, ao pôr do sol, demos um concerto nas nossas redes. Costin com uma gaita, Manley com um pente e eu com um flajolé. Talvez fosse tolice de nossa parte anunciar a presença dessa maneira; mas não fomos molestados e nenhum selvagem apareceu.

UM VISLUMBRE PRÉ-HISTÓRICO   297

De manhã, continuamos em frente e, depois de 400 metros, chegamos a uma espécie de posto de sentinela de folhas de palmeiras — e, depois, mais um. Então, de repente, encontramos floresta aberta. A vegetação rasteira sumiu, revelando entre as árvores uma aldeia de abrigos primitivos, em que viviam alguns dos selvagens mais repugnantes que jamais vi. Alguns estavam ocupados fabricando flechas, outros não faziam nada — grandes brutos de aparência simiesca que mal pareciam ter evoluído além do nível das bestas.

Eu assobiei e uma enorme criatura, peluda como um cão, levantou-se no abrigo mais próximo e, num relâmpago, pôs uma flecha no arco e veio pulando de uma perna para a outra até chegar a apenas quatro metros. Emitindo rugidos que soavam como "ugh! ugh! ugh!", ele ficou ali saltitando e, de repente, toda a floresta ao redor estava cheia desses horríveis homens-macacos, todos rosnando "ugh! ugh! ugh!" e dançando de uma perna para a outra enquanto mantinham flechas prontas nos arcos. Parecia uma situação bastante delicada para nós e me perguntei se não seria o fim. Fiz abordagens amistosas em maxubi, mas eles não deram atenção. Era como se o discurso humano estivesse além da sua compreensão.

A criatura na minha frente interrompeu a dança, ficou totalmente parada por um momento e, então, puxou a corda do arco até a altura da orelha, ao mesmo tempo que erguia a ponta da flecha de dois metros no nível do meu peito. Olhei dentro dos olhos suínos meio escondidos sob as sobrancelhas protuberantes e soube que não iria soltar a flecha — ainda. Da mesma maneira deliberada que a ergueu, ele agora abaixou o arco e começou mais uma vez a lenta dança e os "ugh! ugh! ugh!".

Ele levantou a flecha contra mim uma segunda vez e puxou a corda e, novamente, soube que não atiraria. Foi exatamente como os maxubis tinham dito que seria. Mais uma vez, ele abaixou o arco e continuou a dança. Então, pela terceira vez parou e começou a subir a ponta da flecha. Eu sabia que desta vez era para valer e puxei uma pistola Mauser que trazia na cintura. Era uma coisa grande e desajeitada, de um calibre inadequado para uso na floresta, mas a trouxera porque prendendo o coldre de madeira à coronha da pistola ela se tornava uma carabina, sendo mais leve de carregar que uma espingarda de verdade. As balas eram .38 e

298 A EXPEDIÇÃO FAWCETT

faziam um barulho bastante desproporcional em relação ao seu tamanho. Eu não ergui a arma, apenas puxei o gatilho e atirei no chão, perto dos pés do homem-macaco.

O efeito foi instantâneo. Um olhar de completo assombro surgiu na face medonha e os olhinhos ficaram bem abertos. Ele largou o arco e a flecha e sumiu tão rápido quanto um gato para trás de uma árvore. Então, as flechas começaram a voar. Demos alguns tiros para o alto, esperando que o ruído assustasse e colocasse os selvagens num estado mental mais receptivo, mas eles não pareceram dispostos a nos aceitar. Antes que alguém fosse ferido, demos a situação como sem esperança e recuamos pela trilha até o acampamento sair de vista. Não fomos seguidos, mas o clamor na aldeia prosseguiu por muito tempo. Enquanto tomávamos o rumo norte parecia que ainda ouvíamos os "ugh! ugh! ugh!" dos guerreiros furiosos.

Mais tarde, viramos para o leste e, por alguns dias, atravessamos a floresta, sempre atentos para sinais de índios e sempre de ouvidos abertos para o som ameaçador de uma corneta. Sabíamos que poderiam nos rastrear facilmente e não tínhamos ilusões quanto à nossa sorte se nos pegassem. À noite, nossos sonhos foram tomados por rostos hediondos com sobrancelhas projetadas e grandes lábios arreganhados mostrando dentes afiados e manchados. Os nervos de Manley começaram a mostrar sinais de colapso, Costin estava irritadiço e eu próprio sentia a tensão. Tivemos que admitir que não estávamos em condições de atingir nosso objetivo e, assim, com relutância, decidimos voltar. As experiências que acabáramos de viver, somadas às do ano anterior, haviam exigido demais de nós. Precisávamos de descanso total — um relaxamento completo da pressão de estar sempre alerta.

Afastamo-nos o máximo possível daquela aldeia ninho de vespas e retornamos aos maxubis, acertando a localização da aldeia original com grande precisão. Nossa chegada coincidiu com o funeral de um guerreiro que havia sido caçado e morto por um grupo de maricoxis e me perguntei se os dois eventos poderiam ser interpretados pelos supersticiosos índios como tendo alguma conexão. Não houve nenhuma demonstração de animosidade, mas pensei ter detectado uma leve frieza e alguns olhares suspeitos em nossa direção.

UM VISLUMBRE PRÉ-HISTÓRICO **299**

As vísceras do morto tinham sido extraídas e colocadas numa urna para serem enterradas. O corpo, então, foi cortado e distribuído para ser consumido pelas 24 famílias da oca que ele ocupara, uma cerimônia religiosa que não deve ser confundida com canibalismo. Finalmente, a oca foi libertada do fantasma do morto pelo seguinte ritual elaborado:

O cacique, o seu substituto e o curandeiro sentaram-se numa fila em seus banquinhos na frente da principal entrada da oca e fizeram movimentos como o de espremer algo para fora de cada membro do morto, pegando no ar a coisa assim que emergia dos dedos de mãos e pés e atirando-a numa tela de palma com cerca de um metro quadrado. Embaixo da tela havia a metade de uma cabaça parcialmente cheia de água, ervas de algum tipo flutuando na superfície e, de vez em quando, todos os três cuidadosamente examinavam a tela e a água embaixo. Isso se repetiu muitas vezes e, então, eles entraram em transe e, por cerca de meia hora, ficaram sentados imóveis nos bancos, com os olhos revirados. Quando voltaram, primeiro esfregaram seus estômagos e, então, ficaram violentamente nauseados.

Por toda a noite, permaneceram sentados nos bancos e cantaram, sozinhos ou em coro, uma série de três notas, descendo em oitavas, repetindo sem parar as palavras "tawi-tacni, tawi-tacni, tawi-tacni". Em resposta, as famílias dentro da oca juntaram-se num coro de lamentação.

Essas cerimônias duraram três dias e o cacique solenemente assegurou-me que o fantasma do morto estava dentro da oca e que o enxergava. Eu não consegui ver nada. No terceiro dia, o ritual atingiu um clímax; a tela foi levada para dentro da oca e colocada no ponto em que batia a luz que penetrava pela porta; as pessoas colocaram-se de joelhos e encostaram os rostos no chão; os três líderes afastaram os banquinhos e se ajoelharam com grande excitação na entrada da oca; e eu me ajoelhei ao lado deles para observar atentamente a tela para a qual eles olhavam com tanta intensidade.

Dentro da oca, ao lado da tela, havia um cubículo fechado em que o morto dormira e os olhos dos líderes voltaram-se para esse cubículo. Durante um instante, fez-se absoluto silêncio e, nesse momento, eu vi uma sombra escura emergir do cubículo, flutuar até o poste central da oca e,

300 A EXPEDIÇÃO FAWCETT

ali, desaparecer. Hipnotismo em massa, você diz? Muito bem, pode até ser; tudo o que sei é que eu vi!

Os dois chefes e o curandeiro relaxaram, começaram a suar profusamente e prostraram-se no chão de bruços. Eu os deixei e voltei para meus companheiros, que não haviam presenciado a cerimônia.

As visitas que fizemos a três aldeias após esse evento coincidiram com uma *tapi*, ou cerimônia fúnebre de fantasma. Houve as mesmas cantorias, mas não tive permissão para assistir, porque surgiram crescentes suspeitas de que as mortes ocorreram devido à perniciosa influência de nossa presença. Eles interpretaram o meu trabalho com teodolito nas cercanias das aldeias como "conversar com as estrelas" e sentiram-se desconfortáveis com isso. Éramos apenas três, e por mais gentis que eles parecessem ser, havia a possibilidade de que medo supersticioso se transformasse em raiva contra nós. Era hora de ir embora.

Antes de partirmos, fiquei sabendo que os maricoxis somavam aproximadamente 1.500. A leste, havia outra tribo de canibais, os arupis, e uma outra, mais distante, a nordeste — pessoas escuras e pequenas cobertas de pelos que colocavam suas vítimas em espetos de bambu sobre uma fogueira e, quando cozidas, tiravam pedaços para comer — um churrasco humano, na verdade. Eu ouvira rumores sobre esses povos antes e sei agora que as histórias são fundamentadas. Os maxubis obviamente consideravam-se civilizados e falavam dos canibais ao redor com grande desdém. Eles tinham um cuidadoso sistema de vigias nas fronteiras do seu território próximas de onde viviam tribos hostis e os "postos de sentinela" que vimos — comuns a todos esses índios — eram bases das quais flechas podiam ser disparadas.

Carregados com sacolas cheias de amendoins, machados de pedra e arcos e flechas — as armas eram verdadeiras obras de arte —, deixamos os maxubis e rumamos a sudoeste, na direção da Bolívia. Havia pouca caça; era um daqueles períodos em que, por um ou outro motivo, animais e pássaros iam para outra parte. Uma vez, conseguimos matar a tiros três macacos, mas uma onça escapou com dois deles e continuamos numa dieta de oito amendoins por dia para cada um. Talvez isso tenha nos livrado da prostração excessiva, porque é um fato que, enquanto uma dieta vegetal, caso suficiente, dota a pessoa com bastante força e energia, sob condições de semi-inanição a carne induz uma sensação de grande esgotamento.[21]

Não foi um momento fácil e éramos homens famintos quando, por fim, encontramos uma cabana de seringueiros na margem de um regato. Ficamos ali por dois dias, ganhando peso com arroz e charque.

Nunca vou esquecer o primeiro desjejum nessa cabana. Ao nosso lado, sob a beirada do telhado da cabana, um homem estava morrendo após uma dieta de terra — uma criatura emaciada cujo ventre encontrava-se bastante inchado. Para quem conhecia os sintomas, o caso era claramente sem esperança e nosso anfitrião seringueiro não desperdiçava nenhuma simpatia com ele. O tempo inteiro a vítima manteve um gemido monótono, até que exclamou:

— Senhores, estou agonizando, ai, que agonia!

— Você vai morrer em meia hora — respondeu o seringueiro —, então, por que todo esse barulho? Estraga o desjejum dos senhores!

— Ai! — gemeu o homem à beira da morte. — Estou agonizando, ai, que agonia!

De repente, uma mulher retirou o mosquiteiro. O homem estava morto. Uma vespa pousou no seu nariz, o qual teve um leve espasmo, mas não houve nenhum ruído por parte dele. Em menos de uma hora o corpo estava enterrado, e provavelmente esquecido. Fiquei me perguntando por que ele havia nascido — que objetivo foi servido pela passagem da infância para uma vida de miséria sem esperança e, finalmente, para um desenlace solitário, agonizante e sem pranto. Não seria melhor viver como uma besta do que numa condição humana tão degradada como essa? Contudo, *há* uma razão! Não sei por que fiquei tão impressionado

---

[21] O chefe dos maxubis, encantado pelas fotografias que meu pai lhe mostrou da família na Inglaterra, deu-lhe uma grande sacola com amendoins gigantes para nós, os filhos. Ela foi trazida para casa intacta — nem mesmo as pontadas da fome induziram meu pai a abri-la — e hoje fico envergonhado de lembrar o modo indiferente com o qual nós os comemos. Ainda tenho a sacola e umas poucas cascas foram preservadas como curiosidade, mas infelizmente os cupins as destruíram mais tarde no Peru. [*N. do Org.*]

302 A EXPEDIÇÃO FAWCETT

pelo evento; já vira muitos homens morrerem assim. O espasmo do nariz morto grudou na minha memória; e lembrei de uma vez ter visto uma lhama, no processo de ter o pescoço cortado, espantando uma persistente mosca com o rabo, como se nada terrível estivesse acontecendo.

O enterro não foi o fim do homem morto. O seringueiro insistiu que à noite o seu fantasma andou. Em toda parte pelo interior é aceito como uma ocorrência natural que os fantasmas dos mortos perambulem por algum tempo após a morte; as pessoas das selvas estão perto o suficiente da natureza para saber coisas que estão escondidas de nós.

Continuamos a jornada rio abaixo e, por fim, encontramos outro seringueiro, Don Cristian Suarez, que realizara algumas notáveis explorações no Chaco e agora estava temporariamente vivendo no Guaporé. Ele nos recebeu da melhor forma que as suas escassas provisões permitiram e minha opinião foi de que era um homem bastante interessante e culto — de maneira alguma o peão humilde envolvido com a extração de borracha.

— Eu poderia ter feito minha fortuna no Chaco, *señor* — ele disse uma noite enquanto estávamos sentados ao redor da fogueira em que defumava as bolas de goma. — O meu problema é que não consigo ficar em um só lugar. Tinha um amigo lá comigo, e ele usou o cérebro, ao contrário de mim. Eu apenas vou com a maré. Aquele camarada tinha algum conhecimento e comprou a crédito uma grande área de gado na região de Santa Cruz. Então, desceu até o Chaco do Norte e a região de Parapiti, onde os yacanaguas e outros índios têm grandes rebanhos. Ele levou uma vaca de brinquedo, uma coisinha que se movia aos trancos e mexia a cabeça quando você dava corda. Falou para os índios que o brinquedo era um grande espírito e que sabia todos os pensamentos deles. De repente, ele se virava para um índio e o acusava de pensar alguma coisa ruim, dizendo que iria morrer por ofender o espírito na vaca de brinquedo. Quando o índio estava prestes a desmaiar de medo, o meu amigo dizia: "Se você não quer morrer, eu posso aplacar o grande espírito por cem cabeças de gado, entregues em Santa Cruz!" O índio sempre aceitava prontamente e, então, o meu amigo falava algumas bobagens para a vaca de brinquedo, que mexia a cabeça. Em pouco tempo, conseguiu a fazenda com o maior gado de Santa Cruz, tudo ao custo de uma vaca de brinquedo! Ele tinha cérebro, isso eu te digo.

Como Suarez, todos os seringueiros que encontramos eram gentis e hospitaleiros, e foi somente na barraca alemã que a possibilidade de explorar viajantes se sobrepôs. Enquanto estávamos ali, nos pesamos e descobrimos que, desde a partida da Inglaterra, Manley perdera 13 quilos, Costin, 14, e eu 24 — todavia, não nos sentíamos nem um pouco piores.

Vastas quantidades de *camelote*, ou vegetação na superfície da água, nos atrasaram no rio que ligava o lugar a Porvenir, no Paraguá. No trajeto, testemunhamos uma luta entre um manati e um jacaré. Não se espera muita capacidade de combate no humilde peixe-boi, mas ele surrou o crocodilo.

Após ficarmos por cinco dias em Porvenir, uma carroça puxada por bois veio de San Ignacio e prosseguimos nossa jornada nela. Depois de três dias de complicado avanço por trilhas na floresta, chegamos à primeira estância e o percurso melhorou. A maior parte das viagens em carroça é feita nas primeiras horas da manhã, e esta tinha espaço apenas para as nossas mochilas — fomos andando ao lado. Todas as estâncias pelas quais passamos estavam tomadas pela escarlatina e os homens morriam como moscas. Em San Ignacio, onde chegamos no início de setembro de 1914, havia uma epidemia. Foi ali que soubemos que a guerra eclodira na Europa. Um alemão me contou; e, apesar de sermos oficialmente inimigos, ele me emprestou dinheiro suficiente para irmos até Santa Cruz — pois me restavam somente 4 libras —, meramente requisitando que a soma fosse paga ao seu representante ali.

Conseguimos arrumar somente uma mula em San Ignacio, de modo que a carregamos com nossas mochilas e provisões e andamos os 372 quilômetros até Santa Cruz. Como tínhamos acabado de percorrer 400 quilômetros a pé ao lado da carroça, não pareceu nada demais — de qualquer forma, nossas mentes estavam ocupadas com a guerra e suas possíveis repercussões sobre nossas famílias e amigos na Inglaterra.

Duas semanas de caminhada, dez horas por dia, nos levaram a Santa Cruz. No trajeto, nossa comida diária consistiu em dois biscoitos duros pela manhã e sardinhas com açúcar à noite — contudo, foi o bastante! Na cidade, os alemães estavam exultantes. Após uma bebedeira de cerveja, eles rasgaram os boletins na porta do vice-cônsul britânico e desfilaram pelas ruas cantando músicas patrióticas. Muitos já tinham partido para a Europa e o front, apenas para descobrir ao chegar à costa que não havia embarcações alemãs para levá-los. Também estávamos ansiosos em voltar para casa para cumprirmos nosso dever na guerra, mas foram precisos oito dias para conseguir animais e outros dez para chegar a Cochabamba.

Em Cochabamba, encontramos o barão Nordenskiold mais uma vez; e ele confessou estar surpreso ao ver-nos retornar. Os índios huaris, a quem visitara, também tinham falado de canibais peludos a nordeste; mas os selvagens não têm muita noção para avaliar distâncias e o que dizem frequentemente passa uma impressão de contiguidade inexistente na realidade.

Passamos por La Paz, cruzamos o lago Titicaca no *Inca* e chegamos ao litoral a tempo de ver o malfadado esquadrão do almirante Cradock partindo rumo à sua destruição no litoral de Coronel. Depois disso, os ingleses tiveram maus momentos nos portos do Pacífico, especialmente nos chilenos, onde a influência alemã era mais forte, até a maré virar com a Batalha das Ilhas Falkland. Foi um período adverso na guerra e, no caminho de volta para casa, encontramos Nova York com as luzes apagadas, porque submarinos alemães já estavam em operação em águas americanas.

No início de janeiro de 1915, tínhamos sido completamente absorvidos pelos grandes exércitos em processo de formação.

CAPÍTULO XVII
A PORTA DE ENTRADA

Há sabedoria no velho ditado "Ver o Rio antes de morrer". Não conheço nenhum outro lugar para comparar com o Rio de Janeiro e espero um dia viver lá — se eu tiver semelhante boa fortuna. Se o sucesso financeiro recompensar este trabalho exploratório, iremos construir uma casa para a família nas encostas das montanhas com vista para aquele glorioso porto, para que a família dispersa possa se reunir lá todo ano no Natal e para que minha mulher e eu terminemos nossos dias naquele que certamente deve ser um dos mais lindos cenários do mundo. Também gosto das pessoas e, se esse sonho se concretizar, ficarei grato em ser aceito como uma delas. Meu atual trabalho se desenvolve no país deles e nada poderia me agradar mais do que passar o resto da vida a serviço do Brasil.

Um certo interesse pelo meu trabalho foi despertado na Inglaterra, mas o apoio financeiro não se concretizou. Talvez o objetivo fosse romântico demais para conservadores obstinados, que prefeririam não correr riscos e optavam por financiar expedições ao monte Everest e à boa e velha Antártica. Não os culpo. A história que você leu no capítulo inicial

306   A EXPEDIÇÃO FAWCETT

não é fácil de aceitar como fato; mas isso não é tudo — o que não foi dito é ainda mais estranho! Homens da ciência, no passado, desdenharam da existência das Américas — e, depois, da ideia de Herculano, Pompeia e Troia. Você pode argumentar que essas grandes descobertas refutaram os incrédulos, e isso deveria servir a meu favor. Como um ganhador da Medalha do Fundador, da Sociedade Geográfica Real, eu fui recebido com ouvidos respeitosos, mas fazer com que os cavalheiros idosos ou os arqueólogos e museólogos de Londres aceitassem como verdade uma mera fração do conhecimento que eu acumulara era uma tarefa muito além dos meus poderes.

Quando a guerra acabou, eu estava convencido de que a Grã-Bretanha declinava como potência mundial e via a Europa como um lugar a se evitar. Muitos milhares devem ter saído desses quatro anos de lama e sangue com uma desilusão similar, a qual é a consequência inevitável da guerra, exceto pelos pouquíssimos que lucram com ela. Eu tive grande prejuízo; a guerra fez com que eu perdesse a meada de uma nova atividade; e retomá-la seria difícil. Deixei o Exército com uma nobre gratificação de 150 libras anuais, mas me custara o dobro disso para ir para casa com Costin e Manley e retornar mais uma vez consumiria todos os centavos que conseguisse reunir após cuidar de prover a família.

Costin, que me acompanhara por parte do tempo, saiu desses anos como tenente da artilharia, mas casou-se e não mais estava disponível para novas explorações na América do Sul. Manley sobreviveu à guerra, mas morreu pouco depois por problemas cardíacos.

Sob as nuvens da depressão pós-guerra, olhei na direção das Américas e vi nelas a única esperança para a nossa civilização. A América do Norte já assumira um lugar no comando das nossas nações ocidentais; mas, para mim, o foco estava nas repúblicas latino-americanas, as quais, estimuladas por mercados inflados do período da guerra, começavam a avançar. Devemos sair da Inglaterra a todo custo, eu pensei, e dar às crianças uma oportunidade de crescer no ambiente viril do Novo Mundo. Elas ainda estavam em idade escolar e o meu filho mais velho aproximava-se do auge da sua carreira estudantil, mas essa não era a única educação de que precisavam. A decisão de partir foi tomada e as raízes, cortadas. Nossa casa em Seaton — para onde tínhamos nos mudado de Uplyme — foi alugada e havia pouca coisa a vender. Com tudo o que podia ser transportado, minha esposa e filhos partiriam para a Jamaica e eu, para o Brasil.

Quando o presidente do Brasil, o dr. Pessoa, visitou Londres, foi bom o bastante para me dar uma audiência e ouviu com interesse o que eu tinha a lhe contar. Soube depois que o seu governo no momento não tinha condições de financiar quaisquer investigações; mas de modo algum isso se devia à indiferença. O Brasil estava agora na sombra da crise financeira e todos os gastos não essenciais foram cortados ao mínimo necessário. Pensei que talvez tivesse mais sorte no Rio, onde poderia estabelecer contato com os ministros vinculados aos negócios do interior. Sem dúvida, teria mais chances estando ali.

Cheguei em fevereiro de 1920. Tive grande prejuízo no câmbio, porque ao desembarcar precisei trocar libras esterlinas por mil-réis a uma taxa de aproximadamente 12 por libra; e, depois, quando tive que comprar libras antes de regressar à Inglaterra, o câmbio foi de 40 por libra. O Rio não era uma cidade barata para se morar, especialmente porque eu era obrigado a ficar em hotéis; e nunca estava livre da preocupação do que poderia acontecer se meus esforços para levantar fundos para a expedição fracassassem. Fiquei primeiro no hotel Internacional, no alto de Silvestre; mas, como este estava se tornando um refúgio para alemães, saí, mesmo lamentando. Preconceito da minha parte, sem dúvida; mas a guerra era uma tragédia do passado recente — uma ferida longe de estar cicatrizada — e ainda não estava pronto para ver os alemães com uma mente inteiramente aberta. O fato de, antes do conflito, eu ter conhecido e travado amizade com muitos alemães foi esquecido — ou melhor, obscurecido pela ilusão do que conhecemos como patriotismo. De todo modo, foi uma mudança para melhor, porque Sir Ralph Paget, o embaixador britânico, convidou-me para ficar com ele na maravilhosa residência da embaixada.

O período que passei no Rio estendeu-se por seis meses, mas no geral foi uma experiência maravilhosa, apesar das minhas preocupações. Do telhado da embaixada havia uma vista perfeita em todas as direções, e, quando se trata de vistas, o Rio é imbatível. Abaixo, a esplêndida avenida

Beira-Mar passava sob o morro e entrava no bairro de Copacabana, além do qual estendia-se por bairro após bairro ao longo de 19 quilômetros de maravilhoso litoral. No fim do dia, frequentemente passeávamos de carro nessa via, para voltar após o pôr do sol, quando um dos mais incríveis sistemas de iluminação do mundo subitamente acendia em grande estilo, jogando um carpete de reflexos iluminados sobre as águas calmas da baía. Quão enfadonhas e sombrias nossas gastas cidades inglesas pareciam após a visão de tamanha beleza! Não dava para se entediar aqui. Havia as incessantes atividades do porto — a chegada e a partida de navios de linha, os barulhentos vapores da baía correndo como besouros-de-água gigantes indo e vindo da capital do Estado, Niterói, as avenidas cheias de gente com suas roupas alegres, as grandes praias que nem mesmo os milhares de banhistas conseguiam lotar. Se faltava alguma coisa para completar o quadro, eram iates. Não havia nenhum, mas algum dia virão, porque é um lugar rico. Vejo a cidade como a capital da civilização em embrião.

Nos cinturões tropicais e subtropicais da América do Sul, o clima está ficando mais fresco no verão. De maio a setembro, não existe temperatura melhor do que a do Rio e, se não fosse pelo fato de que sua estação se choca com o verão setentrional, tenho certeza que haveria um enorme fluxo anual de visitantes. Ninguém que não tenha visto o Rio pode se dar conta do paraíso que é — porta de entrada de um vasto interior cujos recursos ilimitados não podem ser verdadeiramente estimados. O brasileiro tem motivos para se orgulhar. Conta com o melhor de todos os portos, envolto por montanhas altas e pitorescas, e nesse cenário perfeito construiu uma joia de cidade, cheia de riqueza, hotéis luxuosos, lojas espetaculares, avenidas amplas e bulevares soberbos.

Pude conversar mais uma vez com o presidente e ele escutou minhas propostas com a cortesia e a inteligência aguda típicas dos ministros sul-americanos. Também me reuni com membros do gabinete, mas não tive sucesso antes de o embaixador britânico acrescentar o peso de sua influência aos meus pedidos. Então, o governo concordou em financiar uma expedição. Eu não receberia pagamento, mas eles consentiram em

A PORTA DE ENTRADA **309**

pagar um bom salário a um oficial do nosso Ministério do Ar, que estava ansioso por me acompanhar.

Notei uma certa falta de rigor ao entrar nos palácios e parlamentos sem fraque e cartola, mas, para falar a verdade, não possuía tais vestimentas. O memorável horror a elas ainda perdurava dos dias monótonos na Escola Westminster; e, depois, também de quando me posicionei contra os regulamentos que forçavam jovens oficiais a se vestirem assim ao se dirigirem aos deuses de Whitehall.* Houve um tempo em que a rígida observância de semelhante convenção impunha-se nas audiências com os presidentes sul-americanos, mas a formalidade agora era dispensada e isso me pareceu uma indicação da visão mais aberta que se espalhava pelo continente.

Enviei ao oficial um telegrama mandando-o vir se juntar a mim. A embaixada telegrafou ao Ministério das Relações Exteriores e o governo brasileiro telegrafou ao seu embaixador em Londres. Mas o oficial mudou de ideia e fiquei, então, com o problema de encontrar um companheiro aqui. Parecia impossível conseguir homens do tipo certo no Rio, mas o editor de um jornal britânico em São Paulo, ansioso em ajudar, publicou um anúncio pedindo "homens jovens e inteligentes". Mal se indicou o que era necessário, mas a resposta foi tamanha que fiquei com esperança de conseguir pelo menos um entre os muitos impossíveis. Eles cercaram a embaixada, ficaram à minha espera nas ruas e me afogaram com cartas e recomendações. A maioria tinha emprego, mas o charme irresistível da exploração os arrancou de suas ocupações, apesar da segurança que estariam sacrificando. Lamentei ter que desapontar tantos, mas nenhum aparentava ser adequado para o trabalho.

Quando estava quase desesperado, encontrei um enorme australiano que estava à procura de emprego. "Butch" Reilly, 1,95 m de altura e largo como a porta de um celeiro, garantiu ser um major condecorado com a medalha da Cruz Vitoriana, um domador de cavalos, um marinheiro e várias outras coisas.

---

* Rua que reúne diversos órgãos do governo britânico. [*N. do T.*]

310 A EXPEDIÇÃO FAWCETT

— E também — acrescentou — possuo 8 mil hectares de fazenda de rebanhos na Austrália. Não há o que você possa me ensinar sobre cavalos, ou navios!

Numa recente luta esportiva, Butch havia se lançado sobre o rival, um pugilista americano, com tanto entusiasmo que nem gongo, auxiliares e juiz conseguiram detê-lo. Foi preciso o esforço conjunto de muitos espectadores para separar os dois, que estavam determinados a resolver a questão com um nocaute dentro ou fora do ringue. Um homem como Butch deveria ser capaz de resistir às viagens na floresta e o aceitei com satisfação.

O governo prometeu-me dois oficiais brasileiros e o general Rondon, o conhecido explorador e engenheiro que acompanhara a expedição Roosevelt ao rio da Dúvida, foi gentil o bastante para fazer os arranjos necessários para que eles viessem. Com tudo o que podia ser feito já providenciado, Butch e eu partimos para São Paulo em 12 de agosto, após uma despedida oferecida pela mais alegre e hospitaleira colônia de britânicos de toda a América do Sul.

Em São Paulo, a colônia britânica nos acolheu e ajudou de todas as maneiras possíveis. Até mesmo nos ofereceram pistolas e munição — presentes de valor duvidoso, mas de todo modo aceitos com gratidão. Na cidade, visitamos o Instituto Butantã, onde recebemos uma quantidade de soro antiofídico para o caso de incidentes. Essa bem-administrada instituição é de valor inestimável para os habitantes das regiões infestadas por cobras e deveria ter equivalentes em outras partes do mundo. Durante anos, nenhum caso de mordida de cobra tratado com o soro produzido ali deixou de ser curado mesmo se tivesse atingido um estágio desesperançado. As jararacas, as serpentes letais, e praticamente todas as variedades conhecidas de cobras venenosas brasileiras são encontradas ali e utilizadas para a confecção de soro. Também há a valiosa cobra não venenosa chamada muçurana, um lustroso réptil preto que vai de 1 a 2 metros de tamanho e se alimenta de serpentes venenosas e que, portanto, merece continuar se reproduzindo. Os funcionários do Butantã tratam todas as cobras com uma despreocupação nascida da longa experiência

A PORTA DE ENTRADA **311**

com os animais e, embora para o observador a aparente imprudência seja uma loucura, sabem muito bem o que estão fazendo e até onde podem ir.

A viagem de trem de São Paulo para o rio Paraguai foi poeirenta e entediante, por um leito de ferrovia que deve ser o pior já construído e o mais malcuidado de toda a república. É bastante comum o trem descarrilar uma ou duas vezes a oeste do rio Paraná e o incessante balanço não deixa o passageiro se esquecer dos perigos iminentes. Tivemos sorte durante a viagem, já que só houve um descarrilamento, o qual ocorreu porque o guarda-freios jogou uma ferramenta sob a locomotiva enquanto entrávamos na linha principal após deixarmos outro trem passar. O episódio mais memorável da viagem foi a perda do meu precioso Stetson pela janela do trem por causa do descuido de Butch — e bons Stetsons não são substituídos nas chapelarias de lugares remotos!

Subimos o rio num barco a vapor até Corumbá, uma cidade que mudara bastante, e para melhor, desde 1909, já que seus comerciantes e criadores de gado amealharam belas fortunas durante a guerra. Havia um telegrama à minha espera. Dizia que o governo fora obrigado a cancelar os serviços dos dois oficiais devido à crise financeira e aos pesados gastos ocasionados pela visita do rei e da rainha da Bélgica. Isso era uma notícia grave, mas me senti melhor com a chegada de outro telegrama, de um amigo do Rio que sabia dos meus problemas e que estava mandando um jovem — um gringo — para se juntar ao grupo em Cuiabá.

O rio estava bastante raso e fomos forçados a nos transferir do vapor que saíra de Corumbá para uma lancha pelo resto do percurso até Cuiabá. Achamos o lugar pobre e atrasado e, apesar de ser a sede do governo do Mato Grosso, inferior sob todos os aspectos a Corumbá. A população era predominantemente mulata e muito pobre, principalmente porque era explorada demais pelos comerciantes locais; o pouco dinheiro que sobrava às pessoas era tomado pela municipalidade e pela Igreja. O astuto e vigoroso bispo do Mato Grosso, que também acumulava o cargo de governador, não era o tipo de homem que deixaria sua igreja sofrer, e os inúmeros padres e monges nutriam profundas ignorância e superstição fanática entre os fiéis, as quais os mantinham docilmente subjugados. No geral, o local era bastante primitivo, mas havia um serviço de transporte

312 A EXPEDIÇÃO FAWCETT

com carros Ford para vencer os 2,5 quilômetros da estrada que separava a cidade do porto no rio. Os veículos circulavam o dia inteiro de um lado para o outro com radiadores fervendo e nuvens de poeira sufocando os intrépidos passageiros.

Cuiabá foi fundada no centro de uma grande produção de ouro, e tanto o metal quanto diamantes têm sido extraídos de rios e das terras da região. Ali, e em Diamantino ao norte, dragas exploraram os riachos, mas as descobertas não foram suficientes para cobrir os gastos e houve um colapso, deixando o local pouco melhor do que uma cidade fantasma. Após chuvas fortes, ocasionalmente ainda aparecem pepitas de ouro na *plaza* principal, mas todo o cenário da própria cidade se modificou. A oeste está São Luís de Cáceres, mencionada em capítulos anteriores; ao norte, Rosário e Diamantino, ambas em estado de decadência; a leste, na fronteira com o estado de Goiás, não existe nada exceto esparsas minas de diamante e alguns pequenos assentamentos com suas plantações. O solo da região não é bom para fins agrícolas e as doenças são comuns. A pobreza geral pode ser melhorada em parte pela ferrovia agora em construção para estabelecer ligação com o noroeste, em Águas Claras, perto do rio Paraná, mas não consigo ver como o investimento poderá ser recuperado.

O novo membro do grupo chegou após estarmos em Cuiabá por um mês, um jovem alegre e elegante transbordando de boas intenções. Ele disse o seu nome completo e acrescentou "pode me chamar de Felipe". Sempre que alguém perguntava-lhe o nome, ele afastava uma longa mecha de cabelos loiros da testa e respondia "pode me chamar de Felipe" — assim, todos o tratavam por Felipe.

— Suponho que tenham lhe dito algo a respeito do nosso objetivo? — perguntei.

— Ah, sim, falaram. Muito interessante! Certamente estou contente por ter a oportunidade de ver território novo onde pode haver pássaros que ninguém conhece. Tenho um enorme interesse pela ornitologia, coronel.

Ele mal tocava em outros assuntos e, em uma ou duas semanas, praticamente fez com que Butch e eu passássemos a discutir a respeito de surucuás e outros pássaros dos quais nunca tínhamos ouvido falar! Sua efervescência era estimulante, mas, infelizmente, tão logo tomamos a trilha e nos afastamos de Cuiabá ele caiu num silêncio apreensivo e ficou assim até quase chegarmos novamente à civilização.

Minha intenção não era voltar via Cuiabá, mas passar pelo menos 18 meses na floresta, por fim saindo em um dos grandes rios. Por sugestão do general Rondon, eu levaria dois cavalos e dois bois e os levaria além do ponto em que teríamos que desistir das montarias. Também haveria um limite para os bois, a partir de onde teríamos que carregar nós mesmos os equipamentos indispensáveis. O objetivo poderia ser atingido na primavera, após esperar a passagem da estação úmida com os índios. Essa era a ideia, mas faltava ver como os dois companheiros aguentariam!

Dois dias após a chegada de Felipe, deixamos Cuiabá.

Butch, o especialista em cavalos, mostrou-se um inepto na sela. A essa altura, todo o seu falatório já tinha me preparado para a decepção e não estava muito confiante sobre sua capacidade de aguentar dificuldades após a louca rodada de mulheres, jogatina e bebidas à qual se dedicou. Minhas censuras eram sempre respondidas com a mesma desculpa.

— Um homem de verdade tem que se divertir e sou de carne e sangue como todo o resto!

Nossa partida foi testemunhada por uma grande parcela da população da cidade, já que eventos assim quebravam a monotonia cotidiana. Butch desajeitadamente montou no cavalo, balançou na seia um pouco e, então, caiu do outro lado. Ele tentou de novo, com o mesmo resultado. Na terceira vez, o cavalo colaborou e, entre apupos dos espectadores, saímos devagarinho, com Butch agarrando-se com feroz determinação. Após cerca de um quilômetro, ele sentiu-se confiante a ponto de falar.

— Esses não são cavalos como os que eu conheço — foi a sua observação. — Não estou acostumado com esse tipo de cavalo e não estou acostumado com selas. Lá na Austrália, eu sempre montava em pelo.

Nunca avançamos a uma velocidade maior do que a de uma caminhada, porque esse era o ritmo habitual dos animais de carga, e mesmo assim Butch caiu quatro vezes em dois dias, uma delas dentro de um riacho. O seu linguajar de marujo nada significou para o paciente cavalinho, mas, quando começou a dar chutes cruéis no animal, foi hora de interrompê-lo.

314 A EXPEDIÇÃO FAWCETT

— Estive no mar por muito tempo — foi a sua desculpa murmurada. — Devo ter esquecido muito do que sabia sobre cavalos.

No terceiro dia, ele desenvolveu uma séria fraqueza orgânica e, embora apavorado de voltar sozinho, depois de algum tempo sucumbiu aos meus argumentos de que, se dava valor à própria vida, deveria ir enquanto podia. Ele partiu sem desculpas ou lamentos e estava preocupado somente com que o seu pagamento fosse feito. Enquanto punha o seu corpo dissoluto sobre o lombo do animal, virou-se para mim e disse:

— Não se preocupe, coronel. Não vou falar mal de você quando voltar.

Foi a última vez que o vimos, mas soube depois que chegou em Cuiabá a pé, tendo perdido o cavalo no caminho. Não dividiu com ninguém o que se passou na sua jornada solitária. De toda forma, ele me custou 600 libras; e, ao receber de um missionário em Cuiabá um pacote de roupas minhas para serem levadas para o Rio, resolveu apossar-se delas. Eu agora estava somente com Felipe e de modo algum tinha segurança sobre a resistência do jovem.

Fomos sempre recebidos de maneira bastante hospitaleira na jornada rumo ao norte. Pequenas estâncias nos acolhiam e forneciam alimentos para nós e os animais, recusando enfaticamente todas as ofertas de pagamento. Num desses lugares, nos disseram que os temíveis índios morcegos viviam a somente dez dias de viagem ao norte. Esses morcegos têm a reputação de serem selvagens do pior tipo, homens-macacos que vivem em buracos no chão e só saem à noite.

— Conheço um moço que agora vive perto de Cuiabá que esteve com eles — disse o meu informante. — Ele foi numa expedição rio Xingu acima. Eram dez ao todo e nove foram mortos. Ele escapou, mas os morcegos o pegaram de novo e porque uma das índias gostou dele deixaram-no vivo. Eles o mantiveram por um longo tempo, mas, por fim, escapou, subindo numa árvore e pulando de galho em galho para evitar deixar uma trilha. Eles o rastrearam até a árvore, sim, mas o perderam ali e não conseguiram descobrir para onde foi.

No rancho do coronel Hermenegildo Galvão, me contaram que um chefe índio da tribo nafaqua, cujo território fica entre os rios Xingu e Tabatinga, afirmava conhecer uma "cidade" em que índios moraram e onde havia templos e cerimônias batismais. Os índios dali falavam de casas com "estrelas para iluminá-las que nunca se apagavam". Foi a primeira, mas não a última, vez que ouvi sobre essas luzes permanentes encontradas ocasionalmente nas casas pré-históricas construídas por aquela antiga civilização esquecida. Eu sabia que diziam que certos índios do Equador iluminavam suas cabanas à noite com plantas luminosas, mas isso, eu imaginei, deveria ser uma coisa totalmente diferente. Havia alguns meios secretos de iluminação conhecidos pelos antigos, mas que ainda não foram redescobertos pelos cientistas de hoje — algum método de controlar forças desconhecidas por nós.[22]

Em pouco tempo, ficamos não muito longe da beira da civilização, onde os selvagens são ocasionalmente vistos. Ali, perto da nascente do rio Cuiabá, é um bom território para gado, mas as sucuris são numerosas a ponto de se tornarem uma peste. Praticamente toda poça tem dois ou três desses monstros dentro e é perigoso aproximar-se dos riachos sem o devido cuidado. Os índios da região as atacam destemidamente, entrando nas poças doze homens ao mesmo tempo e matando as serpentes com suas facas. Eles veem isso como um grande esporte, mas o principal motivo é que a carne da sucuri é bastante apreciada.

Um morador — como são chamados os pequenos colonizadores — me contou sobre uma curiosa aventura com uma surucucu. Um dia, foi até um regato para lavar as mãos e matar a sede. Quando estava agachado diante da água sentiu uma batidinha no ombro, primeiro num lado e depois no outro. Ele virou-se e, para seu horror, viu a cabeça de uma enorme surucucu balançando no ar à sua frente. Instantaneamente, atirou-se na água e nadou o mais rápido que pôde. A cobra não tentou

---

22. Em vista dos recentes desenvolvimentos na pesquisa atômica, não há motivos para descartar as "luzes que nunca se apagam" como um mito. O mundo foi arremessado num estado de barbarismo por terríveis cataclismos. Continentes afundaram nos oceanos e outros emergiram. Povos foram destruídos e os poucos sobreviventes puderam viver somente num estado de selvageria. As artes pré-históricas foram completamente esquecidas e não devemos, na nossa ignorância, dizer que a ciência dos dias antediluvianos não tinha avançado adiante do nível que hoje atingimos. [N. do Org.]

316 A EXPEDIÇÃO FAWCETT

atacar ou segui-lo, mas essas criaturas são consideradas tão agressivas que são capazes de caçar homens. Talvez a agressividade esteja confinada à estação de acasalamento.

Fomos para o norte, entrando em território desconhecido, atravessando mato aberto e ocasionais vegetações rasteiras, frequentemente tão pantanosas que forçavam a realização de desvios. Escalamos serras íngremes, subindo trilhas estreitas feitas pelas antas, e mergulhamos nas florestas do norte, onde por alguma distância o terreno tem baixa altitude. Chovia incessantemente — os temporais começaram cedo em 1920 — e tempestades violentas aconteciam dia e noite. Parecia que os elementos tentavam nos afastar, pois não sabíamos que estávamos um mês atrasados para essa parte da jornada. Carrapatos tornaram a nossa vida ainda mais miserável, espalhando-se por toda parte, e os piores eram os malignos carrapatos-do-chão. Moscas microscópicas cobriam nossos rostos, penetravam em nossas roupas do amanhecer ao pôr do sol, ficavam ali a noite inteira se houvesse lua e eram encontradas em pequenos montes nas redes quando a manhã chegava. A picada não era muito ruim, mas irritava como uma roupa de lã grosseira, só que bem pior. Eu já estava endurecido para essas coisas, mas Felipe sofria bastante e seu ânimo baixava a cada dia.

Tínhamos dois cachorros conosco. Um era um animal sem raça vermelho deixado por Butch para Felipe; o outro era um cativante, comprido e robusto cão com o nome de "Vagabundo", um vira-lata que eu peguei em Cuiabá. Esse cão de caça era notavelmente inteligente, bastante amistoso e sua maior utilidade para nós era servir como alerta para a proximidade de ninhos de vespa no caminho. Ele tinha uma forte atração por vespas e esses insetos, que variavam do tamanho de uma mosca caseira a monstros de quatro centímetros de comprimento, nos acompanharam por todo o caminho.

Os bois tinham o hábito de sair da trilha quando possível, para atravessar a vegetação rasteira ao lado. As cargas nos lombos batiam nos ninhos de vespas e as furiosas ocupantes lançavam sua vingança contra quaisquer seres vivos nas proximidades. Vagabundo, ocupado com cheiros atraentes no mato por perto, invariavelmente recebia a maior parte do ataque e, quando ouvíamos um temeroso uivo de agonia, sabíamos que era aconselhável fazer um rápido desvio. As vespas podiam nos deixar em paz, e certamente não perturbavam os bois, mas Vagabundo tornava-se um alvo todas as vezes.

Felipe ficava aterrorizado com as vespas e realizava acrobacias malucas para se livrar delas. Ninguém poderia culpá-lo, porque está para nascer o homem que pode aguentar quarenta ou cinquenta ferroadas no rosto e no pescoço sem entrar em pânico — e essas vespas, isto é, as pequenas, miram os olhos de seus alvos.

O cachorro vermelho parecia mergulhado num estado de fome crônica e desenvolveu um gosto por mastigar os arreios de couro à noite. Devido à chuva constante, o couro tinha um cheiro putrefato e manuseá-lo fazia com que os arranhões infeccionassem até Felipe se convencer de que a septicemia era inevitável. Mas essas tiras de couro eram essenciais, porque sem elas não poderíamos prender as cargas dos animais, e, aí, como ficaríamos em relação à comida?

— Temos que fazer esse cachorro parar de mastigar as tiras de algum modo — eu disse inocentemente.

Felipe ficou com isso na cabeça e, um dia, o cachorro vermelho desapareceu.

— Não adianta procurá-lo, coronel — ele disse. — Eu o matei!

Isso me chocou bastante, porque nada podia estar mais longe da minha mente do que eliminar o animal. Em expedições como essa, cães são não apenas alegres companheiros, mas valiosos sentinelas.

Havia seis semanas que estávamos na trilha, quando um dos bois deitou e se recusou a prosseguir. Uma semana depois, de algum modo o cavalo do Felipe conseguiu afogar-se à noite. O meu cavalo já tinha, muito tempo atrás, sido relegado à tarefa de transportar carga e, agora, Felipe era obrigado a se juntar a mim na caminhada, o que odiava. A partir daí, começou a entrar em colapso. Uma rigidez nas pernas deixou-o preocupado com a possibilidade de alguma peculiar doença muscular que o acometera na infância; então, foi a vez de uma nódoa no pulmão, de cuja existência sempre soubera, mas sem dar importância. Ele suspeitou que o coração estivesse a ponto de fraquejar. Então, começou a ficar deitado de costas no chão com dores de cabeça, gemendo numa voz sepulcral:

318 A EXPEDIÇÃO FAWCETT

"Não ligue para mim, coronel. Vá em frente, apenas deixe-me aqui para morrer!" Finalmente, desenvolveu uma espécie de doença geral, daquelas que às vezes os soldados britânicos têm quando as paradas militares se tornam irritantes demais. Como eu poderia enfrentar um perigo real com um homem tão inválido? Não podia mandá-lo de volta sozinho, porque era quase certo que se perderia e eu não estava preparado para assumir tamanha responsabilidade. Não havia o que fazer senão levá-lo de volta e desistir da viagem como um fracasso — um fracasso nauseante e desolador!

Acampamos numa floresta bastante seca e ficamos sem água — na verdade, não bebemos nada durante 36 horas. Os piuns — aqueles minúsculos insetos picadores — nos torturavam incessantemente e vespas e abelhas eram uma praga. Os dois animais restantes estavam em péssimas condições e conduzi-los tornou a viagem mais difícil do que nunca. Felizmente, o boi continuou em frente e serviu como um bom guia, já que parecia identificar as melhores rotas a seguir, mas o cavalo causava muitos problemas. Ele conseguiu atolar e só o soltamos com a ajuda do boi. No dia seguinte, teve um colapso e precisamos matá-lo.

Transferindo para as nossas costas o máximo que conseguíamos carregar, fomos em frente, sempre torturados por aquelas moscas e vespas, com as pernas e pés em agonia devido ao atrito das botas molhadas. Então, durante a travessia de um regato, o boi caiu na água e se afogou. Com cargas pesadas, avançando da melhor maneira que conseguíamos por mato comprido que cobria terreno escorregadio e pedras soltas — tropeçando e tropicando sem parar —, vencemos os últimos três ou quatro dias e chegamos a um posto militar. Foi o terreno mais difícil de todos, mas Felipe, no rumo de casa, tornava-se menos fatalista e até mesmo voltava a se interessar pelos pássaros.

O gerente do posto nos alimentou bem e descansamos ali por um ou dois dias antes de prosseguir.

— Vocês acabaram de perder uma tropa de soldados retornando a Cuiabá — ele disse. — Vocês poderiam ter ido com eles.

Havia uma longa caminhada pela frente, mas nada que se comparasse ao que tínhamos acabado de fazer.

— Dizem que é um terreno muito ruim esse em que vocês estiveram — falou o comandante. — Vinte anos atrás, uma tropa estacionada aqui foi para lá com um coronel e muito poucos voltaram. O coronel ficou louco. Eles se encontraram com os morcegos na margem esquerda do Araguaia. Felizmente para vocês, nenhum deles estava por lá quando vocês foram!

Ele me disse que poderíamos conseguir canoas depois de quatro dias de viagem e nos emprestou cavalos para chegar lá — uma ajuda inesperada. Mas os cavalos não conseguiram atravessar o Tabatinga cheio e foram mandados de volta; assim, tivemos que continuar a pé, carregando as mochilas. Felipe apresentou sintomas graves nessa parte da jornada, incluindo insolação, mas antes de chegarmos ao próximo posto ele já se recuperara o suficiente para assobiar. A cada posto militar, seguimos em frente, sempre recebendo grande hospitalidade e ajuda, e finalmente chegamos a um lugar em que foi possível conseguir transporte para Cuiabá. A essa altura, nossos pés e pernas estavam em tal estado que mais caminhadas eram uma impossibilidade. Felipe encontrava-se no fim da linha e uma perna machucada vinha me perturbando já havia algum tempo, provocando tantas dores à noite que era difícil dormir. Quando chegamos a Cuiabá, estávamos os dois nos sentindo melhores e Felipe recuperara a maior parte do seu ânimo.

Dois dias depois, navegamos para Corumbá, deixando Vagabundo na sua antiga morada para esperar nossa volta em fevereiro. Devido a uma greve de marinheiros, o barco para Corumbá estava mais cheio do que o habitual com a elite da sociedade de Cuiabá. Essas pessoas, lotando o pequeno convés superior, ficaram horrorizadas — estremecidas até o âmago de suas respeitáveis almas — com a visão de Felipe tirando sapatos e meias e colocando um pouco de vaselina entre os dedos magros! Tal coisa era considerada o que havia de pior em matéria de bons modos. Precisei de muito tempo para fazer com que esquecessem, pois, como parceiro de Felipe, parte da vergonha recaiu sobre mim e eu estava destinado a ficar perto dessa gente por um ou dois meses. Ele era meu filho? Meu conterrâneo? Como eu podia me associar com um bronco daqueles?

Felipe seguiu viagem para o Rio, com a missão de retornar com uma nova carga de provisões para a próxima expedição. Eu também gostaria

320 A EXPEDIÇÃO FAWCETT

de ter ido, mas não tinha como pagar e, assim, decidi aguardar em Corumbá, cidade de que gostava mais do que Cuiabá. A minha intenção era penetrar na floresta novamente em fevereiro, mas sem animais e por via fluvial. Esperava encontrar uma outra companhia para dividir as mochilas conosco e, fazendo a maior parte da jornada numa canoa, os desafios não deveriam ser tão fortes para nenhum deles. Como os meus companheiros se portariam quando fizéssemos contato com os índios era uma questão em aberto.

O cônsul britânico em Corumbá, um ex-oficial da Marinha brasileira, tinha uma boa biblioteca, a qual ofereceu para meu uso. Ela e o cinema local me salvaram do tédio. Ocasionalmente, um inglês aparecia na cidade, vindo de alguma estância rio abaixo, para aliviar a monotonia.

Regressei a Cuiabá no meio de fevereiro e recebi um telegrama de Felipe informando que havia prometido à mãe estar de volta até o Natal! Supondo que ele já estivesse a caminho, não pude fazer nada a respeito — mas, com certeza, poucos exploradores às vésperas de partir numa aventura arriscada receberam semelhante mensagem! No fim, Felipe só chegou em abril e tive que matar o tempo naquela cidade terrivelmente enfadonha, comparada à qual Corumbá era uma metrópole.

A Páscoa foi celebrada com uma daquelas incríveis procissões vistas em determinadas épocas do ano em todas as cidades provincianas da América do Sul — e também em algumas capitais. Era liderada por padres de batinas e acólitos balançando incensórios, seguidos pelos negros de aparência mais vil da cidade — também com batinas — carregando nos ombros instáveis representações de santos e mártires. Havia um Cristo, terrivelmente banhado em sangue, e uma Virgem Maria, enfeitada com uma coroa reluzente, lantejoulas e um trilho circular de trem de brinquedo como o halo ao redor da cabeça. Essas imagens oscilavam precariamente, ameaçando cair dos andaimes enquanto a procissão avançava passo a passo sobre paralelepípedos e esgotos a céu aberto. Atrás dos penitentes negros — todos eles delinquentes que assim expiavam o pecado de uma enormidade de pequenos crimes —, lentamente vinha uma banda, forte na seção rítmica, mas pavorosamente fraca nas demais, tocando uma marcha animada que aparentemente era interpretada sem que nenhum músico prestasse atenção nos sons produzidos pelos colegas. No fim, e tomando as calçadas, seguia toda a população de Cuiabá, devota e com as cabeças descobertas.

Quando a procissão cruzou a ponte de pedra na principal via para o rio, a sombra da imagem da Virgem passou sobre a imunda superfície de um córrego que levava o esgoto para fora da cidade. Na mesma hora, incontáveis negros se atiraram e avidamente enfiaram as línguas na água suja, na crença de que suas enfermidades seriam milagrosamente curadas. E o fato de que frequentemente saravam demonstra o poder de sua fé!

A população estrangeira de Cuiabá consistia em um marinheiro inglês vagante — você os encontra em todas as partes —, uns poucos italianos e dois missionários americanos com suas esposas. Eles pareciam bastante felizes, porque os missionários estavam cheios de fervor, os italianos ocupavam-se amealhando fortunas e o marinheiro obtinha toda a bebida que queria por um custo ínfimo. Isso fez com que me esquecesse da minha impaciência e do tédio e me induziu a abrir meu bolso quase vazio para o marinheiro, que, ao me ver cruzar a *plaza* um dia, levantou-se do banco e veio tropegamente mendigar. Os olhos desse indigente bateram na minha calça de montar; ele estendeu a mão para apalpar o tecido e, então, começou a chorar.

— *Boxcloth*,* meu Deus, *sir*! — ele murmurou. — Eu deveria saber. Já fui major de cavalaria na Índia!

---

* Tecido acolchoado de lã. [*N. do T.*]

CAPÍTULO XVIII
SENTINDO O CAMINHO

— O que deu em você para comprar este tipo de provisões, Felipe? — perguntei, esforçando-me para ocultar a irritação. — Você devia saber perfeitamente o que seria necessário!

Felipe acendeu um cigarro, pousou o traseiro na mesa e indagou:

— O que há de errado com elas?

O que havia de errado? Tudo estava errado! Era bastante óbvio que ele não se preocupara com as provisões até o último momento e, então, comprara o que estava à mão, sem parar para pensar se estava adequado aos nossos objetivos. Afinal de contas, ele fizera uma viagem comigo; não havia desculpa para trazer absurdos como uma enorme sovela para consertar botas e remédios suficientes para curar todas as doenças da farmacopeia! Mal havia um item que fosse de real utilidade para nós. Aqui estava Felipe — com dois meses de atraso, com provisões totalmente diferentes das que eu listara quando ele fora para o Rio e com uma formidável conta de despesas extras, além de uma desavergonhada requisição para cobrir gastos pessoais.

324 A EXPEDIÇÃO FAWCETT

Eu estava irritado com o atraso. Cuiabá por si só já era um tédio, mas a pior parte da estada era o ócio intolerável e a consciência de que o tempo à nossa disposição para chegar aos índios antes do início das chuvas estava sendo desperdiçado. As minhas economias reduzidas também me preocupavam, apesar de, felizmente, a vida ali não ser cara em comparação com a maioria dos lugares de tamanho similar. Eu pagava apenas oito xelins por dia no hotel, uma taxa bastante modesta. A comida era boa e abundante; também havia instalações para banhos — os quais eu passara a tomar diariamente depois que retiraram o carvão para os fogões da cozinha armazenado ali —, mas o lugar era incrivelmente sujo e eu tinha restrições quanto a tarântulas e lagartos no quarto!

Todas as noites a sociedade de Cuiabá se reunia no parque — um lugar não muito maior que um jardim pequeno, em que uma banda tocava aos domingos, e onde os jovens davam voltas e voltas ao pôr do sol, garotas numa direção — quatro ou cinco lado a lado — e rapazes na outra, lançando olhares sedutores e gracejos a elas. É a rotina que você encontrará em todas as cidades provincianas da América do Sul e, pode zombar à vontade, se ficar alguns anos nesses países acabará vendo-se indo à *plaza* toda noite para assistir, quando não se juntar, ao passeio.

Também havia um cinema, que exibia dramas sentimentais de Hollywood duas vezes por semana, ou seriados do Velho Oeste. As sessões eram cuidadosamente programadas para não interferir nos passeios noturnos e, após o cair da noite, quando o barulho dos mosquitos invadia o ar, os jovens dirigiam-se ao pequeno teatro para tomarem os assentos de sempre nas cadeiras frágeis e iniciar o grande jogo de passar mensagens uns aos outros sob o manto da escuridão, enquanto as crianças gritavam até ficarem roucas diante das maldades praticadas pelos vilões na tela.

Eu relutava em iniciar outra expedição com Felipe como única companhia e, durante sua ausência, procurei mais um homem para se juntar a nós. O único que consegui achar foi um ex-oficial da RAF que pediu para vir sem receber pagamento e fiquei decepcionado ao descobrir que era um degenerado. Tive que admitir para mim mesmo que a viagem teria que ser cancelada — além disso, sem provisões adequadas, estava fora de questão. Embora convencido de que a rota planejada era a correta para o objetivo, decidi ir até a Bahia e investigar certos rumores interessantes na região de Gongogi. Os animais e provisões foram vendidos e partimos para o Rio. Sem dúvida, tudo podia ser definido como um gosto amargo de fracasso na boca. Ansiava pelo dia em que o meu filho fosse velho o bastante para trabalhar comigo — parecia impossível encontrar alguém capaz de resistir às inevitáveis dificuldades por aqui. Se houvesse condições de obter no Brasil os necessários instrumentos de navegação, suficientemente leves para serem incluídos no equipamento de um homem, creio que deveria ter partido sozinho. Mais tarde, foi o que fiz.

Ocorreu-me que o meu principal objetivo poderia ser atingido por uma rota através do estado de Goiás, evitando assim qualquer retorno ao Mato Grosso. A região de Gongogi continuava sob domínio dos índios pataxós, que eram o terror dos poucos colonizadores dali, mas eu não tinha preocupações quanto a isso, já que as experiências passadas haviam mostrado que o selvagem invariavelmente era pintado com tintas mais negras do que realmente era. Inscrições nas rochas haviam sido descobertas ali; assim como belas cerâmicas e o punho de uma antiga espada nas florestas do rio Preguiça; perto de Vitória da Conquista, um velho que voltava de Ilhéus perdeu o boi à noite e, seguindo a trilha no meio do mato, foi parar na *plaza* de uma cidade pré-histórica. Ele passou sob arcos, encontrou ruas de pedras e viu no meio da praça a estátua de um homem. Com medo, saiu correndo das ruínas. Isso — o punho da espada e as construções — me fez pensar que o velho encontrara a cidade de 1753, embora sua proximidade em relação aos assentamentos não batesse com o relato de Raposo sobre a longa jornada de volta à Bahia. As pessoas falavam de um velho castelo — supostamente "inca", não muito longe do rio de Cobre — que no passado tivera estátuas, mas que agora já tinha sido bastante danificado pelos caçadores de tesouro.

Levei Felipe comigo para Bahia,* porque ele já havia recebido adiantado até o fim de 1921, e lá chegamos em 3 de maio. A cidade havia sido a capital original do Brasil e o centro do comércio de escravos africanos.

---

* Fawcett se refere a Salvador como Bahia, forma pela qual a cidade era conhecida à época. [*N. do T.*]

326   A EXPEDIÇÃO FAWCETT

Um lugar atraente, com um futuro radiante devido aos seus recursos ilimitados e ótimo clima; mas a população é negroide ou mulata, bastante distinta em todos os aspectos das pessoas do Rio, cidade com a qual mantém uma relação um pouco similar à de Brighton com Londres. Conta com um ótimo serviço de bondes, excelentes vias e incontáveis igrejas. Estrangeiros de todas as nacionalidades circulam em grande quantidade ali, pois os negócios são bastante ativos. As frutas são abundantes; as lojas, esplêndidas; os hotéis, bons; e há muitos cinemas. As famílias brasileiras das classes superiores são um tanto distantes, mas as pessoas do povo, e os funcionários públicos, geralmente mostram-se corteses e amáveis. O lugar é bastante saudável, embora no passado a febre amarela fosse comum. As pessoas deram-me a impressão de serem intensamente supersticiosas e dizem que a macumba é livremente praticada pelos negros, os quais frequentemente são consultados como videntes, apesar das vigorosas tentativas da polícia de reprimir a prática.

Um capitão naval britânico, que deu a sua palavra para afiançar a autenticidade da narrativa, me contou uma história sobre os feiticeiros da Bahia que vale repetir.

Em 1910, um baleeiro inglês parou na Bahia para obter provisões e água após uma viagem desastrosamente malsucedida. Para se distrair dos problemas, o capitão foi beber em um bar local. Ele estava sentado sozinho, fazendo um bom progresso na garrafa de uísque, quando um simpático brasileiro que falava inglês apareceu e perguntou se podia sentar para bater papo. O capitão estendeu-lhe uma cadeira, ofereceu-lhe o uísque e, logo, os dois estavam conversando animadamente, quando, então, o inglês contou sobre a viagem fracassada.

— Vou lhe dizer o seguinte, capitão — disse o brasileiro —, você vem comigo e lhe levarei a um homem de macumba que eu conheço, que vai dizer algo para lhe ajudar.

— Bobagem, homem! — desdenhou o capitão. — Não acredito nesse tipo de coisa.

— Tudo bem, capitão, você vem assim mesmo. Você não vai se arrepender.

SENTINDO O CAMINHO **327**

— Para quê? Deixa, beba mais uma.

— Mais uma e, aí, nós vamos ver o feiticeiro, certo?

— Está bem, se você quer. A garrafa já está mesmo vazia.

O capitão talvez não concordasse se estivesse sóbrio, mas estava cheio de bebida o bastante para se aventurar, e parecia ser uma nova experiência. O brasileiro o conduziu por ruas estreitas, com construções pobres, até uma casa. Após muitas batidas na porta e uma misteriosa troca de senhas, eles entraram e viram o homem da macumba.

— Eu sei por que você veio aqui, capitão — disse o bruxo em português, com tradução do brasileiro. — Você navega na próxima segunda-feira e vai para sudeste. Depois de cinco dias, verá uma grande baleia. Deixe-a em paz. No dia seguinte, verá um grupo de cinco. Ataque essas e conseguirá todo o óleo que quiser. Tenho dito.

Levantando-se com grande dignidade, o feiticeiro dignou-se a receber um pagamento e, sem qualquer palavra de agradecimento, mostrou-lhes a porta.

O capitão estava cético a respeito disso tudo quando o navio partiu na segunda-feira seguinte, mas no sábado uma enorme baleia, de fato, foi avistada. Na mesma hora, devido à empolgação, as instruções do homem da macumba acabaram esquecidas e os botes foram descidos para a caça. O imediato foi o primeiro a atacar, mas, tão logo sentiu o arpão, a baleia avançou contra o barco, destruiu-o e afogou o imediato e dois marinheiros. Então, mergulhou e não foi mais vista.

No dia seguinte, cinco baleias foram avistadas e novamente os botes desceram, mas, antes que pudessem se aproximar o bastante, elas submergiram e escaparam.

O capitão voltou à Bahia para comunicar a morte do imediato ao cônsul e, enquanto estava no porto, encontrou o amigo brasileiro, que o persuadiu a voltar ao homem da macumba. Quando entraram na casa, viram o bruxo furioso.

— Você não fez o que eu mandei! — rugiu diante do acabrunhado capitão antes que este tivesse uma chance de falar. — Você atacou a baleia macho, que era eu mesmo.

328 A EXPEDIÇÃO FAWCETT

O feiticeiro arrancou a camisa e mostrou um ferimento no ombro.

— O arpão do seu imediato fez isso! Não espera nada além de má sorte no resto da viagem!

O navio não avistou mais nenhuma baleia e, após uma decepcionante viagem, regressou ao porto de saída vazio...

Deixamos Bahia num vapor da Navegação Baiana e fomos para o porto de Nazaré, onde um trem nos levou até Jaguaquara, o fim da linha provisório. Era uma vilazinha suja e insalubre ainda recuperando-se de uma violenta epidemia de febre amarela. O senhor Roberto Grillo, um comerciante gentil e próspero que conhecemos ali, emprestou-nos mulas para a viagem até Jequié, no rio de Contas.

Jequié é o centro de uma considerável região produtora de grandes quantidades de cacau, tabaco, café, algodão e produtos medicinais. É um território extremamente belo, mas esparsamente habitado, com imigrantes italianos. A cidade é razoavelmente nova, porque a velha foi destruída por cheias excepcionais em 1914, que causaram danos incalculáveis no sul do Estado.

Encontramos ali um negro velho chamado Elias José dos Santos, ex--inspetor-geral da Polícia Imperial, mas agora ocupado com a venda de álcool na periferia da cidade. Monarquista até a medula, ele era extremamente digno e nobre e esforçava-se para fazer frequentes menções a Dom Pedro, curvando-se cada vez que pronunciava seu nome. Felipe recentemente havia adquirido um hábito de curvar-se, possivelmente aprendido em um curso por correspondência para vendedores estrangeiros e sua técnica lembrava os comediantes de cabarés. Ver esses dois idiotas reclinando-se um para o outro a cada frase trocada quase era mais do que eu podia aguentar sem explodir. Eles pareciam um casal de peixes-boi se cortejando! Para minha edificação, o velho vestiu o antigo uniforme com magníficas dragonas e enorme chapéu, transformando-se numa figura imponente, embora patética quando se comparava o seu status atual com a importância pregressa. Ele contou histórias maravilhosas sobre a bacia do Gongogi — de índios de peles claras com cabelos ruivos e de uma Cidade Encantada, que atraía o explorador mais e mais até que, como uma miragem, desaparecia.

SENTINDO O CAMINHO **329**

Ele não era o único a contar uma história parecida. Os índios aimorés, ou botocudos, mais ao sul, preservavam uma lenda da Aldeia de Fogo, assim chamada porque as casas têm telhado de ouro. A lenda vem desde um passado há muito esquecido e nem a Cidade Encantada e nem a Aldeia de Fogo têm qualquer existência real nessa região.

Por que se deveria supor que as cidades pré-históricas, caso tenham verdadeiramente existido, têm que necessariamente estar na região em que as tradições orais sobre elas são ouvidas? Repetidas vezes verifiquei que os índios não possuem noção de distância e dão às pessoas a impressão de que algo que na verdade é remoto encontra-se relativamente perto. A criança indígena pode ouvir da mãe uma história a respeito de uma maravilhosa cidade "para lá" e crescer com a crença de que fica em algum lugar logo além dos limites dos movimentos da tribo. Contudo, a narrativa pode ter sido passada ao longo de várias gerações, desde um passado remoto em que a tribo fazia parte de uma nação, antes de cataclismos jogarem o povo numa existência nômade. Ouvir histórias sobre uma cidade pré-histórica nas cercanias de determinados índios e, então, descobrir que nada semelhante existe não deve ser tomado como prova de que as tradições não são baseadas em fatos. O tempo tem um significado menor para os povos primitivos do que para nós. Eles podem remontar sua ancestralidade por milhares de anos, quando nós raramente podemos rastrear a nossa por séculos e eventos datando da pré-história são relatados como acontecimentos recentes. Trata-se de uma das grandes dificuldades para localizar os lugares antigos e ignorar isso significa perder tempo e confiança.

Todo esse território belíssimo — na realidade, o Estado inteiro — sofria com a "política". Os brasileiros são extremamente patriotas e, como todos os povos latinos, levam sua política com muita seriedade, sem necessariamente ter conhecimento da arte do governo. Mas a "política" não deve ser confundida com a política* como conhecemos, porque há uma diferença. Um homem que conquistou uma considerável riqueza e importância local pode reunir seguidores, armá-los e proclamar-se um

---

* No original, *politics*. [*N. do T.*]

330 A EXPEDIÇÃO FAWCETT

"chefe político", ou dono de todos os votos locais. Caso não seja aceito como tal e não receba a posição oficial que o título envolve, ele passa a trabalhar para destruir qualquer oposição. Disso resulta uma espécie de guerra civil local; há uma substancial perda de vidas, incêndios, saques, tiros e destruição geral. É esse sistema que com muita frequência obstrui o desenvolvimento dos vastos recursos naturais e nega à república a prosperidade que merece — mas que irá, tenho certeza, conquistar com o tempo.

Recusando qualquer oferta de pagamento para o transporte até Jequié, o senhor Grillo obteve para nós mulas para a etapa seguinte da jornada até Boa Nova. Parecia o lugar mais adequado de partida e, ao sair dali, imediatamente estaríamos na caatinga, aquela vegetação de arbustos rasteiros espinhentos que ocupa a maior parte do estado a sul e leste do rio São Francisco. É difícil de percorrê-la, sendo muito seca e cheia de cobras. Onde existe água, uns poucos colonos mantêm uma vida precária, mas outras áreas, conhecidas como *chapadas,* são deserto puro, com vegetação mirrada e muito acima do nível do mar. Além, ficam as grandes florestas dos rios Gongogi e Pardo, estendendo-se até o Jequitinhonha, terreno bem irrigado e com esplêndidas madeiras. É nessas florestas, cercadas por plantações e constantemente invadidas por colonizadores brasileiros, que os sobreviventes da outrora grande população indígena encontram seu último refúgio.

A floresta do Gongogi é incrivelmente fértil. No lado oeste, seus produtos agrícolas são levados para as feiras semanais de Boa Nova, Poções, Vitória da Conquista e Verruga, enquanto ao leste uma bastante lucrativa indústria cacaueira encontra sua saída em Ilhéus. Ao norte, perto da confluência do Gongogi e do rio de Contas, uma companhia madeireira americana tem uma concessão potencialmente valiosa; mas, ao sul, os índios pataxós controlam as florestas e a margem norte do Pardo, defronte às diversas estâncias do outro lado do rio entre Verruga e Jacarandá. A oeste da trilha entre Jequié e Verruga e a noroeste do rio de Contas, há uma região de caatinga onde em vários lugares não se encontra água, ou tão pouca que a terra é inútil para a agricultura, embora existam muitos minerais valiosos.

Chegamos em três dias a Boa Nova, um lugar pequeno e limpo que para obter seus suprimentos conta com a feira semanal e as mercadorias secas compradas a preços exorbitantes pelos agricultores. Como em outros locais, era o intermediário quem ficava com o lucro. Fomos acolhidos por um hospitaleiro comerciante que providenciou para que eu conseguisse animais e tudo o mais necessário para a expedição.

Não havia informações a serem obtidas sobre o Gongogi, porque ninguém ali o conhecia, apesar de logo a leste dessa vila ficar a borda da floresta, e as pessoas subsistiam basicamente de seus produtos. No Brasil, frequentemente encontrei essa completa ignorância sobre a topografia local. Afastando-se da sua própria região, tudo é um mistério que eles não se preocupam em penetrar, embora estejam sempre prontos a acreditar em todos os rumores a respeito dela.

CAPÍTULO XIX
O VÉU DO PRIMITIVO

— Acho que erramos em vir aqui — disse a Felipe. — Não é um bom ponto para entrar na região do Gongogi.
— O que você pretende fazer, então?
— Voltar a Boa Nova, para descer mais para o sul, e ver se alguma entrada por aquela direção é mais promissora.
— Você quer dizer que temos que voltar pelo caminho que viemos?
Havíamos cruzado montanhas altas cobertas com caatinga antes de mergulhar na densa floresta que subia pelas encostas, da mesma maneira que acontecia nas vertentes leste da cordilheira andina. Finalmente, chegamos à Baixa de Factura, a última estância no rio, onde o Gongogi tinha apenas 30 centímetros de largura e sua nascente ficava a cerca de oito léguas. Entre ali e Boa Nova estendia-se um planalto longo e estreito aproximadamente mil metros acima do nível do mar, onde às vezes o frio causava desconforto. Era desse planalto que Felipe não gostava. A ideia de voltar por ali o desagradava bastante, porque o frio o afetava muito e ele tinha medo daquela nódoa no pulmão que mencionava amiúde.
Meu objetivo era encontrar a melhor rota para entrar no mato bruto, ou floresta ainda não conquistada junto aos aborígenes. Baixa de Factura

334 A EXPEDIÇÃO FAWCETT

havia sofrido muitos ataques dos selvagens no passado — prova disso era a admirável coleção de arcos e flechas obtida —, mas não ficava na beira de território desconhecido. Colonizadores haviam penetrado ali e conhecia-se um pouco a respeito.

Perguntei ao nosso anfitrião se ele ouvira histórias a respeito de uma cidade perdida nessa região.

— Só sei que existe uma — respondeu. — Mas, na fazenda de Pau Brasil de Rio Novo, a quatro léguas daqui, tem um homem que sabe onde fica e que poderia indicar o caminho.

Isso era uma notícia empolgante. No dia seguinte, partimos rumo à fazenda, onde fomos bem recebidos, mas descobrimos que a história era falsa — não sabiam nada sobre uma cidade perdida.

Voltamos a Boa Nova, onde chovia forte e fazia muito frio, passamos a noite ali e no dia seguinte fomos para Poções, uma vila pequena e decadente onde somente as pulgas se desenvolviam. Depois de Poções fica Vitória da Conquista, à qual chegamos no dia da feira. Os habitantes da região, vestidos com todo tipo de roupas esquisitas, afluíam à cidade com carregamentos de abacaxis, laranjas, amendoins, doces nativos e botas. O comércio dos principais produtos — café, cacau e algodão — não era feito na feira, mas direto com os comerciantes, em troca de tecidos, munição e ferramentas. Era um lugar que se orgulhava de estar atualizado; as pessoas achavam que a luz elétrica e um cinema inferior, que funcionava uma vez por semana, os colocavam num nível mais elevado que qualquer comunidade rival nas cercanias.

Eles falavam somente de uma coisa — pedras preciosas! Águas-marinhas e turmalinas são razoavelmente comuns desde o sul dali até dentro do Estado de Minas Gerais, e um fluxo de pessoas esperançosas enchia a cidade com pedras para serem examinadas e avaliadas. Mostravam bastante cuidado em impedir que os outros vissem o que tinham descoberto, mas não havia muito motivo para esse segredo, já que bem poucas das pedras eram de real valor. Ocasionalmente, surgiam boas pedras, na maioria do tipo azul, e, com menos frequência, as mais raras verdes.

Ficamos no hotel da dona Ritta de Cássia Alves Meira, cujo nome de apelo romântico não a impedia de administrar um lugarzinho pequeno, limpo e confortável. Assim que a feira terminava e as barracas eram desmontadas, Vitória da Conquista caía num estado de sonolência que durava até o próximo dia de feira, porque os índios mestiços que enchiam as ruas vinham de fora e, tão logo os negócios eram finalizados, carregavam seus cavalos e sumiam durante a noite.

Acordei às seis e meia da manhã e olhei pela janela do hotel. O sol já brilhava, mas não havia uma única alma à vista. Então, uma negra com um vestido branco e um xale reluzente com tinturas de anilina saiu da igreja do outro lado da rua, assoou o nariz com os dedos, escarrou vigorosamente nos degraus e voltou para dentro. Alguns minutos depois, surgiu na rua um negrinho, montado quase na extremidade traseira de um burro sem sela, o qual fazia galopar com uma enxurrada de impropérios. O barulho acordou as pessoas em muitas casas; portas abriram-se e cabeças com cabelos desalinhados surgiram nas janelas. Pouco a pouco, Vitória da Conquista enchia-se de vida.

O meu *arriero*, um patife indolente, mas de aparência aristocrática, que cometera vários assassinatos, não acordava fácil, mas finalmente consegui despertá-lo e, após o desjejum, partimos novamente. Descemos do planalto por uma escorregadia trilha enlameada até a bacia do rio Pardo e chegamos à estância do Morro da Glória, onde o proprietário insistiu para que passássemos a noite e pediu conselhos sobre cristais de água-marinha. Ele concluiu que, como estrangeiro e viajante, eu deveria ser um especialista em gemas. Não sou; mas, durante minhas viagens, adquiri fragmentos de informações em muitas áreas e exploradores são — ou deveriam ser — um pouco de tudo.

Ouvi ali outra história sobre "cidade perdida" — a respeito de um mestiço do rio de Peixe que cruzou o Gongogi não muito longe de Boa Nova e se perdeu nas florestas da serra Geral, ao leste. Ele subiu uma montanha para tentar achar direções familiares e viu numa planície não muito distante uma cidade velha com um arco de entrada. Estava perto o bastante para distinguir índios do lado de fora das muralhas e nas ruas e, prudentemente, afastou-se o mais rapidamente possível. Essa história era interessante, pois parecia indicar que o homem trombara com a cidade de 1753; e, após ir até Verruga, decidi que, provavelmente, penetrar nas florestas por Boa Nova era a melhor alternativa.

336 A EXPEDIÇÃO FAWCETT

Numa estância alguns quilômetros depois do Morro da Glória, um enorme cristal de bela cor, pesando cerca de 45 quilos, havia acabado de ser extraído do topo de uma grande rocha de quartzo a menos de cinco metros da trilha. Estivera à vista dos viajantes por muito tempo, mas ninguém pensara antes em tirá-la. Tinha uma bolha no meio e seus extratores, pensando se tratar de um diamante, quebraram o cristal em pequenos pedaços para chegar a ela. Soube mais tarde que o que restou foi vendido por 60 contos, ou aproximadamente 2.500 libras.

As pessoas contam uma história sobre um negro que descobriu na margem do rio Jequitinhonha a ponta de um cristal projetada para fora do solo. Ele cavou e descobriu que pesava 250 quilos e o vendeu a um alemão por 100 libras. O alemão colocou o seu tesouro numa canoa e partiu rio abaixo, por fim levando-o até a Alemanha, onde o revendeu por algo como 9 mil libras. Há uma grande demanda na Alemanha e nos Estados Unidos por esses cristais, usados na produção de joias baratas.

Em Verruga, essas pedras eram o único tópico de conversação e a interminável busca por elas havia empobrecido a região. Tive enorme dificuldade em obter um pouco de informações sobre os índios da área, mas, por fim, soube que eram majoritariamente encontrados a nordeste da elevada montanha Couro d'Anta. Eles possuíam pele escura e um dos chefes apresentava uma barba negra — algo incomum para essas pessoas normalmente imberbes. Outro chefe era conhecido pelo seu pé grande, o qual diziam ter mais de 45 centímetros. Esses índios têm uma aparência distintamente negroide e são descendentes dos autênticos aborígenes negros da América do Sul, com uma mistura de sangue tupi-caribe. Nas florestas do Gongogi, os índios, menos numerosos e com cor mais clara, são obviamente de uma raça diferente.

Após partirmos mais uma vez de Boa Nova, tomamos uma rota norte-leste até as florestas no sopé de uma montanha grande chamada Timorante. Dizem que uma rica mina de ouro foi abandonada ali por falta de capital para explorá-la e, se não tivéssemos outros interesses mais urgentes, poderia ter valido a pena uma investigação. Chegamos ao Gongogi, onde podiam ser vistos inconfundíveis sinais de carvão e petróleo, e seguimos pela margem rio abaixo, de estância em estância, até alcançarmos a última delas, na confluência com o rio de Ouro. Havia uma grande empolgação ali porque índios da floresta a leste tinham surgido na margem do Gongogi e disparado flechas, matando uma criança. Os rancheiros prontamente se uniram para formar uma expedição punitiva e entraram na floresta atrás dos índios. Encontraram uma pequena colônia aborígene e massacraram todos os habitantes que encontraram, exceto uma moça, que, junto com vários papagaios, foi trazida para a cidade. Tenho satisfação em dizer que a moça mais tarde fugiu. Colonizadores na beira de território selvagem não consideram os índios como seres humanos — isso era igual tanto no Brasil como na Bolívia!

Os rumores que me atraíram fortemente pareciam se focar no rio de Ouro; mas ninguém no Gongogi dava a impressão de saber qualquer coisa sobre esse rio, exceto que as estâncias próximas à confluência ficavam sob eterno risco de ataques indígenas. Até mesmo as margens leste do Gongogi e do Nova eram deixadas inteiramente para os índios.

No rancho chamado Barra do Rio de Ouro, mandamos nossos animais de volta para Boa Nova, porque agora continuaríamos a pé. Os brasileiros locais ficaram horrorizados com a ideia — para eles, equivalia a suicídio aventurar-se naquelas perigosas florestas com apenas dois homens!

Mapas cuidadosamente preparados das regiões pelas quais já havíamos passado forneceram-me uma série de pontos de marcação cruzados e, por maior que a floresta pudesse ser, havia poucas chances de nos perdermos. Um dia após deixarmos o rancho, as trilhas acabaram — de qualquer modo, nas proximidades do rio. Com a mochila nas costas, Felipe mais uma vez lembrou-se dos seus pulmões enfraquecidos. Meu coração apertou-se. Mal havíamos começado e as velhas reclamações já estavam reaparecendo! Então, ele desenvolveu alguma coisa errada no calcanhar e quando, cinco dias depois, seguindo uma nova trilha, encontramos uma isolada fazenda de gado, foi necessário esperar lá um ou dois dias para que ele se recuperasse.

Após sairmos do rancho, rumamos para uma colina alta e sem vegetação no topo conhecida como Cerro Pelado. Até então, tínhamos encontrado assentamentos esparsos aqui e ali, mas nenhum sinal de índios — não se tratava, como haviam me feito acreditar, de terreno inexplorado.

338 A EXPEDIÇÃO FAWCETT

Do alto da montanha, outra plantação podia ser avistada a sudoeste do rio de Ouro e, usando-a como referência, seguimos nessa direção.

No pé do Cerro Pelado, matei uma surucucu enorme dentro de um toco oco, não agressiva, mas vigilante e feia. Por sugestão de Felipe, cortamos alguns pedaços da carcaça, apesar de ser uma das poucas cobras cuja carne não é apreciada. Essas cobras existiam em grandes números aqui e havia três variedades, igualmente venenosas — a conhecida como surucucu, a surucucu-pico-de-jaca e a surucucu-apaga-fogo. Esta última é atraída por fogueiras e os homens da floresta têm tanto medo dela que nunca deixam o fogo aceso à noite. Essas cobras se enrolam nas cinzas de uma fogueira e depois, quando são feitas queimadas para plantações, várias podem ser encontradas calcinadas. Dizem que elas têm uma audição muito aguçada e são conhecidas por chegar a mais de 4 metros de comprimento e 20 centímetros de diâmetro.

Um fazendeiro me contou que uma vez mandou um mensageiro até uma estância vizinha e, como o homem — um mulato — não voltou, despacharam um grupo à sua procura. Ele foi encontrado morto na trilha, com uma surucucu enorme enrolada ao redor da coxa. A cobra havia mordido o homem por todo o corpo, atacando e atacando até se cansar e o veneno acabar.

No rancho seguinte, éramos esperados por um homem e sua mulher.

— Sabíamos que forasteiros estavam vindo, porque as galinhas estavam todas juntando as cabeças — eles disseram. — Quando fazem isso sempre significa que alguém vai chegar antes do anoitecer.

O homem falou sobre estranhas serpentes chamadas salamantas (não confundir com as lagartas salamandras). Já tinha ouvido falar delas antes e estava inclinado a tomá-las como a surucucu-apaga-fogo, mas ele as descreveu como grandes répteis amarelos com até seis metros de comprimento e escuras marcas cruzadas que eram encontrados nessas florestas. Possivelmente, formavam uma espécie de surucucu grande — nunca vi nenhuma dessas cobras, o que, talvez, seja bom, já que diziam serem particularmente ferozes.

Entrei na mata com ele para ver se conseguíamos caçar um macaco e, ao passarmos por uma árvore com um buraco a cerca de três metros do

O VÉU DO PRIMITIVO **339**

chão, ouvimos um som agudo. Meu anfitrião trepou na árvore acima do buraco e descarregou a espingarda na cavidade. A surucucu saltou no ar, caiu no chão e fugiu pela vegetação rasteira. Se estivéssemos perto, certamente teríamos sido picados; de qualquer forma, o choque foi desagradável. Eu agora tinha prova da autenticidade da história de que esses répteis roncavam quando dormindo — lembrei-me das sucuris que emitem gemidos melancólicos à noite, um som esquisito que já ouvi algumas vezes.

Havia uma trilha que corria dali para Ilhéus, ao leste. Ao sul e a oeste, a floresta estava nas mãos dos índios, que ocasionalmente saíam para pegar mandioca nas plantações, mas que, exceto por isso, não molestavam o colono e sua esposa. Ele afirmou ser o último colono no rio de Ouro e que, após o seu rancho, havia somente floresta virgem — certamente não existia nenhuma trilha nessa direção. Foi para onde rumamos ao nos despedirmos dos hospitaleiros amigos.

Havia sinais de índios por todos os lados, principalmente na forma de armadilhas feitas com paus afiados posicionados de maneira a pegar um agressor incauto na altura do estômago. Só conseguia imaginar um homem sendo vítima se estivesse correndo às cegas durante a noite, porque normalmente os paus fariam pouco mais do que dar uma espetada na pele do andarilho que não os visse no caminho. Talvez estivessem envenenados, caso em que uma espetada ou arranhão seria o bastante. Outra forma de armadilha que ocasionalmente encontrávamos apresentava estacas pontudas saindo do chão e, atrás delas, uma lança inclinada escondida nos arbustos, sobre a qual esperava-se que a vítima descalça caísse.

Nosso amigo colonizador estava enganado ao acreditar que a sua plantação era a última, porque no quinto dia após deixá-lo encontramos outra trilha, que seguimos até chegar a uma bela plantação, onde nos alimentamos avidamente com cana-de-açúcar. A cerca de um quilômetro e meio havia uma estância, cujo proprietário nos recepcionou com mandioca, milho, ovos e galinhas. Ele pareceu surpreso com a reverência feita por Felipe e eu não pude culpá-lo. O hábito de curvar-se estava tornando-se um constrangimento para mim, mas não tive coragem de mandar Felipe parar.

A essa altura, eu já estava exasperado por encontrar trilhas e assentamentos onde se esperava natureza totalmente selvagem. Os moradores

340 A EXPEDIÇÃO FAWCETT

sabiam tão pouco sobre tudo que ficava além dos domínios das suas plantações que alegavam com total sinceridade ocuparem as posições mais remotas. O terrível mistério do rio de Ouro se desfez como uma bolha. Sim, os assentamentos e fazendas eram separados por consideráveis distâncias. Essas pessoas, como os pioneiros dos Estados Unidos, haviam gradualmente penetrado na floresta, abrindo cada um uma clareira que se tornava todo o seu mundo, mas desconhecendo o fato de que outros faziam a mesma coisa ao lado. A menção de plantações vizinhas sempre os surpreendia; imaginavam-se completamente isolados.

Parecia agora que realmente poderíamos estar no último posto avançado, porque não apenas não havia trilhas no rumo da nossa pretendida rota oeste-sudoeste, como também porque da cabana do morador nós frequentemente víamos índios aparecendo numa elevação além da plantação e disparando flechas na nossa direção. A ideia de que iríamos sozinhos para o meio desses selvagens era considerada loucura.

Logo que partimos, começou a chover. Era época de lua nova e choveu sem parar por vários dias, tornando nosso avanço miserável. Uma única chuvarada por dia na floresta faz com que seja impossível manter-se seco, e ficar constantemente com roupas molhadas produz um efeito depressivo no ânimo. Felipe, apreensivo pela sua saúde, resmungava o tempo inteiro e eu mesmo sentia o entusiasmo evaporar-se. Mas fomos em frente e, exceto pelas fúteis estacas pontiagudas, não encontramos indícios dos índios durante três dias. Então, achamos trilhas que eram boas durante algum tempo, mas que sumiam na floresta — um ardil dos selvagens para confundir inimigos.

Certo dia, estávamos atravessando a floresta de maneira constante e silenciosa, sem pensar em nada em particular, quando a visão de uma oca numa margem elevada fez com que eu parasse subitamente.

— Cuidado! — sussurrei para Felipe. — Não se mexa. Eles ainda não nos viram!

Um selvagem estava de pé ao lado da oca, afiando a ponta de um pau, e perto dele havia uma rede curta, na qual outro selvagem balançava-se. Durante um minuto, os observamos sem nos mexer e, então, cautelosamente saímos de trás de uma árvore e fomos para o lado a fim de nos

O VÉU DO PRIMITIVO **341**

aproximarmos da oca por uma rota mais tortuosa, sob a cobertura da vegetação. Quando chegamos ao lugar no alto da margem, não encontramos nada. Não havia nenhum sinal de uma oca ali ou em qualquer outra parte! Jamais tive na minha vida uma visão mais nítida do que essa e não consigo oferecer nenhuma explicação para o fenômeno.[23]

No dia seguinte, seguindo uma trilha não muito clara, fomos parar num velho acampamento ao lado de um regato, onde havia oito ocas baixas — nada além de abrigos — e ao redor delas um monte de cascas abertas de *cusi* e conchas grandes de caracóis. O acampamento parecia ter sido ocupado por dezesseis pessoas dois ou três dias antes. Algumas árvores nas proximidades exibiam cortes desajeitados, o que mostrava que os índios possuíam facas, provavelmente roubadas de colonizadores do Gongogi. Oitocentos metros adiante, havia outro acampamento, mais antigo e maior, com o mesmo lixo de cascas e conchas. As nozes de *cusi*, encontradas por toda parte no Gongogi, crescem numa palmeira alta em pencas de várias centenas e têm uma casca bastante dura que contém de uma a três nozes, duas vezes maiores do que uma amêndoa e ricas em óleo. O sabor é similar ao do coco e os índios dessa região evidentemente a apreciam bastante como alimento. Perto do acampamento havia uma colmeia vazia com um grande buraco aberto nela; presumivelmente, mel também fazia parte da dieta. Aparentemente, os grandes caracóis eram saborosos, mas não conseguimos descobrir onde os índios os encontravam, porque não vimos nenhum, caso contrário teríamos provado alguns.

---

[23] Talvez a pista esteja no fato de ele não estar pensando em nada em particular na hora. A mente, desocupada, pôde "sintonizar" no comprimento de onda de um pensamento — uma memória —, o qual se registrou nos sentidos como uma visão real. Afinal de contas, o que chamamos de "visão" é a interpretação que o nosso cérebro dá à mensagem dos órgãos de visão, e, se a mensagem é transmitida de um outro sentido para o mesmo lugar, o resultado pode ser a impressão de ver algo que na verdade não estava ali. Eu me pergunto quantos de nós já experimentaram isso sem saber! Muitas histórias de fantasmas poderiam ser explicadas assim. A visão mencionada aqui pode não ter sido observada por Felipe — não somos informados. Mesmo que tivesse, a impressão pode ser "recebida" tanto por uma pessoa como por duas. [*N. do Org.*]

342 A EXPEDIÇÃO FAWCETT

Seguindo outras trilhas que acabavam abruptamente, chegamos a um riacho que atravessava uma magnífica floresta e o subimos até encontrar um terceiro acampamento, provavelmente erguido alguns meses antes e com um conjunto de ocas bem-construídas, numa das quais nos hospedamos. Oitocentos metros adiante havia mais um acampamento, mas, de novo, nenhum índio à vista. Eu tinha grandes esperanças de encontrá-los, porque não eram poucos os indícios de que estávamos em meio a indígenas, mas, ou intencionalmente ou por acidente, eles nos evitaram. O terreno ali é cortado por inúmeros riachos com colinas altas entre eles, difíceis de serem escaladas devido à inclinação. Aparentemente, o principal habitat desses índios era o campo mais plano ao norte de onde atravessamos. De todo modo, provavelmente não eram numerosos.

Alguns dias depois, encontramos o que obviamente era uma trilha feita por homens civilizados e, seguindo-a a partir do sudoeste, chegamos a uma colônia no rio Buri, um afluente do Novo, que, por sua vez, é um tributário do Gongogi. Havíamos atravessado a floresta. No rio Novo, cruzamos com dois ou três colonos, um dos quais se chamava senhor Marcelino, que era um devoto batista e que ofereceu, além da hospitalidade da sua casa, orações e hinos executados num harmônio asmático.

O ânimo de Felipe melhorou bastante quando chegamos novamente aos assentamentos. A chuva contínua que enfrentamos por toda a travessia da floresta era suficiente para deprimir qualquer um e a falta de luz nas cavernas escuras sob as árvores enormes foi um grande peso para nós dois. Os tufos compridos de musgo pendendo de praticamente todos os galhos davam um ar de solene mistério à mata e, no alto, membros retorcidos pareciam estar à espera prontos para nos agarrar. Não passamos fome, porque havia macacos, codornas e perdizes; e Felipe matou um bicho-preguiça, o qual, contudo, não mostrou ser uma boa refeição. O avanço também não tinha sido difícil — o que tornara a travessia um pesadelo fora a atmosfera da floresta. Também houve decepção. Não vimos nenhum índio e não encontramos as maravilhosas casas com luzes que nunca se apagam, as quais, segundo os caçadores no Ouro, existiam nessa região. Minhas esperanças de que algo interessante poderia ser encontrado no Gongogi agora se evaporaram. Não obstante, é um território

O VÉU DO PRIMITIVO **343**

particularmente adequado para colonização, não é insalubre e oferece grandes possibilidades para a exploração de madeira, pois em todo o estado não há melhor floresta.

Uma boa trilha nos conduziu sobre uma elevada serra e para dentro do vale do rio Colônia, onde outrora existira uma vila, agora completamente explorada pelos índios pataxós. Dois dias depois, chegamos à trilha Verruga-Ilhéus, em Bahia Branca. Eu desejara cruzar essa trilha e seguir até o rio Pardo, na esperança de visitar os índios negros tapajós — caso pudessem ser encontrados —, mas Felipe estava enfraquecendo e desenvolveu tantas indisposições que achei melhor continuar até Verruga.

O coronel Paulino dos Santos, um conhecido político de substância que possuía uma fazenda num lugar chamado Duas Barras, ficou horrorizado com a ideia de dois senhores caminhando a pé e insistiu em fornecer mulas para nos levar a Verruga. Como o barro na trilha ficava cada vez mais fundo e grudento, essa cortesia foi bem-vinda e o resto da jornada transcorreu em relativo luxo. O ânimo de Felipe se inflamou!

Em Verruga, ficamos com o mesmo homem que nos acomodara na visita anterior. Não contente com a gentileza, ele conseguiu mulas para que percorrêssemos a primeira parte da seção do rio Pardo.

Cruzando o Pardo na vila "fantasma" de Caximbó, seguimos uma boa trilha pela margem sul do rio que passava por muitas estâncias, todas elas começando a se recuperar após a destruição causada pelas cheias de 1914. Abandonamos a trilha numa montanha alta chamada Couro d'Anta, que domina todo o terreno circundante. Estava ansioso para escalar até o topo a fim de registrar uma série de marcações e passamos pela plantação de um negro velho chamado Vasurino, que concordou em nos guiar até o cume. No passado, os jesuítas haviam mantido uma missão no sopé da montanha, mas desde o seu abandono os índios não permitiram que nenhum colonizador permanecesse na margem norte do rio, onde se situava.

Foram necessários dois dias de dura escalada para chegar ao topo, mas a vista magnífica mais do que nos recompensou. A floresta estava aberta a nossos pés como um mapa — um carpete verde-escuro rompido aqui e ali por pequenas clareiras e pelo distante brilho de rios que se retorciam

344 A EXPEDIÇÃO FAWCETT

loucamente e sumiam e reapareciam no meio da mata. Na distância, ao norte, podíamos ver o Cerro Pelado; ao leste, estavam as colinas de Salobro, onde outrora florescera uma indústria de extração de diamantes e onde fica a nascente do rio Una. Bahia Branca e a nossa trilha desde Verruga apareciam claramente. Se existissem quaisquer "cidades perdidas" ali embaixo na floresta, teriam sido vistas. A sudoeste, encontrava-se a misteriosa rocha de Maquiqui, elevando-se como um gigantesco monólito na floresta a meio caminho para o Jequitinhonha. Existem muitas superstições envolvendo-a, principalmente entre os indígenas.

Havia sinais de índios por toda a encosta da montanha e Vasurino me contou que frequentemente eles iam ao cume para observar as estâncias na margem sul do rio. As matas nas íngremes vertentes eram ricas em poaia, mais conhecida como ipecacuanha. Tem grande valor localmente como remédio e, sem dúvida, era usada desde muito antes de sua eficácia como um emético ser conhecida no mundo exterior.

Numa pitoresca curva do rio, dois dias de viagem depois, chegamos a Angelin, meio estância meio vila. Ali há uma caverna com cerca de 300 metros de comprimento convertida em igreja por dois padres que viveram nela por muitos anos. A gruta tem camadas alternadas de pedra calcária e arenito e as inúmeras estalactites dão ao seu interior uma aparência impressionante, como se fossem os grandes tubos dos órgãos numa igreja comum.

— Que tal voltar para a floresta a partir daqui? — disse para Felipe. — É um bom ponto de entrada e não podemos estar muito longe dos índios negros.

Felipe ficou quieto. Ultimamente, tinha dado para assobiar, um sinal seguro de que já antecipava um fim para a natureza selvagem, e a expressão de martírio que se espalhou pelo rosto e se manifestou nos ombros caídos em reação à minha sugestão indicou que era inútil esperar apoio por parte dele à ideia.

O bom povo de Angelin nos ofereceu mulas para a próxima etapa da jornada. Após um dia rio abaixo, chegamos a Novo Horizonte, um miserável amontoado de cabanas na margem. Perto dali, no leito do rio, jaziam as ruínas da bela vila que existira antes das enchentes de 1914.

Fizemos uma parada e, como sempre, nenhum dos anfitriões cogitou em receber qualquer pagamento. Era quase um insulto oferecer! Ricos ou pobres, sempre acontecia o mesmo e a única coisa que eu podia fazer, além de agradecer profusamente, era dizer o familiar "Deus lhe pague".

Em Jacarandá, uma negra gorda foi nossa anfitriã no hotel mais sujo que vi na vida — e isso já diz muito! Era uma próspera cidadezinha com trezentas casas, sendo o porto fluvial para o campo de diamantes de Salobro. Essas minas tinham sido muito ricas, mas agora diziam estar exauridas. Elas mudaram de mãos diversas vezes, mas desde o término da escravidão não têm sido muito rentáveis. Como em todos os campos de diamantes brasileiros, é difícil dizer de onde vêm as gemas. Elas são garimpadas nos leitos dos rios e foram encontradas dentro de conglomerados, mas é provável que tenham vindo originalmente de chaminés vulcânicas, porque todo este lado do país foi movimentado por terremotos hoje esquecidos. O leste do Brasil no passado foi uma região vulcânica ativa e crateras ainda podem ser reconhecidas.

As cerdas da palmeira piaçaba, encontrada em grandes quantidades perto de Jacarandá, são usadas na confecção de vassouras e representam uma grande parte do comércio da região. Rio acima, podem ser vistas enormes clareiras que marcam os locais de antigas aldeias dos índios aimorés, que não existem mais ao norte do Jequitinhonha. Uma raça negroide e feia, eles ainda dominam as montanhas e florestas costeiras do estado do Espírito Santo, permanecendo independentes e sem serem molestados.

A viagem de Jacarandá a Canavieiras foi feita numa canoa grande com uma cobertura de folhas que servia como cabine. Numa atmosfera pesada demais para mim, Felipe e três brasileiros se amontoaram nessa cabine, mas eu preferi ficar sentado no teto durante a jornada, apesar das fortes chuvas, trovoadas, roupas molhadas e frio.

O excitante cheiro do oceano me recebeu nas primeiras horas da madrugada ao chegarmos a Canavieiras e, ao alvorecer, os mastros e vergas de vários veleiros foram entalhados no brilhante cobre de um céu limpo. Não há muito o que dizer sobre a cidade, as minhas principais impressões foram sujeira, ruas com mato e diversos comerciantes italianos.

346 A EXPEDIÇÃO FAWCETT

Felipe deveria voltar dali para o Rio, porque as novas investigações que eu planejava poderiam ser mais bem feitas sem a sua companhia, mas ele preferiu ir comigo até Bahia numa escuna costeira de 70 toneladas cujo capitão dispôs-se a nos levar pela soma de 10 xelins cada.

Eram necessários certificados de vacinação para desembarcar em Bahia e fomos obrigados a procurar um médico disposto a concedê-los com ou sem a aplicação. O consultório do médico ficava aberto para a cozinha e estava cheio de crianças berrando, cachorros e moscas. Uma reunião familiar se desenrolava e o médico, em mangas de camisa, agitava uma faca e uma seringa acompanhando o ritmo de banjos e violões. Ele esterilizou cuidadosamente a faca e, então, a depositou sobre uma cadeira imunda enquanto lavava as mãos. Ao dar a vacina, o seu bafo alcoólico me envolveu numa nuvem sufocante. Felipe, em seguida, submeteu-se ao mesmo processo e, então, recebemos os certificados, nos quais o médico imprimiu toda a sua arte caligráfica, fornecendo a inevitável rubrica, ou complicada série de garranchos, acima do nome. Quando abrimos a porta, galinhas fugiram para a rua passando entre nossas pernas.

O porto de Canavieiras não é muito bom para a navegação. Em frente à entrada há uma barra rasa que é perigoso cruzar com ventos na direção da costa. A *Vitória*, como era chamada a escuna, encalhou na saída do estuário, provocando um atraso suficiente para o capitão trazer a bordo uma carga de último minuto formada por peles verdes em condições extremamente fedorentas. Havia cinco marujos, um cozinheiro, um menino, dois porcos, dois cães, dois perus e duas passageiras, que, como Felipe, ficaram enjoadas do início ao fim da viagem.

As escunas não têm estais nos mastros e, caso corram os riscos enfrentados pela *Vitória*, seria uma grande surpresa caso completassem uma jornada sem naufragarem! Cruzamos a barra, enfrentando fortes arrebentação e ventos, e, no momento mais crítico, as adriças principais romperam-se. Felipe e as mulheres estavam deitados, alheios ao mundo, mas no convés acontecia um pandemônio. Homens corriam para todos os lados gritando instruções que eram completamente ignoradas pelos demais; o mar se agitou e os porcos protestaram a plenos pulmões ao caírem na água. Por pouco conseguimos evitar bater no canto da passagem e por milagre escapamos de um diabólico banco de corais exposto no meio das ondas a estibordo. Graças ao vigor do gigantesco capitão mulato, foi retomado o controle da embarcação e o resto da viagem aconteceu sem transtornos.

Ao chegarmos à Bahia, Felipe me deixou e soube mais tarde que casou-se pouco depois de regressar ao Rio. Peguei minha correspondência no consulado e cruzei o porto até Cachoeira e São Félix, cidades que se defrontam no rio Paraguaçu e de onde uma ferrovia penetra no interior até os campos de diamante. Na época, o ponto final ficava em Bandeira de Mello, onde me hospedei no hotel da Dona Lydia, um dos melhores e mais limpos que encontrei no Brasil, e com uma mesa bastante generosa — um refúgio realmente delicioso em relação à sujeira e ao desconforto tão comuns nas pequenas localidades.

Em Bandeira de Mello, aluguei mulas até Lençóis, um dos principais centros da indústria diamantina baiana, na extremidade oeste das montanhas de conglomerado que se estendem para o sul até a grande cordilheira do Sincorá.

Milhares de garimpeiros passam suas vidas peneirando cascalho dia após dia no que geralmente é uma vã tentativa de encontrar pedras preciosas — um trabalho de monotonia imensurável e uma existência na mais abjeta pobreza. Doenças de todos os tipos se disseminam e, caso uma temporária prosperidade seja concedida a um sortudo trabalhador, logo é destruída pela "política". Ocasionalmente, são encontrados pequenos diamantes de cores deslumbrantes, mas raramente com mais de um quilate. Pedras azuis, rosas, verdes, brancas, marrons e da cor vinho aparecem de tempos em tempos, e uma única descoberta é o bastante para manter os garimpeiros trabalhando ano após ano. Onde quer que se encontre água nas montanhas de conglomerado, ou perto delas, lá estarão os garimpeiros para raspar cada trecho de cascalho e lavá-lo em busca de diamantes. Os compradores são quem realmente lucram, já que o mercado de gemas em Lençóis é tão favorável que diamantes são frequentemente trazidos das minas no sul para serem vendidos pelos preços mais altos dali.

Não creio que a indústria diamantina do local já tenha se esgotado, porque é bastante provável que outros campos sejam descobertos, e a matriz pode ser encontrada algum dia. Diamantes foram garimpados do cascalho de rios numa área que se estende da costa atlântica até o extremo oeste de Mato Grosso, e do paralelo 11 até o sul de São Paulo. Quando as chaminés forem descobertas — e elas devem existir —, os campos do Brasil mais uma vez superarão a indústria da África do Sul, porque a superioridade das pedras brasileiras é extraordinária.[24]

Comprei duas mulas, uma para montar e a outra para cargas, e parti sozinho para o interior. Ao todo, estive fora por três meses; e, assim que me acostumei a viajar sozinho, achei menos complicado do que com uma ou mais companhias inadequadas. A solidão não é intolerável quando o entusiasmo por uma busca preenche a mente. A principal desvantagem parecia ser que, caso encontrasse qualquer coisa de valor científico ou arqueológico, não haveria testemunhas para apoiar minha palavra. Mas o objetivo fundamental era ultrapassar o véu do primitivo — eliminar falsas pistas e ter certeza da rota correta, e, então, uma expedição poderia ser organizada para a descoberta.

Encontrei o bastante para tornar imperativo um retorno. Os indícios que se seguem podem ser o suficiente para apontar a natureza extraordinariamente interessante da pesquisa. Com as companhias certas, a organização certa e o conhecimento do caminho certo a seguir, tenho a confiança de que o desfecho será bem-sucedido. Explorei por três lados em busca do melhor caminho; vi o suficiente para justificar quaisquer riscos para descobrir mais e a nossa história, quando retornarmos da próxima expedição, poderá eletrizar o mundo!

[24.] Fawcett fala aqui da pedra ornamental, não da do tipo industrial. À medida que a ostentação pessoal diminui no nosso mundo em mutação, o valor do diamante reside mais na sua utilidade para a indústria, mas não tenho qualificação para afirmar se o Brasil algum dia poderá competir com a África do Sul nesse campo. [*N. do Org.*]

CAPÍTULO XX
NA ALVORADA

A história da América do Sul antes da chegada do europeu somente pode ser inferida a partir de ruínas arqueológicas e alterações geológicas — e, com reservas, das tradições orais dos povos indígenas. Nenhuma dessas fontes foi exaustivamente estudada. Arquivos oficiais, assim como os das sociedades históricas, e das missões que realizaram trabalho tão esplêndido em sua época, poderiam ter fornecido informações que agora estão perdidas. Etnólogos relataram em detalhe os hábitos, condições e línguas dos índios dos rios, mas surgiram erros porque nenhum estudo intensivo foi feito sobre os povos selvagens das regiões interfluviais.

A forma geográfica do continente mudou inteiramente durante tempos relativamente recentes. Sabemos que os Andes ainda estão em processo de alteração; eles constituem a região vulcânica ocidental, com muitos vulcões ativos e inativos. Nos seus cumes mais elevados, acima da linha de neve em constante encolhimento, fósseis marinhos podem ser

350 A EXPEDIÇÃO FAWCETT

encontrados. Nas cercanias do Cerro de Pasco, de Jatunhuasi e de outros locais altos do Peru, 4.250 metros acima do nível do mar e muito além da linha das árvores, a presença abundante de carvão testemunha que o que hoje é o teto do mundo no passado foi uma floresta carbonífera de baixa altitude. O leito do oceano entre a baía do Panamá e as ilhas Galápagos ainda está cheio de troncos de árvores. Nos contrafortes orientais dos Andes, aproximadamente na latitude 15 graus sul, massas de argila lacustre podem ser encontradas, ricas em lapas fósseis. Praticamente todo o sopé oriental da cordilheira andina na longitude 10 graus é um vasto depósito carbonífero, outrora submerso.

Do golfo de Guaiaquil até Valparaíso, no sul, há uma saliência com largura de 50 a 500 quilômetros localizada entre a base das montanhas e o oceano Pacífico. Essa saliência é um deserto em que pouca ou nenhuma chuva cai. Os raros rios são pequenos e na sua proximidade há cinturões de solo fértil, mas, para além, não existe nada exceto areia, que durante metade do ano é umedecida pelo manto da camanchaca, ou "névoa escocesa", criada pela gélida corrente Humboldt que sobe o litoral desde a Antártica, e queimada pelo sol tropical no resto do tempo. Entre a cadeia de montanhas costeiras e as mais recentemente criadas cordilheiras, fica o altiplano — o grande planalto andino —, outrora leito de um enorme lago que hoje se desmembrou no Titicaca, Poopó, Coipasa e muitos outros menores espalhados no sopé das neves.

As correntes de ar quente das florestas do leste precipitam chuvas pesadas nas cordilheiras e a água vai para os irregulares cursos da rede de poderosos rios que constituem os afluentes do Amazonas e do menor Paraguai. Acima dos atuais leitos das correntes montanhosas, e cortando-os em ângulos mais ou menos retos, estão os canais auríferos de um pré-histórico sistema fluvial, clara evidência das amplas mudanças trazidas pelo tempo e por perturbações sísmicas. As provas dessas mudanças estão em todas as partes — não há necessidade de chamar atenção para elas de maneira mais detalhada.

Trovessart provavelmente estava certo ao concluir que no fim do período Terciário as duas Américas não estavam ligadas e que o Brasil era uma enorme ilha. Mais a oeste havia outra ilha, hoje a costa do Pacífico, a qual — se pudermos deduzir alguma coisa da área de águas relativamente rasas — se prolongava até a ilha de Páscoa, no sul. Ao norte do atual rio Amazonas, uma terceira ilha pode ter se estendido para o norte, penetrando no mar caribenho. Entre essas ilhas havia braços do oceano e o Caribe juntava o Atlântico ao Pacífico.

Não é demais inferir que no Pacífico um grande continente, ou grupo de ilhas vastas, estava se rompendo ao mesmo tempo em que aconteciam as mudanças que davam às Américas suas massas atuais. Os resquícios encontrados nas ilhas Marquesas e Sandwich, Carolinas, Taiti, Pitcairn e dezenas de outras formam um convincente argumento a favor disso; e, segundo Hooker, há 77 espécies de plantas comuns à Nova Zelândia, Tasmânia e América do Sul.

Existe um curioso cinturão de granito com cerca de três graus de largura estendendo-se da ilha Trinidad, no 21º sul, por Vitória e Rio de Janeiro e através do continente. Nos rios Paraná e Paraguai ele é visível em saliências na forma de pães de açúcar erguendo-se abruptamente da água ou do solo. Na baía da Guanabara, ele se apresenta como imensas montanhas, e são essas massas de granito que fazem de Rio de Janeiro e — em menor escala — Vitória os portos mais pitorescos do mundo. São provas da vasta atividade sísmica que alterou o lado oriental do Brasil de um modo tão brutal como a ocorrida no litoral do Pacífico. Minas Gerais tem inúmeras crateras extintas e fontes quentes ativas, e, embora hoje não existam vulcões em atividade, foi no passado o centro de uma extensa região vulcânica. Nos trechos superiores do Paraguaçu e do rio de Contas, no estado da Bahia, há irregulares montanhas de conglomerado, abertas em fissuras que se tornaram leito de pequenos rios, em cujo cascalho se encontram diamantes. A nordeste de Lençóis há baixas planícies contínuas em que se espalham abundantemente os grandes ossos de animais antediluvianos, o que sugere alguma catástrofe repentina. Cavernas na pedra calcária, tão comum nessa parte do estado, não mais abrigam riachos. Existem consideráveis depósitos de salitre e cloreto de sódio ali; e, mais ao leste, no litoral ao norte de Salvador, carvão e betume podem ser encontrados.

352 A EXPEDIÇÃO FAWCETT

O naturalista dinamarquês Peter William Lund escreveu:

A natureza do planalto central do Brasil mostra que ele fazia parte de um vasto continente quando o resto do mundo ainda estava submerso no oceano ou que ascendeu na forma de ilhas de pequena extensão. O Brasil, portanto, deve ser considerado como o mais antigo continente do nosso planeta.

Reconhecendo-se esses fatos, e com mais esclarecimentos dos arquivos das repúblicas sul-americanas, com sua riqueza de registros e tradições orais pouco conhecidas, torna-se possível traçar algumas conjecturas sobre a história do continente antes da Conquista.

As tradições mexicanas nos contam que no passado remoto chegou a Cholula, vindo do leste, um povo tolteca (i.e., sábio e artístico), que se tornou a grande e próspera nação responsável pela construção da ciclópica arquitetura que precedeu a dos astecas. Esses toltecas podem ter tido outro nome. Havia, por exemplo, os olmecas e os xicalancas, que afirmavam possuir uma grande antiguidade e os quais diziam terem sido os destruidores do último dos gigantes.[25] Para simplificar, eu os chamo de toltecas. Gigantes também aparecem na tradição peruana. Os muyscas e puruays de Colômbia e Equador preservaram a tradição de Bochica, que viveu por 2 mil anos e fundou suas civilizações, do mesmo modo que Quetzalcoatl em relação à dos astecas. Ele também veio do leste. Um ramo desse mesmo povo ocupou uma ilha ao sul, indo do que hoje é a Guatemala na direção oeste, passando Galápagos, e ao sul, 20º abaixo do Equador. O centro-leste do Brasil formava uma quarta ilha, aproximadamente de 9º a 25º latitude sul, indo do rio Paraguai até cerca de 5º além do atual litoral atlântico. As pessoas que estou genericamente chamando de toltecas haviam colonizado essa ilha a partir de outra ilha, cujos selvagens aborígenes tinham pele negra ou marrom-escura, num

---

[25.] Aos leitores interessados nessas fascinantes lendas, recomendo a reconhecida obra de G. C. Vaillant *Os astecas do México*. [*N. do Org.*]

estado bastante avançado de degeneração, e sobre os quais terei mais a dizer posteriormente.

Todos esses povos toltecas possuíam traços delicados, com uma cor de cobre claro, olhos azuis, provavelmente cabelos castanhos (veja *North Americans of Antiquity*, de Short), e estavam acostumados a usar roupas brancas folgadas ou túnicas coloridas de excelente textura. Até mesmo hoje pode ser observado o reflexo de hena nos cabelos negros das tribos cor de cobre da América do Sul, apesar da mistura de sangue — nesse caso, dos maxubis —, e já vi membros dessas tribos com olhos azuis e cabelos castanhos puros, embora não tenham mantido nenhum contato com povos modernos loiros ou nem mesmo com os espanhóis e portugueses de cabelos escuros.[26] Para os autóctones degenerados, os toltecas eram seres superiores. Eles construíram grandes cidades e enormes templos ao sol; usavam papiros e ferramentas de metal; e eram desenvolvidos em artes civilizadas sequer sonhadas pelas raças inferiores.

No México, e na ilha ao sul onde hoje fica a costa pacífica da América do Sul, esse povo era adepto do uso das escritas ideográfica e hieroglífica. García, no seu *Origen de los Indios del Nuevo Mundo e Indias Occidentales*, afirma que os peruanos pré-históricos usavam pinturas e caracteres, uma arte não compartilhada pelos posteriores incas. No Brasil, pode-se assumir pelas inscrições ainda existentes que, possivelmente via comunicação com o nosso Oriente Médio ou possivelmente como herança de uma civilização mais velha, um alfabeto fonético substituiu os hieróglifos.

Não existem tradições orais e tampouco quaisquer evidências que sugerem a existência de comunicação entre essas três colônias até chegarmos à aurora dos tempos históricos. Pode ser que a civilização brasileira remonte muito além da nossa imaginação, ou que os elos desapareceram. Sua evolução ou involução em tempos geologicamente recentes pode ter

---

26. Esses índios encontrados entre as tribos do Alto Xingu desde 1930 foram categoricamente descritos como infundidos com "sangue Fawcett", e eu já ganhei "sobrinhos" independentemente dos fatos. Espero que essas palavras cheguem aos olhos daqueles que enxergam em todos os jovens índios de compleição clara, ou albinos, um "filho de Jack Fawcett"! [*N. do Org.*]

354 A EXPEDIÇÃO FAWCETT

sido dirigida ao longo de linhas separadas pelo isolamento imposto por vastas distâncias, extensos pântanos infestados por répteis venenosos e aterrorizantes, e florestas habitadas por selvagens ferozes e intratáveis. A tradição chinesa sugere a possibilidade de o litoral pacífico ter mantido comunicação com a Ásia; ao mesmo tempo que inscrições apontam para a probabilidade de a ilha brasileira ter mantido relações comerciais com o Oriente.

O *Popol Vuh* afirma:

> Os homens negros e brancos viviam felizes, e a língua dessas pessoas era suave e agradável. Eram fortes e inteligentes. Mas existem em lugares sob a lua homens cujos rostos não são vistos. Eles não têm casas. Vagueiam de maneira ignorante pelas montanhas, insultando as pessoas das nações vizinhas.

Será que isso seria uma referência aos aborígenes trogloditas anteriores à colonização tolteca?

Essa parte do mundo foi atingida pela maldição de um grande cataclismo, preservado nas tradições orais de todos os seus povos, dos índios da Colúmbia Britânica aos da Tierra del Fuego. Pode ter sido uma série de catástrofes locais, de caráter espasmódico, ou então repentino e avassalador. Seu efeito foi o de mudar o perfil do oceano Pacífico e elevar a América do Sul a algo similar à sua forma atual. Não temos nenhuma experiência moderna para avaliar a extensão da desorganização humana resultante de uma calamidade que construiu um continente a partir de ilhas e criou novas montanhas e sistemas fluviais. Sabemos apenas que a destruição de uma cidade grande pode abalar as fundações de uma nação.

Não é preciso muita força de imaginação para conjeturar a gradual desintegração e degeneração dos sobreviventes após o cataclismo e sua horrenda onda de mortes. Os toltecas se dividiram em grupos separados, cada um lutando pela própria sobrevivência. Sabemos que os nahuas e os incas fundaram seus impérios sobre as ruínas de uma civilização mais velha. No continente ao norte, distantes das colônias toltecas, no que hoje são Califórnia, Arizona, Texas e Flórida, aparentemente regrediram ao barbarismo.

NA ALVORADA **355**

Não apenas as cidades dos moradores dos penhascos mais tarde foram habitadas pelos otomis do norte, como também a tradição atribui aos caribes (ou toltecas degenerados) uma natureza de extrema selvageria.

Entre todos os povos pré-históricos, a educação essencialmente se confinava aos sacerdotes, que pertenciam à casta governante ou eram intimamente associados a ela. Eles eram guardiões dos registros e tradições. Uma calamidade que abalou o mundo inteiro e destruiu as poderosas cidades de pedra da América pré-histórica com toda probabilidade eliminou todo o sacerdócio, assim como grande parcela da população leiga. Muitos séculos devem ter se passado antes de a reconstrução produzir algo semelhante a uma outra civilização avançada. O comércio deve ter parado, porque uma tradição narra que o oceano Atlântico era considerado inavegável devido à violência das suas tempestades, e isso não no lado americano, mas no europeu. Provavelmente, no Pacífico era o mesmo caso. Não pode haver muitas dúvidas de que um cataclismo de tais dimensões produzisse maremotos e catástrofes menores ao redor do mundo, porque em todas as partes existem tradições orais a respeito de um dilúvio.

A civilização tolteca estava em ruínas e os sobreviventes, espalhados por uma grande distância. Há muito se relatou que até mesmo no Canadá Superior construções de natureza similar à arquitetura inca foram encontradas, mas ainda não se tem confirmação disso. Tiahuanaco, centro de cultura tolteca no sul, foi arrasada e praticamente enterrada no caos em que o planalto andino se ergueu, e a maior parte do Titicaca esvaziou pela abertura ao sul de Illimani. Tiahuanaco no passado deve ter sido uma cidade numa ilha dentro do lago maior. Não poderia ter existido onde hoje está em relação ao nível do lago, porque, embora secando a uma taxa de 30 centímetros a cada dez anos, o lago continua mais alto que as ruínas. As ruínas da grande cidade cobrem uma área de aproximadamente uma légua quadrada; e, no período da Conquista, os nativos atribuíam a construção de Tiahuanaco a homens brancos barbudos muito antes da época dos incas.

As cidades do interior sofreram danos severos, embora nada que se assemelhasse à extensão do que aconteceu em Tiahuanaco. Entre elas havia uma imensa área de terreno baixo, recém-emergida do leito de um mar ou lago, e provavelmente durante muito tempo inundada por rios que transbordavam com as torrentes que desciam pelas vertentes de uma nova cordilheira, sobre a qual excepcionais perturbações meteorológicas depositavam uma quantidade de neve e chuva muito maior do que ocorre hoje. Nessa região pantanosa, logo surgiu uma impenetrável vegetação alta e áspera e um emaranhado de arbustos alagados em que circularam répteis de espécies ferozes e gigantescas por um tempo bem maior do que a sua época de extinção em outras partes. A comunicação com o mundo externo cessou — as comunidades sobreviventes acreditavam ser tudo o que restara do planeta. Suas tradições sugerem isso.

Foi durante esse período de confusão e lenta reconstrução que refugiados da Polinésia chegaram à costa do Chile. Eram os tupis, um povo de pele entre o amarelo e o marrom-claro, que mesmo na época da Conquista ainda transmitia a tradição de uma origem no Pacífico. O nome "tupi" significa "pai, ou linhagem original". Eles se assentaram e multiplicaram-se no Chile e no sul da Bolívia, espalhando-se até o norte do Equador num cinturão com 7 graus de largura. No sul, eram os araucanos; na Bolívia, os aimarás; e nos vales quentes a leste do Peru tornaram-se conhecidos como os antis — daí deriva o nome "Andes".

A arte da tatuagem, comum entre os polinésios e os melanésios, foi trazida por eles ao continente e praticada por todas as tribos tupis. Segundo o padre D'Evieux, que viajou bastante pelo interior do Brasil no século XVI, essas tatuagens eram executadas de maneira esplêndida, cobrindo todo o corpo dos homens e nas mulheres, da cintura até os joelhos. Os patagônios e fueguinos, presumivelmente, também eram ramos dos tupis. Até mesmo hoje os fueguinos esculpem suas deidades em madeira de maneira similar às imagens da ilha de Páscoa, um fato importante aparentemente ignorado pelos etnólogos.

Ao mesmo tempo que ocorria esse influxo da Polinésia, imigrantes rumavam para o continente ao norte via estreito de Behring e ilhas Aleutas, com os últimos a chegar sendo os khitans, por volta de 600 d.C. Buckle, na sua *História da civilização na Inglaterra*, observa a presença dos "tscktschi" em ambos os lados do estreito. Mesmo que a existência das Américas tenha sido esquecida pelas nações em expansão da Europa, certamente não foi por China e Japão — nem, provavelmente, pelos polinésios e melanésios. O sufixo chinês *tsin* aparece com frequência em nomes de lugares mexicanos. A mítica viagem de Hoei-Chin a "Fou Sang", 20 mil *li* a leste, é colocada em 458 d.C. — provavelmente não a única travessia do tipo, porque um pequeno barco à vela navegou para a Inglaterra. Nas ruínas de Yucatán e Guatemala, foram escavadas estatuetas com traços claramente mongóis. Em torno de 1920, o embaixador chinês no México identificou caracteres na base da grande pirâmide de Teotihuacan como palavras chinesas pré-históricas significando sol, olho e cidade. Índios quíchua e chineses podem entender a língua uns dos outros, e o mesmo se diz da língua otomi. O posterior método inca de registrar eventos por meio de *quipos*, ou cordões com nós, era comum à China e ao Tibete e apoia a ideia de que a comunicação através do Pacífico existiu outrora.

O resultado da imigração ao norte foi uma pressão crescente sobre as latitudes mais habitáveis do continente e um empurrão contra os toltecas na direção do planalto mexicano, onde algumas das tribos familiares foram forçadas a se deslocar para as regiões mais quentes de Yucatán e Guatemala. A magnífica arquitetura de Uxmal, Palenque, Chichen Itza e muitas outras relíquias notáveis devem sua existência a isso. Mas, apesar de esses movimentos migratórios serem inequívocos, também foram lentos e existe o registro de uma migração tolteca a Tlapallan que levou mais de um século para se completar.

À luz das recentes descobertas — ou melhor, redescobertas — na Colômbia, parece haver poucas dúvidas de que o movimento continuou para o sul, sendo acompanhado pela degeneração imposta pela perda do ambiente civilizado. As muitas ruínas de colônias construídas com pedras e ligadas por estradas pavimentadas que podem ser encontradas nesse país revelam pouco da meticulosa habilidade artesanal das relíquias ístmicas. Todavia, elas de fato mostram o que mais tarde será reconhecido como importante — casas sem janelas com entradas estreitas e interiores livres da sujeira associada aos meios conhecidos de cozimento ou iluminação, exceto a eletricidade!

358 A EXPEDIÇÃO FAWCETT

Ainda não está claro o que aconteceu com a colônia brasileira central após a destruição parcial das cidades, mas sua provável função como portos marítimos foi abruptamente terminada e, sem dúvida, uma grande proporção da população pereceu. Os sobreviventes parecem ter ficado isolados por longo tempo no meio de pântanos — isto é, aqueles que não conseguiram escapar para o leste em barcos, como fizeram alguns que podem mais tarde ter se tornado os tapuias. Uns poucos podem ter fugido para o norte; mas é provável que a maioria ficou isolada nas ruínas de suas cidades. Registros existentes, datando da época da Conquista, fazem referência à aparição desses povos. Fisicamente, formavam uma bela raça, diferindo pouco de mexicanos, muyscas e peruanos. Descendência de uma raça branca foi uma tradição oral que todos preservaram. Os molopaques, encontrados em Minas Gerais no século XVII, tinham barbas e peles claras; seus modos eram elegantes e refinados; e as mulheres seriam "pálidas como as inglesas, com cabelos dourados, brancos ou castanhos". Há registros afirmando que têm "delicados traços de grande beleza, pés e mãos pequenos, olhos azuis e cabelos finos e suaves" — e isso foi após uma inevitável mistura de sangue com os tupis de pele marrom. Eles não eram antropófagos.

Os mariquitas também eram um belo povo, cujas mulheres lutavam como as amazonas. Eles tinham chefas; e não é improvável que as amazonas — as quase lendárias guerreiras do Amazonas — fossem dessa raça. Tribos com chefas existem hoje e preservam uma singular nobreza de porte que contrasta agudamente com a das miseráveis pessoas que geralmente se supõe serem as sobreviventes da população indígena.

Os tapuias eram habilidosos manipuladores de pedras preciosas e possuíam muitos ornamentos sofisticados de águas-marinhas e jadeítas.

Em várias ocasiões, os primeiros exploradores do interior relataram vislumbres aqui e ali de nativos vestidos com aparência europeia. Eram apenas rápidas visões, porque as pessoas tinham um quase sobrenatural talento para desaparecer. Esses relatos até agora não foram corroborados, mas não podem ser descartados casualmente. Nosso destino na próxima expedição — eu o chamo de Z por conveniência — é uma cidade que dizem ser habitada, possivelmente por algumas dessas pessoas tímidas, e quando retornarmos a questão poderá finalmente ser resolvida.

Algumas das tribos tapuias, diferindo em aparência e costumes, exis tiram na época da Conquista. Entre elas estavam os tabajaras, guajajaras, timbiras, potiguaras, caetés, guaitacás e tremembés. Devido à escassez de alimentos, ou mistura com vizinhos canibais, uns poucos tornaram-se canibais.

Na época do grande cataclismo, a ilha brasileira era habitada por uma raça autóctone de trogloditas negroides, com pele escura, quando não preta, peludos, brutais e canibais. Sobreviventes desse povo ainda existem em partes remotas do interior e são bastante temidos. Eles têm sido conhecidos pelos espanhóis como os cabeludos e pelos portugueses como morcegos, devido ao hábito de se esconder de dia e caçar à noite. Os índios nas orlas da civilização os chamam de tatus, por conta do costume de se entocarem no chão. Nos lugares em que há cavernas nos penhascos, eles as ocupam, mas preferem cavar buracos com cerca de quatro metros de diâmetro e tampados com galhos, folhas e terra. Para descer aos buracos há longas e inclinadas passagens cobertas. O mesmo tipo de moradia era usado pelos chiquitanas da Bolívia, mencionados no capítulo XVI, e ambas as raças provavelmente eram contemporâneas dos moradores em buracos nas ilhas britânicas. Os morcegos têm um olfato extremamente apurado, que lhes permite caçar homens e animais com a maior facilidade, e essa pode ser a explicação para o conhecimento quase telepático da presença de um estranho — um sentido compartilhado por muitos índios da floresta. No nosso caminho para Z teremos que passar pelo território desse povo e vou apreciar a oportunidade de estudá-los.

A ascensão dos Andes e a dificuldade de alimentar uma população em constante expansão forçaram um grande número de tribos tupis no oeste e no sudoeste a emigrar. Elas se espalharam na direção norte via Cochabamba e planícies de Santa Cruz, seguindo os cursos dos rios Grande, Mamoré e Madeira, e, por fim, tomaram posse do estuário do Amazonas e das terras ao norte até o Orinoco. Enquanto isso, hordas caribes atravessaram as ilhas do Caribe e desembarcaram no litoral da Venezuela, avançando para o sul e defrontando-se com os tupis na bacia

360 A EXPEDIÇÃO FAWCETT

do Orinoco. Constantemente reforçados por novas hordas, os caribes suplantaram os tupis, absorveram algumas tribos, massacraram outras e expulsaram os sobreviventes para o outro lado do rio. Eles só ficaram conhecidos como caribes mais tarde, sendo chamados provavelmente de aruacs e outros nomes tribais. "Caribe" é uma palavra de origem quíchua que significa "homem de energia, bravo". Em hebraico é "cari", donde possivelmente *"carini"* ou *"guarini"* — um guerreiro —, uma palavra posteriormente adotada pelos caraíbas ("descendentes de caribes") ou carijós, que se estabeleceram no Paraguai ou ao redor. Suas lendas de um grande dilúvio ajudaram a identificá-los com os povos do México e das Antilhas.

A invasão caribe não se deteve na margem norte do Amazonas, continuando a se espalhar para o sul, dentro das florestas e terras mais altas do Pará e do Piauí, onde encontrou forte resistência dos tupis, provavelmente auxiliados pelos tapuias. Então, uma guerra caribe teve início, durando séculos e envolvendo tribos tupis dos cantos mais remotos do continente. Os antis, por exemplo, ansiosos em participar de qualquer coisa belicosa, mas provavelmente exauridos pela constante guerra com os incas, mudaram-se para o Mato Grosso e ocuparam a terra nas nascentes dos rios Guaporé e Jauru. Os caxibis e os mundurucus do Tapajós podem ser descendentes desse povo.

Dizem que os caribes foram uma raça de cor de cobre claro que mostrava traços de ascendência branca. Se o branco era característico das raças toltecas ou originou-se na lendária migração de Madoc e Erik, o Vermelho, é uma questão que provavelmente não será elucidada. Seus elementos mais avançados eram conhecidos como *caribocas* — isto é, descendiam de uma raça branca. Eram adeptos do canibalismo e de barbaridades chocantes.

Aqui entra uma tradição registrada como ainda existente entre os índios bolivianos no período da Conquista — uma tradição de importância para todos que tentam sondar os segredos do Brasil desconhecido. Ela dá conta de que os musus — o povo tolteca da colônia brasileira —, ao saber das barbáries dos invasores caribes, cercaram-se com as tribos súditas mais selvagens, a quem deram ordem de matar todos que tentassem penetrar no território e, desse modo, se isolaram do mundo externo. Aparentemente, é a partir dessa época que o conhecimento de sua existência tornou-se lendário entre os índios mais remotos do interior — embora, segundo relatos dos missionários franciscanos, por algum tempo as peregrinações anuais fossem feitas até mesmo de lugares distantes como Caupolicán, na Bolívia, para prestar homenagem ao "Imperador dos Musus", ou, como era às vezes chamado, "O Grande Paitití". Os peregrinos levavam de volta com eles pérolas, âmbar e ferramentas de metal, não apenas surpreendendo os espanhóis, mas também inflamando sua cobiça por tesouros. Foi a primeira pista da fabulosa Ambaya ou Manoa e deu início a uma vã busca que custou inúmeras vidas e grandes fortunas; mas também pode ser atribuída à exploração inicial do sistema fluvial na bacia amazônica. O conhecimento geográfico assim adquirido estava longe de ser completo, mas no longo prazo foi mais valioso que o tesouro de Paitití. Ainda hoje, o conhecimento que se tem dos rios não é total — basta apenas ver seus cursos pontilhados em qualquer bom mapa para se dar conta disso.

CAPÍTULO XXI
DESCE O VÉU

Durante os muitos séculos que se passaram enquanto esses eventos ocorriam, mudanças amplas aconteceram na topografia do interior. O novo sistema fluvial estava se estabelecendo e a água excedente foi drenada das áreas pantanosas com a diminuição das extraordinariamente pesadas precipitações nas montanhas — ou, talvez, com a lenta ascensão do terreno baixo. De fato, é provável que as terras recém-emergidas do chão do oceano tenham continuado a subir imperceptivelmente, oferecendo mais terreno para colonização à crescente população indígena. Numas poucas sentenças, passa-se por períodos de tempo que desnorteariam a imaginação, referindo-se a vastas mudanças geográficas como se tivessem ocorrido de um ano para outro. Vale a pena lembrar que essas mudanças continuam acontecendo em todas as partes ainda hoje. Aqui, um litoral está sendo anualmente engolido pelo mar; ali, uma vila que outrora ficava na costa agora está a um quilômetro ou mais da água. Cordilheiras estão lentamente subindo ou

364 A EXPEDIÇÃO FAWCETT

descendo; sempre há mudança — mudança gradual — ocorrendo; mas é somente em relação à breve vida de um homem que ela não é aparente. Os 11 mil anos que Platão disse terem se passado desde que a última das ilhas atlantes submergiu poderiam se estender pelas vidas de apenas 110 centenários. Um relato de testemunha ocular do desastre poderia ser transmitido de pai para filho até os dias de hoje com apenas 184 repetições! Caso se tenha isso em mente, mais crédito pode ser dado ao que talvez soe mítico.

Houve uma gradual diminuição das condições tempestuosas e das fortes chuvas que devem ter acompanhado os decrescentes espasmos de um pandemônio terrestre de tal magnitude que um continente se formou em decorrência. Uma estação seca permitiu mais liberdade de movimento e florestas cresceram no rico solo deixado pelas inundações.

Enquanto a interminável guerra tupi-caribe se arrastava, as características raciais de tupis, caribes, tapuias e autóctones passavam por modificações. No caso dos três primeiros, era costume absorver as mulheres de uma tribo conquistada; como derrotaram os tupis, os caribes gradualmente mudaram sob a influência das orgulhosas tupis, que reivindicavam superioridade sanguínea por serem da "linhagem original". Ao longo do tempo, os caribes ficaram meio tupis e adotaram a mitologia, a língua e os costumes do povo que estavam conquistando — e que, por sua vez, os conquistou. A maré da batalha virou quando acabou a vinda de hordas do norte para substituir as baixas entre os guerreiros. Os caribes foram empurrados para o Amazonas e recuaram para o norte, com alguns escapando ao sul, para Goiás, mas, logo expulsos dali, desceram ainda mais até, por fim, se assentarem na bacia do Paraná e passarem a ser conhecidos como carijós.

Essa assimilação de características alheias entre caribes, tupis e tapuias tornou a identificação dessas tribos quase impossível, mesmo na época em que os portugueses descobriram o Brasil. Parece inútil qualquer tentativa de classificação pela língua. A *língua geral*, ou tupi, naturalmente era falada por todas as tribos tupis, mas uma miríade de dialetos a modificou. Os caribes haviam adotado boa parte dela e, presumivelmente, algo da fala caribe infiltrou-se na língua dos demais. Aumentando a complexidade da situação, outras tribos menores acabaram misturando-se com os autóctones devido à diminuição do número de suas mulheres, que foram levadas pelas tribos mais poderosas. O resultado disso pode ser visto nos negroides aimorés, ou botocudos, do Espírito Santo. Mas há outras tribos que preservam a aparência negroide e hábitos canibais, especialmente a leste do Guaporé — eu me referi a eles no capítulo XVI. Essa contaminação sanguínea se espalhou em alguns lugares mais do que em outros e explica as confusas diferenças em cor relatadas por viajantes.

Os tupis eram uma raça entre o amarelo e o marrom-claro; os caribes apresentavam um cobre vermelho ou suave; os tapuias — alguns deles, pelo menos — tendiam mais para um marfim quente. No período da Conquista, os índios de pele mais clara estavam acostumados a manchar seus corpos com o sumo do urucu vermelho e outras tinturas para simular a aparência dos tupis. Os próprios tupis usavam tintas com o objetivo de acentuar a compleição amarelada, a fim de parecerem mais claros do que realmente eram; e foi assim que uma certa confusão surgiu entre os cronistas. Aparentemente, em concordância com a tradição tupi de ser uma "raça original", o amarelo era considerado um sinal de nobreza.

É difícil, hoje, discernir a densidade dessas populações indígenas, mesmo no século XVI. Tupis e tapuias dividiam o litoral atlântico, mas mais da metade da área total de Brasil, Peru e Bolívia era ocupada por tribos tupis em milhares de aldeias. Os jesuítas calcularam não menos que setecentas diferentes "nações" na bacia do Amazonas — e o conhecimento que possuíam de modo algum era completo. A conquista pela força das armas não destruiu as "nações"; mas as doenças contagiosas do homem branco dizimaram muitos desses povos incapazes de desenvolver resistência contra elas.

As guerras dos tupis, caribes e tapuias não cessaram com a chegada dos portugueses. Uma era de conflito intertribal teve início e persiste até hoje entre os sobreviventes; durante a luta pela supremacia nacional europeia no Brasil, os tupis se aliaram com os portugueses porque os

366 A EXPEDIÇÃO FAWCETT

caribes ficaram com a Espanha e os tapuias, com os franceses. Todas as três tribos apostaram errado, como se viu depois — um paralelo com o que aconteceu no México e no Peru.

É preciso ter em mente que até agora somente as tribos ou "nações" que ocupavam terras adjacentes a rios navegáveis foram reconhecidas. As muitas tribos grandes com organização extremamente desenvolvida que vivem a uma distância de pelo menos uma semana de viagem pela floresta a partir do ponto final de barcos ou canoas ainda são desconhecidas — ou, de todo modo, não são mais conhecidas do que eram no século XVI. Falando de modo geral, os tupis ocupavam todo o oeste até os limites do Império Inca; os caribes detinham o norte; os tapuias dividiam o leste com tribos mistas autóctones que também eram encontradas pelo interior. O fragmento de uma raça desconhecida, provavelmente tolteca e aparentada com incas e mexicanos, encontrou refúgio onde uma combinação de obstáculos naturais e superstições profundamente enraizadas deixou os indígenas em paz. A ocasional aparição de alguns desses índios nos rios vizinhos parece ter cessado com a multiplicação dos seringueiros. As migrações iniciais dos tupis devem ter ocorrido sob a influência desses povos, porque praticamente todas as tribos em contato com as missões nos séculos XVI e XVII possuíam a tradição de terem sido dominadas no passado por uma "raça branca" com grande domínio das artes da civilização.

Quando a principal guerra tupi-caribe se aproximou do fim, o Império Inca dominava o Ocidente. Possivelmente, existiram muitas dinastias incas, mas posteriormente elas se fragmentaram em pequenos principados, cada um com épocas de domínio, tais como os chimus de Trujillo e os muyscas da Colômbia. Os incas herdaram fortalezas e cidades construídas por uma raça anterior e as restauraram de um estado de ruína sem muitas dificuldades. Onde eles próprios construíram com pedras — nas regiões em que as rochas eram o material mais conveniente, já que no cinturão litorâneo geralmente usaram adobe —, adotaram as mesmas incrivelmente precisas juntas sem argamassa que são características das construções megalíticas mais antigas, mas sem tentar utilizar as enormes massas de pedra preferidas pelos antecessores. Já ouvi dizer que eles afixavam as pedras recorrendo a um líquido que amolecia as superfícies a serem unidas até ficarem com consistência de argila. [27]

[27.] — Não acredito! — disse um amigo que participou da Expedição Peruana de Yale que descobriu Machu Picchu em 1911. — Eu vi as pedreiras em que essas pedras foram cortadas. Eu as vi em todos os estágios de preparação e posso garantir que as superfícies de encaixe eram trabalhadas com a mão e mais nada!

Outro amigo contou a seguinte história:

— Alguns anos atrás, quando eu trabalhava na mina em Cerro de Pasco (um local 4.250 metros acima do nível do mar nos Andes do Peru), saí num domingo com alguns outros gringos para visitar umas covas incas ou pré-incas antigas — para ver se encontrávamos qualquer coisa que valesse a pena. Levamos nossa comida e, é claro, algumas garrafas de *pisco* e de cerveja; e um peão — um *cholo* — para ajudar a cavar. Bem, comemos assim que chegamos ao cemitério e, depois, começamos a abrir algumas sepulturas que pareciam intocadas. Trabalhamos duro e, de vez em quando, parávamos para beber. Eu não bebo, mas os outros sim, especialmente um camarada que se encheu de *pisco* e começou a fazer barulho. Quando paramos, tudo o que havíamos encontrado era uma jarra de cerâmica de mais ou menos um litro e com um líquido dentro.

— Aposto que é *chicha*! — disse o barulhento. — Vamos provar e ver que tipo de coisa os incas bebiam!

— Provavelmente vai nos envenenar — observou outro.

— Vamos fazer o seguinte, então, vamos dar para o peão provar!

Eles tiraram o lacre e a tampa, cheiraram o conteúdo e chamaram o peão.

— Beba um pouco dessa *chicha* — ordenou o bêbado. O peão pegou a jarra, hesitou e, então, com uma expressão de medo no rosto, jogou-a nas mãos do bêbado e recuou.

— Não, não, *señor* — murmurou. — Isso, não. Não é *chicha*! — ele virou-se e saiu correndo.

O bêbado colocou a jarra numa pedra plana e foi atrás do peão. — Vamos, rapazes, peguem-no! — gritou. Eles pegaram o pobre coitado, arrastaram-no de volta e ordenaram que bebesse o conteúdo da jarra. O peão lutou como um maluco, com os olhos arregalados. Houve um pouco de confusão e a jarra acabou sendo quebrada, com o líquido formando uma poça no alto da pedra. Então, o peão se livrou e fugiu. Todos riram. Foi uma grande diversão. Mas a atividade os deixou com sede e foram até o saco com as garrafas de cerveja. Cerca de dez minutos depois, me inclinei sobre a pedra e casualmente examinei a poça com o líquido. Não havia mais líquido; todo o lugar em que estivera, e a pedra embaixo, estava mole como cimento úmido! Foi como se a pedra tivesse derretido, como cera sob a influência do calor. [*N. do Org.*]

368 A EXPEDIÇÃO FAWCETT

O seu império estendia-se aproximadamente de Quito a Valparaíso, e a leste o suficiente a ponto de cobrir os contrafortes dos Andes. Ruínas incas são encontradas nas florestas do Huallaga e do Alto Marañon e existe um posto avançado construído com bastante habilidade arquitetônica em Samaipata, na Bolívia (ver o capítulo XV). Uma tradição narra que o Inca Yupanqui montou um exército para descer o rio Amarumayo — mais tarde chamado de Paucartambo e hoje, Madre de Dios — e atacar o "Imperador dos Musus", mas não conseguiu atingir seu objetivo. No ponto mais adiantado da sua aventura, ele erigiu dois fortes de pedra para celebrar a marcha, os quais ainda não foram descobertos por exploradores. Aparentemente, ele retornou com suas tropas por Santa Cruz e Cochabamba, utilizando ou construindo a fortaleza de Samaipata como base. A narrativa é plausível. A volta seguiu a divisória de águas entre os sistemas fluviais do Amazonas e do Paraguai. A lista de baixas da invasão provavelmente foi grande o bastante para deter quaisquer novas aventuras nessa direção; mas a sua narrativa — e o tentador objetivo — deve ter inspirado Pizarro a fazer seu irmão realizar uma tentativa. As tradições orais sobre o local, preservadas pelas tribos caribes através da linhagem tupi, levaram muitos exploradores do Orinoco, incluindo Sir Walter Raleigh, a procurar *El Dorado*; e tanto a Espanha quanto Portugal enviaram diversas expedições privadas e oficiais.

Após sua viagem fluvial do Orinoco ao Amazonas, Humboldt expressou a opinião de que "a história de *El Dorado* parecia aqueles mitos da antiguidade que, viajando de país em país, foram sucessivamente adotados por diferentes localidades". Isso faz lembrar o navio de guerra de uma certa república sul-americana que foi enviado para descobrir a pequena ilha vulcânica de Trinidad, não teve sucesso na missão e relatou que ela havia submergido! O fato é que *El Dorado* não deveria ser encontrado na região ao norte do Amazonas — e percorrer os rios também não era a maneira de encontrá-lo.

O Chile tem uma tradição acerca da *Ciudad de los Césares* que é muito parecida com a do *"El Grán Paititi"*. Nessa história, contudo, a cidade, habitada por um povo erudito de um nível superior, ficaria num vale escondido das altas cordilheiras. Quando a ouvi, no norte do Chile, o vale secreto ficava localizado ao sul, na direção do Aconcágua; quando a ouvi no sul do vale, ficava em alguma parte no norte. A cidade é pavimentada com prata e as construções têm telhado de ouro. Os habitantes vivem uma existência de abençoado isolamento sob o benigno domínio de um rei esclarecido; e o lugar possui alguma propriedade mágica que o torna visível somente a uns poucos indivíduos que vêm de fora e invisível a todos os aventureiros indesejáveis. Dizem que muitas pessoas, mesmo em tempos modernos, teriam partido em busca da *Ciudad de los Césares*, para nunca mais voltarem a ser vistas.

Na minha opinião, esse lugar realmente existe. A tradição é antiga e me parece razoável supor que em tempos pré-Conquista a fama da cidade dourada de Cusco — a cidade sagrada dos incas — pode ter sido levada para o sul pelos *chasquis*, ou mensageiros nativos, sem perder nenhum elemento ao ser transmitida. Dentro do Império Inca, somente viagens oficiais eram permitidas — os servos indígenas não se deslocavam de um lugar para o outro mais do que os da Inglaterra feudal. Visitas de indígenas de além das fronteiras do Império eram inimagináveis, mesmo que os potenciais visitantes pudessem ter encontrado tempo livre na eterna luta para sobreviver. Tampouco os líderes dessas comunidades — em que todos trabalhavam para o bem comum — iriam permitir que membros de suas aldeias saíssem perambulando simplesmente para matar a curiosidade. As histórias contadas ao redor da fogueira à noite pelos *chasquis* ganhavam contornos impressionantes, tornando-se com o tempo uma parte integral do seu folclore e, assim, a tradição da maravilhosa *Ciudad de los Césares* pôde ser construída. Nem mesmo a imaginação das mentes criativas poderia exagerar as maravilhas da Cusco pré-histórica, em que o Inca, ditador supremo espiritual e profano, conservava uma disciplina civil com severidade quase selvagem, mas com resultados que para o povo eram inquestionavelmente benéficos.

É bastante seguro que os índios tão frequentemente descritos nos primeiros dias da descoberta como "pálidos como pessoas brancas" não eram tupis ou ligados a tribos caribes que emulavam a aparência dos tupis, porque afirma-se sem sombra de dúvida que as mulheres não tinham os corpos pintados ou tatuados.

370   A EXPEDIÇÃO FAWCETT

Outra circunstância que se soma à confusão etnológica geral é que tribos grandes forçadas a emigrar para oeste, como frequentemente acontecia, não conseguiam evitar de se desmembrar devido à pouca quantidade de alimentos disponíveis na floresta ou conseguidos em ataques a comunidades menores. As tribos se separaram e foram para várias direções. Provavelmente, é por isso que os mesmos nomes tribais aparecem com frequência em áreas distantes. Os aruaques, sem dúvida, são o mesmo povo que é identificado como arawaks nas Índias Ocidentais; e é significativo que uma tribo chamada nahuas seja encontrada no Amazonas.

As mais desenvolvidas dessas tribos preservaram os traços de uma civilização superior, e não eram selvagens — não mais do que são hoje. Possuíam governo organizado; idolatravam um deus. Os tupis adoravam Tupã, Deus do Trovão; os tapuias e caribes cultuavam o Sol e a Serpente. Já mencionei o hino da aurora ao Sol, entoado numa canção maravilhosamente harmoniosa pelos homens maxubis. As tribos superiores erguiam casas bem-construídas ao redor de uma praça, com um sistema sanitário que não apenas envergonha qualquer atual vila civilizada do interior, como também é muito melhor do que aquele comum na Inglaterra um século atrás.[28] Eles eram monógamos e realizavam cerimônias de casamento. Só os chefes podiam ter mais de uma mulher. O casamento formava a base da vida familiar e as crianças eram criadas com cuidado, educadas para as vocações tribais. Os filhos tinham grande respeito pelos pais, veneravam os ancestrais, a quem conheciam como *tamoin*, e cultivavam um orgulho pelo berço nobre. O homem era *apgaúa*, a mulher,

---

[28.] O resort inca na montanha Machu Picchu, construído no topo de um pico rochoso acima do rio Urubamba, ao norte de Cusco, contava com água corrente em todas as casas. Uma fonte no nível mais alto era levada por condutos para a casa do Inca e, depois, para as moradas no próximo nível inferior. Dali, a água seguia até chegar ao nível mais baixo, quando, então, caía do penhasco até o rio, 600 metros abaixo. Como essa água corrente podia levar esgoto, o Inca seria o único a desfrutá-la pura. Os demais — em ordem decrescente de importância — a recebiam em estado cada vez maior de poluição, que culminava com as pessoas humildes no último nível! Posso estar enganado — talvez o esgoto fosse eliminado de outro modo e essa água, usada para beber e tomar banho. [*N. do Org.*]

cunha. A poliandria era desconhecida e um rígido código moral era aplicado sob pena de morte. Havia poucas doenças.

As tribos menos avançadas viviam em *aiupas*, abrigos separados rusticamente construídos e caprichosamente localizados. Eram considerados "selvagens" por seus parentes mais desenvolvidos. Todavia, em comum com todas as tribos tapuias, aprendiam e se adaptavam rápido à civilização dos portugueses. Tanto as tribos superiores como as inferiores tinham chefes de aldeias, que respondiam a um líder supremo. Também possuíam uma nobreza, que trabalhava apenas como guerreiros e não se rebaixava fazendo trabalhos manuais. De fato, há uma série de motivos para ver na aparência e hábitos dessa gente ou a degeneração de uma civilização superior ou os efeitos colaterais da longa dominação por uma potência altamente civilizada que foi subitamente retirada. Muitos dos costumes relacionados ao tratamento das realezas mexicana e inca também foram encontrados entre as tribos avançadas.

Em 1661, Fernando Dias Paes penetrou nas florestas do Paraná e, perto das colinas de Apucarana, encontrou a poderosa tribo dos guaianás. Essa nação era governada por três reis que viviam em palácios contíguos, cada um com uma jurisdição definida. O rei-chefe era conhecido como Tombu e se distinguia por um "brasão de armas" sobre o pórtico do seu palácio que consistia em três araras empoleiradas num galho. Quando um desses pássaros morria ou fugia era imediatamente substituído, e a população em geral nutria um bom número de superstições relacionadas a eles. O rei supremo era o mestre-geral de todas as cerimônias e aparecia em público numa cadeira sustentada pelos ombros de quatro príncipes do reino. Ao vê-lo, os súditos se prostravam, beijavam o solo e ficavam assim até a *cortège* passar.

O segundo rei era chamado Sondá e o terceiro, Gravitay. Talvez fossem nomes genéricos, e não pessoais. Graças a algum feito de eloquência ou absoluto poder da personalidade, Fernando Paes induziu os três chefes a acompanhá-lo a São Paulo com um grande séquito. Gravitay morreu antes de partir, legando sua autoridade a um general favorito. Isso contribuiu para aumentar o desejo dos demais em migrar e, por fim, um grande grupo marchou para a cidade, na época um assentamento em ascensão

372 A EXPEDIÇÃO FAWCETT

e sede de todos os empreendimentos portugueses no interior. Sondá morreu no caminho e a tribo toda ficou sob o comando de Tombu, que chegou a São Paulo com 5 mil súditos de ambos os sexos. Eles ergueram suas casas nas margens do rio Tietê, num vale bastante fértil, e plantaram milho e outros alimentos para os mercados da cidade.

Em pouco tempo, Tombu se desiludiu com a civilização, de maneira geral, e com o cristianismo, em particular, dizendo que a lei não era boa e que Deus falhava ao não punir um transgressor na hora. Ele resistiu firmemente ao batismo e praticou sua própria religião e código moral, apesar de todos os seus súditos adotarem o cristianismo. Após alguns anos, *Tombu* adoeceu e, no leito de morte, mandou chamar Fernando Paes e expressou o desejo de ser batizado. Ele foi batizado com o nome de Antonio, recebeu o último sacramento e — como untuosamente observa o historiador — foi dessa para a melhor como um devoto cristão. Tão logo isso aconteceu, a tribo abandonou tudo e desapareceu na floresta.

De acordo com a nossa história convencional, o Brasil foi descoberto em 1500 pelo navegador português Pedro Álvares Cabral e ainda no mesmo ano recebeu a visita de Vasco da Gama. Novas expedições foram enviadas em 1501 e 1502, mas só em 1526 é que uma frota partiu para substanciar a descoberta e dar início a uma colônia. Essa colônia teve grande assistência do nosso velho amigo Diogo Álvares, cuja aventura abriu o primeiro capítulo e que, por sua vez, contou com o auxílio da sua mulher indígena, Paraguaçu, cujo nome mais tarde foi dado ao maior dos rios que desaguam na baía de São Salvador.

O governo português colocou o território do Brasil sob a direção de capitães hereditários, os quais juraram lealdade à Coroa e colonizaram o país às próprias custas. Esse sistema mostrou-se insatisfatório e foi substituído em 1545 pela supervisão da Coroa. Francisco Pereira Coutinho, encarregado da capitania da Bahia, naufragou na ilha de Itaparica, na baía, e foi, junto com seus companheiros, aprisionado e devorado pelos tupinambás. O mesmo destino teve o primeiro bispo enviado de Lisboa; por estar em conflito com o governador da Bahia, ele e inúmeros colegas decidiram apresentar suas reclamações a Dom João III, mas naufragaram na costa de Alagoas no caminho de volta e foram comidos pelos canibais caetés.

Desde os primeiros dias da colônia, a escravidão foi imposta aos índios. Os portugueses atacaram as tribos mais próximas para aprisionar escravos sob circunstâncias da maior brutalidade. Uma vez capturados, os pobres índios eram convertidos ao cristianismo pelos jesuítas e compelidos a trabalhar pela exploração de suas superstições. O governo, então, formou o que era conhecido como um "Conselho de Consciência", o qual decretou que os colonizadores poderiam manter sob escravidão somente os índios que fossem capturados em guerra legítima ou que se vendessem ou fossem vendidos. Isso levou a intermináveis evasões e abusos.

Assim que foram erguidos obstáculos à descontrolada escravidão dos índios, teve início o tráfico de escravos negros da África, e um igual número de traficantes britânicos e portugueses continentais enriqueceu com esse comércio.

É interessante notar que os aimorés, ou botocudos, que dominavam o litoral de Ilhéus a Vitória, no Espírito Santo, eram os principais inimigos dos colonizadores e que ainda hoje eles preservam sua independência nas montanhas e florestas entre este estado e Minas Gerais.

No ano 1600, Bahia, a capital, tinha uma população de 2 mil brancos, 4 mil negros e 6 mil índios domesticados. Em 1763, a capital foi transferida para o Rio de Janeiro. O Rio estivera em mãos francesas de 1555 a 1567 e, em 1710 e 1711, os franceses realizaram outras tentativas de capturar o Brasil. Uma frota enviada pelos holandeses em 1630 tomou Pernambuco, e esse lugar foi dominado pela Holanda por 31 anos. O Brasil era considerado pelos países europeus como um rico prêmio; e é notável que Portugal tenha conseguido manter seu domínio ali contra espanhóis, franceses e holandeses.

A época das bandeiras durou de 1561 a 1700 e sua principal função era capturar índios para os mercados de escravos. As expedições com patrocínio oficial ou privado não cessaram inteiramente com o término do século XVII; mesmo depois, ocasionalmente se formavam bandeiras com o propósito de localizar minas, caso daquela de 1753 comandada por "Raposo" que encontrou a cidade pré-histórica.

Os aborígenes, destituídos de suas terras e submetidos a tratamento cruel, em represália atacaram ferozmente os colonizadores durante alguns

374 A EXPEDIÇÃO FAWCETT

anos. Medidas defensivas cederam espaço a tentativas vigorosas por parte dos colonizadores de exterminar completamente seus inimigos e os índios foram massacrados indiscriminadamente. Mamelucos — índios caídos na malha da civilização europeia — foram amplamente utilizados para esse fim, um serviço que contou com veemente oposição dos jesuítas. Foi a proteção fornecida por esta Ordem aos índios que despertou a ira do marquês de Pombal, sob o rei José I, e que acabou sendo a principal causa de sua expulsão do Brasil em 1760. Após a partida dos jesuítas, a guerra contra os índios selvagens continuou com mais força que nunca, porque os escravos rendiam um bom lucro — de fato, um renomado escritor brasileiro, Raymundo Pennafort, observou:

> "O Brasil deve aos seus pobres indígenas a conquista do país e a construção de suas cidades e vilas — e a eles o fato de que pôde se defender no passado de franceses, holandeses e ingleses —, que em troca foram tratados com dureza e crueldade, tendo suas posses confiscadas e todos os fragmentos de sua herança nacional tomados. Os indígenas mereciam dos colonizadores mais do que extermínio a ferro, fogo e qualquer outro meio possível de ser empregado contra eles."

Está registrado que um governador da Bahia, perdendo a esperança de conseguir eliminar a hostilidade pela força das armas, enviou nativos com varíola para o meio dos indígenas e, assim, exterminou-os não às centenas, mas aos milhares e centenas de milhares — um terrível exemplo das primeiras guerras bacteriológicas.

Antes de condenar os portugueses por essas brutalidades, temos que lembrar que na época todas as nações europeias com possessões além--mar encontravam-se ativamente engajadas no negócio da escravidão e que os britânicos, ao mesmo tempo que usavam a mão de obra de negros africanos na América do Norte, também enviavam prisioneiros políticos da mãe pátria para as chocantes condições da escravidão nas Índias Ocidentais. Afinal de contas, a escravidão com as nações anglo-saxás ainda não completou cem anos de extinção. No auge do nosso tergiversante moralismo vitoriano, nós a apoiamos! Também se afirma, a partir de boas

DESCE O VÉU **375**

fontes, que o escravo doméstico na América Latina era tratado de maneira bem melhor que nos Estados Unidos. Não faltavam vozes condenando o sistema no Brasil e muito foi dito na defesa de tratamento justo para os índios.

É provável que guerras intertribais, ocorrendo desde o conflito tupi--caribe, mataram tanto da população indígena quanto as balas dos conquistadores europeus, mas o mais impiedoso dizimador foi, e ainda é, a doença contagiosa.

As expedições escravagistas das bandeiras cederam espaço quase que totalmente à busca por minerais em 1693, mas ainda envolvendo guerra com os indígenas, que geralmente tornavam-se alvos de balas tão logo eram avistados, do mesmo modo que em muitos lugares hoje. Por sua vez, eles não perdiam uma oportunidade de matar seus opressores. Então, logo após a busca por ouro e diamantes, veio o ciclo da borracha. Muitas das tribos usavam, fazia muito tempo, a borracha em seus ornamentos e a ideia acabou apropriada e utilizada no Brasil da mesma maneira que a utilização da coca pelos índios foi adotada na Bolívia e no Peru, e o tabaco na América do Norte. O advento dos seringalistas e dos extratores de cascas de árvore com quinino e da ipecacuanha, ou *poalha*, perturbou a privacidade dos até então intocados rios e florestas e encorajou mais exploração. Tudo isso dificultou as coisas para os índios. Eles morriam aos milhares em decorrência de resfriados e gripes comuns — até mesmo hoje, em lugares em que os instintos comerciais das pessoas das florestas fazem com que elas se aproximem demais, basta espirrar para dispersá-las.

O que aconteceu no Brasil se repetiu na Bolívia e, em menor grau, no Peru. Neste último país, as tribos não eram tão vulneráveis quanto as que habitavam os vastos pampas da Bolívia, porque a quase impenetrável floresta que ocupava todo o interior lhes dava uma proteção extra. O padre Armentía, que mais tarde tornou-se bispo de La Paz, afirmou que durante seu período em Caupolicán, de 1870 a 1883, nada menos que 60 mil índios foram sacrificados pela borracha!

A gradual extinção do índio, e seu confinamento como elemento independente a santuários cada vez menores, prossegue até os dias de hoje — e,

376 A EXPEDIÇÃO FAWCETT

a propósito, criou um problema de mão de obra à medida que novas áreas são abertas à exploração. Nas regiões mais acessíveis, quando não totalmente dizimado, o índio foi levado à sua ruína pelas missões, perdendo a independência e cultivando o gosto pela *chacta*, ou álcool de cana-de-açúcar.[29]

A mais notável das primeiras expedições peruanas às florestas foi a liderada por Gonzalo Pizarro em 1541. Hernando Pizarro foi atraído pelos relatos de Atahualpa sobre o Império de Paitití, com os palácios e riqueza de Manoa, em que as florestas brilhavam com ouro e tinham o odor de baunilha. Há algumas circunstâncias dessa expedição menos conhecidas que a história básica contada por Prescott em sua obra *História da Conquista do Peru*. Orellana, o primeiro a cruzar o continente, deixou Pizarro para obter comida e desceu os rios pelas margens com um grupo razoavelmente forte. Chegou a Omagua, onde uma equipe de batedores havia visto muitos índios bem-vestidos em canoas, e esses nativos, afáveis inicialmente, tornaram-se inamistosos e começaram a desaparecer. Com isso, acabaram-se todas as chances de conseguir suprimentos. Foi construído um primeiro, e improvisado, barco e o grupo desceu o rio até Aparia, onde montaram uma embarcação maior. Uma incessante crueldade contra os índios fez com que a população nativa decidisse se esconder na floresta, o que criou dificuldades desnecessárias. Medina diz que, antes de chegar ao Solimões, ou principal rio Amazonas,[30] Orellana pretendia retornar a Pizarro, mas foi impedido pela inanição e por uma forte correnteza que impossibilitava a navegação rio acima. Ao saber dos

---

[29.] Isso era verdadeiro quando essas palavras foram escritas em 1923, mas hoje há nos países citados uma mudança de atitude completa. A esclarecida política atual é de conquistar o índio pela amizade e pela ajuda e de estender a ele total reconhecimento da cidadania em plena igualdade com os demais. Pode levar gerações para a eliminação das inatas animosidades e desconfianças, mas está havendo um tolerante reconhecimento disso. [*N. do Org.*]

[30.] *Solimões* era o nome nativo do Amazonas. É o mesmo que Soliman, ou Salomão, e evoca a tradição de que os barcos dos reis Salomão e Hirão, de Tiro, faziam viagens a cada três anos para uma destinação secreta. Nomes semitas são muito comuns no vale do Amazonas e muitos dos caracteres em inscrições em rochas conhecidas dali apresentam mais do que uma pequena similaridade com o fenício. [*N. do Org.*]

DESCE O VÉU **377**

planos de voltar, os setenta homens se amotinaram e ele foi obrigado a seguir em frente. O padre Carbajal escreveu a história para nós. Em Aparia, mulheres os ajudaram na construção do barco, mas se tornaram hostis depois — devido, sem dúvida, ao brutal tratamento dispensado pela ralé europeia. Quando indagado a respeito, um índio amistoso disse que se tratava das amazonas, que viviam na floresta a uma distância de sete dias de viagem.

Essas mulheres não eram casadas, segundo o índio contou aos espanhóis, e foram muitas vezes em seu território. Ele conhecia o nome de setenta de suas aldeias e existiam muitas outras ainda. Suas casas eram de pedra e as aldeias se comunicavam entre si por boas estradas, que em determinados pontos eram fechadas e vigiadas para que ninguém pudesse entrar sem pagar pedágio. As mulheres ocasionalmente se relacionavam com os homens, períodos em que se reuniam em grande número para atacar um importante monarca que vivia não muito longe, e cujos homens eram capturados e levados para as aldeias das amazonas; depois de algum tempo, eles recebiam permissão para partir ilesos. Se as mulheres tinham bebês homens, estes eram mortos. As meninas eram criadas com grande apuro e aprendiam as artes da guerra. Havia uma rainha chamada Coñori; o território tinha muito ouro e prata e todas as principais mulheres comiam em vasilhas feitas com esses metais; as inferiores utilizavam objetos de madeira, exceto no caso das panelas, que eram de cerâmica.

A história não deve ser descartada com ligeireza. É bastante improvável que seja uma invenção do índio paranatinga que a contou. As amazonas, segundo o padre jesuíta Gili, também eram conhecidas como *aikeambenanas*, ou "mulheres que vivem sozinhas". Curiosamente, tais mulheres — também chamadas de amazonas — eram conhecidas na Grécia como "mulheres sem seios"; e uma tribo similar, com o mesmo costume de amputar um seio, por algum tempo viveu na Assíria. Não se sabe com certeza onde as amazonas sul-americanas viviam e seu território até agora não foi penetrado por exploradores.

A coleção desses fatos e tradições sugestivas, sem dúvida, deve interessar arqueólogos e persuadi-los de que existe muito mais para ser descoberto no Brasil do que geralmente se supõe.

378 A EXPEDIÇÃO FAWCETT

Não duvido nem por um instante da existência das cidades antigas. Como poderia? Eu próprio já vi um pedaço de uma delas — e é por isso que mencionei que era imperativo para mim retornar. As ruínas pareciam-se com um posto avançado de uma das cidades maiores, a qual estou convencido de que será encontrada, junto com outras, caso seja realizada uma busca adequadamente organizada. Infelizmente, não posso persuadir homens de ciência a aceitar até mesmo a suposição de que há fragmentos de uma antiga civilização no Brasil. Viajei muito por lugares com os quais outros exploradores não têm familiaridade e os índios selvagens repetidas vezes me contaram sobre as construções, a natureza das pessoas e as coisas estranhas que existem além.

Uma coisa é certa. Entre o mundo externo e os segredos da América do Sul pré-histórica desceu um véu e o explorador que procurar atravessar essa cortina deve estar preparado para enfrentar dificuldades e perigos que desafiarão sua resistência ao máximo. As maiores chances são de que não consiga, mas caso tenha sucesso — e se tiver sorte o bastante para sair vivo do contato com os selvagens — estará numa posição de avançar o nosso conhecimento de uma maneira imensurável.

CAPÍTULO XXII
O MAIS SOMBRIO CONTINENTE

Já se afirmou que a civilização do Brasil foi mais obra dos jesuítas que do governo; e o mesmo pode ser dito do Peru, o qual incluía o que hoje é a Bolívia, embora ali o desprendido trabalho da ordem franciscana também mereça crédito. Os padres jesuítas tinham aptidões em mineração, agricultura e nas ciências e conhecimentos em muitos ofícios. O bom trabalho não deve ser apagado pela infeliz interferência na política local e pela fortuna que amealharam. Eles eram abertamente contra a mão de obra escrava, mas explorando as superstições dos índios conseguiam obter para uso próprio força de trabalho tão barata que na prática pouca coisa mudava. Estabeleceram missões pelo principal vale do Amazonas, no Tapajós, no Araguaia, no Tocantins e no Guaporé, e entre os parecis do Mato Grosso, assim como em toda a parte sul do continente abaixo do trópico de Capricórnio. Uma rede de missões se estendia desde Inquisivi, na Bolívia, descendo o rio Bopi e no Secure, até o leste, em Santa Rosa, na província de Santa Cruz. Aonde os jesuítas não iam, os franciscanos iam. Todas as 38 missões jesuítas na Bolívia estavam envolvidas com a

380 A EXPEDIÇÃO FAWCETT

extração de ouro. Eles escolhiam lugares colados aos rios e não perturbavam os índios que viviam a alguma distância das margens. Se os índios que ficaram sob sua influência obtiveram ou não alguma vantagem ao se "civilizarem" é uma questão de opinião, mas duvido que eles próprios achassem que sim.

As bandeiras no extremo norte do Brasil, particularmente na Paraíba e em Sergipe, eram formadas não somente por tropas de guarnições de fortes, mas também por missionários para pacificar os índios e persuadi--los a obstruir os predatórios bandos de franceses, holandeses e ingleses que estavam se interessando pelo continente que tinham ignorado por tempo demais. A margem leste do rio São Francisco foi colonizada dessa maneira, assim como as matas da Bahia e Minas Gerais. Aldeias frequentemente foram convertidas em centros de missões, mas onde não havia minerais ou outras fontes de lucro os missionários deixavam os índios à própria sorte.

Foi somente nos últimos 25 anos do século XVI que os missionários penetraram nas florestas a leste do Peru, descendo o rio Ucayali e entrando na Caupolicán que hoje pertence à Bolívia. Exceto pela malfadada expedição de Gonzalo Pizarro em 1541, a exploração organizada das florestas só teve início por volta de 1560, e mesmo então foi empreendida de maneira espasmódica e com poucos resultados valiosos. As condições nas florestas nos contrafortes andinos eram profundamente diferentes daquelas encontradas pelos portugueses na região do litoral atlântico localizada em menor altitude e mais habitada. Como diz o historiador:

Apesar da fácil conquista do Império dos Incas, o mesmo não se deu em relação à região a leste dos Andes (geralmente conhecida pela designação de *La Montaña*), devido às florestas impenetráveis que cobrem sua superfície. Ali, esses homens de ferro tiveram que lutar contra obstáculos como uma quase intransponível vegetação, auxiliada às vezes por seres humanos tão selvagens quanto a própria Natureza. Rios largos e velozes, torrentes capazes de destruir qualquer coisa que resistisse a elas; bestas selvagens famintas; répteis gigantescos e venenosos; insetos não menos perigosos e mais problemáticos que os répteis; montanhas inacessíveis, em cujas encostas cada passo envolvia risco, fosse de cair no precipício, fosse de ser picado por uma serpente venenosa ou por uma das milhões de igualmente peçonhentas formigas, caso alguma planta fosse agarrada para evitar uma queda; florestas infindáveis, lagoas e pântanos imensos; chuvas torrenciais, inundações de extensão enorme; umidade constante e, consequentemente, febres que atacavam um homem de milhares de maneiras; e furúnculos dolorosos e perigosos. A tudo isso acrescente-se falta de comida. Mas mesmo essas circunstâncias eram incapazes de deter homens tão audazes.

Em um importante aspecto o historiador exagerou. Entre Cusco e o sul do Peru havia quatro trilhas conhecidas construídas pelos incas com objetivos militares. Através delas, por mais estreitas e difíceis que fossem, os primeiros exploradores cruzaram as cordilheiras e desceram às florestas com grandes comboios de animais de sela e carga. Na província de Caupolicán, da Bolívia, havia uma estrada pavimentada com três metros de largura, agora tomada pelo mato, que conduzia de Carabaya à margem do Beni, na planície de Mojos. Na planície de Polopampa — como Apolobamba era chamada —, a travessia era tranquila, mas antes e depois as trilhas eram estreitas — adequadas para índios a pé, mas extraordinariamente complicadas para animais. Mesmo atualmente as trilhas andinas, por mais aprimoradas que tenham sido, são apropriadas somente para pedestres e mulas ágeis, e sempre com algum risco considerável. Exceto pelas trilhas, a descrição do historiador não é exagerada — e as florestas pouco mudaram em quatrocentos anos.

Inflamado pelo relato de um escravo indígena sobre as riquezas do Reino de Ambaya, Hernando Pizarro enviou Pedro de Candia na primeira das expedições à floresta, em 1535. A seguinte foi a de Pedro Auzures, que em 1539 penetrou por Camata com uma considerável cavalaria, confrontou-se com os maquires na planície de Mojos e perdeu a maioria de seus homens antes de finalmente recuar para o altiplano via Cochabamba.

382 A EXPEDIÇÃO FAWCETT

A esses esforços seguiram-se inúmeras tentativas de encontrar o Reino dos Musus, sob os seus vários nomes de Ambaya, Paitití, Emín ou Candiré, com a cobiça dos espanhóis sendo instigada pelas supostas riquezas. Embora os empreendimentos tenham fracassado no objetivo de conquistar fortunas fabulosas, encontrando apenas desastre, eles resultaram no estabelecimento de missões e na obtenção de algum conhecimento acerca da geografia do interior do Peru. Em 1654, o frei Tomás Chavez reviveu o entusiasmo que se apagara ao relatar que fora levado de Mojos numa rede carregada por índios numa marcha de trinta dias, seguidos por doze de jornada em canoa e, então, por 21 a pé até Paitití, onde a fama de seus conhecimentos médicos havia chegado ao Imperador dos Musus. Ele disse que havia ali mais população e mais riqueza em ouro do que no Peru e em todas as Índias!

Narrativas similares de suas maravilhas foram feitas por um português chamado Pedro Bohorques em 1630 e, em 1638, por uma obscura pessoa chamada Gil Negrete. "Na província de Paitití há minas de ouro e prata e grande reserva de âmbar", afirmaram. Pode ser que esses homens estivessem meramente gratificando sua vaidade ao declarar como conhecimento pessoal histórias ouvidas das bocas dos índios.

Por mais que a imaginação possa ter colorido as narrativas, resta o fato de que a existência lendária dos sobreviventes altamente civilizados de um povo pré-histórico persistiu entre os indígenas do continente; e essas tradições podem ser ouvidas hoje de índios dos mais remotos lugares raramente visitados pelos homens brancos. Há uma notável similaridade nos relatos, o que torna razoável concluir que existe uma base de verdade neles.

Em 1679, o governo espanhol oficialmente protestou contra o gasto de tanto dinheiro numa meta que desde a época de Pizarro havia sido buscada por dezessete expedições, sem contar as que foram possibilitadas por financiamento privado. Mas eram precisos tempo e fracassos constantes para abalar a crença na história — e, enquanto isso, ela mostrava-se um fator de peso na exploração da bacia do Amazonas.

A exploração do rio Madeira pelos portugueses teve início em 1716 e a do Guaporé, em 1760. Os dois ligavam-se aos limites da penetração espanhola e as duas nações negociaram uma demarcação das esferas de suas respectivas influências. Para preservar os interesses portugueses e proteger uma guarnição dos ataques de araras, pacaguaras e outras tribos hostis que se espalhavam pelas florestas abertas dessa parte, foi construído em 1783 o forte Príncipe de Beira, perto da confluência dos rios Guaporé e Mamoré. Ele continua intacto e fala-se em reocupá-lo.

Enquanto aventureiros buscavam o elusivo *El Dorado*, colonizadores mais pragmáticos do Peru recorriam à abundante mão de obra escrava para explorar as ricas reservas de Carabaya e do altiplano e as inúmeras minas que forneceram aos incas a maior parte do seu tesouro. A extremamente rica montanha de prata de Potosí atraiu bastante atenção e dizem que mais de 100 milhões de libras esterlinas em prata foram recolhidos como o quinto real em um único século. Em Puno, no lago Titicaca, ricas minas de prata também foram exploradas. Tão abundante era o metal que até mesmo os índios possuíam utensílios de prata, a qual também era considerada mais barata do que o ferro para a confecção de ferraduras para os cavalos.[31] Lima, a capital das possessões de Sua Majestade Católica no Novo Mundo, era fabulosamente rica no fim do século XVII. Cito um cronista do século XVIII:

... mas para dar uma ideia da riqueza da cidade basta relatar os tesouros que os mercadores de lá revelaram no ano de 1682, quando o duque *de la Plata* [marquês de la Plata] assumiu como vice-rei: Eles providenciaram para que as ruas *de la Merced* e *de los Mecadores* [mercadores], estendendo-se por dois dos distritos (por onde ele deveria

---

[31.] Mas não tão boa! Durante a Segunda Guerra Mundial, tornou-se responsabilidade deste editor, então um engenheiro de locomotivas no Peru, encontrar um substituto para o estanho, escasso porque toda a produção estava sendo despachada para os Estados Unidos. Foram feitos testes com prata — não como alternativa, mas para ver o que poderia ser feito com ela industrialmente — e a conclusão foi de que, apesar da boa aparência quando transformada em pratos, ou mesmo na localmente popular forma de penicos, no campo da engenharia ferroviária não tinha valor. Uma pena, porque havia certa abundância. [*N. do Org.*]

passar até a Praça Real, onde fica o Palácio), fossem pavimentadas com lingotes de prata, pagos como Quinto ao rei: eles geralmente pesam cerca de 200 marcos, de 8 onças cada, com 30 e 45 centímetros de comprimento, 10 ou 12 de largura e 6 ou 9 de grossura. O total pode chegar à soma de 80 milhões de coroas.

Os imensos tesouros dos incas saqueados em Cusco e em outras partes e a enorme produção das minas com trabalho escravo fizeram surgir os bucaneiros do Caribe e do Pacífico. Até a época das guerras de independência, quando o jugo da Espanha foi rompido na terceira década do século XIX, a costa do Pacífico nunca esteve livre dos brigues semipiráticos — no fim das contas, gente da Nova Inglaterra disfarçando-se como respeitáveis ladrões sob a proteção de cartas de marca ou, então, não fazendo qualquer tentativa de ocultar suas intenções. Os povos desses países não tinham ilusões sobre os aventureiros — já haviam sofrido com muita frequência no passado com saqueadores como Drake, Spilberg, Jacó, o Eremita, Bartholomew Sharp e Dampier. Até mesmo o nosso venerado Lorde Anson é classificado por eles como nada mais que um pirata. É interessante notar que a última *Armada*, ou frota de tesouro, deixou o porto peruano de Callao em 1739 com destino ao istmo do Panamá, onde o tesouro seria transportado por terra para novo embarque no lado do Atlântico. O ataque de Anson na costa do Pacífico amedrontou as naus de tesouro, fazendo-as subir o rio Guayas até Guaiaquil, onde ficaram por três anos antes de voltar a Callao com o ouro e a prata ainda a bordo.

Tão ricas eram as minas de ouro além das cordilheiras que não havia preocupação em extrair o metal de uma maneira menos primitiva. Ouro em pó era ignorado. Em 1780 e 1781, durante o levante indígena liderado por José Gabriel Condorcanqui — Tupac-Amaru —, todos os espanhóis e trabalhadores a leste dos Andes foram massacrados, as trilhas, destruídas e quaisquer indícios de minas, ocultos. Nos arquivos há registros com nomes e produção dessas minas, poucas das quais tendo sido redescobertas. Os índios podem saber as localizações, mas nada os fará contar; porque em seus corações eles nutrem a crença de que um dia o Inca retornará

O MAIS SOMBRIO CONTINENTE **385**

para reivindicar seu tesouro escondido e suas ruínas, quando o último vestígio do domínio espanhol tiver desaparecido do continente.

Nas mãos dos seus conquistadores, a sorte dos índios foi de mal a pior. Sob o sistema de *repartimientos*, eles tornaram-se escravos a serem vendidos junto com a terra em que viviam. O sistema de peonagem os deixou pouca coisa melhor, apesar de nominalmente livres — ainda trocavam de mãos com a terra. Mas os aimarás da Bolívia são diferentes dos dóceis quíchua; são mais independentes e até mesmo circulam exibindo um ar agressivo. Não é prudente entrar em algumas das aldeias aimarás a leste do lago Titicaca sem o seu consentimento. Hoje, há 800 mil índios na Bolívia, contra 700 mil *cholos* (sangue mestiço indígena e espanhol) e igual número de brancos — e o governo mantém um respeitoso olho sobre eles. O aimará das montanhas é, fisicamente, um belo homem. Até mesmo sob os trapos e a humildade dos quíchuas arde um fogo latente e, apesar do seu aparente fervor pela Igreja Católica, eles preservam suas cerimônias pré-históricas, conduzindo-as secretamente nas montanhas remotas. O lindo emblema do Sol ainda exerce mais apelo sobre eles do que a hipocrisia dos padres e as imagens sanguinárias nas igrejas de adobe. Não que todos os padres sejam hipócritas; porque, embora muitos daqueles encontrados em vilas remotas sejam mestiços ignorantes ou até mesmo índios, cobiçosos e dominados pelo vício, também há homens do mais alto nível, especialmente entre os membros das missões francesas e os viris e abnegados franciscanos.

Com a supressão dos jesuítas em 1760, o status do índio no Brasil igualou-se ao de um animal e ele foi caçado pelo valor do seu trabalho. A importação de um grande número de escravos negros e a aquisição de um crescente exército de índios produziram uma extraordinária quantidade de mestiços. Aconteceu o mesmo no lado ocidental do continente. Colonizadores portugueses e espanhóis do melhor sangue misturaram-se livremente com ambos e o negro, por sua vez, fundiu-se com todas as diferentes tribos dos indígenas civilizados. Um problema social bastante complicado criou-se quando a escravidão foi abolida e os mestiços passaram a ocupar o mesmo nível que a população livre.

O Brasil de modo algum é homogêneo, exceto no seu intenso patriotismo. O negro não é considerado um igual pelos brancos e, apesar de haver liberdade e uma certa camaradagem entre todas as classes, abaixo da superfície existe distinção de classe tanto quanto em qualquer outra parte do mundo. O sangue indígena é tolerado e, em alguns casos, considerado uma questão de orgulho, assim como nos Estados Unidos. O resultado é curioso e interessante. A mulher negra é tão consciente da discriminação que não mede esforços para disfarçar sua cor e, quando pode, se relaciona com alguém que tenha pele mais clara que a sua. Isso, e as preferências seletivas das classes abastadas, está diluindo o número de negros, ao mesmo tempo que preserva a sua valiosa imunidade às doenças tropicais. Mais e mais europeus vêm para o país, casam-se localmente e produzem — nas classes altas, pelo menos — crianças de ótima aparência. No fim, haverá uma bela e vigorosa raça livre das fraquezas inerentes às nações endogâmicas.

No século XVII, o Brasil sofreu bastante com comunidades independentes e fora da lei de escravos negros fugidos, que recebiam a companhia de mulheres da própria raça ou obtidas em ataques a tribos indígenas. Essas comunidades destruíam assentamentos e estâncias e cometiam atrocidades chocantes — porque, sob a influência da bebida conhecida como pinga, o negro, e particularmente o *mestizo* negro-índio, torna-se um animal selvagem.

Não muitos anos atrás, em Lençóis, na Bahia, um inglês foi imprudente o bastante para bater num dos caboclos, ou mestiços, por conta de alguma ofensa sem importância. O homem não disse nada, mas foi até a sua choça e afiou a faca, com a qual são resolutamente vingados os insultos. O caboclo abertamente manifestou a intenção de navalhar o patrão — e assim o fez; e nem mesmo a certeza de trinta anos na prisão o deteve. Ele havia sido agredido, e isso bastava!

Embora muitos milhares de negros vivam na Bolívia e no Peru, eles constituem um elemento infinitesimal da população. A maior parte dos mestiços nessas repúblicas é resultante do europeu e do índio, embora seja difícil determinar exatamente onde cessa o sangue negro. Esses mestiços são capazes de excessos ainda piores que os índios puros-sangues caso dominados pelo enlouquecedor álcool da cana-de-açúcar conhecido como *chacta* no Peru, *cachaza* na Bolívia e *pinga* no Brasil.

Exceto em capitais e cidades grandes — onde um elemento cosmopolita produz uma certa frieza geral —, não existe casa ou vila, por mais pobre que seja, em nenhum desses países que não ofereça a ilimitada hospitalidade que encontrei com tanta frequência nas minhas jornadas pelo interior. Isso é particularmente verdadeiro no Brasil, onde pode-se contar com ela caso sejam observadas as regras comuns de cortesia. Nenhuma outra gente tem menos preconceito racial ou apresenta maior disposição à gentileza ao estranho. Mas espanhóis e portugueses dão grande importância à etiqueta; e é desejável ao estrangeiro conhecer a língua. Alguns dizem que essas línguas são fáceis de aprender. Adquirir noções básicas pode não ser difícil, mas não é suficiente. Tampouco é o bastante atingir o ponto de entender a fala rápida de um provinciano. O padrão necessário é a capacidade de contar uma boa piada, fazer observações espirituosas e discutir artes e filosofia. Quantos estrangeiros se dão ao trabalho de buscar esse objetivo? A pronúncia em staccato e coloquial adquirida por uma criança pode estar além dos poderes de um adulto, mas os sul-americanos relevam a ausência disso, e até mesmo deficiências gramaticais, desde que a conversação seja espirituosa e inteligente. Para eles, a conversa é o sopro de vida e quinze minutos de prosa com um peão sobre Platão ou Aristóteles farão mais para a construção de estima mútua do que anos de boas intenções sem a capacidade de expressá-las. Americanos e europeus sempre se surpreendem ao descobrir o quão profunda pode ser a conversação de até mesmo o mais humilde sul-americano.[32] Por outro lado, como em

---

32. Posso garantir que não se trata de exagero. O maior erro que um estrangeiro pode fazer nesses países é insistir na correria sem jamais separar tempo para papear com os trabalhadores sob sua autoridade. Eu próprio aprendi a conversar com eles porque gosto deles e minha recompensa foi uma inestimável coleção de histórias, lendas e fragmentos de conhecimento, para não falar do prazer desfrutado. Além da necessidade de aprender a linguagem *coloquial*, vale a pena enfatizar a importância de muitas leituras na língua, a capacidade de escrever bem e — cedo ou tarde será imperativo — de fazer um discurso! [*N. do Org.*]

388 A EXPEDIÇÃO FAWCETT

outras partes, a conversação pode ser lamentavelmente desinformada a respeito de questões elementares, como logo veremos.

O que irrita as pessoas é uma sugestão de superioridade — e quem pode culpá-las? É difícil não rir quando uma educada senhora pergunta, como certa vez aconteceu comigo na Bolívia:

— O *señor* veio da Inglaterra numa canoa ou no lombo de mula?

— Não, *señora* — foi minha resposta. — Vim num barco a vapor que trazia cerca de mil pessoas.

— Nossa! — ela exclamou. — Não havia perigo com as correntes rápidas?

Uma autoridade em San Ignacio, Bolívia, ao saber do desastre do *Titanic*, exclamou, por conta de toda a sua experiência em rios:

— Deus do céu, homem! Por que eles não ficam perto da margem? É muito mais seguro. Aquelas canoas grandes são sempre perigosas no meio da correnteza!

Um cavalheiro da mesma vila tinha muito orgulho da posse de uma horrível litografia representando uma tempestade, um farol e um mar incrivelmente agitado. Volta e meia, perguntavam-lhe se era a *cachuela* Esperanza, uma conhecida corrente rápida no Beni.

Certa vez, quando perguntei ao chefe do correio numa cidade provinciana no Peru quanto custava a postagem para a Inglaterra, ele pegou o envelope, virou-o para cima, para baixo e para os lados, examinou-o com a mais absurda atenção e, então, perguntou:

— Onde fica a Inglaterra?

Expliquei da melhor forma que pude.

— Nunca ouvi falar — ele disse.

Expliquei mais detalhadamente e tentei uma abordagem diferente. Finalmente, surgiu a luz:

— Ah! Você quer dizer *Londres*. A Inglaterra fica em Londres, então? Por que não falou de uma vez, *señor*?

Soa terrivelmente ignorante, com certeza, mas e quanto à senhora da sociedade de Londres que perguntou se a Bolívia era "um daqueles terríveis pequenos Estados dos Bálcãs"? Outra senhora nobre, que hoje ocupa uma grande posição na política, indagou-me com toda a seriedade se as pessoas em Buenos Aires eram civilizadas e usavam roupas! Aparentemente, ela imaginava que os habitantes de uma das melhores cidades do mundo eram índios selvagens — com, talvez, um gaúcho aqui e ali, armado até os dentes, galopando por ruas de terra e laçando gado selvagem! Até mesmo o funcionário responsável por passaportes de um grande banco deslizou feio quando, em 1924, o meu filho mais novo, prestes a partir para o Peru, requisitou um passaporte. Ele perguntou se o Peru ficava no Chile ou no Brasil!

Muitas partes do interior, em todos esses países, estão isoladas do mundo por semanas de atrozes trilhas de mula e, consequentemente, não há barreiras contra a endogamia e a superstição. Em San Ignacio, por exemplo, as pessoas quando estão doentes cobrem bocas, ouvidos e nariz para que o espírito não escape. Praticamente em todas as partes, mais fé é colocada no miraculoso poder das imagens de cera do que em remédios caros. Existem vilas em que a endogamia praticamente extinguiu os homens; mas é interessante notar que ao mesmo tempo as mulheres parecem aprimorar o físico. Quando homens de fora visitam esses lugares precisam tomar cuidado, porque não há recato feminino!

Muitos estrangeiros consideram o índio um animal, incapaz de quaisquer sentimentos além do instinto. Mesmo depois de quatro séculos de profunda degradação e tratamento cruel como servos, sempre os observei reagindo prontamente à bondade e sei que são altamente capazes de aprender. Há índios que enriqueceram e tornaram-se importantes figuras nacionais. Encontrei muitos em minhas andanças. Nos países que habitam, a taxação direta é praticamente inexistente, a taxação indireta é baixa e a liberdade pessoal não é ameaçada pelos excessos de legislação.

A maldição do índio é a cachaça — com muita frequência, o único meio de fuga temporária da servidão irremediável — e ele pode obtê-la a crédito. O índio não é o único a embriagar-se num estupor; praticamente todos no interior, incluindo os europeus, o fazem. O álcool degrada um homem física e moralmente e responde por noventa por cento dos

390 A EXPEDIÇÃO FAWCETT

crimes — os quais não são muitos. Não os estou culpando e certamente não vou repetir dogmas abstêmios. Algumas pessoas fadadas a viver em condições similares iriam preferir o suicídio!

Espero que esses capítulos deixem claro o que estou procurando, e por quê. Os fracassos e as decepções foram amargos, contudo, sempre houve algum avanço. Se ainda tivesse Costin e Manley como companheiros é possível que, em vez de escrever um manuscrito incompleto, eu pudesse agora estar dando ao mundo a história da mais estupenda descoberta dos tempos modernos.

Também houve desilusões. Após a expedição ao Gongogi, duvidei por algum tempo da existência das cidades antigas e, então, veio a visão de ruínas provando a autenticidade de pelo menos parte dos relatos. Ainda é possível que Z — meu principal objetivo —, com o que resta de seus habitantes, possa se revelar a cidade na floresta encontrada pela bandeira de 1753. Não está localizada no rio Xingu ou no Mato Grosso. Se algum dia chegarmos a ela, poderemos nos demorar lá por um tempo considerável — uma jornada fracassada será rápida.

Nossa rota partirá do Acampamento Cavalo Morto, 11º 43' sul e 54º 35' oeste, onde meu cavalo morreu em 1921, seguindo grosso modo norte-leste até o Xingu, passando no caminho por uma pré-histórica torre de pedra, a qual é o terror dos índios ao redor, já que à noite fica iluminada pela porta e janelas. Adiante do Xingu, entraremos na floresta até um ponto a meio caminho entre esse rio e o Araguaia e, então, seguiremos a divisória de águas ao norte até a latitude 9º ou 10º sul. Em seguida, deveremos rumar para Santa Maria do Araguaia e, dali, atravessar por uma trilha existente até o rio Tocantins, em Porto Nacional, ou "Pedro Afonso". Nosso caminho será entre a latitude 10º 30' e 11º até o território elevado entre os estados de Goiás e Bahia, uma região bastante desconhecida e supostamente infestada por selvagens, onde espero localizar algum sinal das cidades habitadas. As montanhas dali são muito altas. Então, deveremos percorrer as montanhas entre Bahia e Piauí até o rio

São Francisco, indo para algum ponto perto de Xique-Xique e, se estivermos em condições físicas, visitaremos a antiga cidade deserta (aquela de 1753), que fica aproximadamente a 11° 30' sul e 42° 30' oeste, desse modo completando as investigações e terminando num ponto do qual a ferrovia nos levará à cidade da Bahia.[33]

Eu conversei com um francês que por alguns anos se dedicou à localização das lendárias minas de prata associadas indiretamente à cidade deserta (porque foi durante a busca por estas Minas Perdidas de Muribeca que os bandeirantes de 1753 a encontraram). Ele afirma ter percorrido toda a região que me proponho visitar e assegura que é ocupada por colonos civilizados em todas as partes em que há água — que não existe nenhuma verdadeira floresta nessa área — e que nenhuma ruína pode existir ali! Garante ter descoberto uma formação peculiar de arenito, gasta pelo tempo, que a distância parecia bastante com antigas ruínas e que, na verdade, trata-se do que os bandeirantes de 1753 viram; estes, como era comum à época, inventaram o resto da sua história. Quando lhe contei sobre as inscrições registradas (ele nem vira ou ouvira falar no documento deixado por "Raposo"), não teve resposta — e, de qualquer modo, vários pontos essenciais não batiam com seus argumentos. As inscrições nas ruínas e os "ratos saltadores" (jerboas) certamente não podem ter sido uma mera invenção.

[33.] Essa é a rota que meu pai partiu para seguir em 1925. Especialistas no Brasil sustentam que é impossível realizá-la e, considerando que ele jamais voltou, podem estar corretos. A área em que ele acreditava estar Z nos últimos anos foi regularmente sobrevoada por linhas aéreas domésticas e jamais se relatou nenhum sinal de uma cidade pré-histórica. Além disso, essa parte do território não é desconhecida — e dificilmente posso crer que fosse inexplorada na época em que ele escreveu. É verdade que ruínas de idade incalculável foram encontradas por ali — na divisa entre os estados de Goiás e Bahia —, mas nenhuma cidade. Porém, há mais de um século se tem conhecimento de uma no estado do Piauí, chamada de Sete Cidades, devido às suas sete cidadelas.

Eu investiguei pessoalmente a localização que ele dá para a cidade de 1753 e posso afirmar com toda autoridade que não está ali. [*N. do Org.*]

392 A EXPEDIÇÃO FAWCETT

Francamente, não tenho muita confiança no francês. Dificilmente é possível ter estado *em toda* a região. Há áreas arenosas sem água; penhascos impedem o caminho; até mesmo um único vale pode permanecer escondido por séculos, já que não houve uma exploração sistemática, embora a atração dos diamantes nessa região tenha revelado no passado os lugares seguros e acessíveis. A minha impressão é que existe uma área interior cercada por um cinturão sem água que desencorajou expedições. O francês exala um bafo alcoólico e não posso considerar quem bebe totalmente confiável. Também me disseram que ele nunca esteve afastado por mais de duas ou três semanas cada vez — um período curto demais para uma investigação prolongada.[34]

O coronel O'Sullivan Beare, falecido cônsul britânico no Rio e um cavalheiro de cuja palavra eu jamais sonharia em duvidar, deu-me, tanto quanto permitiam os terrivelmente imprecisos mapas da região, a localização da cidade arruinada à qual foi levado por um caboclo em 1913 (mencionada no capítulo I). Ele nunca cruzou o São Francisco — sua cidade ficava bem a leste do rio, a doze dias de viagem de Bahia. O São Francisco tem sido associado a lendas de índios brancos há séculos e é possível que os dois brancos com roupas vistos pelos batedores de "Raposo" estivessem em algum ponto entre a foz do rio Grande e Xique-Xique. Desde então, a invasão da civilização pode tê-los mantido em seu vale além do cinturão seco.

Existem coisas curiosas a serem encontradas entre o Xingu e o Araguaia, mas às vezes duvido que eu consiga resistir a essa jornada. Estou ficando velho demais para carregar no mínimo 20 quilos nas costas por meses sem fim,[35] e uma expedição maior custa muito dinheiro e corre riscos maiores — além disso, todos os homens que participam *têm* que ser especiais e provavelmente não há mais de um em mil que seja apto.

[34.] Não obstante, a partir do que eu próprio vi, acredito que o francês estava certo. Ouvi muito na Bahia a respeito das viagens deste francês e ele realmente penetrou em regiões desconhecidas do estado. [*N. do Org.*]

[35.] Ele tinha 57 anos quando escreveu isso, em 1924. [*N. do Org.*]

Se a viagem não tiver sucesso, meu trabalho na América do Sul termina em fracasso, porque não poderei tentar mais. Inevitavelmente terei que ser desacreditado como um visionário e rotulado como alguém que visava somente o enriquecimento pessoal. Quem irá compreender que eu não quero glória — nem dinheiro —, que estou fazendo isso sem pagamento, com a maior esperança de que o benefício resultante para a humanidade justificará os anos gastos na busca? Os últimos anos foram os mais miseráveis e desapontadores da minha vida — repletos de ansiedades, incertezas, falta de dinheiro, negociações sorrateiras e traições descaradas. Minha mulher e meus filhos fizeram sacrifícios e tiveram negados muitos dos benefícios que desfrutariam se eu trilhasse os caminhos comuns da vida. Dos nossos 24 anos de casamento, somente dez foram passados juntos. Exceto pelos quatro anos na Grande Guerra, vivi dez anos nas florestas e, contudo, minha mulher jamais reclamou. Pelo contrário, sua ajuda prática e o constante encorajamento foram grandes fatores nos êxitos até agora colhidos e, se no fim eu vencer, o triunfo em grande parte se deverá a ela.

EPÍLOGO

por Brian Fawcett

"Eu dei nome a um único rio? Eu tomei posse de um único hectare?
Eu guardei uma única pepita (exceto amostras)? Não, eu não!
Porque minha recompensa foi paga dez vezes mais pelo meu Criador.
Mas você não entende isso. Você vai e ocupa."

Rudyard Kipling

I
ATRAVÉS DO VÉU

Parecia, em 1924, que os fundos para a expedição final jamais surgiriam. Decepções eram seguidas por decepções, enquanto logo além do alcance pairava a reluzente imagem do Grande Objetivo — as cidades pré-históricas do Brasil. As economias eram reduzidas — tão escassas que, mesmo de maneira modesta, o sustento da família constituía um problema —, contudo era necessário preservar uma atitude de prontidão e estar a postos para partir em curto prazo.

Desde o seu retorno à Inglaterra no fim de 1921, a impaciência do meu pai para iniciar sua última viagem desgastava-o com força cada vez maior. De reservado, ele tornou-se quase mal-humorado — no entanto, também havia momentos em que esse manto escuro ficava de lado e ele era, novamente, uma companhia alegre para nós, crianças.

Nós — isto é, minha mãe, meu irmão, minha irmã mais nova e eu —, que em 1920 partimos para a Jamaica para nunca mais, segundo pensávamos, voltarmos à Inglaterra, retornamos em menos de dois anos. A desilusão acelerou nossa partida da Jamaica. A ilha não era, conforme

398 A EXPEDIÇÃO FAWCETT

nossa esperança, como o Ceilão; as condições de vida apresentavam dificuldades para a minoria branca e os padrões educacionais eram fracos, de forma que houve outro frenesi de empacotamento e mudança e um êxodo para a Califórnia, que por muitos anos fora uma espécie de Meca dos sonhos. Vários motivos, entre os quais o alto custo de vida, provocaram nossa partida de Los Angeles após apenas um ano e, em setembro de 1921, desembarcamos em Plymouth, onde, um mês mais tarde, encontramos meu pai, que chegava do Brasil.

Uma casa foi alugada provisoriamente em Exeter e, então, mudamos para um lugar decrépito, mas espaçoso, em Stoke Canon, na direção de Tiverton. Ali, ficamos até a família se romper. Eu fui o primeiro a partir, indo para o Peru trabalhar na ferrovia. Meu pai e meu irmão foram os próximos a sair. Subitamente, houve uma conclusão bem-sucedida para os planos e eles partiram para Nova York. Minha mãe e minha irmã foram para a Madeira, onde ficaram por alguns anos antes de mudarem-se para a Riviera francesa e, depois, para a Suíça.

Este livro foi escrito durante nossa estada em Stoke Canon. Ouvi dos lábios de meu pai muitas das histórias e ideias que ele registra. Percebi tarde demais que, se eu tivesse mostrado mais interesse, ele poderia ter contado muito mais do que agora eu daria tudo para saber. É assim que geralmente são as coisas. Na época, o meu entusiasmo se concentrava na engenharia de locomotivas, em detrimento de todo o resto.

Meu pai se levantava pelas manhãs numa hora antissocial para preparar o desjejum para mim antes de eu partir numa bicicleta para as oficinas em Exeter, onde fazia um aprendizado sujo, mas interessante, como ajudante de moldador numa fundição. Ele elaborava um desjejum tão bom quanto o de qualquer outra pessoa, e a sua aceitação da tarefa com silenciosa humildade só ganhou importância para mim anos mais tarde, quando rememorei as circunstâncias desse período. Ele fez isso para oferecer mais descanso para a minha mãe e porque se recusou a permitir que eu mesmo o preparasse.

Apesar de o tempo passado em Stoke Canon provavelmente ter parecido a ele como uma sentença de prisão, houve bons momentos. O críquete, uma grande paixão de meu pai, levou ele e meu irmão — ambos jogadores de destaque para o nível do condado — a muitos lugares, porque havia muita demanda pelos dois.

Eu o vi pela última vez em março de 1924, quando o trem de Liverpool deixou a estação de St. David, em Exeter, e sua figura na janela do vagão desapareceu de vista. Quando fui para o norte, na primeira etapa da longa viagem para o Peru, esperava encontrá-lo novamente dentro de alguns anos na América do Sul.

"Eu estive em Londres por uma semana por questões da expedição", ele escreveu em maio de 1924, "e pode ser que as coisas agora estejam resolvidas de maneira satisfatória. Provavelmente, tudo será feito nos Estados Unidos e, nesse caso, os resultados também irão para lá. Mas a Sociedade Geográfica Real endossou por unanimidade a expedição, de modo que pelo menos ela tem apoio científico."

"Jack e eu poderemos ir via Nova York em junho, onde Raleigh se juntará a nós. Ele é cheio de entusiasmo. Será uma sensação reconfortante saber que estaremos todos no mesmo continente."

Mas não seria assim. Os preparativos demoraram mais do que o esperado e, enquanto isso, ele e Jack "começaram o treinamento". Rudimentos da língua portuguesa e alguma experiência em trabalho com teodolito foram instilados em Jack; os dois tornaram-se vegetarianos a fim de tornar menos difícil suportar uma expedição em que não haveria muitos alimentos. Fisicamente, não era preciso muito treinamento. O corpo de Jack, com 1,90 m de altura, era uma massa de ossos e músculos e os três principais agentes de degeneração física — álcool, tabaco e vida desregrada — causavam-lhe repulsa. Jack cultuava a boa forma física e as únicas atividades domésticas das quais nunca reclamava eram as que exigiam o emprego de força.

Na escola, era sempre Jack quem se distinguia nos jogos, nas lutas e por resistir aos severos castigos de vara aplicados pelo diretor. Nos estudos, também podia se destacar quando a matéria lhe interessava. Eu, três anos mais novo, o seguia à minha maneira humilde, autêntico membro da turma mediana, mas sem fazer parte da desprezível ralé. Ameaçado pelos valentões no meu primeiro ano, foram os punhos de Jack que me salvaram — mas, a partir dali, ele fez com que eu lutasse os meus próprios

400 A EXPEDIÇÃO FAWCETT

combates e só participava quando as perspectivas eram pesadas demais contra mim.

Em casa, era Jack quem formava e liderava a gangue — era Jack quem mantinha um diário para registrar todas as travessuras que realmente podiam ser classificadas como antissociais. Seu capaz e disposto braço direito era Raleigh Rimell, filho de um médico de Seaton. Era um palhaço nato, perfeito complemento para o sério Jack, e entre os dois se desenvolveu uma forte amizade que levou à aventura de 1925.

Durante a Grande Guerra (de 1914-18), éramos jovens demais para sermos alistados pelo Exército, mas não o suficientemente jovens para montarmos um horrendo arsenal de armas de fogo, o qual tanto usamos que as autoridades nos honraram com a nomeação de um policial especial para seguir o nosso rastro e trazer-nos para o alcance da lei! Lamento termos dado ao pobre homem uma vida miserável; acabamos seguindo-o com a intenção de pregar uma peça nele. A polícia nunca caía em cima; nós continuamos a atirar em inofensivos estorninhos nos telhados das casas e até mesmo fizemos alvo em caixas de correio. Raleigh foi convocado para responder a essa acusação e acabou obrigado a trocar uma peça destruída ao custo de dez xelins. Sempre que passava por aquela caixa de correio, ele lustrava a peça com o lenço e dizia: "É minha, sabe?"

Quando fomos para a Jamaica, Raleigh já estava lá, a serviço da United Fruit Company numa plantação de cocos em Port Maria. Jack trabalhava como vaqueiro num grande rancho na região da baía de Montego, no outro lado da ilha, mas os dois se encontravam ocasionalmente. Raleigh foi para a Califórnia antes de nós, mas não o vimos lá, porque quando chegamos ele já tinha partido. Jack, entre intervalos de ócio, trabalhou como ajudante de um topógrafo de Riverside e como colhedor de laranjas. Desenhista capaz, mas sem estudo, ele também fez alguns trabalhos para o *Los Angeles Times*. Durante algum tempo, também ficou enfeitiçado pelo glamour do cinema — como acontece com a maioria das pessoas impressionáveis que visitam Hollywood — e fez algumas tentativas de conseguir papéis menores para atuar ao lado de Betty Blythe e Nazimova, duas estrelas cujos nomes não mais são conhecidos, mas que na época tinham grande fama. Ele poderia ter conseguido, porque não

EPÍLOGO **401**

lhe faltava a aparência necessária, mas um amigo que trabalhava como diretor técnico na produção de uma exótica película que jamais viu a luz do dia — *Omar Khayyám* — o alertou antes que o polvo de celuloide o pegasse em seus tentáculos fatais. Na realidade, o mais perto que ele chegou do cinema foi quando um cenógrafo alugou o seu taco de críquete, devido ao seu ar autêntico, para Mary Pickford usar em *Little Lord Fauntleroy*. Além do dinheiro recebido, também ganhou uma carta de agradecimento e uma foto autografada pela estrela.

Perto do fim de 1924, foram feitos arranjos para o financiamento da expedição e um amigo do meu pai viajou para Nova York a fim de levantar o dinheiro e fechar o acordo antes de ele e Jack chegarem à cidade. Quando os dois desembarcaram nos Estados Unidos, descobriram que o "amigo" havia torrado mil dólares do meu pai e 500 da sra. Rimell (os quais extraiu da mãe de Raleigh com a desculpa de um investimento numa associação mineradora) numa gloriosa bebedeira de seis semanas. Desnecessário dizer, ele não conseguiu levantar um único centavo e somente 200 libras foram recuperadas do dinheiro que lhe foi confiado.

Meu pai, então, passou a se dedicar à obtenção da verba para a expedição; e isso ele conseguiu realizar em um mês, despertando o interesse de várias sociedades científicas e com a venda de direitos de publicação à North American Newspaper Alliance (NANA), que o nomeou como correspondente especial.

"Vamos nos divertir bastante ao partir e também no Brasil, até desaparecermos nas florestas por três anos, mais ou menos", meu pai escreveu para mim em setembro de 1924, antes de deixar a Inglaterra. "Acredito que Jack e Raleigh vão gostar. Na expedição, ninguém mais estará conosco no grupo, exceto por dois brasileiros e apenas até um certo ponto."

Então, perto do fim de janeiro de 1925, ele escreveu a bordo do S. S. *Vauban*, da Linha Lamport and Holt:

Aqui estamos, com Raleigh, chegando ao Rio. Pessoalmente, acho a viagem um tanto cansativa, mas Jack está gostando bastante... Eles foram muito amáveis e simpáticos em Nova York, mas, é claro, a posição era difícil. Contudo, estamos agora no mesmo continente que você e

402 A EXPEDIÇÃO FAWCETT

a caminho do Mato Grosso, e com pelo menos 40 milhões de pessoas tendo conhecimento do nosso objetivo."

Sem atrasos no Rio, na alfândega etc., deveremos partir para o Mato Grosso em aproximadamente uma semana e para Cuiabá por volta de 2 de abril. Dali em diante, deveremos desaparecer da civilização até o fim do próximo ano. Imagine-nos em algum ponto cerca de 1.500 quilômetros a leste de você, em florestas até agora não trilhadas pelo homem civilizado.

Nova York foi difícil. Fazia muito frio, quase 30 centímetros de neve e os ventos eram fortes. Jack foi bastante aos cinemas — que, no geral, eram bem fracos — e mascou quilos de chicletes. Nós três fizemos refeições num automat.*

Agora, Raleigh fala numa carta para mim escrita no Rio:

Na viagem, conheci uma certa moça a bordo e, com o passar do tempo, nossa amizade cresceu até o ponto de eu admitir que ameaçava tornar-se séria — na verdade, o seu pai e Jack começaram a ficar preocupados, com medo que eu fugisse com ela para casar ou algo assim! Todavia, botei os pés no chão e me dei conta de que eu devia ser o membro de uma expedição, sem poder trazer uma esposa junto. Tive que terminar com ela gentilmente e me dedicar ao trabalho. Você tem as minhas simpatias se ficar sentimental de vez em quando.

Jack me disse outro dia: 'Suponho que, após voltarmos, você vai estar casado em um ano.' Respondi que não faria promessas — mas não pretendo ser um solteirão a vida inteira, ainda que Jack queira!...

Desejei várias vezes que *você também* viesse nessa viagem, já que acredito que você ajudaria a torná-la ainda mais interessante e alegre. Mal posso esperar pelo real início da expedição à floresta e acredito que Jack tem o mesmo sentimento. Com um objetivo como o nosso, é preciso bastante paciência para ficar muito tempo num só lugar. Os atrasos em Nova York foram quase insuportáveis...

---

* Tipo de restaurante em que a comida era comprada com moedas em máquinas. [*N. do T.*]

No Rio de Janeiro, eles se hospedaram no hotel Internacional e fizeram o circuito de passeios turísticos e banhos de mar. Jack não se impressionou muito e escreveu:

Eu não viveria no Rio ou em qualquer outra cidade aqui nem que ganhasse um milhão por ano, a menos que pudesse vir por apenas um ou dois meses de cada vez! Não ligo para o lugar, embora, naturalmente, os arredores sejam magníficos. De algum modo, o Brasil parece assustadoramente isolado do mundo. Devo dizer que as pessoas são terrivelmente decentes em todas as partes e ajudam de todas as maneiras.

O uniforme para a expedição foi testado na "floresta" dos jardins do hotel e considerado satisfatório e, em fevereiro de 1925, eles partiram, indo primeiro para São Paulo. De Corumbá, Jack escreveu um animado relato da viagem, conforme visto pelos olhos de um entusiasmado jovem de 21 anos:

Passamos uma semana no trem de São Paulo a Porto Esperança, a 80 quilômetros de Corumbá, e estamos contentes por finalmente termos avançado. A viagem de trem foi interessante, apesar da monotonia do território que atravessamos, e, como nos emprestaram o vagão privativo do diretor da linha, tivemos privacidade por todo o trajeto. Nesse sentido, tivemos sorte, porque do Rio a São Paulo, e dali até o rio Paraná, viajamos no vagão privativo do presidente da ferrovia.

A maior parte do caminho foi através de vegetação de *mato* e pastagens, com uma boa extensão de brejos perto do rio. Entre Aquidauana e Porto Esperança, vi algumas coisas bem interessantes. No território de gado havia inúmeros papagaios e vimos dois bandos (ou seja lá como se chame) de jovens emas com algo entre 1,2 a 1,5 metro de altura. Vi de relance uma teia numa árvore com uma aranha mais ou menos do tamanho de um pardal parada no meio. No rio Paraguai, esta manhã, havia pequenos jacarés e nós vamos sair para atirar neles.

"Por causa dos passaportes deixados no Rio, nós poderíamos ter sido detidos quando chegamos aqui de manhã, mas aparentemente agora não haverá problemas e navegaremos amanhã para Cuiabá na *Iguatemi*, uma lancha pequena e suja do tamanho aproximado de uma M. L.* naval.

---

* *Motor Launch*, embarcação da Marinha britânica. [*N. do T.*]

404 A EXPEDIÇÃO FAWCETT

Haverá uma multidão de passageiros e nossas redes serão penduradas quase coladas umas às outras.

Os mosquitos foram um terror de Bauru a Porto Esperança, mas ontem à noite, no Paraguai, não havia nenhum. A comida é boa e saudável aqui, e bem mais nutritiva que no Rio ou em São Paulo. Come-se arroz, feijão — caroços grandes e pretos —, frango, bife e uma espécie de vegetal gosmento, algo como um pepino em textura, com formato ovalar e do tamanho de uma noz. Em seguida, vem goiabada, pão e queijo, e o inevitável café preto. Macarrão também é um prato favorito. Tudo isso é consumido em uma só refeição.

O calor é bastante sufocante aqui no momento, mas não tão ruim dentro do hotel. Estamos fartos dessas cidades semicivilizadas, embora as pessoas sejam agradáveis, e queremos sair de Cuiabá o mais rapidamente possível para entrarmos na floresta. Quando Raleigh e eu estamos fartos demais, falamos sobre o que vamos fazer quando voltarmos a Seaton na primavera de 1927, com bastante dinheiro. Pretendemos comprar motocicletas e realmente desfrutar de um bom feriado em Devon, reencontrando todos os amigos e visitando os velhos lugares.

A viagem de rio até Cuiabá leva cerca de oito dias e, provavelmente, todas as nossas mulas estarão prontas para a engorda no meio de março. Sairemos de Cuiabá em 2 de abril e levaremos seis semanas, ou talvez dois meses, para chegar ao ponto em que papai e Felipe estiveram da última vez. Para chegar a Z serão necessários provavelmente outros dois meses e pode ser que entremos no lugar no 58º aniversário de papai (31 de agosto).

Não são curiosas as reportagens sobre a expedição nos jornais ingleses e americanos? Também tem muita coisa exagerada nos jornais brasileiros. Mal podemos esperar para começar a verdadeira jornada e deixar essas cidades, embora o mês em Cuiabá provavelmente vá passar rapidamente. Uma coisa que só percebi hoje é que cruzamos o Brasil e podemos ver a Bolívia daqui — e os lugares em que papai fez boa parte do seu serviço de delimitação de fronteira.

Tivemos uma bela despedida em São Paulo oferecida por um grupo de ingleses, incluindo membros dos corpos diplomático e consular. Antes de partirmos, visitamos a fazenda de cobras Butantã, onde o senhor Brasil, o fundador, nos deu uma palestra sobre cobras — como atacam, o quanto de veneno expelem, os vários remédios etc. Ele nos deu muito soro antiofídico. Um funcionário entrou no recinto em que as serpentes são mantidas, cercado por um fosso, e com uma vara com um gancho retirou uma surucucu. Ele colocou-a no chão, abaixou-se e a pegou pelo pescoço antes que ela pudesse fazer qualquer coisa. Então, a trouxe e nos mostrou suas presas, que são móveis; ela também tem dentes de reserva, que ficam deitados com o maxilar, para o caso de os principais quebrarem. O senhor Brasil a deixou morder um frasco de vidro e um monde de veneno jorrou.

"Ontem à noite o carnaval acabou e todos os habitantes iam para cima e para baixo na frente do hotel, no único trecho de bom pavimento. Eles fizeram uma algazarra enorme e todos estavam com fantasias feitas em casa, algumas bastante bonitas. O costume durante o carnaval é jogar perfume em você — ou éter, que entra nos olhos e os congela. O calor está terrível hoje e ficamos pingando de suor. Dizem que em Cuiabá é mais fresco. De manhã, estávamos conversando com um alemão que acabou de chegar de Cuiabá e ele disse que agora as pessoas lá têm mais de cem carros Ford — nada mal para um lugar 3.200 quilômetros rio acima! Ele também falou que veio na *Iguatemi*, a lancha em que viajamos, e que a comida é boa, mas os mosquitos são insuportáveis. Ouvi dizer que no novo zoo eles têm um casal de onças em cativeiro, e acho que vou lá vê-las.

"Os banheiros aqui são bastante primitivos. O chuveiro e W.C. combinado é tão nojento que é preciso tomar cuidado onde se pisa; mas papai diz que devemos esperar algo ainda pior em Cuiabá.

"Tivemos muita sorte em conseguir passagens e fazer com que toda a bagagem fosse colocada a bordo da *Iguatemi* intacta. Ela estará terrivelmente lotada, mas, sem dúvida, será interessante subir o rio. O território que vimos até agora apresenta uma horrível monotonia, mas, nesse aspecto, não é tão ruim quanto o Mississippi.

"Decidimos não perder tempo fazendo a barba entre aqui e Cuiabá e já estou com barba de dois dias. Raleigh parece um vilão perigoso, daqueles que a gente vê em filmes de faroeste."

406 A EXPEDIÇÃO FAWCETT

25 de fevereiro de 1925. "Agora faz quase dois dias que saímos de Corumbá e chegaremos a Cuiabá na próxima segunda-feira se não tivermos morrido de tédio antes! O barco tem lotação para apenas vinte pessoas, mas há cinquenta passageiros amontoados a bordo. Percorremos cerca de cinco quilômetros por hora, através de terreno pantanoso bastante desinteressante, mas hoje a monotonia foi quebrada pela visão de montanhas. Dormimos no convés em redes e é bastante confortável, exceto pelos mosquitos, que já são muito ruins, mas que devem piorar hoje à noite, quando entrarmos no rio São Lourenço. Fez tanto frio na primeira noite que tive que levantar e pôr duas camisas, meias e calça. A monotonia é atroz e não há espaço para se fazer quaisquer exercícios. Depois disso, Cuiabá vai parecer o céu!...

"Na maioria, os passageiros são 'turcos' (o que aqui significa cidadãos de qualquer um dos países dos Bálcãs) donos de lojinhas em Cuiabá. Suas mulheres tagarelam sem parar e, sempre que uma refeição é iminente, juntam-se ao redor como abutres. Os cheiros a bordo são medonhos. De vez em quando, paramos na margem para pegar lenha para a caldeira, examinando com grande cuidado cada pedaço trazido a bordo.

"No momento, as margens do rio são de mato com algumas montanhas rochosas de aproximadamente 800 metros ao fundo. Dá para ver uns poucos jacarés e, em qualquer parte ao longo da margem, grous e abutres. Devido à lotação a bordo, está fora de questão pegar as armas e atirar nos jacarés."

27 de fevereiro. "Papai diz que esta é a mais chata e entediante viagem de rio que ele já fez; estamos contando as horas dos três dias que faltam até a chegada a Cuiabá. Ainda estamos em terreno pantanoso, embora não mais no rio Paraguai, já que entramos no São Lourenço anteontem e no Cuiabá ontem à noite. O São Lourenço é famoso pelos mosquitos, que se reproduzem nos extensos pântanos, e na noite de quarta-feira eles invadiram o barco em nuvens. O teto do lugar em que comemos e dormimos ficou preto — literalmente preto — com eles! Tivemos que dormir com camisas cobrindo as cabeças, sem deixar buraco para respirar, com os pés

EPÍLOGO **407**

também embrulhados em camisas e uma capa sobre o corpo. Cupins são outra peste. Eles nos invadiram por umas duas horas, voando ao redor das lâmpadas até as asas caírem e, então, rodando pela mesa e pelo chão aos milhões.

"Vimos algumas capivaras hoje. Uma delas parou na margem, a pouco mais de 16 metros, enquanto passávamos. É uma tragédia que todo esse território seja totalmente inútil e inabitável por centenas de quilômetros. Estamos subindo o rio em ritmo de caminhada — tão lentos que hoje fomos ultrapassados por dois homens numa canoa que logo sumiu de vista à frente.

"Não há diversão em ficar olhando para a margem, porque nada mudou desde que saímos de Corumbá. Há um emaranhado de convólvulos e folhas do tipo das bananeiras — com buracos de *onça*, abertos pela passagem contínua e próximos da margem. Atrás, há grossas e altas árvores de várias espécies, estendendo-se numa faixa de cerca de 20 metros, quando, então, começa o pântano, que vai até onde a vista alcança e é interrompido somente por grupos isolados de árvores de mangue. Ocasionalmente, há uma lagoa fétida, cheia de sucuris e mosquitos. Às vezes, o brejo chega até o rio e não existe margem alguma. Há muitos urubus e pássaros como o cormorão, com pescoços compridos que fazem com que se assemelhem a cobras quando nadam. Os jacarés vivem somente onde há lama ou areia em que possam ficar ao sol.

"Hoje caiu uma chuva forte e a temperatura desceu a um nível similar ao do verão inglês. De qualquer forma, o tempo deve esfriar, já que estamos nos aproximando da estação seca. Papai diz que nunca esteve nesta região na estação realmente seca e imagina que os insetos provavelmente não serão tão ruins como foram em 1920.

"Uma nova peste apareceu a bordo hoje. É a mutuca, uma espécie de mosquito do cavalo com uma picada desagradável. Matamos muitas, mas papai e Raleigh foram picados. Naturalmente, todos nós estamos cobertos de picadas de mosquitos.

"Sentimos muita falta de frutas e só vamos consegui-las quando chegarmos a Cuiabá. Exceto por isso, a comida é boa. A falta de exercícios

408 A EXPEDIÇÃO FAWCETT

é irritante e, em Cuiabá, pretendemos recuperar o tempo inativo com uma boa caminhada todo dia. Para falar a verdade, praticamente não nos exercitamos desde que saímos do Rio, exceto por uma caminhada razoavelmente longa pelos trilhos do trem quando fomos detidos por um ou dois dias em Aquidauana. Eu faço flexões sempre que posso, mas a lotação é tanta que nem mesmo isso é fácil.

"Raleigh é um camarada engraçado. Ele chama o português de 'essa maldita língua matraqueada' e não faz qualquer tentativa de aprendê-la. Em vez disso, fica irritado com todos porque não falam inglês. Além de 'faz favor' e 'obrigado', ele não sabe dizer nada — ou é inibido demais para tentar. Eu, agora, já posso manter uma razoável conversação desde que a pessoa com quem estou falando responda com voz lenta e clara. Eles, aqui, misturam muita coisa de espanhol, devido à proximidade com a Bolívia e o Paraguai."

4 de março. "Cuiabá, finalmente — e não tão ruim quanto haviam me levado a esperar! O hotel é bem limpo e a comida, excelente. Estamos nos alimentando agora e espero ganhar cinco quilos antes de partir, já que precisamos de carne extra para nos sustentar durante períodos de fome durante a expedição. A jornada pelo rio demorou oito dias — bastante tempo para ficar confinado numa embarcação minúscula como a *Iguatemi*, restrito ao mesmo lugar e ao mesmo banco. Ontem, fomos caminhar no mato e desfrutei a liberdade de me exercitar. Hoje, vamos dar tiros pela primeira vez — não em pássaros, mas em objetos, para praticar a pontaria.

"Visitamos Frederico, o homem das mulas, mas ele está fora até domingo. Seu filho diz que não haverá problemas para conseguir as doze mulas de que precisamos. O sertanista que papai queria morreu; e Vagabundo entrou no sertão com alguma outra pessoa, o que é uma grande pena, porque ouvi tanto sobre esse cachorro que queria vê-lo. Há um missionário americano aqui que tem um monte de edições velhas da *Cosmopolitan* e de outras revistas e, hoje à noite, vamos trocar livros com ele..."

EPÍLOGO **409**

5 de março. "Ontem, Raleigh e eu testamos nossas armas. São bastante precisas, mas fazem um barulho dos diabos! Gastamos vinte cartuchos, o que nos deixa com 180 para treinos futuros.

"Soube que, ao deixar Cuiabá, teremos terreno de arbustos durante um dia de jornada, a qual nos levará ao planalto; então, vegetação rasteira e mato até o Posto Bacairy; e, mais ou menos dois dias adiante, vamos conseguir nossa primeira caça. No primeiro ou segundo dia, talvez consigamos fotografar uma sucuri fazendo a digestão, caso alguém saiba indicar alguma nas proximidades..."

14 de abril. "O correio chegou — o último que receberemos, porque partiremos no dia 20. O calor aqui é parecido com a Jamaica no auge do verão, mas Raleigh e eu vamos todo dia para um riacho na estrada de Rosário e ficamos na água por aproximadamente uma hora. Não é muito refrescante, porque sua temperatura é quase igual à do ar, mas a evaporação depois, enquanto secamos, nos esfria.

"Tentei fazer alguns desenhos aqui, mas os temas são tão comuns que não consigo dar nenhuma vida e o resultado é que acabam não prestando! Estou o tempo inteiro à procura de um tema realmente bom e, então, possivelmente alguma coisa boa será produzida. Quando chegarmos ao lugar em que as primeiras inscrições forem vistas, eu terei o que desenhar, porque todas essas coisas precisam ser copiadas cuidadosamente.""Você ia achar curioso me ver com uma barba de duas semanas. Eu não vou me barbear por muitos meses. Estamos usando nossas botas para amaciá-las e os pés de Raleigh estão cheios de esparadrapos, mas ele está mais animado do que nunca, agora que se aproxima o dia da partida. Estamos esperando há uma eternidade pelos animais, mas é tudo culpa de Frederico e suas mentiras. Era inútil tentar conseguir qualquer coisa com ele, de modo que agora estamos tratando com outro camarada, chamado Orlando. Acho que as mulas chegam hoje. Os dois cães, Chulim e Pastor, estão ficando muito bravos e avançam em qualquer visitante que ousa bater na porta.

410 A EXPEDIÇÃO FAWCETT

"Houve um tiroteio bastante sério em Coxipó, a uma légua daqui. Um cara chamado Reginaldo, com seis companheiros, que vimos saírem do hotel Gama aqui pela manhã, foram emboscados por uma gangue que procurava vingança. Tinha havido uma discussão por causa de troca de tiros e bebida nos campos de diamante de Casamunga e eles se enfrentaram em Coxipó. Reginaldo e um dos bandidos foram mortos e dois outros ficaram gravemente feridos. A polícia começou a trabalhar no caso após alguns dias e, ao redor de uma mesa, tomando cafezinho, perguntaram aos assassinos por que haviam feito isso! Mais nada aconteceu..."

Trecho da carta do meu pai de 14 de abril:

"Tivemos os habituais atrasos indissociáveis deste continente de *mañanas*, mas devemos partir em alguns dias. Começamos cheios de esperança no sucesso...

"Nós três estamos muito bem. Há dois cachorros que atendem pelos nomes de Pastor e Chulim; dois cavalos e oito mulas; um educado assistente de nome Gardênia, que tem um incontido apetite por adiantamentos — ou *providencias*, como eles eufemisticamente chamam aqui — e um diligente moço negroide que atende a todos. Esses dois homens serão liberados tão logo encontremos traços de índios selvagens, já que sua cor envolve problemas e suspeitas.

"Tem feito um calor abominável e chovido bastante, mas as coisas estão entrando agora na estação seca e fresca.

"Jack já domina um razoável tanto de português e entende um pouquinho do que lhe falam. Raleigh não conseguiu aprender uma mísera palavra!

"Um fazendeiro amigo meu disse que desde menino ele e sua gente sentavam na varanda da casa, seis dias ao norte daqui, e escutavam um estranho ruído vindo periodicamente das florestas ao norte. Ele o descreve como um sibilo, como se fosse o de um foguete ou bomba grande varando o ar e caindo na floresta com um "bum-m-m-bum-mm". Ele não tem ideia do que possa ser, mas creio que provavelmente é um fenômeno

EPÍLOGO **411**

meteorológico relacionado a áreas vulcânicas elevadas, semelhante aos que intrigavam as pessoas em Darjeeling, onde descargas de artilharia eram ouvidas entre as monções. Outras partes dessa região alta produzem "bums" e sons de ronco, para terror de quem escuta.

"O meu amigo fazendeiro conta que perto do lugar em que vive existe, no rio Paranatinga, uma rocha longa e retangular com três buracos, sendo que o do meio está fechado e aparentemente cimentado nas duas pontas. Atrás, um pouco escondida, há uma inscrição com quatorze caracteres estranhos. Ele vai nos levar lá para fotografarmos. Um índio na sua fazenda conhece uma rocha cheia de caracteres semelhantes, a qual também pretendemos visitar.

"Outro homem, que vive na chapada — o alto planalto logo ao norte daqui, o qual no passado foi o litoral da antiga ilha —, afirma que viu os esqueletos de grandes animais e árvores petrificadas e que sabe de inscrições e até mesmo de fundações de construções pré-históricas na mesma chapada. É, naturalmente, a fronteira da nossa região. Uma vasta planície coberta de capim perto daqui tem no seu centro uma grande pedra entalhada na forma de um cogumelo — um monumento misterioso e inexplicável."

"A construção intermediária entre Z e o ponto em que deixamos a civilização é descrita pelos índios como uma espécie de torre gorda de pedra. Eles têm um enorme medo dela porque dizem que à noite uma luz brilha através da porta e das janelas! Suspeito que seja a 'Luz que Nunca se Apaga'. Outro motivo para o medo deles é que fica no território dos morcegos trogloditas, o povo que vive em buracos, cavernas e, às vezes, em árvores com densas folhagens.

"Há algum tempo, mas depois de eu pela primeira vez chamar atenção para Mato Grosso com as minhas atividades, um brasileiro culto dessa cidade, junto com um oficial do Exército envolvido na demarcação de um rio, ouviu dos índios a respeito de uma cidade ao norte. Os dois receberam uma oferta de, caso tivessem coragem de encontrar os maus selvagens, serem levados lá. A cidade, disseram os índios, tinha construções baixas de pedra, com muitas ruas que mantinham ângulos retos entre si, mas também havia algumas construções de bom tamanho e um enorme templo, no qual existia um disco grande cortado de quartzo cristalino.

412 A EXPEDIÇÃO FAWCETT

Um rio que atravessava a floresta ao lado da cidade caía por uma cachoeira elevada, cujo barulho podia ser ouvido a léguas de distância, e embaixo da queda o rio parecia se alargar num grande lago que eles não tinham ideia de onde se esvaziava. Nas águas tranquilas abaixo da cachoeira havia a figura de um homem entalhada em rocha branca (quartzo, talvez, ou quartzo cristalino), a qual se mexia para a frente e para trás com a força da corrente.

"Isso soa como a cidade de 1753, mas a localização não bate com os meus cálculos. Podemos visitar o lugar no caminho de ida ou, se as circunstâncias permitirem, enquanto estivermos em Z.

"O meu amigo fazendeiro contou que trouxe para Cuiabá um índio de uma tribo remota e mostrou-lhe as grandes igrejas, pensando que ele se impressionaria.

"— Isso não é nada! — ele disse. — Onde eu vivo, a alguma distância, existem construções maiores, mais altas e mais belas do que isso. Elas também têm grandes portas e janelas e no meio há um grande pilar com um cristal imenso cuja luz ilumina o interior e ofusca os olhos.

"Até agora, estamos encontrando muita chuva e muito calor. Há anos que não lembro de suar tanto — contudo, a temperatura é de apenas 27 graus à sombra..."

Jack assume a narrativa novamente:

Posto Bacairy, 16 de maio de 1925. "Chegamos aqui ontem, após uma jornada um tanto extenuante desde Cuiabá. Saímos em 20 de abril com uma dúzia de animais; os cavalos estão em condições razoavelmente boas, mas as mulas, magras. Parece que o lugar para o qual foram mandadas para engordar na verdade as deixou famélicas, para faturarem alguns mil-réis extras!"

"No começo, avançamos vagarosamente por conta dos animais e acampamos a primeira noite a cerca de duas léguas de Cuiabá. Durante a noite, um boi bateu na rede de Raleigh, mas, exceto pelo tombo, não

EPÍLOGO **413**

houve danos. Na segunda noite, acampamos depois de três léguas e tomamos banho num riacho muito bom. Passamos a terceira noite no terreno mais alto da chapada, onde ficamos aterrorizados com a possibilidade de as formigas-saúvas comerem nosso equipamento. No dia seguinte, nos perdemos pela primeira vez, tendo que refazer nossas pegadas por algum tempo e acampar numa trilha lateral. Felizmente, achamos a trilha principal no dia seguinte e, ao chegar à casa de um morador — um homem que vive na trilha —, perguntamos qual era a distância até o rio Manso. Ele respondeu que eram quatro léguas, de maneira que decidimos ir para lá no mesmo dia — mas ficava a cerca de sete léguas e a escuridão caiu antes de chegarmos."

"Papai havia ido na frente num ritmo tal que o perdemos de vista e, quando chegamos a um lugar em que a trilha bifurcava, não soubemos que direção tomar. Vi algumas marcas feitas por um cavalo na trilha maior, de modo que seguimos por ali e, por fim, chegamos ao rio Manso na escuridão total, para descobrir que ele não estava ali! Na mesma hora, dei um tiro e mandei Raleigh e Simão, um dos peões, voltarem e dispararem suas armas, na esperança de conseguir alguma resposta. Enquanto isso, acampamos e fizemos chá na escuridão. Quando os outros retornaram sem ele, imaginamos que devia ter parado para passar a noite com um morador. Na manhã seguinte, demos mais tiros, mas não obtivemos resposta; então, quando terminávamos o desjejum, ele apareceu, após passar a noite no mato."

"Ficamos no acampamento o dia seguinte para darmos um descanso a nós e aos animais, mas fomos atacados por carrapatos o tempo inteiro. Carrapatos de todos os tamanhos se amontoavam pelo chão e Raleigh foi picado com tanta gravidade que o pé ficou infeccionado. No dia seguinte, cruzamos o rio num *batelón* e acampamos num lugar deserto que tinha sido ocupado por um morador, encontrando ali um grande número de laranjas."

"Para resumir, nos perdemos novamente e Raleigh ficou sombrio por todo o caminho até o rio Cuiabá, o qual consideramos impossível de atravessar devido às correntes rápidas e à fraqueza dos animais. Encontramos

414 A EXPEDIÇÃO FAWCETT

um lugar mais raso rio acima e tivemos que tirar a carga dos animais e fazê-los nadar, transportando os equipamentos numa canoa que encontramos ali. Raleigh não podia fazer nada por conta do pé machucado, de forma que papai e eu cuidamos da carga, enquanto os peões se encarregaram dos animais. Após uma difícil travessia, finalmente chegamos à casa de Hermenegildo Galvão, onde ficamos cinco dias para nos alimentarmos bem. Descobri que entre Cuiabá e ali eu tinha ganhado 3,2 quilos, apesar da pouca comida. Raleigh perdeu mais peso do que eu ganhei e ele parece ser o que mais está sentindo os efeitos da jornada."

"Cinco dias após deixarmos a propriedade do senhor Galvão, alcançamos o rio Paranatinga, apenas para descobrir que a vila Bacairy estava deserta e a canoa, do outro lado do rio. Alguém tinha que nadar e pegá-la, e, assim, eu fui — apesar de estar morrendo de medo das coisas no rio e de me lembrar da vez na Jamaica em que Brian e eu fomos perseguidos por um tubarão. Acampamos na vila e, no dia seguinte, fizemos os animais atravessarem a nado, e transportamos a carga do mesmo jeito que no rio Cuiabá. Uma légua adiante, tivemos que fazer tudo de novo para cruzar um riacho lamacento; outra légua à frente, todo o trabalho exaustivo teve que ser repetido. A essa altura, estávamos totalmente exaustos e resolvemos acampar. Chegamos ao Posto Bacairy ontem de manhã.

"Aqui é gostoso e fresco, e logo depois das montanhas — a cerca de 6,5 quilômetros — há território totalmente inexplorado. A escola foi colocada à nossa disposição e ganhamos nossas refeições do chefe do posto, um camarada decente chamado Valdemiro.

"Pouco após chegarmos, cerca de oito índios selvagens do Xingu — completamente nus — entraram no posto. Eles viviam a aproximadamente oito dias rio abaixo e ocasionalmente visitavam o lugar por mera curiosidade e pelas coisas que ganhavam. São cinco homens, duas mulheres e uma criança, e estão sozinhos numa cabana. Ontem, demos a eles um pouco de goiabada, da qual gostaram imensamente. São pessoas pequenas, com alturas em torno de 1,60 metro e bastante robustas. Comem somente vegetais e peixes — jamais outro tipo de carne. Uma mulher tinha um colar muito bonito de pequenos discos feitos de conchas de caracóis, o qual deve ter exigido uma tremenda paciência para

EPÍLOGO **415**

ser confeccionado. Oferecemos a ela oito caixas de fósforos, um pouco de chá e algumas fivelas, e ela rapidamente aceitou a troca. O colar será mandado para o Museu do Indígena Americano, em Nova York."

17 de maio. "Hoje, tiramos algumas fotos dos índios mehinaku, as quais, naturalmente, irão para a North American Newspaper Alliance. A primeira mostra quatro deles com seus arcos e flechas perto de um riacho ao lado de uma faixa de floresta. Eu estou com eles para mostrar a diferença em estatura. Eles batem no meu ombro. Na segunda foto, eles aparecem se preparando para atirar flechas num peixe na água. Os arcos são maiores do que aqueles que tínhamos na casa em Seaton, com mais de 2,1 metros e flechas de 1,8 metro; mas como eles não são muito fortes, eu posso puxar o arco até a minha orelha com facilidade.

"Na noite passada, fomos à cabana deles e oferecemos um concerto. Eu estava com o meu flautim, Valdemiro com o seu violão e papai com o banjo. Foi um grande sucesso, embora quase sufocássemos com a fumaça.

"Esses mehinakus nos contaram por sinais que a quatro dias de jornada árdua ao norte vivem os macahirys, que são canibais e não têm mais de 1,5 metro de altura. Eles talvez sejam os morcegos, mas duvido, já que usam flechas, que ainda não são usadas pelos morcegos.

"A cerca de três semanas de viagem daqui, esperamos chegar à cachoeira mencionada por Hermenegildo Galvão, que ouviu a respeito dela do índio bacairy Roberto, a quem visitaremos amanhã. É totalmente desconhecida por todo mundo e Roberto ficou sabendo pelo pai, que viveu perto dali quando os bacairys eram selvagens. Ela pode ser ouvida a cinco léguas de distância e há uma rocha vertical, protegida das águas, cheia de pinturas de homens e cavalos. Ele também mencionou a torre de vigia, supostamente a meio caminho da cidade."

19 de maio. "Um belo e fresco dia para o meu 22º aniversário — o mais interessante que tive até agora!

416 A EXPEDIÇÃO FAWCETT

"Roberto veio aqui e, após ser revigorado com vinho de caju, contou-nos coisas interessantes. Disse que o sonho da sua vida era ir a essa grande cachoeira com as inscrições e ficar por ali com a sua tribo, mas que agora é tarde demais. Falou também que há morcegos e caxibis ali e que tem medo deles. Conseguimos com ele a localização, junto com uma descrição do terreno. O deserto tem apenas um dia de viagem de ponta a ponta, depois do qual entraremos em campo de relva, sem nenhum mato. O seu tio falava a respeito das cidades e ele afirma que os seus ancestrais pré-históricos as construíram. Sairemos daqui depois de amanhã e, após cinco dias, entraremos em território desconhecido. Ficarei contente quando os peões nos deixarem, já que estamos ficando fartos deles.

"Você pode gostar de saber o que comemos enquanto estamos nas trilhas. Às seis e meia da manhã, comemos um prato de mingau, com duas xícaras de chá e um terço de xícara de leite condensado; então, às cinco e meia da tarde, tomamos duas xícaras de chá, com dois biscoitos, goiabada ou sardinhas, ou um prato de charque e arroz. Aqui, temos tido a possibilidade de comprar bastante farinha e batata-doce para ir junto com o arroz, e sou eu que o cozinho. Também conseguimos alguns ossos e um pouco de mandioca. O posto tem muitas vacas, de modo que há leite fresco pelas manhãs.

"Aparamos nossas barbas e nos sentimos melhor sem elas. Eu devo estar ainda mais pesado aqui que na casa de Hermenegildo, apesar da viagem, e jamais me senti tão bem. O pé de Raleigh está quase bom e papai, em condições excelentes. O que queremos agora é chegar ao Acampamento 15 e nos livrarmos dos dois peões.

"A propósito, dizem que os bacairys estão morrendo por conta de feitiçaria, porque há um feiticeiro na vila que os odeia. Ontem mesmo uma menininha morreu — de feitiçaria, eles dizem!"

20 de maio. "As fotografias para a NANA acabaram de ser reveladas e há algumas muito boas dos índios mehinakus e de papai e de mim. É difícil revelar aqui, porque a água é muito morna e tivemos sorte de encontrar um riacho com a temperatura em 21 graus.

EPÍLOGO **417**

"O outro pé de Raleigh está inchado. Ele o esfregou ou coçou numa manhã e, à tarde, quando tirou a meia para tomar banho, a pele saiu junto. Agora, começou a inchar — e ele também tem um pedaço do braço em carne viva. Não sei o que vai acontecer quando realmente encontrarmos insetos! Em aproximadamente uma semana, haverá muita caminhada e espero que o seu pé aguente. Brian poderia ter resistido bem mais, especialmente porque não tivemos dificuldades.[36] Papai disse hoje que os únicos companheiros que teve que estiveram inteiramente em boas condições por toda a jornada foram Costin e Manley. Nós dois estamos nos sentindo muito bem.

"Da próxima vez que eu escrever, provavelmente será do Pará — talvez de Z!"

Para Jack, foi uma grande aventura — exatamente o fim que havia norteado a sua criação e que o fizera cuidar tanto do seu corpo. As cartas do meu pai eram mais pragmáticas. Para ele, tratava-se de rotina e seus olhos estavam focados no objetivo à frente. Ele fala novamente:

Posto Bacairy, Mato Grosso, 20 de maio de 1925. "Chegamos após dificuldades bastante incomuns, que deram a Jack e Raleigh uma excelente iniciação nas alegrias de viajar pelo sertão. Nós nos perdemos três vezes, tivemos intermináveis aborrecimentos com mulas caindo na lama de riachos e fomos devorados por carrapatos. Em uma ocasião, estando muito à frente, me perdi dos outros. Ao voltar para procurá-los, fui pego pela escuridão e obrigado a dormir em campo aberto com a sela como travesseiro, desse modo sendo coberto por carrapatos minúsculos que não me deram descanso de coceiras por duas semanas.

"Jack aguenta bem. Ele chegou aqui mais forte e gordo do que estava no Rio. Estou preocupado quanto a Raleigh ser capaz de resistir à parte

---

[36.] Coisa de irmão mais velho! Ele pode ter sido o mais musculoso, mas eu sempre fui o de constituição mais forte. [*N. do Org.*]

418 A EXPEDIÇÃO FAWCETT

mais difícil da jornada, porque na trilha a mordida de um carrapato evoluiu para um pé inchado e ulceroso, e ultimamente ele tem coçado novamente até o ponto de grandes porções de pele se soltarem."

"Para grande alegria de Jack, vimos os primeiros índios selvagens aqui, índios nus do Xıngu. Mandei 25 excelentes fotos deles para a NANA.

"Vi o cacique Roberto e conversei com ele. Sob a influência do vinho, ele corroborou tudo o que o meu amigo de Cuiabá disse, e mais. Devido ao que o avô lhe contara, ele sempre quis fazer a viagem até a cachoeira, mas agora está velho demais. Ele é da opinião de que os índios maus são numerosos ali, mas afirmou que seus ancestrais haviam construído as cidades antigas. Inclino-me a duvidar disso, porque ele, assim como os índios mehinakus, é do tipo marrom ou polinésio e eu associo os de pele clara ou vermelha às cidades.

"Os bacairys estão morrendo como moscas por conta de febre e feitiçaria. Toda doença é obra de feitiçaria! Sem dúvida, é a melhor oportunidade para um missionário, caso apareça algum com conhecimentos médicos, porque poderia travar contato com os índios selvagens e domesticá-los.

"Desnecessário dizer, fui trapaceado no que diz respeito às mulas e praticamente tudo o mais. Foi lamentável que o homem que deveria fornecê-las tenha falhado comigo, obrigando-me a consegui-las em curto prazo com outro — e em Cuiabá a honestidade nos negócios não existe nem em sonhos! Elas se mostraram tão ruins que foi necessário comprar mulas no caminho, e para esse fim — assim como para curar o pé de Raleigh — paramos cinco dias na fazenda do meu amigo Hermenegildo Galvão. Os peões também são inúteis e, por causa dos índios selvagens, estão aterrorizados com a perspectiva de continuarem no rumo norte.

"Jack, agora, está muito bom no português, mas Raleigh ainda domina apenas duas palavras. Eu prefiro o espanhol, mas o português é mais importante para os desenvolvimentos brasileiros e, naturalmente, sou bastante fluente.

"Uma carta será enviada do último ponto, onde os peões retornarão e nos deixarão sozinhos. Espero encontrar a antiga civilização em um mês e alcançar o objetivo principal em agosto. A partir daí, nosso destino estará nas mãos dos deuses!"

Por fim, chegam suas últimas palavras, datadas de 29 de maio de 1925 e trazidas de volta pelos peões. Depois disso, nada mais se ouviu deles e até hoje o seu destino permanece como um mistério.

"A tentativa de escrever acontece em meio a enorme dificuldade por causa das legiões de moscas que atormentam desde o amanhecer até o pôr do sol — e, às vezes, durante toda a noite! As piores são as minúsculas, menores que a cabeça de um alfinete, quase invisíveis, mas que picam como um mosquito. Nuvens delas estão sempre presentes. Milhões de abelhas se somam à praga, e não faltam outros insetos. O horror das picadas cobre as mãos e é capaz de enlouquecer. Nem mesmo os mosquiteiros para as cabeças dão conta de afastá-las. As pestes simplesmente os atravessam!

"Esperamos cruzar esta região em alguns dias; estamos acampados aqui por dois dias para preparar a volta dos peões, que estão ansiosos para regressar, fartos de tudo — e não os culpo. Nós seguiremos com oito animais — três mulas para montaria, quatro para cargas e uma madrinha, um animal líder que mantém os outros juntos. Jack está bem e em forma, ficando cada dia mais forte, apesar de sofrer um pouco com os insetos. Eu tenho mordidas de carrapatos e desses piuns, como eles chamam os pequenos, por todo o corpo. Estou preocupado com Raleigh. Ele ainda está com uma perna enfaixada, mas não vai voltar. Até agora temos bastante comida e não precisamos caminhar, mas não estou certo de por quanto tempo isso vai perdurar. Pode haver muito pouco para os animais comerem. Não posso esperar resistir a essa jornada melhor do que Jack ou Raleigh, mas tenho que fazê-la. Os anos contam, apesar do espírito de entusiasmo.

"Calculo fazer contato com os índios em uma semana ou dez dias, quando deveremos chegar à tão falada cachoeira.

"Aqui estamos, no Acampamento Cavalo Morto, Lat. 11º 43' S. e 54º 35' O., o lugar em que o meu cavalo morreu em 1920. Tudo o que resta

420 A EXPEDIÇÃO FAWCETT

são os seus ossos brancos. Podemos tomar banho aqui, mas os insetos nos obrigam a sermos rápidos. Não obstante, a estação está boa. Faz *muito frio* à noite e é fresco pela manhã; mas os insetos e o calor chegam ao meio-dia, e daí até as seis da tarde a miséria é total no acampamento.

"Você não precisa temer nenhum fracasso..."

Essas últimas palavras que ele escreveu para a minha mãe vêm até mim como um eco que atravessa os 26 anos que se passaram desde então.

"Você não precisar temer nenhum fracasso..."

II
O NOVO PRESTE JOÃO

Foi em 1927, quando eu estava trabalhando na Seção da Montanha da Ferrovia Central do Peru, que recebi um aviso de Lima dizendo que chegara na cidade um engenheiro civil francês de nome Roger Courteville que afirmava ter encontrado o meu pai no estado de Minas Gerais, Brasil, um ou dois meses antes.

Corri até Lima e encontrei o M. Courteville, que me disse que ele e sua mulher tinham cruzado do Atlântico para o Pacífico de carro, via La Paz. Contou que, ao atravessar o sertão de Minas Gerais, encontrou sentado no acostamento um velho, em farrapos e doente, que, ao ser indagado, respondeu que seu nome era Fawcett.

— Ele disse mais alguma coisa? — perguntei.

— Ele parecia confuso, não inteiramente ali, como se tivesse passado por dificuldades terríveis.

M. Courteville estava ansioso em me persuadir a fazer contato com a North American Newspaper Alliance, levantar fundos para uma expedição e voltar para encontrar o velho.

422 A EXPEDIÇÃO FAWCETT

— Eu não sabia nada a respeito do coronel Fawcett até chegar aqui — ele explicou. — Caso soubesse, poderíamos tê-lo trazido conosco. De qualquer modo, não deve ser difícil encontrá-lo se voltarmos. Há muito poucos gringos naquela região.

Eu fiquei cético, mas relutei em descartar a história, no caso de ser verdadeira. Afinal de contas, *podia* ser! Contudo, a NANA não pensou assim e os fundos não surgiram. Ainda não havia chegado o apogeu das grandes expedições de "resgate" com financiamento farto, aparato cinematográfico e rádios bidirecionais.

No ano seguinte, a NANA organizou uma grande expedição para investigar o destino do meu pai, liderada pelo comandante George Dyott (a quem eu conheci no Peru em 1924) e que partiu de Cuiabá em maio de 1928. Eles fizeram uma jornada até o rio Kuliseu, chegando a uma aldeia dos índios nafaqua. Na oca do cacique Aloique, o comandante Dyott viu uma caixa de metal para uniformes, e o filho do cacique tinha no pescoço um cordão com uma plaqueta de latão com o nome do fabricante desse baú, Silver & Co., de Londres.

Aloique disse que a caixa lhe foi dada por um caraíba que chegara com dois outros, mais jovens, ambos mancos. Os três foram levados por Aloique a uma aldeia kalapalo, no rio Kuluene. Eles cruzaram o rio e seguiram na direção leste. Durante cinco dias, os índios viram a fumaça das fogueiras dos acampamentos e, depois, nada mais.

A expedição Dyott retornou sem provas de nada — nem mesmo de que o grupo de Fawcett estivera ali, porque, apesar de o baú de uniformes — identificado pelo fabricante — pertencer ao meu pai, ele havia sido descartado em 1920. O comandante Dyott acreditava que o meu pai tinha sido morto; mas eu apresentei as evidências e deixo o julgamento a cargo do leitor. Nós, da família, de modo algum pudemos aceitar isso como conclusivo.

A expedição seguinte para esclarecer o mistério foi liderada por um jornalista, Albert de Winton; em 1930, ela chegou à mesma aldeia kalapalo em que De Winton acreditava que o grupo de Fawcett tinha sido morto. Ele nunca saiu de lá vivo e nada foi provado.

EPÍLOGO **423**

Houve uma sensação em 1932, quando um caçador suíço chamado Stefan Rattin saiu de Mato Grosso com uma história de que meu pai era prisioneiro de uma tribo ao norte do rio Bonfim, um tributário do São Manoel. Rattin afirmou ter conversado com ele e esta foi a sua declaração:

Perto do pôr do sol de 6 de outubro de 1931, eu e meus dois companheiros estávamos lavando nossas roupas num riacho (um tributário do rio Iguaçu Ximary), quando subitamente vimos que índios nos cercavam. Fui até eles e perguntei se podiam dar-nos alguma *chicha*. Tive alguma dificuldade em me comunicar, já que não falavam guarani, apesar de entenderem umas poucas palavras. Eles nos levaram até o seu acampamento, onde havia cerca de 250 homens e muitas mulheres e crianças. Todos estavam acocorados bebendo *chicha*. Sentamos com o cacique e aproximadamente trinta outros.

Depois do pôr do sol, de repente apareceu um velho vestido com peles, com uma longa barba meio branco-amarelada e cabelos compridos. Imediatamente vi que era um branco. O cacique lançou-lhe um olhar severo e falou alguma coisa para os demais. Quatro ou cinco índios deixaram o nosso grupo e fizeram o velho sentar com eles a alguns metros de nós. Ele parecia bastante triste e não conseguia tirar os olhos de mim. Nós ficamos bebendo a noite inteira e, ao amanhecer, quando a maioria dos índios, incluindo o cacique, dormia profundamente, o velho veio até mim e perguntou se eu era inglês. Ele falava em inglês. Eu respondi:

— Não, suíço.

— Você é amigo? — ele perguntou, então.

— Sim.

— Sou um coronel inglês. Vá até o consulado inglês e peça-lhes para dizer ao major Paget, que tem uma fazenda de café no estado de São Paulo, que eu sou prisioneiro aqui.

Eu prometi que sim e ele disse:

— Você é um cavalheiro — e apertou a minha mão.

424 A EXPEDIÇÃO FAWCETT

O velho perguntou se eu tinha algum papel e levou-me para a sua tenda. Vários índios que o estavam observando nos seguiram. Ele me mostrou quatro blocos de madeira nos quais havia feito desenhos toscos com uma pedra afiada. Eu os copiei da melhor maneira que pude. Então, notei que as costas das suas mãos estavam bastante arranhadas e mandei um dos meus companheiros buscar um pouco de tintura de iodo que havíamos trazido. Ele passou nas mãos e, quando os índios viram isso, tiraram a solução dele e começaram a se pintar com ela.

O cacique e a maioria dos demais continuavam dormindo e pude perguntar ao velho se ele estava sozinho. Ele disse algo a respeito do filho dormindo e começou a chorar. Ele não mencionou mais ninguém e não tive coragem de perguntar mais. Ele, então, me mostrou um medalhão de ouro que usava numa corrente no pescoço. Dentro havia a fotografia de uma senhora com um grande chapéu e duas crianças pequenas (com algo entre seis e oito anos). Ele usava quatro anéis de ouro; um com uma pedra vermelha, um com uma pedra verde e um leão gravado nele, um bastante fino com um pequeno diamante e um anel de serpente com dois olhos vermelhos. Ele tem aproximadamente 65 anos, com cerca de 1,80 m e uma forte compleição. Tem olhos azul-claros com um leve traço amarelado, cílios castanhos e uma pequena cicatriz sobre o olho direito. Ele parecia bastante deprimido, mas com pleno domínio das suas faculdades. Parecia estar bem de saúde — nem muito gordo, nem muito magro.

Pouco após o nascer do sol, voltamos para as nossas duas mulas e deixamos o acampamento. Cerca de cinquenta indígenas nos seguiram até o meio-dia. Não achei bom fazer perguntas, mas tentei descobrir com eles o que o velho estava fazendo ali. Tudo o que disseram foi '*Poschu demas*', o que, aparentemente, significa 'homem mau'. Viajamos por seis dias na direção sul e... cheguei a Barreto via Goiás...

Nunca ouvi falar do coronel Fawcett até chegar a Barreto.

O depoimento acima é a declaração oficial feita ao cônsul-geral britânico no Rio de Janeiro; e, mais tarde, Rattin foi interrogado pelas autoridades brasileiras.

EPÍLOGO **425**

O relato mereceu crédito principalmente devido à menção ao "major Paget"; mas, para mim, não foi convincente. O grande amigo do meu pai era Sir Ralph Paget, ex-embaixador britânico no Brasil, mas Sir Ralph tinha voltado para a Inglaterra havia muito tempo e, antes de eu partir para o Peru, lembro do meu pai visitando-o em Sittingbourne, Kent. Acredito que Rattin estivesse essencialmente falando a verdade, mas a identidade do velho eu não posso aceitar.

A barba do meu pai seria acinzentada, e não branco-amarelada, e se ele tivesse cabelos longos isso seria um tanto surpreendente dada a sua calvície precoce. Por que ele falaria em inglês a Rattin — que conhecia tão pouco a língua a ponto de a declaração acima ter sido feita em alemão? O lógico seria conversar em português, língua na qual ambos, presumivelmente, eram igualmente fluentes. O velho disse que o filho estava "dormindo" e chorou. Tanto a fala quanto a emoção são profundamente atípicas do meu pai. Não creio que ele algum dia tenha tido um medalhão como o descrito por Rattin — e, certamente, nunca usou uma coleção dessas de anéis. A estatura mencionada é pequena. Meu pai tinha bem *mais* que 1,80 m — mas, de toda forma, a declaração não é positiva. Seus olhos não eram azuis; eram cinza-metalizado e, às vezes, quase esverdeados. Seus cílios não eram castanhos, e sim marrom-acinzentados. Quando partiu da Inglaterra não tinha cicatriz sobre nenhum olho. E por que — por que o velho não falou seu nome?

As regiões fronteiriças à civilização, onde vivem as "tribos degeneradas" — como meu pai as chama —, são frequentemente visitadas por homens brancos — garimpeiros, caçadores, fugitivos, naturalistas, botânicos etc. O próprio Rattin estava perambulando por ali! É bem possível que algum branco de fato estivesse mantido prisioneiro por esses índios, mas há muitos motivos para duvidar que fosse P. H. F.

Rattin não fez exigências financeiras nem buscou publicidade. Desencorajou quaisquer tentativas de organizar uma expedição de resgate oficial e partiu ele próprio para trazer de volta o velho. "O coronel inglês vai me recompensar depois", disse.

Nunca mais se ouviu falar dele — mas, no caminho, Rattin passou pela fazenda do senhor Hermenegildo Galvão, o amigo do meu pai. Em

426 A EXPEDIÇÃO FAWCETT

8 de julho de 1932, o senhor Galvão escreveu à minha mãe, referindo-se às expedições despreparadas que mencionei anteriormente:

> Essas expedições são consideradas científicas, mas não passam de grupos de aventureiros que, ao mesmo tempo que dizem estar procurando pelo seu marido, fazem uma espécie de piquenique e não as levam com seriedade. Esse é o caso do caçador suíço Rattin, que, ao chegar recentemente e ser informado da direção que o coronel Fawcett seguiu, tomou uma direção totalmente diferente, deixando Cuiabá via Rosário e, então, Diamantino; e, desta última cidade do Mato Grosso, ele partiu para o rio Arinos, onde embarcou numa canoa com seus dois companheiros. Este rio é um tributário do Juruena, que é o principal tributário do grande Tapajós, que por sua vez é um tributário do Amazonas. Essa expedição não tem como fornecer qualquer notícia real sobre o seu marido...
>
> O coronel Fawcett... quando estava prestes a iniciar essa última expedição... me informou do curso que deveria seguir e, como observei que todos que vêm aqui procurá-lo não seguem essa rota, e quando a seguem não fazem nenhuma real tentativa de descobrir a verdade — nem procuram descobrir nada a respeito junto aos índios dessas regiões —, resolvi me colocar à sua disposição para comandar uma expedição para encontrar o paradeiro do grupo...

Em junho de 1933, o secretário da Sociedade Geográfica Real entregou à minha mãe um pacote com uma bússola pertencente a um teodolito que havia sido identificada pelo fabricante como fazendo parte de um instrumento fornecido ao meu pai em Devonshire em 13 de fevereiro de 1913. A bússola estava dentro de uma caprichada caixa feita com alguma madeira sul-americana e na tampa havia uma nota com estas palavras:

> *Teodolito Bússola*. Encontrado perto do acampamento dos índios bacairys do Mato Grosso pelo coronel Aniceto Botelho, falecido deputado daquele estado, e entregue por ele ao inspetor dos índios, dr.

EPÍLOGO **427**

Antonio Estigarribia, que o repassou a Frederick C. Glass (missionário) em 14 de abril de 1933. A caixa foi feita pelo dr. Estigarribia.

O sr. Glass enviou a bússola ao sr. A. Stuart McNairn, da União Evangélica da América do Sul, residente em Londres, e, assim, chegou às mãos do secretário da Sociedade Geográfica Real.

A importância dessa descoberta está no fato de que não existe nenhum registro de P. H. F. ter estado em contato com os bacairys antes da última viagem, quando, como você irá se recordar, ele falou com Roberto, um índio bacairy, sobre a cachoeira com as inscrições. Roberto disse-lhe que sua tribo vivia "bem ao norte", possivelmente na rota planejada por meu pai.

A bússola estava em perfeitas condições e, obviamente, não tinha sido exposta ao clima por bastante tempo. Também havia indicações de que estivera em posse de alguém que entendia esses instrumentos. A conclusão tirada por minha mãe foi a de que o próprio P. H. F. colocou essa bússola no caminho do coronel Botelho, que ele sabia estar nas cercanias, com a intenção de ser encontrada e identificada. A pretendida mensagem a ser transmitida a ela era que o trabalho fora completado e que P. H. F. estava pronto para voltar com suas provas — possivelmente uma grande placa rochosa com inscrições — e precisava de um pequeno grupo de apoio para ajudá-lo. Ele discutiu semelhante possibilidade com a minha mãe em 1924.

A minha opinião é que a bússola foi deixada na região durante o retorno em 1920, quando a morte dos animais de carga forçou o abandono de todas as coisas não essenciais. Pode ter sido deixada como um presente num dos postos em que meu pai e Felipe foram bem acolhidos, ou pode ter sido encontrada por índios curiosos examinando os recém-abandonados acampamentos.

Em julho de 1933, surgiu o relato de uma expedição ao rio Kuluene por Virginio Pessione. Ele foi enviado ao presidente da Sociedade Geográfica Real pelo Monseigneur Couturon, Administrateur Apostolique, da Missão Salesiana em Mato Grosso.

428 A EXPEDIÇÃO FAWCETT

... Chegamos à propriedade Rancharia, localizada na margem esquerda do rio São Manoel, um afluente do rio Paranatinga, onde passamos a noite. Ali, soubemos da existência de uma índia da tribo nafaqua do Cuycuru, acompanhada pelo filho e por outro índio da tribo kalapalo que morava na propriedade aproximadamente havia um ano.

Fomos informados pelos donos da casa que essa índia, após aprender algumas palavras de português, deu a entender que desejava contar sobre a existência, por vários anos, de homens brancos em meio à tribo aruvudu, que mantinha amizade com a sua. Na manhã seguinte, tivemos a oportunidade de ouvir a história dessa mulher — ela fazendo-se entender por gestos, e com a ajuda de um índio bacairy funcionário da propriedade que falava português.

Antes do seu filho desmamar, ela disse, vieram pelo rio Kuluene de canoa à aldeia da sua tribo *três homens brancos*. Um deles era velho, alto, com olhos azuis, barba e careca; outro era um jovem que ela nos deu a entender ser filho do primeiro; e o terceiro, um homem branco de mais idade. Vimos o filho da mulher, que ainda ficava no colo na época da chegada desses homens à aldeia, e julgamos que devia ter por volta de nove anos. Tocando nossas mãos, e com sinais e tentativas de palavras, ela deu a entender que o mais velho dos homens brancos tinha na mão direita um grande anel — muito grande — e um outro mais fino no dedo indicador. Aquele que ela chamava de filho do mais velho tinha na cabeça um capacete colonial similar aos que estávamos usando; e o homem de idade — Pai Caraíba, como ela o chamava — usava um chapéu de feltro como o do senhor Becerra (o dono da casa). Ela disse ter visto os três constantemente, sempre que visitava a tribo aruvudu, e que aproximadamente um ano atrás eles estavam vivos e bem.

Os homens brancos falavam todas as línguas das tribos amistosas e o Caraíba — aquele com a barba branca comprida — agora é cacique dos aruvudus; e o seu filho casou com a filha do cacique Jeruata. Quando os viu pela última vez, contou a índia, a mulher do filho carregava no colo um menino, completamente nu e ainda bem pequeno, com olhos azuis (ela apontou o jeans azul de uma das pessoas

EPÍLOGO   **429**

presentes) e cabelos da cor do milho (indicou algumas espigas que estavam num canto).

Os caraíbas, ela prosseguiu, passam seu tempo numa pequena área de terra arável e caçam e pescam. Em particular, vão de uma aldeia à outra e têm o hábito de juntar as crianças e fazer desenhos na areia. Essa última informação nos lembrou de que, nas proximidades da corrente rápida em que o Kuluene passa por trechos da Serra Azul, tínhamos visto marcas feitas nas árvores possivelmente por alguma ferramenta de pedra — marcas que lembravam letras do alfabeto e que pareciam ter sido talhadas dois anos antes. Ela disse que o caraíba chefe e os outros homens brancos eram muito estimados e bem-cuidados pela tribo. Quando indagada por que os homens brancos não fugiam, ela respondeu vagamente que não havia mais balas para suas armas e acrescentou, de maneira mais coerente, que onde eles viviam existiam tribos bastante ferozes nas vizinhanças — suiás e caiapós — e que até mesmo os índios amistosos iriam matá-los caso tentassem partir, porque eram sempre vigiados e seguidos aonde quer que fossem...

A mulher foi, então, indagada sobre a melhor maneira para que pessoas civilizadas pudessem chegar a eles e respondeu com uma longa explanação acompanhada por muitas pantomimas. Era necessário passar por muitas tribos antes de chegar aos aruvudus. A narrativa chega ao fim:

Explicando e fazendo gestos, ela bateu o pé no chão e declarou impetuosamente que os homens brancos estavam em segurança e continuavam lá. Cada um de nós a fez repetir tudo várias vezes, e a cada vez ela dava a mesma informação precisa, particularmente no ponto em que insistia que os homens brancos ainda estavam com a tribo aruvudu...

Há coisas nesse relato que certamente indicam que os homens brancos poderiam ser meu pai, Jack e Raleigh. "Juntar as crianças e fazer desenhos na areia" não apenas seria a mais fácil forma de expressão para dois artistas, casos de meu pai e meu irmão, como também me lembro bem da incapacidade de Jack de passar por uma faixa de areia

430 A EXPEDIÇÃO FAWCETT

limpa sem procurar um graveto e fazer desenhos! A caminhada até uma canoa pode ter sido imposta pela persistência da dificuldade de locomoção de Raleigh após o último dos animais ter sido deixado para trás. Na descrição deles fornecida pela mulher há duas discrepâncias. Meu irmão não tinha um capacete colonial — todos os três usavam Stetsons. Além disso, Raleigh não era "de mais idade" que Jack, embora a debilidade prolongada pudesse dar essa impressão. De qualquer modo, as discrepâncias não têm muita importância. É demais esperar exatidão completa da mulher e há espaço para falhas de comunicação realizada principalmente por sinais.

Ouvi dizer que os índios selvagens gostam de manter homens brancos cativos. Aumenta seu prestígio junto às tribos vizinhas e o prisioneiro, geralmente bem-tratado, mas atentamente vigiado, ocupa uma posição similar à de um mascote. Viajantes brancos em geral têm um bom conhecimento prático de medicina, que é útil à tribo. Além disso, um homem de personalidade forte pode persuadir os índios a considerá-lo, no devido tempo, seu líder. Soube de um caso desses no Peru, em que um inglês se tornou quase um rei local, com autoridade sobre uma grande área. Naturalmente, os índios não se dispõem a deixar seu mascote, médico e líder partir!

O sr. Patrick Ulyatt retornou do Mato Grosso em 1935 e, numa carta à minha mãe, disse:

Apesar de não ter prova e de não desejar que você pense que tenho, ainda mantenho a crença de que uma pessoa do grupo do seu marido está viva. Digo isso baseado apenas em vagas informações reunidas no Mato Grosso. Não tenho como fundamentar nada e, pelo momento, prefiro não dar garantias. Meu irmão concorda com isso. Todavia, é interessante acrescentar que acredito, agora mais do que nunca e com ainda mais força, na Cidade Perdida do seu marido...

Eu tenho que voltar. Talvez seja duro compreender. Passamos por muitas dificuldades, mas *tenho que voltar*, ainda que vá sozinho...

EPÍLOGO   431

Ele e seu irmão Gordon partiram pelo rio Jamari, um tributário do Madeira, subindo na direção do rio Machadinho. Os dois quase entraram num acampamento de índios bocas-pretas; e, então, viram-se cercados por selvagens, que se recusaram a permitir que avançassem mais e só os deixaram escapar depois que os Ulyatts lhes deram toda a sua bagagem e partiram somente com espingardas, empunhadas de trás para a frente como sinal de paz. Esses selvagens estavam preocupados em impedir que os Ulyatts atravessassem seu território. Por quê? Após muitas aventuras, eles tiveram sorte o bastante para emergir mais uma vez, e até mesmo decidiram retornar. O sr. Ulyatt disse que os seringueiros, que viviam na mata, sabiam muita coisa sobre o meu pai, embora desconhecessem sua identidade, e que a área em que acreditavam que ele estivesse era cercada por tribos inamistosas.

Em 13 de fevereiro de 1944, recebi um telefonema interurbano de São Paulo. No outro lado da linha, entrecortada e cheia de ruídos, estava o senhor Edmar Morel, jornalista da Agência Nacional, que me disse ter com ele um menino indígena chamado Dulipe, na verdade um menino branco, que era *filho do meu irmão Jack*. Eu, na época, estava em Lima, Peru, e com os ruídos na ligação, devido ao mau tempo, e o som tênue do português pouco familiar do senhor Morel tive dificuldades para compreender tudo o que foi dito. Mas o que entendi foi que o menino estava pronto para ser embarcado no próximo avião para o Peru tão logo eu o aceitasse! O jornalista havia trazido o menino da tribo kuikuro, na região do Xingu, onde provas conclusivas tinham sido obtidas do extermínio do grupo do meu pai.

Eu não estava nem um pouco preparado para engolir tudo isso, porque não era a primeira vez que ouvia falar em Dulipe. Em 1937, minha mãe recebeu uma longa carta da srta. Martha Moennich, uma missionária recém-chegada do Xingu que enviou uma série de excelentes fotografias de um "menino branco" chamado Duh-ri-pe com a tribo kuikuro. "Na primavera de 1925, o grupo de três partiu de Cuiabá para a nascente do Xingu", escreveu a srta. Moennich (ela se referia ao grupo do meu pai). "Eles seguiram pelo Planalto Central até o rio Kuliseo via

432 A EXPEDIÇÃO FAWCETT

Paranatinga. Por canoa, continuaram a jornada fluvial de nove dias até a primeira aldeia — dos nafaquas. Ali, o coronel deixou o seu baú do Exército com o cacique Aloique e viajou por terra na direção norte, rumo aos índios kuikuros no rio Kuluene, levando apenas o mínimo necessário...

"Pouco depois de entrar no Xingu, Raleigh Rimell morreu devido à febre e às picadas de insetos. O coronel e Jack permaneceram com a tribo kuikuro por um ano, e os índios os trataram bem (tanto quanto se podia esperar de um povo tão primitivo que nada tinha a oferecer). Enquanto isso, um filho menino nasceu na floresta, e embora a mãe indígena e Jack tenham morrido, o pequeno foi cuidado pelo pai adotivo indígena e por seus parentes da melhor maneira que podiam.

"Antes disso, o coronel e Jack decidiram ir para o rio das Mortes, numa última busca pelo seu objetivo. Deixando os kuikuros, eles caminharam até os kalapalos, na direção sudeste, onde um grupo de índios os acompanhou por alguns dias após atravessarem o rio Kuluene. Quando acabou a reserva de feijões e mandioca, os kalapalos, por sinais, imploraram aos dois homens para voltar à aldeia, indicando que era um esforço inútil aventurar-se numa região que significaria morte certa. Eles também perderam peso e não podiam prosseguir. Contudo, ainda com espírito determinado, e apesar da condição enfraquecida devido a incontáveis privações, pai e filho foram em frente — sem comida, sem remédios, sem roupas de reserva etc. Então, veio o momento fatal. Eu e meus três colegas compreendemos, pela dramática representação de nosso índio waura, que o ato criminoso não foi realizado num espírito de traição (como teria sido caso a situação fosse protagonizada pelos selvagens caiapós e caxibis), mas devido a um sentimento misto de pena e provocação; de pena porque os índios perceberam que a morte deles era inevitável, e de provocação porque não agiram em conformidade com o seu bem-intencionado apelo.

"Nosso grupo de quatro tem estado com os kuikuros e alguns de nós caminharam até os kalapalos. De fato, fizemos contato com nove das onze tribos. Andamos onde o coronel andou, sentamos onde ele sentou...

"Quanto ao menino: ele é totalmente branco e rosado. Seu corpo é frágil e seus olhos azuis sofreram com o castigo do sol tropical. Na sua natureza dualista, há claros traços de reserva britânica e de porte militar, enquanto o lado indígena se manifesta na sua transformação em um pequeno menino das selvas à visão de um arco e flecha ou de um rio...

"O Rev. Emil Halverson descobriu o menininho em 1926, quando era um bebê. Em 1934, o vimos novamente..."

Nas fotografias enviadas pela srta. Moennich, o menino certamente parece filho de um homem branco, mas os olhos apertados e as sobrancelhas pálidas são de um albino. Albinos não existem entre as tribos selvagens isoladas — e, de acordo com P. H. F., tampouco rebentos "brancos" com olhos azuis e cabelos castanhos. No entanto, Dulipe pode ser meio branco, tendo como pai um dos andarilhos brancos que circulam por essas áreas semicivilizadas. Por que Jack deveria ser o pai? De toda forma, de modo algum é seguro que pudesse ter sido — tudo dependendo, naturalmente, de quando a criança nasceu. É preciso ter em mente que Jack era totalmente virgem e nem um pouco interessado em mulheres, civilizadas ou selvagens. Ultimamente, tornou-se comum creditar a ele o comportamento de um soldado faminto por sexo; as pessoas que agora espalham essas histórias aparentemente consideram essa atitude como uma inevitável característica dos homens!

O trecho sobre Aloique e a caixa de uniformes é similar ao relato do comandante Dyott e pode ser descartado por motivos já apresentados.

Meu pai inequivocamente afirmou que *não* iria na direção do rio das Mortes, porque não era inexplorado e não tinha interesse nele, contudo, muitos dos relatos insistem em colocá-lo nesse rumo. O sugestivo nome do rio parece tornar isso irresistível!

O telefonema do senhor Morel não me surpreendeu. Minha opinião na época foi a de que, quem quer que o menino Dulipe fosse, seria um ato insensato tirá-lo da sua casa na tribo e condená-lo às maldições da civilização. Mas o menino fora tirado de lá — o dano já tinha sido feito — e o constrangedor problema do seu futuro bem-estar seria convenientemente resolvido se eu pudesse ser convencido a aceitá-lo como sobrinho. Eu antevi a possibilidade de esse menino selvagem ser colocado num voo internacional e mandado para os meus cuidados sem um pedido de per-

434 A EXPEDIÇÃO FAWCETT

missão; assim, com a ajuda de amigos em círculos diplomáticos, impedi o risco. Enquanto isso, minhas enfáticas negativas de parentesco foram publicadas na imprensa brasileira e, depois que a excitação temporária se desvaneceu, não ouvi mais do pobre Dulipe. Pelo bem do menino, espero que tenha sido devolvido à tribo e à vida que conhecia.[37]

Por volta da mesma época, relatou-se que um oficial do Exército brasileiro havia encontrado uma bússola e um caderno de anotações com o nome do meu pai nele. Tendo esperado ouvir algum dia a notícia da descoberta do diário da última viagem de P. H. F., pedi a um amigo que tentasse obter os objetos para identificação. Felizmente, o meu amigo teve êxito na tarefa e eu recebi o material para inspeção. A bússola era um brinquedo, daqueles que uma criança usa para brincar ou que um homem põe na corrente do relógio; e o caderno continha escritos religiosos com rabiscos a lápis. O que supostamente seria o nome do meu pai não se confirmou. Minha opinião é que o caderno pertencera a um missionário; com certeza, não tinha qualquer ligação com nenhum dos três integrantes do grupo de Fawcett. Devolvi-os com essas observações; mas ainda se referem a eles como pertencentes ao coronel Fawcett!

De tempos em tempos, houve outras expedições, assim como comunicados isolados sobre a descoberta de esqueletos e cabeças encolhidas. Para mencionar todas as tentativas — genuínas ou meras suposições — de elucidar o "Mistério Fawcett", seria necessário muito espaço; e, de qualquer maneira, não tenho seus registros disponíveis. É suficiente dizer que aquelas não mencionadas aqui têm pouca importância e parte da minha opinião está adequadamente expressa nas palavras do senhor Galvão.

---

[37] Em fevereiro de 1952, depois que isso foi escrito, a verdade sobre Dulipe foi publicada pelo *Diário da Noite* e por *O Jornal*, dois dos maiores jornais do Rio de Janeiro, sob o título "Crepúsculo dos deuses". O menino realmente é um albino. Seus pais são conhecidos e ele não possui sangue branco. Os defeitos físicos típicos dos albinos o tornaram inútil para os kuikuros e para as demais tribos amistosas do Xingu. Rejeitado e desprezado, ele foi usado para alimentar uma farsa jornalística. O ex-"Deus Branco do Xingu" vive em Cuiabá e as últimas notícias a seu respeito dão conta de que caiu no mau caminho. [*N. do Org.*]

EPÍLOGO **435**

A mais recente notícia foi publicada na imprensa europeia em abril de 1951, mas data de seis meses antes, quando o senhor Orlando Villas Bôas, da Fundação Brasil Central, conseguiu "confissão" de Izarari, cacique dos kalapalos, dramaticamente feita em seu leito de morte, segundo a qual ele havia matado a golpes de borduna Fawcett e seus dois jovens acompanhantes. Ele disse que os três brancos chegaram com Aloique, cacique dos nafaquas, e que o filho do velho manteve relações com uma das mulheres de Izarari. Então, no dia seguinte, o velho exigiu carregadores e canoas para a sua jornada e, com a recusa do pedido devido a conflitos intertribais, ele esbofeteou Izarari! O enfurecido cacique pegou sua borduna e massacrou o velho branco. Na mesma hora, os dois jovens brancos o atacaram, mas logo também acabaram mortos pela pesada borduna.

Izarari tinha um filho, Yarulla, com vinte e poucos anos, chamado por seus companheiros de "Caraíba". Sua pele era mais clara que a dos outros — era como se tivesse sangue branco nas veias. Ah! — a resposta era óbvia, ele era filho de Jack Fawcett![38]

Comatzi, que se tornou cacique com a morte de Izarari, depois de muita persuasão foi convencido a mostrar a sepultura do explorador assassinado e ossos, que agora já passaram por exames, foram retirados. Os corpos dos jovens foram atirados no rio, disse Comatzi. De qualquer forma, não foram encontrados.

Os ossos foram examinados por uma equipe de especialistas do Instituto Real de Antropologia, em Londres, que declarou que não são os do meu pai. Não se descobriu a quem pertencem e há certa dose de dúvida se são de um homem branco. O "Mistério Fawcett" prossegue e o leitor, que tem todo o background se leu até aqui, pode formar a sua própria opinião. A minha pode ser dada de maneira breve.

Uma possibilidade que poderia ter induzido o grupo a rumar para território dos kalapalo, na direção oposta da rota planejada, é a seguinte. Vamos supor que, após deixar o Acampamento Cavalo Morto, a perna feri-

---

[38.] Dizem-me que Izarari tinha sangue branco. Seu filho, Yarulla, um jovem tímido e belo, se destaca entre os kalapalos. Quando perguntei ao sr. Villas Bôas se acreditava que Yarulla era meu "sobrinho", o grande sertanista respondeu dizendo ter certeza que não. [*N. do Org.*]

436 A EXPEDIÇÃO FAWCETT

da de Raleigh não sarou — ou infeccionou-se pelos incessantes ataques de insetos. Depois de uma ou duas semanas, os animais não puderam seguir, por falta de comida, e o grupo pôs as mochilas nas costas e dirigiu-se a pé na direção do Xingu. Pouco antes de chegar ao rio, Raleigh prostrou-se com sepse, algo que pode facilmente ocorrer a partir de qualquer infecção superficial na América do Sul tropical, como eu muito bem sei. Havia uma pequena esperança de salvá-lo, e essa era tirá-lo dali a tempo. Era impossível retornar pelo caminho do Acampamento Cavalo Morto e do Posto Bacairy, porque Raleigh não podia andar e só conseguia mover-se com o apoio dos outros. Felizmente, eles não estavam longe do Xingu e, depois de muitas dificuldades, os três alcançaram a margem do rio. Mais uma vez tiveram sorte; encontraram um grupo de bacairys. Eles tinham várias canoas e trocaram uma delas pelo único equipamento que o grupo podia descartar — os instrumentos científicos.

O rio Xingu junta-se ao Kuluene e este estende-se para o sul — na direção de Cuiabá — mais do que qualquer outro dos afluentes. Subir o Kuluene pode não ser possível para apenas dois homens com a companhia de um terceiro adoentado, mas, caso conseguissem fazer isso, metade da distância de volta à civilização poderia ser coberta — e, como Raleigh não podia ser carregado, uma canoa era a única saída. Se tivessem feito isso, a jornada os teria levado aos kalapalos, na junção dos rios Kuluene e Tanguro...

Ou pode ser que Raleigh se recuperou após a saída do Acampamento Cavalo Morto e os três seguiram na direção planejada, apenas para descobrir que era impossível passar pelos temíveis morcegos. Após repetidas tentativas, eles foram forçados a desistir. Se conseguissem uma canoa, poderiam decidir voltar pelo rio...

Outra possível explicação é que fizeram descobertas importantes na cachoeira — tão valiosas que a urgência de revelá-las colocou em segundo plano a intenção imediata de chegar a Z. Poderia ter havido, então, motivos para que saíssem pelo rio e passando pelos kalapalos...

O que estou procurando, entenda, é uma explanação para a sua possível presença na região do Kuluene. Ainda não estou preparado para aceitar que eles *estiveram* lá. Seria bem mais razoável supor que, se acabaram mortos por índios, foi por alguma tribo selvagem e sem contato, como os morcegos, e não pelos semidomesticados índios dos rios, por cujas aldeias missionários e exploradores não tinham dificuldade em passar. Naturalmente, se o meu irmão cultivava o hábito de seduzir mulheres dos caciques e se o meu pai estapeava o rosto dos chefes, haveria grandes riscos para eles por parte de quaisquer tribos, por mais amistosas que fossem. Semelhantes histórias, claramente ridículas, podem surgir por inveja. Um homem tão profundamente oposto à violência para com os índios a ponto de permitir que ele e seu grupo se tornassem alvo de flechas envenenadas por um bom tempo, recusando-se a retaliar, não é um homem que deliberadamente oferece um insulto mortal a um cacique!

Ainda há outra possibilidade. Eles podem ter conseguido atravessar a barreira de tribos selvagens e alcançado o seu objetivo. Se foi esse o caso, e se é verdadeira a tradição oral de que os últimos remanescentes da raça pré-histórica realmente protegeram seu santuário cercando-se com ferozes selvagens, que chance haveria de retornar — desse modo rompendo o segredo secular tão fervorosamente preservado?

Até o momento em que escrevo estas palavras, o destino do meu pai e dos outros dois continua um mistério. É possível que o enigma jamais seja resolvido; é possível também que não seja mais um mistério quando este livro chegar às mãos dos leitores. Ele conhecia os riscos que enfrentava melhor do que qualquer outro homem civilizado e admitia que havia obstáculos tremendos contra o seu regresso.

"Se não voltarmos", lembro-me dele dizendo, "não quero que grupos de resgate partam à nossa procura. É muito arriscado. Se, com toda a minha experiência, não tivermos sucesso, não há muitas esperanças para outros. Esse é um dos motivos pelos quais não conto exatamente para onde estamos indo.

"Se atravessarmos e novamente emergirmos ou se deixarmos nossos ossos para apodrecer ali, uma coisa é certa. A resposta para o enigma da América do Sul pré-histórica — e, talvez, do mundo pré-histórico — pode ser encontrada quando aquelas cidades antigas forem localizadas e abertas à pesquisa científica. Que as cidades existem, eu sei..."

ÍNDICE REMISSIVO E GLOSSÁRIO

A

abelhas, 105, 186, 187, 191, 318, 419

Abuná, rio, 48, 95, 102-103, 107, 131, 133-136, 141-142, 171-172

açoite, 94, 98-101, 153-154, 158, 198, 265-266

Acre, rio, 48, 82-83, 93, 95, 97, 102-103, 406, 109-110, 112-113, 115, 116,117, 118, 120-121, 122, 123, 124, 130, 131, 134, 135, 136, 169-170, 171, 246

África, 40, 44-45, 178, 229-230, 347-348, 373

Aguapé, serra do, 181-182, 192

aimarás, índios, 232-233, 356, 385

aimorés, ou botocudos, índios, 329, 345, 364-365, 373

álcool, 43, 63, 78-79, 97, 131-132, 135-136, 143, 145, 146, 153, 158, 161-162, 165, 179, 180-181, 197, 207, 224-225, 242-243, 269, 277, 328, 375-376, 386-387, 389-390, 399

Aloique, cacique dos nafaquas, 422, 431-432, 433, 435

Altamarani, 84, 85-86, 87-88

altiplano, planalto andino elevado, 62, 67, 69, 71, 82-83, 167-168, 227, 231-232, 234, 243, 247, 256-257, 282-283, 350, 381, 383

Álvares, Diogo, 23, 25, 37

amazonas, 358, 376-377

Amazonas, rio, 48, 75, 117, 118, 350-351, 358, 359, 360, 364, 365, 368, 370, 376-377, 379-380, 382, 425-426

amendoins, 293-295, 300-301, 334

Andes, 17, 48, 55, 60-61, 122-123, 214, 215, 235, 238, 250, 255, 275, 349-350, 356, 359-360, 367, 368, 380, 384

antas, 117, 226, 267, 316

Antofagasta (Chile), 183, 260, 261

Antofagasta-Bolívia, ferrovia, 55-56, 276

Apolo (Bolívia), 167, 237-238, 241-243, 253, 265-266

Araguaia, rio, 138, 319, 379-380, 390-391, 392-393

aranhas, 85, 114, 201, 287-288, 403

arawaks, ou aruaques, 370

Arequipa (Peru), 57, 58, 61, 167, 256, 257-258

Argentina, 48, 173, 208, 231

Aricoma, passagem, 214

arraias, 53-54, 91, 102-104, 117, 162-163, 185

arriero, condutor de animais

aruvudu, índios, 428, 429

Assunção (Paraguai), 173-176, 194, 198, 208

Astillero, 91, 216, 217-218, 219, 226, 228, 229

Asuriama, 243-244, 262, 263, 264

Atlântida, 42

atrocidades (contra índios), 89-90, 101,152, 153-154, 163, 167, 169, 174, 386

autóctones (da América), 36, 353, 364-365, 366

B

Bacairy, posto, 409, 412, 414, 417, 436

bacairys, índios, 415, 416, 418, 426, 427, 435-436

Bahia (Salvador), cidade e Estado, 23-25, 35, 92, 95, 180, 324-326, 327, 328, 343-344, 346, 347, 351, 372, 373, 374, 380, 386, 390-391, 392

bañados, áreas de terra periodicamente inundada

bandeirante, 391

bandeiras, 25, 26-27, 53, 373, 375, 380

Barbados, rio, 182-183, 199, 200, 288-289

barbaros (ver selvagens)

batelón, um barco fluvial precário

Beni, rio, 48, 66, 67, 72, 77, 78-79, 82, 85-86, 88-90, 92-94, 98-100, 117, 141, 145, 152, 154-155, 157, 168, 171, 228, 244, 260-261, 381, 388

440 A EXPEDIÇÃO FAWCETT

beribéri, 78-79, 95, 97, 107, 144
Bingham, prof. Hiram, 245
biólogo, 243, 247-248, 251-252, 253, 255, 260-261
Boa Nova, 330-331, 333-337
Bolívia, 12, 45, 47-49, 60-61, 69, 76, 81, 82, 92, 103-104, 106, 112-113, 116, 125-126, 141, 145, 153-154, 158, 164--165, 168, 171-172, 175-176, 178-180, 183, 191, 195, 209, 213, 216, 231-232, 237-238, 250, 254, 255, 272, 276-278, 282-285, 300, 336-337, 356, 359, 361, 365, 368, 375, 379-381, 385-388, 404, 408
borboletas, 182, 244
bororos, índios, 195
borracha, 11, 17, 19, 47-49, 66, 68, 74-78, 82, 92-95, 98, 100-103, 105, 107, 110--118, 125-127, 130-131, 133, 135-136, 141, 144-145, 153-154, 167, 216, 228, 230, 245, 247, 261, 270, 290, 294, 302, 375
Brasil, 23-24, 27, 36, 39, 42, 48, 89, 97--99, 102-103, 106, 112-113, 120-121, 125-126, 131, 135, 141, 168, 174, 176, 177, 195, 284-285, 287, 294, 305, 307, 324-326, 331, 334, 336-337, 345, 347-348, 350-353, 356, 360-361, 364--366, 372-373, 375, 377-380, 385-387, 389, 391, 397-398, 401, 403-405, 421, 424-425, 434-435
Buenos Aires, 170, 172-173, 193-194, 208, 388-389
bufeo, um mamífero da espécie dos manatis, 137, 185
Butantã, Instituto, 310, 404-405

C
caatinga, 330, 333
cachaça, 75, 97, 142-143, 158, 237, 286--287, 389-390
cachoeiras, 34-35, 236, 264-265, 411-412, 415-416, 418-419, 427, 436
cães, 190, 200, 219, 232-233, 267, 316-317
calahuayas (feiticeiros dos Andes), 235
calamina, ferro corrugado
Callao (Peru), 54-56, 213, 384

callapo, um tipo de jangada
camelote, 184-185, 199, 303
Canavieiras, 345-346
candiru, 91, 102
canibais, 24, 150, 195, 290, 295, 300, 304, 359, 364-365, 372, 415
cão de caça andino de focinho duplo, 270
Capatará (no Acre), 102-103, 131
capivaras, 117-118, 407
caracteres, inscrições de, 32-33, 39, 353
caraíba, homem branco
caribes, 354-355, 359-361, 364-366, 368--370
carrapatos-do-chão, 201, 203, 271, 316, 413, 417, 419
carroças puxadas por bois, 266
cascavel, 28, 85, 179
cataclismo, 32, 315, 329, 354-355, 359
cateanas, índios, 117
Caupolicán (região de floresta na Bolívia), 260-261, 360-361, 375, 380-381
Cavalo Morto, Acampamento, 390, 419--420, 435-436
Ceilão, 44-45, 397-398
cerâmicas pré-históricas, 36, 40, 60-61, 70-71, 87, 293-295, 325, 367, 377
Chaco, 48, 126, 174-175, 213-214, 217, 229-230, 302
Challana, 76-77, 166
Chalmers, 49-51, 67, 78, 121, 122, 129, 130, 134
chalona, carne de carneiro seca
Chapada, 330, 411-413
Charcas, Província de (Bolívia), 60-61, 239
chicha, cerveja de milho
Chile, 45, 174, 183, 356, 368-369, 388--389
chiquitanas, índios,194, 359
chirimoyas, cherimólia
cholo, chola, mestiço de sangue indígena e espanhol
chunchos, índios, 125, 217, 219, 228
chuñu, prato típico do altiplano, feito com pequenas batatas congeladas
cidades, pré-históricas e perdidas, 12-13,

ÍNDICE REMISSIVO E GLOSSÁRIO **441**

31, 36, 39-41, 60-61, 183, 282-283, 302-303, 320, 329, 344, 353, 355, 358, 366, 378, 397, 416, 437

cirurgia, 198, 241

Ciudad de los Césares, 368-369

civilização, pré-histórica, 37, 176, 226, 241, 244-245, 256, 270, 255, 312-313, 352-355, 366, 378

Cobija (no Acre), 92, 105-110, 125-127, 130-131, 149, 183

cobras (venenosas), 26, 34, 85, 104, 177-178, 289-290, 310-311

coca, planta sagrada dos incas. A cocaína é extraída de suas folhas

Cochabamba, 272-273, 275-277, 281-283, 303-304, 359, 368, 381-382

Cojata, 233-234, 254

Colômbia, 61-62, 352-353, 357, 366-367

comedores de terra, 154, 228

Comissão Brasileira da Fronteira, 138, 177, 198-200, 289

Comissão Britânica da Fronteira, 67, 92, 168, 178, 180-181, 192, 204, 207-208

Comissão Francesa da Fronteira, 254-255

Comissão Peruana da Fronteira, 237-238, 244-245

Companhia Mineradora Inca, 213-214

Conan Doyle, 188

condores, 234-235

Conquista (da América do Sul pelos europeus), 36, 49, 53, 59-62, 241-242, 355-360, 364-365, 368-369

Conquista, 324-325, 329-330, 334-335

cônsul britânico (O'Sullivan Beare), 35-36, 392

Contas, rio de, 328, 330, 351

copa, xícara

cordilheiras, os Andes (q.v.)

correntes rápidas, 120, 165, 185, 218, 223-224, 228-229, 388, 413-414

corrosivo para amolecer pedra, 125, 367

Corumbá, 48, 177-178, 179-180, 192, 194-198, 203-204, 311, 319-320, 403, 406-407

costa oeste (da América do Sul), 45, 164, 206, 255, 260

Costin, H. J., 212, 215, 218, 220, 225-226, 228, 230-231, 239, 243, 245, 248, 251, 253, 256, 260-261, 262-264, 266, 268, 272, 275, 292, 296, 298, 303, 306, 390, 417

Couro d'Anta (montanha), 336, 343

Courteville, Roger, 421

crocodilos e jacarés, 102, 117, 118-119, 137, 175-176, 199, 200, 267, 289, 290, 303, 403, 406-407

Cuiabá, 184, 195-196, 203, 311-314, 316, 318-321, 323-324, 402-408, 412-414, 418, 422, 425-426, 431-432, 434, 436

Cuiabá, rio, 315-316, 406-407, 409, 413-414

Cusco, 29, 31, 58, 60-61, 244-245, 255-257, 369, 370, 381, 384

D

Dan, 103, 105, 110, 121, 122, 129-131, 134, 139, 149-150, 158-159,

delimitação ou demarcação de fronteiras, 19, 45, 48, 49, 95, 168, 213, 228, 232, 254-255, 382-383, 404

desayuno, desjejum

Descalvados, 180-181, 192, 196, 197, 198, 204

diamantes, 195, 262, 263, 312, 343-344, 345, 347-348, 351, 375, 392, 410, 424

Diamantino (Mato Grosso), 178, 195, 312, 425-426,

Dias, Robério, 24

disputa fronteiriça de 1903 entre Brasil e Bolívia, 102-103, 106, 135

documento de 1743, 33-35, 244-245

doenças e pestes, 36, 43-44, 49, 57, 73, 78-79, 97, 104, 107-109, 115-116, 121, 125-126, 131, 141-142, 146, 154-155, 169, 183-184, 195-196, 211-212, 224-225, 228, 235, 241-242, 247, 250-251, 284-285, 312, 315, 317-318, 323, 347, 365, 370-371, 375, 386, 405, 407, 418-419

Dulipe, 431, 433-434

Dyott, comandante George, 422, 433

E

echocas, índios, 226-227, 248, 250-253

Egito, 35, 42, 261

442 A EXPEDIÇÃO FAWCETT

"El Dorado", 368, 383

emas, 181-182, 267, 403

Equador, 315, 352, 356

ervas, 92, 236-237, 249-250, 299

escravidão, 89-90, 97-101, 103, 110, 114--116, 131-132, 143, 150-152, 169, 181, 265, 270-271, 325-326, 345, 373-375, 379, 381, 383-386

Espanha, espanhóis, 26, 29, 45, 53-54, 61, 134, 240-241, 353, 359, 360-361, 365--366, 368, 373, 377, 381, 384-385, 387

espundia, uma espécie de lepra, 78-79, 104, 107, 242, 256

Estados Unidos da América, 206, 242, 277, 336, 340, 374-375, 383, 386, 399, 401

estrada, área trabalhada por um seringueiro

etnologia, 37, 256, 258, 295, 349, 356, 370

exploração, 12, 34, 35, 37, 42-43, 45, 49, 82, 117, 125-126, 155, 174-175, 192, 209, 255, 256, 309, 342-343, 360--361, 373, 375-376, 380, 382-383, 392

F

fantasmas, 178, 183, 236-237, 274-275, 299-300, 302, 312, 341, 343

Fawcett, Brian, 11, 14-15, 20, 169, 395, 414, 417

Fawcett, Jack, 43-44, 169-170, 353, 399--403, 410, 412, 417-419, 429-433, 435

Fawcett, sra. Nina A., 44-45, 49-50, 112, 169, 170, 183-184, 211-212, 305, 393

febre, 17, 34, 52-53, 74, 97, 101-102, 105, 122-123, 134, 136, 163, 241, 247-251, 253, 284-285, 325-326, 328, 381, 418, 432

"Felipe", 312-314, 316-320, 323-326, 328, 333, 337-347, 404, 427

Ferrovia Central do Peru, 55-56, 123, 421

Ferrovia do Sul do Peru, 57, 231

ferrovias, projetos de, 95, 109, 143, 149, 276, 282-283, 311-312, 347, 390-391, 398, 403

Fisher, 170, 179, 185, 187, 189, 201-206, 213

Flower (de Apolo), 243, 253, 265

fome, 27, 87, 143-144, 187-188, 190, 227, 252, 261, 268-269, 277, 293, 301, 317, 342, 408

formigas, 103-104, 132, 133, 139, 144, 246-247, 248, 381, 413

fotografia, 121, 136, 188, 301, 416, 424, 431-433

Franck, Carlos, 234-237, 254

furacões, 41-42, 246-247, 250

G

Gabinete da Guerra, 49, 209

Galvão, cel. Hermenegildo, 314-315, 413--415, 418, 425, 434

geologia, 12, 140, 258

Goiás, Estado de, 312, 325, 364, 390-391, 424

goma, borracha. Também chamada de caucho

Gongogi, rio, 25, 325, 328, 330-331, 333, 335-337, 341-343, 390

Grécia, e gregos, 32, 377

Guaiaquil (Equador), 53-54, 350, 384

Guaporé, rio, 48, 152-153, 179, 182-188, 191, 200, 202, 289-290, 302, 360, 364-365, 379, 382-383

guaraios, índios, 89-90, 117, 163, 218-219, 221, 233, 225

guaraná, 118

H

Harvey, pistoleiro mexicano, 164-165

Heath, rio, 48, 90, 94, 209, 216-218, 227, 244, 247-250, 254

hospitalidade, 131, 155, 192, 226, 241, 319, 342, 387

Huanay, 76-77, 165-166, 261

I

ídolo de pedra, 39-42

Ilhas Falkland, 172-173, 208, 304

Ilhéus, 325, 330, 339, 343, 373

Inambari, rio, 166, 215-216, 230, 240

incas do Peru, 29, 31, 53, 56, 58, 59, 61, 69, 125, 176, 240-241, 244, 250, 255, 256-257, 275, 294, 353, 354-355, 360, 366, 381, 383-384

ÍNDICE REMISSIVO E GLOSSÁRIO 443

Índias Ocidentais (Jamaica etc.), 91, 370, 374-375
índios brancos, 112, 134, 178, 392
Inglaterra, 44, 82, 99, 100-101, 123-124, 135-136, 169, 183-184, 186, 211, 213, 223, 229-230, 231, 275, 279, 301, 303, 305-307, 356-358, 369-371, 384, 388, 397-398, 401, 424-425
Inquisivi, 277, 281-282, 379
inscrições antigas, 13, 36, 176, 325, 353-354, 376, 391, 409, 411, 416, 427
Ixiamas, 102, 244, 261-262, 265-266
Izarari, cacique dos kalapalos, 434-435

J

Jauja (Peru), 237
Jauru, rio, 192, 203, 360
Jequié, 328, 330
Jequitinhonha, rio, 330, 336, 343-344, 345
jesuítas, 36, 174-175, 277, 281, 286, 343, 365, 373-374, 377, 379, 385
Juliaca (Peru), 58, 231-232, 233

K

kalapalos, índios, 432, 434-435, 436
kuikuros, índios, 431-432, 434
Kuluene, rio, 422, 427, 428, 429, 431-432, 436

L

La Paz (Bolívia), 49-50, 60-61, 62-63, 67-68, 81-83, 102, 153-154, 158-159, 166-168, 175, 204, 209, 213-214, 217, 229-231, 240, 243, 254, 256, 259-261, 272-273, 275-276, 282-283, 286, 304, 375, 421
Leigh, H., 212, 217-218, 225, 228, 230
Lemanha, comandante, 200-203
Lençóis, 347, 351, 386
Lima (Peru), 54-56, 62, 69, 101, 213, 383, 421, 431
lobo, espécie de lontra, 34, 44-45, 118-119
Londres, 14-15, 48, 53, 55, 81, 94, 138, 168, 184, 188, 243, 256, 279, 305-307, 309, 325-326, 388-389, 399, 422, 427, 435
"Luz que Nunca se Apaga", 411

M

macacos, 86-87, 111, 118, 119-120, 137-138, 161-163, 185, 253, 290, 297-298, 300-301, 314, 338-339, 342-343
Machu Picchu (Peru), 244-245, 255, 367, 370
macumba, vodu (ver magia negra)
Madeira, rio, 48, 53-54, 91, 101, 130, 135, 140-141, 143, 359-360, 382-383, 398, 430-431
Madeira-Mamoré, ferrovia, 142
Madidi, rio, 89-90, 92, 161, 163, 175, 223-224, 255-256, 262
Madre de Dios, rio, 48, 90, 93-94, 103, 115, 150-151, 209, 217-218, 226, 368
Magalhães, Estreito de, 208
magia negra; vodu (macumba, na Bahia), 41, 163
malária, 78-79, 261-262
Maldonado, 115, 216, 229
Malta, 44-45, 53, 212
Mamoré, rio, 48, 142-143, 145-146, 269-270, 359-360, 382-383
Manley, 231, 233-234, 239, 243, 247-248, 251-253, 256, 282, 286, 292, 296, 298, 303, 306, 390, 417
Mapiri, 70, 74-76, 78, 82, 141, 165, 168, 261
Mapiri, trilha de, 69-70, 73, 166-167
maricoxis, índios, 295, 298, 300
mariguis, mosquitos-pólvora (ver pium)
Marte, barraca, 227-228, 247-248, 252-253
Martírios, Minas Perdidas de, 178
mastodontes, 267
Mato Grosso, 12, 18, 37, 175, 178, 181-184, 195, 200, 203, 289-290, 311-312, 325, 347-348, 360, 379-380, 390, 401-402, 411-412, 417-418, 422-423, 425-427, 430
Mato Grosso, cidade do (também chamada de Vila Bela), 182-184, 187-188, 191, 200-202, 288-290
maxubis, índios, 294-295, 297-298, 300-301, 353, 370
médico, o (1906), 73, 77, 87-88, 94
médico, o (1910), 213-214, 220, 224-225, 228

444 A EXPEDIÇÃO FAWCETT

mehinakus, índios, 415-416, 418
mercachiflero, caixeiro-viajante
México, 26, 35, 53, 164, 352-353, 356-
-357, 359-360, 365-366
Minas Gerais, 13, 26, 334, 351, 358, 373,
380, 421
Minas Perdidas de Muribeca, 26, 391
minas, 24-25, 27, 34-35, 178, 183, 239-
-240, 262, 267, 277, 286, 312, 345,
347, 373, 382-385, 391
Misti (vulcão), 57-58
mitla, um mamífero não classificado, 255-
-256
Moennich, Martha, 431-432
Mojos, 238
Mojos, planície de, 79, 92-93, 151, 258,
266, 381-382
Mollendo (Peru), 56-57, 208-209
monstros, 119, 175, 188, 224-225, 267,
315-316
Montaña, um termo para a região ocidental de florestas de Bolívia e Peru
Montería, pequena embarcação com convés
Montes, general, presidente da Bolívia,
168
morcegos, 26, 31-34, 42-43, 178, 182,
226, 250, 287, 314, 319, 359, 411, 415,
416, 436-437
morcegos, índios, 178, 287, 314-315, 319-
-320, 359, 411-412, 415-416, 436-437
morcegos-vampiros, 226, 250
Morel, Edmar, 431
Moreyra, Melchior Dias (ver Muribeca)
Mortes, rio das, 432-433
"Mundo Perdido", o, 181-182, 188
Muribeca, 24-25, 27
Museu Britânico, 39, 61
Musus (forma antiga de "Mojos"), 360
Musus, Imperador e Império de (também
chamado de o Grande Paitití), 360-
-361, 368, 382

N
nafaqua, índios, 314-315, 422, 427-428,
431-432, 434-435
nascente do rio Acre, 20
nascente do rio Tambopata, 238

nascente do rio Verde, 179, 187, 192, 201-
-202
Negro, rio, 136-137
Nordenskiold, barão Erland, 290, 304
North American Newspaper Alliance
(NANA), 401, 415, 421
Nova York, 49-51, 243, 304, 398-399,
401-402, 414-415

O
ocultismo, 41, 235
Oliveira, comandante, 200, 202-203
Ollantaytambo, 176
onças, 79, 85, 93, 138-139, 180, 203, 270,
290, 300-301, 383-384, 405, 407
Ordem Franciscana, 361, 379, 385
Oriente, 40, 44-45, 50, 72, 353-354
Orinoco, rio, 359-360, 368
Orton, rio, 93, 99, 102-103, 150
ouro, 13-14, 24, 26, 33, 53, 60-61, 67-
-68, 72, 75-77, 105, 109, 127, 131, 165-
-167, 169-170, 173, 178, 182-183, 186,
195, 203, 215-216, 238-241, 263-264,
272, 275, 277, 286, 312, 329, 336-337,
368-369, 375, 376-377, 379-380, 382,
384-385, 424
Ouro, rio de, 336-340

P
pacaguaras, índios, 90, 134, 135-136,
146-147, 150, 382-383
Pacheco, 194, 197, 200, 202-204, 208
Pacífico, oceano, 45, 53-54, 60-62, 183,
231, 285, 304, 350-351, 354-357, 384,
421
padres e sacerdócio, 33-35, 41-42, 109,
161, 233, 240, 261-262, 277-278, 311-
-312, 320-321, 344, 355-356, 375-
-377, 379, 385
Paget, Sir Ralph, 307, 423-425
palo santo, árvore, 132, 139-140
Panamá, istmo do, 50-51, 384
Pando, general, 83, 90, 92, 95, 104, 108-
-109, 191
Paraguaçu, a Pocahontas da América do
Sul, 24, 372
Paraguaçu, rio, 35, 347, 351

ÍNDICE REMISSIVO E GLOSSÁRIO   **445**

Paraguai, 48, 173-175-177, 204, 350, 360, 404, 408
Paraguai, rio, 138, 168, 175-177, 203, 311, 351-352, 368, 403, 406
Paraná, rio, 174, 311-312, 351, 364, 403
Pardo, rio, 335, 343
parecis, índios, 203-203
Parecis, Serra dos, 291
pataxós, índios, 325, 330, 343
Pearson, do Beni, 84
pecaris, 79, 117, 119
Pelechuco, 234-239, 254
Peru, 17-18, 26, 29-31, 35, 45, 47-48, 53-57, 61, 66, 82, 94, 101, 123, 125, 143, 153-154, 157, 160-161, 167, 174, 176, 213, 215, 231-232, 237-238, 240--242, 250, 254, 256, 258, 268, 274, 294, 301, 349-350, 356, 365-367, 376, 379-383, 386-389, 398-399, 421-422, 424-425, 430-431
pesca, método indígena, 222
Pessoa, dr. Epitácio, presidente do Brasil, 307
petróleo, 126, 258, 262, 336-337
piranha, 102-104, 157, 162-163, 174, 196--197, 204, 207
Pisco, a cidade (Peru) e a bebida, 56, 367
pium, mosquito-pólvora, 89, 116, 159-161
Pizarro, Francisco, conquistador espanhol do Peru, 52-53, 55, 368, 376, 380, 382
Placido de Castro, cel., 131-135
Polinésia, 356-357
pongo, palavra com diversos sentidos, mas, em relação a este livro, criado indígena
Portugal, portugueses, 23-26, 29-32, 49, 327, 353, 359, 364-365, 368, 371-374, 380, 382-383, 384, 387, 399, 408, 410, 418, 425, 428, 431
Porvenir (no Tahuamanu), 93, 95, 105--106, 109, 114-115, 303
prata, 70, 182-183, 240-241, 261-262, 274-275, 368-369, 377, 382-384, 391
psicometria, 40, 42
Puerto Bastos, 182-183, 200, 290
Puerto Murtinho, 205
puna, planície andina elevada. Outro nome para o altiplano

Puno (Peru), 58-59, 383
puraque, enguia elétrica, 90-91
Purus, rio, 88, 106, 111-115, 117, 126
Putumayo, rio (Peru), 88, 101, 111

Q

Queara (Bolívia), 237-239
quebracho, árvore cuja casca tem valiosas propriedades químicas, 205, 208
quíchua, índios, 232, 357, 359-360, 385

R

raio, 132
Ramalles, cel., governador da Província Beni, 78-79, 83
Rapirran, rio, 48, 135-136
Raposo, Francisco, 13-14, 26-36, 42-43, 244-245, 325, 373, 391-392
Rattin, Stefan, 422-426
redemoinhos, 144-146, 176, 265
Reilly ("Butch"), 309-313, 316
relógio de sol, 155-156
resguardo, posto de alfândega
revoluções, 173-174, 193-194, 24, 206
Reyes, 79, 154-155, 265-266
Riberalta (Bolívia), 82-83, 85-86, 90-105, 126-127, 134, 142, 147, 149-150, 152--158, 160, 162-163, 177, 261, 271
Riberón, corrente rápida, 144
Ricardo Franco, serra de, 181-182, 188, 200-201
Rimell, Raleigh, 43, 400-401, 432
Rio de Janeiro, 13-14, 26, 35, 37, 282, 305, 351, 373, 403, 424, 434
rodovia, projeto, de Cochabamba a Sta. Cruz, 283
Rondon, general, 310, 313
Roosevelt, expedição (ao rio da Dúvida), 37, 310
Rurrenabaque (Bolívia), 66, 78-79, 81-87, 89, 92, 108-109, 149-150, 156, 161, 163-166, 177, 244, 261, 265-266, 272

S

Sacambaya, 277-278, 281
Sacsayhuaman (Peru), 30-31, 60, 176
Samaipata, 275, 368
San Antonio, barraca, 74

446 A EXPEDIÇÃO FAWCETT

San Carlos, barraca, 227-228, 243-24
San Ignacio, 286-288, 303, 388-389
San Matías, 180-183, 198, 200-201, 288-
-289
Sandia, 227-228, 245-246, 253
Santa Ana, 97, 266, 269
Santa Cruz de la Sierra, 69, 90, 98, 260-
-261, 266, 284, 359-360, 368, 379
Santo Domingo, mina, 160, 165-166, 215-
-216, 229
São Francisco, rio, 25, 35, 330, 380, 390-
-391, 392
São Luís de Cáceres, 203, 312
São Paulo (Brasil), 309-311, 347-348, 371-
-372, 403-405, 423, 431
sapo chino, instrumento usado no açoite
de prisioneiros, 153
sáurios, restos, 122
Schultz (de Sorata), 71-72, 76-77
selvagens, 13, 17, 24-26, 34, 42-43, 49, 63-
-64, 85-87, 89-90, 93, 97-98, 110, 112-
-113, 115, 117-118, 120, 123, 134, 136,
139-140, 143-144, 146-147, 150-152,
159, 162, 164, 167-170, 178, 181-182,
184-185, 189, 192, 195, 200-203, 209,
211-21213, 216-229, 239, 249, 252,
254-256, 266, 268-270, 272, 286,
290-298, 304, 314-315, 325, 333-334,
336-337, 339-340, 344, 349, 352-355,
360-361, 369 -371, 373-374, 378,
380-381, 386, 388-390, 410-411, 414-
-415, 418, 430-434, 436-437
seringueiros, 85-86, 102, 110, 113-114,
121-122, 131-133, 138, 176, 217, 219,
221-222, 226-227, 245-247, 249, 301,
303, 366, 430-431
sertão, 25, 289-290, 408-409, 417, 421
Sociedade Geográfica Real, 12, 47-48,
306, 399, 426-427
Sorata, 59, 67, 70-72, 76-77, 101, 166-167
soroche, mal da altitude, 63, 233-234
Suarez (Suarez Hermanos), 93, 133, 145
sucuri (maior das cobras constritoras), 34,
85, 102, 105-106, 117, 133, 134, 137,
138, 140-141, 177-178, 184-185, 199,
255-256, 265, 289-290, 315, 338-339,
407, 409

surucucu, ou pocaraya, 85, 179, 262-263,
271, 315-316, 338-339, 405
surusu, um frio vento sul ou sudoeste, 84-
-85, 93-94, 154, 161-162, 167-168, 202
sututus, larvas que se abrigam sob a pele,
224, 248, 251-252

T
Tabatinga, rio, 115, 319
tacuara, 187, 251, 288, 296
Tahuamanu, rio, 105-106, 114-115, 134,
149-150
tambo, hospedaria
Tambopata, rio, 216-218, 226-229, 238,
240, 243-244, 254-255, 262
tapajós, índios, 343
Tapajós, rio, 360, 379-380, 426
tapir (ver anta)
tapuias, índios, 24, 29, 358-360, 364-366,
370-371
templos, 40-41, 314-315
terremotos, 32, 36, 41-42, 183, 257-258,
285-286, 345,
tesouro, 24, 27, 33-35, 54, 61-62, 67, 168,
186, 240-241, 275, 277-278, 281-282,
325, 336, 361, 383-385
Tiahuanaco (Bolívia), 60-61, 176, 355-
-356
Tibete, 357
Tipuani, rio, 75-77, 165-166
Tirapata, 213
Titicaca, lago, 48, 58-60, 69-70, 213, 231-
-232, 304, 350, 355, 383, 385
Tocantins, rio, 138, 379-380, 390-391
Todd, canhoneiro, 212, 214-215, 217, 220-
-223, 226, 228-230, 260-262, 264-
-266, 272-273, 275, 282
toldetas, mosquiteiros de algodão
toltecas, 352-355, 357, 360
topografia, 44-45, 49, 106, 115, 331, 363
toromonas, índios, 92, 152
Totora, 276, 284
touros selvagens, 266-269, 272
tracaya, pequena tartaruga
trilhas, andinas, 72, 381
Trincomalee (Ceilão), 44
Trujillo (Peru), 54, 366

ÍNDICE REMISSIVO E GLOSSÁRIO 447

Tuiche, rio, 238-239, 243-244, 262-264
Tumupasa, 261, 265
tumupasa, índios, 88, 102, 105, 134, 136, 144
Tupac-Amaru (revolucionário inca), 239, 384
tupi-caribe, 336, 364, 366
tupinambás, índios canibais, 24, 372
tupis, índios, 356, 358-360, 364-366, 369-370

U
Ulyatt, Patrick e Gordon, 430-431
Urquhart, 180, 185, 187, 189

V
Valparaíso, 209, 350, 368
Vargas, cap., 213, 219-220, 223-224, 226, 228
Verde, rio (Bolívia), 171-172, 179, 184-185
Verruga, 330, 335-336, 343-344
vespas, 132, 186, 243-244, 246-248, 298, 301, 316-318
Vila Bela (Mato Grosso) (ver cidade do Mato Grosso)
Villa Bella (Bolívia), 48, 141-142
Villas Bôas, Orlando, 434-435
Villazon, dr. Eliodoro, presidente da Bolívia, 209
viscacho, um roedor andino, 234
vulcões, 40-42, 58, 258, 349-351

W
Willis, o cozinheiro, 75, 78, 105-106, 109, 114-120, 122-123, 134, 139, 149-150, 157-159, 261
Winton, Albert de, 422

X
Xapuri (Brasil), 102, 130-131, 149-150
Xingu, rio (Mato Grosso), 314-315, 353, 390, 392, 414-415, 418, 431-432, 434-436

Y
Yacu, rio, 114-115
Yalu, rio, 114-115
yanaiguas, índios, 286
yaravi, uma forma de música inca tocada ou cantada com sentimento
Yarulla, 435
Yaverija, rio, 116, 122
Yorongas (no Acre), 117-121
yungas, os vales quentes da Bolívia, 62, 73-74, 76, 247

Z
Z (o objetivo), 358-359, 390-391, 404, 411-412, 436

Este livro foi composto na tipografia Adobe Garamond Pro,
em corpo 11,75/15, e impresso em
papel off-white no Sistema Cameron da
Divisão Gráfica da Distribuidora Record.